INHALT

VORWORT

Words for Business ist ein Lernwörterbuch für alle, die die britische und amerikanische Wirtschaftssprache systematisch erlernen möchten. Wirtschaftsenglisch wird heute als Zusatzqualifikation in vielen Bereichen des Berufslebens verlangt und deshalb in einer Vielzahl von Kursen und Bildungsgängen angeboten. Die hier erworbenen Kenntnisse und Fertigkeiten können sodann in anerkannten Prüfungen dokumentiert werden.

Words for Business ist deshalb sowohl für den beruflichen Alltag als auch für die Prüfungsvorbereitung konzipiert, indem es genau das wirtschaftssprachliche Material anschaulich aufbereitet, das in allgemeinsprachlichen Wörterbüchern oft zu kurz kommen muss. Hier kann man schnell und unkompliziert auf genau die Begriffe und Wendungen zugreifen, auf die es in der Praxis ankommt.

Words for Business ist als Lernwörterbuch nach Themen gegliedert. Insgesamt werden mehr als 3 000 britische und amerikanische Fachbegriffe und Wendungen in 19 in sich gegliederten Sachgebieten präsentiert. Für jeden Begriff und jede Wendung werden die entsprechenden deutschen Fachbegriffe und Wendungen vorgestellt. Hierbei wird der sprachlichen Realität, in der es häufig mehr als eine Entsprechung gibt, Rechnung getragen. Wo sinnvoll, wird auch auf Synonyme des englischen Stichworts eingegangen, so dass der/die Benutzer/in auch hier die Möglichkeit hat, seinen/ihren Wortschatz zu erweitern. Besonders lerneffektiv sind die zu jedem Eintrag angebotenen Beispielsätze. Der kritische Benutzer wird beim Studium der Beispiele feststellen, dass die Stilebenen von umgangssprachlichen Formen der mündlichen Kommunikation bis hin zu anspruchsvollen Erscheinungsformen der Schriftsprache variieren. Diese stilistische Breite ist von den Autoren so gewollt, spiegelt sie doch die Breite der Ausdrucksformen, in denen sich die wirtschaftliche Fachsprache manifestiert. Auch die Art der Übersetzung dieser Beispiele ins Deutsche ist mit Bedacht so gewählt. Geboten werden nicht von der ausgangssprachlichen Vorlage geprägte wörtliche Entsprechungen, sondern inhaltlich identische und gleichzeitig zielsprachlich idiomatische Übersetzungen.

Words for Business bietet Wörter und Wendungen nicht isoliert, sondern im Kontext des Fachbereichs und eingebettet in typische Kollokationen. Darüber hinaus gibt es für fast jeden Bereich eine box, in der mit Hilfe einer Graphik, einer Tabelle oder sonstigen Erläuterungen Hintergrundwissen vermittelt wird. Zwei alphabetische Indizes am Ende des Wörterbuchs erleichtern das Auffinden von Begriffen und Wendungen. Ein Verzeichnis der verwendeten Abkürzungen steht auf Seite 352.

Die Autoren möchten an dieser Stelle all jenen danken, die zum Gelingen dieses Projektes beigetragen haben. Wir danken Heike Dittrich und Barbara Hamblock für die Aufnahme von Teilen des Wörterbuchs auf Datenträger, Markus Geisen für seine Hilfestellung bei EDV-Problemen, Herrn Dipl.-Betriebswirt OSTR Dietmar Schröder für inhaltliche Anregungen, insbesondere im wirtschaftstheoretischen Teil, Mark Adamson, M. A. (Cantab.) für entsprechende Beiträge zur juristischen Fachsprache und insbesondere Kirsten Fenner, einer in Theorie und Praxis erfahrenen Lexikologin, die das Material sichtete und bei der redaktionellen Bearbeitung assistierte.

Bochum, im Juli 1997

Die Autoren

Dr. Herbert Geisen

Englisches Seminar der Ruhr-Universität Bochum,
Übersetzer und Herausgeber literarischer Texte,
Fachbuchautor, Prüfer für Wirtschaftsenglisch
an der IHK Dortmund

Dr. Dieter Hamblock

Englisches Seminar der Ruhr-Universität Bochum,
Übersetzer und Herausgeber literarischer Texte,
Fachbuch- und Wörterbuchautor, Prüfer für
Wirtschaftsenglisch an der IHK Dortmund

Hinweise zur Aussprache

Sämtliche englische Stichwörter werden mit Lautschrift angegeben. Die hier verwendete Lautschrift entspricht dem Internationalen Phonetischen Alphabet. Eine Erklärung der einzelnen Laute folgt unten. Die Betonung wird durch die Zeichen ' und ˌ markiert. Dabei wird der Nebenakzent (ˌ) gewöhnlich nur dann angegeben, wenn er vor dem Hauptakzent (') auftritt.

Vokale

[i]	media, happy, opinion
[iː]	eat, week, he
[ɪ]	listen, give, exam
[e]	end, get, many
[æ]	add, man, black
[ʌ]	under, come, young
[ɑː]	ask, half, car
[ɒ]	often, what, coffee
[ɔː]	all, four, door
[ʊ]	put, good, woman
[u]	situation, reputation, unite
[uː]	who, June, blue
[ɜː]	early, girl, work
[ə]	again, police, sister
[eɪ]	eight, table, play
[aɪ]	I, nice, by
[ɔɪ]	boy, toilet, noise
[əʊ]	old, road, know
[aʊ]	out, house, now
[ɪə]	we're, here, near
[eə]	wear, pair, there
[ʊə]	tourist, pure, during

Konsonanten

[p]	pen, speak, map
[b]	book, hobby, job
[t]	table, letter, sit
[d]	desk, radio, old
[k]	car, okay, back
[g]	get, bigger, bag
[f]	father, left, cliff
[v]	very, every, have
[θ]	thank, birthday, both
[ð]	this, father, with
[s]	sun, glasses, face
[z]	zoo, thousand, please
[ʃ]	shop, sugar, British
[ʒ]	television, usually
[tʃ]	child, kitchen, watch
[h]	help, who, home
[m]	mouse, number, film
[n]	name, window, pen
[ŋ]	sing, morning, long
[l]	like, blue, all
[r]	read, dream, very
[j]	yes, you, year
[w]	walk, where, quiz

Das englische Alphabet

a	[eɪ]
b	[biː]
c	[siː]
d	[diː]
e	[iː]
f	[ef]
g	[dʒiː]
h	[eɪtʃ]
i	[aɪ]
j	[dʒeɪ]
k	[keɪ]
l	[el]
m	[em]
n	[en]
o	[əʊ]
p	[piː]
q	[kjuː]
r	[ɑː]
s	[es]
t	[tiː]
u	[juː]
v	[viː]
w	['dʌbl juː]
x	[eks]
y	[waɪ]
z	[zed]

ABBREVIATIONS

AA GB [ˌeɪ ˈeɪ] Automobile Association [ɔːtəməbiːl əsəʊsiˈeɪʃn] — **britischer Automobilclub**

AAA [ˌeɪ eɪ ˈeɪ] American Automobile Association [əˈmerɪkən ˈɔːtəməbiːl əˈsəʊsiˈeɪʃn] — **amerikanischer Automobilclub**

ABTA [æbˈtæ] Association of British Travel Agents [əˌsəʊsiˈeɪʃn əv ˌbrɪtɪʃ ˈtrævl eɪdʒənts] — **britischer Reisebüroverband**

ACAS GB [ˈeɪkæs] Advisory Conciliation and Arbitration Service [ədˌvaɪzəri kənsɪliˈeɪʃn ənd ɑːbɪˈtreɪʃn sɜːvɪs] — **Schlichtungskommission, Schiedsstelle**

AFDC US [ˌeɪ ef diː ˈsiː] aid to families with dependent children [eɪd tə ˌfæməliz wɪð dɪˌpendənt ˈtʃɪldrən] — **Kindergeld**

AFL/CIO US [ˌeɪ ef ˈel ˌsiː aɪ ˈəʊ] American Federation of Labor/ Congress of Industrial Organizations [əˌmerɪkən fedəˌreɪʃn əv ˈleɪbə, ˌkɒŋgres əv ɪnˌdʌstriəl ˌɔːgənaɪˈzeɪʃnz] — **amerikanischer Gewerkschaftsdachverband**

AGM [ˌeɪ dʒiː ˈem] annual general meeting [ˌænjuəl ˌdʒenrəl ˈmiːtɪŋ] — **Jahreshauptversammlung, Hauptversammlung** (der Aktionäre)

a.m. [ˌeɪ ˈem] ante meridiem [ˌæntiməˈrɪdɪəm] — **vormittags**

AMEX US [ˈeɪmeks] American Stock Exchange [əˌmerɪkən ˈstɒk ɪkstʃeɪndʒ] — **Wertpapierbörse** (in New York)

APR [ˌeɪ piː ˈɑː] annual percentage rate [ˌænjuəl pəˈsentɪdʒ reɪt] — **effektiver Jahreszins** (einschließlich Bankspesen)

ATM [ˌeɪ tiː ˈem] automated teller machine [ˌɔːtəmeɪtɪd ˈtelə məʃiːn] — **Geldautomat**
➲ autoteller, cash dispenser, cash machine

attn. [əˈtenʃn] attention [əˈtenʃn] — **z. Hd.** (zu Händen)

B.A. [ˌbiː ˈeɪ] bank acceptance [ˈbæŋk əkˌseptəns] — **Bankakzept**
➲ bank bill

b&b [ˌbiː ən ˈbiː] bed and breakfast [ˌbed ənd ˈbrekfəst] — **Übernachtung mit Frühstück**

B/E, b/e, b.e. [ˌbiː ˈiː]
bill of exchange [ˌbɪl əv ɪksˈtʃeɪndʒ] — **Wechsel**

B/L, b/l, b.l. [ˌbiː ˈel]
bill of lading [ˌbɪl əv ˈleɪdɪŋ] — **Konnossement, Seefrachtbrief**

BIFFEX [ˈbɪfeks] Baltic International Freight and Futures Exchange [ˌbɔːltɪk ɪntəˌnæʃnəl ˌfreɪt ənd ˈfjuːtʃəz ɪkstʃeɪndʒ] — **Londoner Börse für Warentermingeschäfte**

BTA [ˌbiː tiː ˈeɪ] British Tourist Authority [ˌbrɪtɪʃ ˈtʊərɪst ɔːθɒrəti] — **britische Fremdenverkehrsbehörde**

C&D [ˌsiː ən ˈdiː] construction and demolition [kənˈstrʌkʃn ən ˌdeməˈlɪʃn] — **Bau und Abbruch**

CAA GB [ˌsiː eɪ ˈeɪ] Civil Aviation Authority [ˌsɪvl eɪviˌeɪʃn ɔːˈθɒrəti] — **Zivilluftfahrtbehörde**

Incoterms

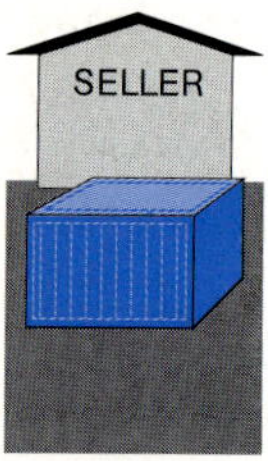

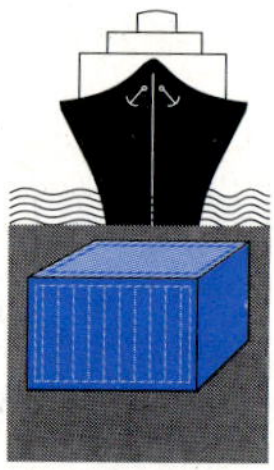
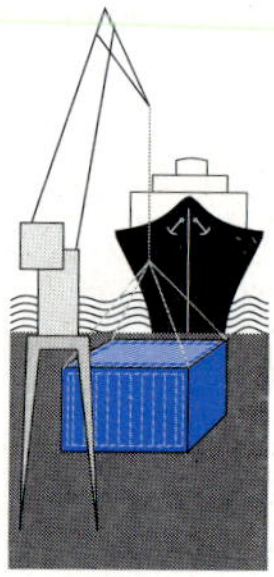
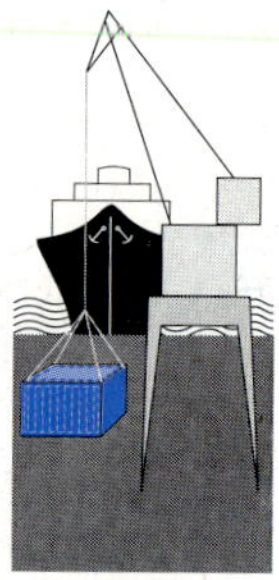

EXW	FCA	FAS	FOB	CFR	CIF
ex works **ab Werk**	free carrier **frei Frachtführer**	free alongside ship **frei Längsseite Schiff**	free on board **frei an Bord**	cost and freight **Kosten und Fracht**	cost, insurance and freight **Kosten, Versicherung, Fracht**
Car prices are usually quoted *ex works.*	*Free carrier* means that the seller hands over the goods into the charge of the carrier.	If goods are quoted *free alongside ship,* the buyer has to bear all costs and risks from that point.	*Free on board* means that the seller is responsible for the goods until they have passed over the ship's rail.	*Cost and freight* is more attractive for the seller than CIF because the cost of insurance can be prohibitive.	*CIF* is widely used because the buyer need neither arrange nor pay for freight and insurance.

CAP [ˌsiː eɪ ˈpiː] Common Agricultural Policy [ˌkɒmən æɡrɪˌkʌltʃərəl ˈpɒləsi] — **Gemeinsame Agrarpolitik**

CBI [ˌsiː biː ˈaɪ] Confederation of British Industry [kənˌfedəˈreɪʃn əv ˌbrɪtɪʃ ˈɪndəstri] — **Verband der britischen Industrie**

CEO [ˌsiː iː ˈəʊ] chief executive officer [ˌtʃiːf ɪɡˌzekjətɪv ˈɒfɪsə] — **Vorstandsvorsitzende(r), Generaldirektor(in), Hauptgeschäftsführer(in)**

CET [ˌsiː iː ˈtiː] Central European Time [ˌsentrəl ˌjʊərəˈpiːən ˈtaɪm] — **MEZ** (mitteleuropäische Zeit)

CET [ˌsiː iː ˈtiː] Common External Tariff [ˌkɒmən ɪkˌstɜːnl ˈtærɪf] — **Gemeinsamer Außenzoll**

CFC [ˌsiː ef ˈsiː] chlorofluorocarbon [ˌklɔːrəʊˌflʊərəʊˈkɑːbən] — **FCKW** (Fluorchlorkohlenwasserstoff)

	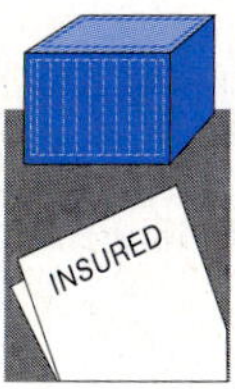					
CPT	**CIP**	**DAF**	**DES**	**DEQ**	**DDU**	**DDP**
carriage paid to	carriage and insurance paid to	delivered at frontier	delivered ex ship	delivered ex quay (duty paid)	delivered duty unpaid	delivered duty paid
frachtfrei bis	**frachtfrei versichert bis**	**geliefert Grenze**	**geliefert ab Schiff**	**geliefert ab Kai (verzollt)**	**geliefert unverzollt**	**geliefert verzollt**
CPT means that the seller bears all the risks until the goods have been delivered to the carrier.	Under *CIP* the seller has to procure cargo insurance.	Under *DAF* the seller is only responsible for carriage to the customs border of the adjoining country.	Importers prefer *DES* because in this case the seller bears all the costs and risks of bringing the goods to the named port of destination.	*DEQ* terms are even more attractive for the buyer than DES because the seller has to bear all the costs relating to duties, taxes and other charges levied on importation.	*DDU* is fairly common because importers are usually more qualified to handle customs formalities.	While EXW represents the minimum obligation for the seller, *DDP* represents the maximum obligation.

CFR Incoterm [ˌsiː ef ˈaː] cost and freight [ˌkɒst ənd ˈfreɪt]	**Kosten und Fracht**
CIF Incoterm [ˌsiː aɪ ˈef] cost, insurance, freight [kɒst, ɪnˈʃʊərəns, freɪt]	**Kosten, Versicherung, Fracht**
CIP Incoterm [ˌsiː aɪ ˈpiː] carriage and insurance paid to [ˈkærɪdʒ ənd ɪnˌʃʊərəns peɪd ˈtuː]	**frachtfrei versichert bis**
c. o. d. GB [ˌsiː əʊ ˈdiː] cash on delivery [ˌkæʃ ɒn dɪˈlɪvəri]	**Barzahlung bei Lieferung, Nachnahme**
COMEX US [ˈkəʊmeks] Commodity Exchange [kəˈmɒdəti ɪkstʃeɪndʒ]	**Warenbörse** (in New York)
C/P, C.P. [ˌsiː ˈpiː] charter party [ˈtʃɑːtə pɑːti]	**Charterpartie, Chartervertrag, Befrachtungsvertrag**
CPT Incoterm [ˌsiː piː ˈtiː] carriage paid to [ˈkærɪdʒ peɪd ˈtuː]	**frachtfrei bis**
CPU [ˌsiː piː ˈjuː] central processing unit [ˌsentrəl ˈprəʊsesɪŋ juːnɪt]	**Prozessor**
CST [ˌsiː es ˈtiː] Central Standard Time [ˌsentrəl stændəd ˈtaɪm]	**Zeitzone der mittleren Staaten Amerikas**
CT [ˌsiː ˈtiː] Central Time [ˌsentrəl ˈtaɪm]	**Zeitzone im amerikanischen mittleren Westen**
CV [ˌsiː ˈviː] curriculum vitae [kəˌrɪkjələm ˈviːtaɪ]	**Lebenslauf**
c.w.o [ˌsiː dʌbljuː ˈəʊ] cash with order [ˌkæʃ wɪð ˈɔːdə]	**Bezahlung bei Auftragserteilung, Barzahlung bei Bestellung**
DAF Incoterm [ˌdiː eɪ ˈef] delivered at frontier [dɪˌlɪvəd ət ˈfrʌntɪə]	**geliefert Grenze**
DDP Incoterm [ˌdiː diː ˈpiː] delivered duty paid [dɪˌlɪvəd ˌdjuːti ˈpeɪd]	**geliefert verzollt**
DDU Incoterm [ˌdiː diː ˈjuː] delivered duty unpaid [dɪˌlɪvəd ˌdjuːti ˈʌnpeɪd]	**geliefert unverzollt**
DEQ Incoterm [ˌdiː iː ˈkjuː] delivered ex quay (duty paid) [dɪˌlɪvəd ˌeks kiː djuːti ˈpeɪd]	**geliefert ab Kai (verzollt)**
DES Incoterm [ˌdiː iː ˈes] delivered ex ship [dɪˌlɪvəd eks ˈʃɪp]	**geliefert ab Schiff**
DIY [ˌdiː aɪ ˈwaɪ] Do-it-yourself [ˌduːɪt jəˈself]	**Baumarkt, Heimwerken**

DLA GB [ˌdiː el ˈeɪ] disability living allowance [dɪsəˌbɪləti ˈlɪvɪŋ əlaʊəns]	**Behindertenzuschuss**
DTI GB [ˌdiː tiː ˈaɪ] Department of Trade and Industry [dɪˌpɑːtmənt əv ˌtreɪd ənd ˈɪndəstri]	**Wirtschaftsministerium, Handelsministerium**
DWA GB [ˌdiː dʌbljuː ˈeɪ] disability working allowance [dɪsəˌbɪləti ˈwɜːkɪŋ əlaʊəns]	**Zulage für behinderte Arbeitnehmer**
E.E.A. [ˈiː iː ˈeɪ] European Economic Area [jʊərəˈpiːən ɪkəˌnomɪk ˈeəriə]	**Europäischer Wirtschaftsraum** (EWR)
EC [ˌiː ˈsiː] European Community [ˌjʊərəˌpiːən kəˈmjuːnəti]	**EG** (Europäische Gemeinschaft)
ECSC [ˌiː siː es ˈsiː] European Coal and Steel Community [ˌjʊərəˌpiːən ˌkəʊl ənd ˈstiːl kəmjuːnəti]	**EGKS** (Montanunion)
ECU [ˈekjuː] European Currency Unit [jʊərəˌpiːən ˈkʌrənsi juːnɪt]	**EWE** (Europäische Währungseinheit)
EDP [ˌiː diː ˈpiː] electronic data processing [ɪlekˈtrɒnɪk ˌdeɪtə ˈprəʊsesɪŋ]	**EDV** (elektronische Datenverarbeitung)
EEC [ˌiː iː ˈsiː] European Economic Community [ˌjʊərəˌpiːən iːkəˌnɒmɪk kəˈmjuːnəti]	**EWG** (Europäische Wirtschaftsgemeinschaft)
EFTA [ˈeftə] European Free Trade Association [ˌjʊərəˌpiːən friː ˌtreɪd əˌsəʊsiˈeɪʃn]	**EFTA** (Europäische Freihandelsvereinigung)
EFTPOS [ˈeftpɒs] electronic funds transfer at point of sale [ɪlekˌtrɒnɪk fʌndz ˌtrænsfɜr ət pɔɪnt əv ˈseɪl]	**elektronischer Zahlungsverkehr an der Kasse**
EIB [ˌiː aɪ ˈbiː] European Investment Bank [ˌjʊərəˌpiːən ɪnˈvestmənt bæŋk]	**EIB** (Europäische Investitionsbank)
EMS [ˌiː em ˈes] European Monetary System [jʊərəˌpiːən ˌmʌnɪtri ˈsɪstəm]	**EWS** (Europäisches Währungssystem)
enc(l) [ɪnˈkləʊʒəz] enclosure(s) [ɪnˈkləʊʒəz]	**Anlage(n)**
ERDF [ˌiː ɑː diː ˈef] European Regional Development Fund [jʊərəˌpiːən ˌriːdʒənl dɪˈveləpmənt fʌnd]	**EFRE** (Europäischer Fonds für Regionale Entwicklung)
EST [ˌiː es ˈtiː] Eastern Standard Time [ˌiːstən ˌstændəd ˈtaɪm]	**Zeitzone an der amerikanischen Atlantikküste**

EU [ˌiː 'juː] European Union [ˌjʊərəˌpiːən 'juːniən]	**Europäische Union**
EXW Incoterm [ˌiː eks 'dʌbljuː] ex works [eks 'wɜːks]	**ab Werk**
FAS Incoterm [ˌef eɪ 'es] free alongside ship [ˌfriː əlɒŋˌsaɪd 'ʃɪp]	**frei Längsseite Schiff**
FCA Incoterm [ˌef siː 'eɪ] free carrier [ˌfriː 'kæriə]	**frei Frachtführer**
Fed [fed] Federal Reserve [ˌfedərəl riˈzɜːv]	**Zentralbank der USA**
FIMBRA [ˌfɪmbrə] Financial Intermediaries, Managers and Brokers Regulatory Association [faɪˌnænʃl ɪntəˌmiːdiəriz ˌmænɪdʒəz ən ˌbrəʊkəz ˌregjələtəri əˌsəʊsiˈeɪʃn]	**Aufsichtsvereinigung für Finanzmakler, Finanzverwalter und Makler**
FOB Incoterm [ˌef əʊ 'biː] free on board [ˌfriː ɒn 'bɔːd]	**frei an Bord**
FOR [ˌef əu 'aː] free on rail [ˌfriː ɒn 'reɪl]	**frei Waggon**
Footsie GB [fʊtsi] Financial Times Stock Exchange 100 Share Index [faɪˌnænʃl 'taɪmz 'stɒk ɪksˌtʃeɪndʒ wʌn ˌhʌndrəd ˌʃeər 'ɪndeks] ➲ Financial Times Stock Exchange 100 Share Index, FT-SE 100 Index	**Aktienindex** (enthält die Aktienwerte der 100 größten britischen AGs)
FT-SE 100 Index GB [fʊt'si wʌn ˌhʌndrəd 'ɪndeks] Financial Times Stock Exchange 100 share index [faɪˌnænʃl 'taɪmz 'stɒk ɪksˌtʃeɪndʒ wʌn ˌhʌndrəd ˌʃeər 'ɪndeks]	**Aktienindex** (enthält Aktienwerte der 100 größten britischen AGs)
GATT [gæt] General Agreement on Tariffs and Trade [ˌdʒenrəl əˌgriːmənt ɒn ˌtærɪfs ənd 'treɪd]	**GATT** (Allgemeines Zoll- und Handelsabkommen)
GDP [ˌdʒiː diː 'piː] gross domestic product [ˌgrəʊs də'mestɪk 'prɒdʌkt]	**BIP** (Bruttoinlandsprodukt)
GNP [ˌdʒiː en 'piː] gross national product [ˌgrəʊs ˌnæʃnəl 'prɒdʌkt]	**BSP** (Bruttosozialprodukt)
HGV [ˌeɪtʃ dʒiː 'viː] heavy goods vehicle ['hevi gʊdz 'viːɪkl]	**LKW** (Lastkraftwagen)

IATA [i'ɑːtə]
International Air Transport Association
[ɪntəˌnæʃnəl eə ˌtrænspɔːt əˌsəʊsi'eɪʃn]
IATA (Internationaler Luftverkehrsverband)

ICC [ˌaɪ siː 'siː]
International Chamber of Commerce
[ɪntəˌnæʃnəl ˌtʃeɪmbər əv 'kɒmɜːs]
Internationale Handelskammer

ILO [ˌaɪ el 'əʊ]
International Labour Organization
[ɪntəˌnæʃnəl ˌleɪbər ɔːgənaɪ'zeɪʃn]
IAO (Internationale Arbeitsorganisation)

IMF [ˌaɪ em 'ef]
International Monetary Fund
[ɪntəˌnæʃnəl ˌmʌnɪtri 'fʌnd]
IWF (Internationaler Währungsfonds)

IMO [ˌaɪ em 'əʊ]
international money order
[ɪntəˌnæʃnəl 'mʌni ɔːdə]
➲ foreign money order
Auslandspostanweisung

Inc US [ɪŋk] incorporated
[ɪn'kɔːpəreɪtɪd]
(als Kapitalgesellschaft) eingetragen

inst. ['ɪnstənt] instant ['ɪnstənt]
d. M. (des Monats)

I.R. GB [ˌæɪ 'ɑː]
Inland Revenue [ˌɪnlənd 'revənjuː]
Finanzamt, Einkommensteuerbehörde

IOU [ˌaɪ əʊ 'juː] I owe you [ˌaɪ əʊ 'juː]
Schuldschein

IRS US [ˌaɪ ɑːr 'es]
Internal Revenue Service
[ɪnˌtɜːnl 'revənjuː sɜːvɪs]
Bundessteuerbehörde

ISE [ˌaɪ es 'iː]
International Stock Exchange
[ɪntəˌnæʃnəl 'stɒk ɪkstʃeɪndʒ]
➲ London Stock Exchange
(Londoner) Internationale Wertpapierbörse

L/C [ˌel 'siː]
letter of credit [ˌletər əv 'kredɪt]
Akkreditiv, Kreditbrief

LIFFE ['lɪfi] London International Financial Futures and Options Exchange [ˌlʌndən ɪntəˌnæʃnəl faɪˌnænʃl ˌfjuːtʃəz ənd 'ɒpʃnz ɪkstʃeɪndʒ]
Londoner Börse für Finanzterminkontrakte

LME n [ˌel em 'iː] London Metal Exchange [ˌlʌndən 'metl ɪkstʃeɪndʒ]
Londoner Metallbörse

LRB US [ˌel ɑː 'biː] Labor Relations Board [ˌleɪbə rɪ'leɪʃnz bɔːd]
Schlichtungskommission, Schiedsstelle

LSE [ˌel es ˈiː] London Stock Exchange [ˌlʌndən ˈstɒk ɪkstʃeɪndʒ] ➲ International Stock Exchange	**Londoner Wertpapierbörse**
Ltd [ˈlɪmɪtɪd] Limited [ˈlɪmɪtɪd]	**mit beschränkter Haftung**
MLR GB [ˌem el ˈɑː] minimum lending rate [ˌmɪnɪməm ˈlendɪŋ reɪt]	**Mindestdiskontsatz**
MMC GB [ˌem em ˈsiː] Monopolies and Mergers Commission [məˌnɒpəliz ənd ˌmɜːdʒəz kəˈmɪʃn]	**Kartellamt**
M.O. [ˌem ˈəʊ] money order [ˈmʌni ɔːdə]	**Postanweisung**
MT [ˌem ˈtiː] Mountain Time [ˈmaʊntɪn taɪm]	**Zeitzone in den Rocky Mountains**
MV [ˌem ˈviː] motor vessel [ˈməʊtə vesl]	**MS** (Motorschiff)
NASDAQ US [ˈnæzdæk] National Association of Securities Dealers Automated Quotation [ˌnæʃnəl əsəʊsiˌeɪʃn əv sɪˈkjʊərətiz ˌdiːləz ɔːtəˌmeɪtɪd kwəʊˈteɪʃən]	**EDV-gestütztes Kursnotierungssystem**
NHS GB [ˌen eɪtʃ ˈes] National Health Service [ˌnæʃnəl ˈhelθ sɜːvɪs]	**Nationaler Gesundheitsdienst**
NI GB [ˌen ˈaɪ] National Insurance [ˌnæʃnəl ɪnˈʃʊərəns]	**Sozialversicherung**
NOx [ˌen əʊ ˈeks] nitrogen oxide [ˌnaɪtrədzən ˈɒksaɪd]	**NOx** (Stickoxid)
OAP GB [ˌəʊ eɪ ˈpiː] old age pensioner [ˌəʊld eɪdʒ ˈpenʃənə]	**Rentner(in)**
OFT GB [ˌəʊ ef ˈtiː] Office of Fair Trading [ˌɒfɪs əv feə ˈtreɪdɪŋ]	**Amt für Verbraucherschutz**
OHP [ˌəʊ eɪtʃ ˈpiː] overhead projector [ˌəʊvəhed prəˈdʒektə]	**Tageslichtprojektor, Overheadprojektor**
OPEC [ˈəʊpek] Organisation of Petroleum Exporting Countries [ɔːgənaɪˌzeɪʃn əv pəˌtrəʊliəm ɪkˌspɔːtɪŋ ˈkntriz]	**OPEC** (Organisation Erdöl exportierender Länder)
OTC [ˌəʊ tiː ˈsiː] over-the-counter [ˌəʊvə ðə ˈkaʊntə]	**außerbörslich**

P.A. [ˌpiː ˈeɪ]
personal assistant [ˌpɜːsənl əˈsɪstənt] | **persönliche(r) Assistent(in)**

PAYE [ˌpiː eɪ waɪ ˈiː] pay-as-you-earn [ˌpeɪ əz juː ˈɜːn] | **Steuerabzug** (bei Auszahlung des Lohns oder Gehalts), **Quellenabzug**

PDS US [ˌpiː diː ˈes] personal data sheet [ˈpɜːsənl ˈdeɪtə ʃiːt] | **tabellarischer Lebenslauf**

per pro [ˌpɜː ˈprəʊ] per procurationem lat. [ˌpə prɒkjuəræt'ɪəʊnəm] | **im Auftrag** (i.A.)

PIN [pɪn] personal identification number [ˌpɜːsənl aɪˌdentɪfɪˌkeɪʃn nʌmbə] | **persönliche Geheimnummer**

P/N [ˌpiː ˈen]
promissory note [ˈprɒmɪsəri nəʊt] | **Eigenwechsel, Solawechsel, Schuldschein**

p.m. [ˌpiː ˈem]
post meridiem lat. [ˈpəʊstməˈrɪdɪəm] | **nachmittags**

P.O. n [ˌpiː ˈəʊ]
postal order [ˌpəʊstl ˈɔːdə] | **Postbarscheck** (in festen Stückelungen)

p.p. [ˌpiː ˈpiː] per procurationem lat. [ˌpə prɒkjuəræt'ɪəʊnəm] | **i.A.** (im Auftrag)

plc GB [ˌpiː el ˈsiː] public limited company [ˌpʌblɪk ˌlɪmɪtɪd ˈkʌmpəni] | **AG** (Aktiengesellschaft)

PPP [ˌpiː piː ˈpiː] polluter pays principle [pəˌluːtə ˈpeɪz prɪnsəpl] | **Verursacherprinzip**

P.S. [ˌpiː ˈes]
postscript [ˈpəʊstskrɪpt] | **P.S.** (Postskript(um))

PSBR [ˌpiː es biː ˈɑː]
public sector borrowing requirement [ˌpʌblɪk ˌsektə ˈbɒrəʊɪŋ rɪkwaɪəmənt] | **Kreditbedarf der öffentlichen Hand**

PT [ˌpiː ˈtiː] Pacific Time [pəˈsɪfɪk taɪm] | **Zeitzone an der amerikanischen Pazifikküste**

pty Australia, South Pacific [ˌpiː tiː ˈwaɪ] proprietary company [prəˌpraɪətri ˈkʌmpəni] | **GmbH** (Gesellschaft mit beschränkter Haftung)

R/D v [ˌɑː ˈdiː]
refer to drawer [rɪˌfɜː tə ˈdrɔːə] | **an den Aussteller zurück**

R&D [ˌɑːr ən ˈdiː] research and development [rɪˌsɜːtʃ ənd dɪˈveləpmənt] | **F&E** (Forschung und Entwicklung)

RAC GB [ˌɑːr eɪ ˈsiː] Royal Automobile Club [ˌrɔɪəl ˈɔːtəməbiːl klʌb] | **britischer Automobilclub**

RDF [ˌɑː diː ˈef] refuse-derived fuel ['refjuːs dɪ'raɪvd fjuːəl] — **BRAM** (Brennstoff aus Müll)

S&L US [ˌes ənd 'el] savings & loan association [ˌseɪvɪŋz ənd 'ləʊn əsəʊsieɪʃn] — **Spar- und Darlehenskasse, Bausparkasse**
➲ thrift

SDA GB [ˌes diː 'eɪ] severe disablement allowance [sɪˌvɪə dɪs'eɪblmənt əlaʊəns] — **Schwerbehindertenzulage**

SEA [ˌes iː 'eɪ] Single European Act [ˌsɪŋgl jʊərəˌpiːən 'ækt] — **EEA** (Einheitliche Europäische Akte)

SEC US [ˌes iː 'siː] Securities and Exchange Commission [sɪˌkjʊərətiz ənd ɪks'tʃeɪndʒ kəmɪʃn] — **amerikanische Börsenaufsichtsbehörde**

SERPS GB [sɜːps] state earnings-related pension scheme [ˌsteɪt ˌɜːnɪŋzrɪleɪtɪd 'penʃn skiːm] — **einkommensabhängige staatliche Rentenversicherung**

SIB GB [ˌes aɪ 'biː] Securities and Investment Board [sɪˌkjʊərətiz ənd ɪn'vestmənts bɔːd] — **britische Börsenaufsichtsbehörde**

SSI GB [ˌes es 'aɪ] supplementary security income [sʌplɪˌmentri sɪ'kjʊərəti ɪnkʌm] — **Sozialhilfe**

SSP GB [ˌes es 'piː] statutory sick pay [ˌstætʃətri 'sɪk peɪ] — **gesetzliches Krankengeld**

TALISMAN GB ['tælɪzmən] Transfer Accounting Lodgment for Investors and Stock Management [ˌtrænsfɜːr əˌkaʊntɪŋ ˌlɒdʒmənt fər ɪnˌvestəz ənd 'stɒk mænɪdʒmənt] — **computergesteuertes System zum Kauf und Verkauf von Wertpapieren**

TAURUS GB ['tɔːrəs] Transfer of Automated Registration of Uncertified Stock [ˌtrænsfɜːr əv ˌɔːtəmeɪtɪd ˌredʒɪ'streɪʃn əv ˌʌnsɜːtɪfaɪd 'stɒk] — **EDV-gestütztes Kursnotierungssystem**
➲ NASDAQ

TGWU GB [ˌtiː dʒiː ˌdʌbljuː 'juː] Transport and General Workers' Union [ˌtrænspɔːt ənd ˌdʒenrəl 'wɜkəz 'juːnɪən] — **Transportarbeitergewerkschaft**

TIR [ˌtiː aɪ 'ɑː] Transport International Routier frz. [ˌtrænspɔːt ɪntəˌnæʃnəl ru'tjeɪ] — **TIR** (europäisches Straßenverkehrsabkommen)

TOFC [ˌtiː əʊ ef 'siː] trailer on flat car [ˌtreɪlər ɒn 'flæt kɑː] — **Huckepack-**

TOPIC ['tɒpɪk] Teletext Output of Price Information by Computer [ˌtelitekst ˌaʊtpʊt əv 'praɪs ɪnfəmeɪʃn baɪ kəm'pjuːtə] — **EDV-gesteuertes Teletextinformationssystem der Börse**

TUC GB [ˌtiː juː 'siː] Trades Union Congress [ˌtreɪdz ˌjuːniən 'kɒŋgres] — **britischer Gewerkschaftsdachverband**

U/A [ˌjuː 'eɪ] unit of account [ˌjuːnɪt əv ə'kaʊnt] — **Rechnungseinheit**

USM [ˌjuː es 'em] unlisted securities market [ˌʌnlɪstɪd sɪ'kjʊərətiz mɑːkɪt] — **Markt für nicht notierte Wertpapiere**

UTC [ˌjuː tiː 'siː] Universal Time Coordinated [ˌjuːnɪ'vɜːsl taɪm ˌkəʊ'ɔːdɪneɪtɪd] — **Weltzeit** (früher GMT = Greenwich Mean Time)

VAT [ˌviː eɪ 'tiː] value added tax [ˌvæljuː ædɪd 'tæks] — **MwSt** (Mehrwertsteuer)

VDU [ˌviː diː 'juː] visual display unit [ˌvɪʒʊəl dɪ'spleɪ juːnɪt] — **Bildschirmgerät**

ZIP US [zɪp] zone improvement plan [zəʊn ɪm'pruːvmənt plæn] — **Postleitzahl(system)**

COMMERCIAL CORRES-PONDENCE

commercial correspondence n [kəˌmɜːʃl ˌkɒrəˈspɒndəns]

Geschäftskorrespondenz, Geschäftsbriefe

Our secretary administers all our commercial correspondence.

Unsere Sekretärin verwaltet unsere gesamte Geschäftskorrespondenz.

layout of a letter n [ˌleɪaʊt əv ə ˈletə]

Briefgestaltung

Careful attention should be paid to the layout of a letter.

Der Briefgestaltung sollte besondere Aufmerksamkeit geschenkt werden.

letterhead n [ˈletəhed]

Briefkopf

Business letters have a printed letterhead which gives information about the company.

➲ heading

Geschäftsbriefe haben einen gedruckten Briefkopf, der Informationen zum Unternehmen gibt.

heading n [ˈhedɪŋ]

Kopf (eines Briefs, Dokuments)

The heading should comprise the sender's name and address as well as the date.

➲ letterhead

Der Briefkopf sollte Name und Adresse des Absenders sowie das Datum enthalten.

attention n [əˈtenʃn] attn. [əˈtenʃn]

zu Händen (z. Hd.)

If you want to send this letter to Mr Walmsley personally, you should write "Attn. Mr Walmsley".

Wenn Sie diesen Brief an Herrn Walmsley persönlich schicken wollen, dann schreiben Sie „z. Hd. Herrn Walmsley".

reference n [ˈrefərəns]

Zeichen, Bezug

Please quote our reference QR257 when you pay the invoice

Geben Sie bitte unser Zeichen QR257 an, wenn Sie die Rechnung bezahlen.

reference initials n pl [ˈrefərəns ɪˈnɪʃlz]

Zeichen

The reference initials BPT/cm stand for Brenda Powell Thomas and her secretary Catherine Mullet.

Das Zeichen BPT/cm steht für Brenda Powell Thomas und ihre Sekretärin Catherine Mullet.

reference line n [ˈrefərəns laɪn]

Bezugszeile

The reference line is usually placed just after the salutation.

➲ subject heading, subject line

Die Bezugszeile steht normalerweise unmittelbar nach der Anrede.

subject heading n [ˈsʌbdʒɪkt ˌhedɪŋ]

Bezugszeile

The subject heading enables the reader to see at once what the letter is about.

➲ reference line, subject line

Die Bezugszeile gibt dem Leser sofort darüber Aufschluss, worum es in diesem Brief geht.

Howard Thompson
(London) Limited
Chartered Loss Adjusters
Trinity Court 38 Trinity Square
London EC3N 4TH

Telephone: (017) 265 06 12
Facsimile: (017) 481 20 23
E-mail: h.th.@compuserve.com

Howard Thompson Group

Date: 04 July 1997

Our Ref: LN/325/Tom Budd/AJ

Your Ref:

D Kerner
68 Jermyn Street
London
SW1Y 6LX

Dear Mr Kerner,

Re: Theft of Computer system

I refer to my letter dated 13th July 1997 and would be grateful to receive your reply so that claim can be progressed to settlement.

Yours sincerely

subject line n ['sʌbdʒɪkt laɪn]

The subject line shows the reader what the letter is about.

➲ reference line, subject heading

Bezugszeile

Die Bezugszeile zeigt dem Leser, worum es in dem Brief geht.

refer to v [rɪ'fɜː tə]

We refer to your advertisement in today's "Daily Telegraph".

sich beziehen auf

Wir beziehen uns auf Ihre Anzeige in der heutigen Ausgabe des „Daily Telegraph".

salutation n [ˌsælju'teɪʃn]

While "Gentlemen" is used in American English, the typical British salutation is "Dear Sirs" or "Dear Sir / Madam".

Anrede

Während „Gentlemen" im Amerikanischen verwendet wird, ist die typische britische Anrede „Dear Sirs" oder „Dear Sir / Madam".

title n ['taɪtl]

The title "Messrs" is used to address several male individuals or members of a partnership.

Titel

Der Titel „Messrs" (Abkürzung von „Messieurs") wird als Anrede für mehrere männliche Personen bzw. Teilhaber einer Personengesellschaft verwendet.

opening paragraph n [ˌəʊpənɪŋ 'pærəgrɑːf]

The opening paragraph often introduces the subject of the letter and conveys the writer's feelings on the matter.

➲ opening lines

Einleitung, einleitender Absatz

Die Einleitung gibt oft Aufschluss über den Inhalt des Briefes und die Haltung des Schreibers zum Thema.

opening lines n pl [ˌəʊpənɪŋ 'laɪnz]

The opening lines will refer to the matter in hand and express the writer's attitude.

➲ opening paragraph

Einleitung, einleitende Zeilen

Die Einleitung geht in der Regel auf den jeweiligen Sachverhalt ein und drückt die Einstellung des Schreibers aus.

body of the letter n [ˌbɒdi ɒv ðə 'letə]

Splitting the body of the letter into short paragraphs greatly facilitates reading.

Hauptteil des Briefes

Das Lesen eines Briefes ist deutlich leichter, wenn der Hauptteil in kleinere Abschnitte unterteilt ist.

indentation n [ˌɪnden'teɪʃn]

Indentations help to structure a letter.

Einrückung

Einrückungen helfen bei der Gliederung eines Briefes.

closing paragraph n [ˌkləʊzɪŋ 'pærəgrɑːf]

The closing paragraph should serve as a summary of what has been said before.

➲ closing lines

Schlussteil

Der Schlussteil sollte als Zusammenfassung des zuvor Gesagten dienen.

closing lines n pl [ˌkləʊzɪŋ 'laɪnz]

"We look forward to hearing from you at your earliest convenience" is a typical closing line.

➲ closing paragraph

Schlusszeilen, Schlussteil

„Wir sehen Ihrer Rückantwort zum schnellst möglichen Termin (mit Interesse) entgegen" ist eine typische Schlusszeile.

complimentary close n [ˌkɒmplɪˌmentri 'kləʊz]

If the addressee is addressed by his name, the complimentary close should be "Yours sincerely"; otherwise "Yours faithfully" is used.

Schlussformel

Wenn der Adressat mit Namen angeredet wird, dann sollte die Schlussformel „Yours sincerely" lauten; sonst wird „Yours faithfully" verwendet.

p.p. prep [ˌpiː piː] **per pro** prep [ˌpɜː 'prəʊ] per procurationem lat. [ˌpə prɒkjuəræt'ɪəʊnəm]

Per pro. or p.p. (per procurationem) signatures are often used by secretaries in their bosses absence.

i.A. (im Auftrag)

Unterschriften mit dem Vermerk „i.A." (im Auftrag) werden oftmals von Sekretärinnen verwendet, wenn ihre Vorgesetzten abwesend sind.

enclosure(s) n [ɪn'kləʊʒəz] enc(l) [ɪn'kləʊʒəz]

The reference "encl." indicates the presence of an enclosure, although the latter should also be referred to in the letter itself.

Anlage(n)

Der Hinweis „Anlage" verweist darauf, dass eine Anlage beigefügt wurde. Allerdings sollte auch im Brief selbst darauf hingewiesen werden.

postscript n ['pəʊstskrɪpt] P.S. [ˌpiː 'es]

A postscript may be used if it refers to something that is best separated from the body of the letter.

Postskript(um) (P.S.)

Ein Postskriptum kann verwendet werden, wenn es sich auf etwas bezieht, das sinnvollerweise vom Hauptteil des Briefes getrennt werden sollte.

initial v [ɪ'nɪʃl]

Please initial the draft before passing it on.

abzeichnen, paraphieren

Bitte zeichen Sie die Vorlage vor Weiterreichung ab.

initials n pl [ɪ'nɪʃlz]

Our head of department, Margaret MacGregor, uses the initials MM.

(Namens-)Kürzel, Initiale

Unsere Abteilungsleiterin, Margaret MacGregor, verwendet das Kürzel MM.

date n [deɪt]

When writing the date, the Americans usually start with the month, but omit "th", "st", "nd" or "rd" after the day.

Datum

Wenn Amerikaner das Datum angeben, beginnen sie gewöhnlich mit dem Monat, lassen dafür jedoch die Endungen „th", „st", „nd" bzw. „rd" nach dem Tag entfallen.

post(al) code n GB ['pəʊstl kəʊd]

If you forget the post code, it might take longer for the letter to arrive.

➲ Zip code

Postleitzahl

Wenn Sie die Postleitzahl vergessen, kann es länger dauern, bis der Brief ankommt.

ZIP code n US ['zɪp kəʊd]
zone improvement plan code
[zəʊn ɪm'pruːvmənt plæn kəʊd]

The letter will probably take longer if you forgot to include the zip code in the address.

➲ post(al) code

Postleitzahl

Der Brief wird wahrscheinlich später ankommen, wenn Sie die Postleitzahl vergessen haben.

enquire v [ɪn'kwaɪə]

We refer to your letter of the 3rd inst. in which you enquire about our latest range of home furnishings.

➲ inquire

anfragen, sich erkundigen

Wir beziehen uns auf Ihr Schreiben vom 3. d. M., in dem Sie sich nach unserer neusten Heimtextilienkollektion erkundigen.

enquiry n [ɪn'kwaɪəri]

We have received your inquiry of 21st inst.

➲ inquiry

Anfrage

Wir haben Ihre Anfrage vom 21. d. M. erhalten.

inquire v [ɪn'kwaɪə]

We refer to your letter of the 3rd inst. in which you inquire about our latest range of home furnishings.

➲ enquire

anfragen, sich erkundigen

Wir beziehen uns auf Ihr Schreiben vom 3. d. M., in dem Sie sich nach unserer neusten Heimtextilienkollektion erkundigen.

inquiry n [ɪn'kwaɪəri]

We have received your inquiry of 21st inst.

➲ inquiry

Anfrage

Wir haben Ihre Anfrage vom 21. d. M. erhalten.

appreciate v [ə'priːʃieɪt]

Delivery by the end of the month would be greatly appreciated.

dankbar sein, zu schätzen wissen

Wir wären Ihnen sehr dankbar, wenn Sie bis zum Monatsende liefern könnten.

be obliged v [bi ə'blaɪdʒd]

We should be much obliged if you would forward some samples.

verbunden sein

Wir wären Ihnen für die Zusendung einiger Muster sehr verbunden.

reminder n [rɪ'maɪndə] — **Mahnung, Mahnschreiben, Erinnerungsschreiben**

Perhaps we'd better send Messrs. Dunn & Ing a reminder. — Vielleicht sollten wir der Firma Dunn & Ing eine Mahnung schicken.

letter of complaint n [ˌletər əv kəm'pleɪnt] — **Beschwerdebrief**

Letters of complaint should be given instant attention. — Auf Beschwerdebriefe sollte sofort eingegangen werden.

complaint n [kəm'pleɪnt] — **Mängelrüge, Beanstandung**

We are currently looking into your complaint and will be in touch in due course. — Wir bearbeiten zur Zeit Ihre Mängelrüge und werden Sie in dieser Angelegenheit auf dem Laufenden halten.

adjust a complaint v [əˌdʒʌst ə kəm'pleɪnt] — **einer Beschwerde abhelfen**

We trust that we shall be able to adjust this complaint to your satisfaction. — Wir sind uns sicher, dass wir dieser Beschwerde zu Ihrer Zufriedenheit abhelfen können.

compensation n [ˌkɒmpen'seɪʃn] — **Schadenersatz, Entschädigung**

Demands for compensation should always be made in writing. — Schadenersatzforderungen sollten immer schriftlich geltend gemacht werden.

➲ redress

redress n [rɪ'dres] — **Schadenersatz, Entschädigung**

If a buyer has sufficient reason for a serious complaint, he should demand redress. — Wenn ein Käufer hinreichenden Grund für eine ernsthafte Mängelrüge hat, dann sollte er Schadenersatz fordern.

➲ compensation

meet (the) requirements v [ˌmiːt ðə rɪ'kwaɪəmənts] — **(den) Anforderungen genügen**

It is essential that the goods meet our requirements. — Es ist unabdingbar, dass die Ware unseren Anforderungen genügt.

terms and conditions n [ˌtɜːmz ənd kən'dɪʃnz] — **allgemeine Geschäftsbedingungen**

Our terms and conditions are printed on the reverse. — Unsere allgemeinen Geschäftsbedingungen sind auf der Rückseite abgedruckt.

order v ['ɔːdə] — **bestellen**

We are pleased to order another 50 copies of the new dictionary. — Wir bestellen hiermit weitere 50 Exemplare des neuen Wörterbuchs.

order n ['ɔːdə] — **Bestellung, Auftrag**

We have received your order of 21st inst, for which we thank you. — Wir bestätigen hiermit dankend den Eingang Ihrer Bestellung vom 21. d. M.

first order n [ˌfɜːst 'ɔːdə] — **Erstauftrag**

We would point out that this is only a first order and that others may well follow. — Wir erlauben uns, darauf hinzuweisen, dass es sich hier nur um einen Erstauftrag handelt und dass weitere Aufträge folgen können.

➲ initial order

repeat order n [rɪ'piːt ˌɔːdə]

We would be pleased to receive a repeat order, and remain …

Folgeauftrag

Wir würden uns über einen Folgeauftrag freuen und verbleiben ...

initial order n [ɪˌnɪʃl 'ɔːdə]

We would point out that this is our initial order and that others may well follow.

➲ first order

Erstauftrag

Wir erlauben uns, darauf hinzuweisen, dass dies unser Erstauftrag ist und dass weitere Aufträge folgen können.

trial order n ['traɪəl ˌɔːdə]

We hope that a trial order will convince you of the superior quality of our products.

Probeauftrag

Wir hoffen, dass ein Probeauftrag Sie von der hohen Qualität unserer Produkte überzeugen wird.

rescind v [rɪ'sɪnd]

Since our supplier put up their prices without warning we saw ourselves forced to rescind the order.

➲ cancel

stornieren, rückgängig machen

Da unser Lieferant ohne Vorwarnung seine Preise erhöht hat, sahen wir uns gezwungen, den Auftrag zu stornieren.

cancel v ['kænsl]

We reserve the right to cancel the order.

➲ rescind

stornieren, rückgängig machen

Wir behalten uns das Recht vor, den Auftrag zu stornieren.

cancellation n [ˌkænsə'leɪʃn]

Any failure to deliver the goods within the stipulated time will result in a cancellation of the order.

Stornierung

Sollte die Ware nicht fristgemäß geliefert werden, so würde dies zu einer Stornierung des Auftrags führen.

order form n ['ɔːdə fɔːm]

Please find enclosed 20 order forms in the new format.

➲ purchase order form

Auftragsformular, Bestellformular

In der Anlage finden Sie 20 Auftragsformulare in der überarbeiteten Form.

purchase order form n ['pɜːtʃəs ɔːdə fɔːm]

Large manufacturers often have their own purchase order forms.

➲ order form

Auftragsformular, Bestellformular

Großhersteller haben oft ihre eigenen Auftragsformulare.

place an order v [ˌpleɪs ən 'ɔːdə]

Having examined the samples referred to above, we are pleased to place an order for 2000 items of article No 202.

einen Auftrag erteilen

Nach eingehender Prüfung der oben erwähnten Muster freuen wir uns, Ihnen einen Auftrag über 2000 Stück von Artikel nr.202 zu erteilen.

acknowledgement n [ək'nɒlɪdʒmənt]

Companies usually respond to orders received by sending an acknowledgement.

(Auftrags-)Bestätigung

Firmen reagieren in der Regel auf Auftragseingänge, indem sie eine Auftragsbestätigung schicken.

offer v ['ɒfə]

We've been offered half a million pounds for the property.

(an-)bieten

Für diese Immobilie ist uns eine halbe Million Pfund geboten worden.

COMMERCIAL CORRESPONDENCE

offer n ['ɒfə]
It was an offer that we simply couldn't refuse.

Angebot
Es war ein Angebot, das wir einfach nicht ablehnen konnten.

subject offer n ['sʌbdʒɪkt ɒfə]
A subject offer usually has a deadline.

Angebot mit Vorbehalt
Ein Angebot mit Vorbehalt ist gewöhnlich an eine Frist gebunden.

firm offer n [ˌfɜːm 'ɒfə]
A firm offer is binding on the seller while stocks last.

Festangebot, festes Angebot
Ein Festangebot ist für den Verkäufer verbindlich, solange die Vorräte reichen.

unsolicited offer n [ˌʌnsəlɪsɪtɪd 'ɒfə]
Unsolicited offers are a widespread form of advertising.
➲ voluntary offer

unverlangtes Angebot
Unverlangte Angebote sind eine weit verbreitete Form von Werbung.

voluntary offer n [ˌvɒləntri 'ɒfə]
Perhaps we should send all our former customers voluntary offers.
➲ unsolicited offer

unverlangtes Angebot
Vielleicht sollten wir all unseren ehemaligen Kunden unverlangte Angebote zuschicken.

counter-offer n ['kaʊntər ɒfə]
Bartering is based on offer and counter-offer.

Gegenangebot
Der Tauschhandel basiert auf Angebot und Gegenangebot.

price list n ['praɪs lɪst]
Please note that the enclosed price list is only valid until 31st March.

Preisliste
Bitte beachten Sie, dass die beiliegende Preisliste nur bis zum 31. März gültig ist.

quotation n [kwəʊ'teɪʃn]
I'm afraid your quotation is in excess of what we can afford.
➲ quote

(Preis-)Angebot
Leider liegt Ihr Angebot über dem, was wir uns leisten können.

quote n coll [kwəʊt]
Another firm was able to offer a lower quote.
➲ quotation

(Preis-)Angebot
Eine andere Firma konnte ein niedrigeres Angebot machen.

quote v [kwəʊt]
We would ask you to quote all prices CIF.

(Preis) angeben
Wir möchten Sie bitten, alle Preise CIF anzugeben.

without engagement adv [wiˌðaʊt ɪn'geɪdʒmənt]
All the prices quoted are without engagement.

unverbindlich, freibleibend
Alle Preisangaben sind unverbindlich.

discount n ['dɪskaʊnt]
We can offer a discount of 5% if you order more than 1000 items.
➲ rebate

Rabatt, Nachlass
Wir können 5% Rabatt anbieten, wenn Sie mehr als 1000 Artikel bestellen.

trade discount n ['treɪd ˌdɪskaʊnt]	**Händlerrabatt**
Please let us know what trade discount you allow on orders in excess of £10,000.	Bitte teilen Sie uns mit, welchen Händlerrabatt Sie auf Aufträge über mehr als 10.000 Pfund gewähren.
sample n ['sɑːmpl]	**Muster, Probe**
Perhaps you could let us have some samples from your latest range of perfumes.	Könnten Sie uns bitte einige Muster Ihres neusten Parfümsortiments zuschicken?
on approval adv [ɒn ə'pruːvl]	**zur Ansicht**
We have taken the liberty of sending you some of our latest publications on approval.	Wir erlauben uns, Ihnen einige unserer neusten Publikationen zur Ansicht zu schicken.
acceptance n [ək'septəns]	**Annahme**
This special offer is subject to acceptance by the end of the month.	Dieses Angebot gilt nur vorbehaltlich seiner Annahme bis spätestens zum Monatsende.
on sale or return adv [ɒn ˌseɪl ɔː rɪ'tɜːn]	**in Kommission, mit Rückgaberecht**
Goods on sale or return remain the property of the supplier until sold.	Kommissionsware verbleibt bis zum Verkauf Eigentum des Lieferanten.
commission v [kə'mɪʃn]	**beauftragen, in Auftrag geben**
A British firm of architects has been commissioned to design the new airport.	Ein britisches Architektenbüro ist mit dem Entwurf für den neuen Flughafen beauftragt worden.
supply v [sə'plaɪ]	**liefern**
You would be required to supply lubricants on a regular basis.	Sie müssten in der Lage sein, regelmäßig Schmierstoffe zu liefern.
supply n [sə'plaɪ]	**Lieferung**
We have specialized in the supply of rubber products.	Wir haben uns auf die Lieferung von Gummierzeugnissen spezialisiert.
supply from stock v [səˌplaɪ frəm 'stɒk]	**ab Lager liefern**
We trust that you will be able to supply from stock.	Wir hoffen, dass Sie ab Lager liefern können.
supplier n [sə'plaɪə]	**Lieferant**
One of our suppliers has gone out of business.	Einer unserer Lieferanten hat sein Geschäft aufgegeben.
deliver v [dɪ'lɪvə]	**zustellen, (aus-)liefern**
Courier services deliver all kinds of items round the clock.	Kurierdienste stellen alle Arten von Sendungen rund um die Uhr zu.
delivery date n [dɪ'lɪvəri deɪt]	**Liefertermin**
We must insist on the delivery date being met.	Wir müssen auf der Einhaltung des Liefertermins bestehen.
terms of delivery n [ˌtɜːmz əv dɪ'lɪvəri]	**Lieferbedingungen**
Our terms of delivery are set out on the enclosed sheet.	Unsere Lieferbedingungen finden Sie auf dem beiliegenden Blatt.

deadline n ['dedlaɪn]

We've got to meet the deadline at all costs.

Termin, Frist

Wir müssen unbedingt den Termin einhalten.

terms of payment n [ˌtɜːmz əv 'peɪmənt]

Our terms of payment are distinctly generous.

Zahlungsbedingungen

Unsere Zahlungsbedingungen sind ausgesprochen großzügig.

settle an account v [ˌsetl ən ə'kaʊnt]

All accounts should be settled within a fortnight of receipt of invoice.

eine Rechnung begleichen

Alle Rechnungen sollten innerhalb von vierzehn Tagen nach Rechnungseingang beglichen werden.

pro forma invoice n [ˌprəʊ'fɔːmə ɪnvɔɪs]

A proforma invoice is sent in advance of the goods supplied.

Proforma-Rechnung

Eine Proforma-Rechnung wird vor der Warenauslieferung zugeschickt.

credit inquiry n ['kredɪt ɪn'kwaɪəri]

Naturally credit inquiries are strictly confidential.

Bitte um Kreditauskunft

Es versteht sich von selbst, dass Bitten um Kreditauskünfte streng vertraulich sind.

tender n ['tendə]

Government agencies are required by law to accept the cheapest tender.

Angebot, Submissionsofferte

Behörden sind gesetzlich verpflichtet, das niedrigste Angebot anzunehmen.

tender (for) v ['tendə fə]

We have decided not to tender for this government contract.

sich an einer Ausschreibung beteiligen, ein Angebot einreichen (für)

Wir haben entschieden, uns nicht an der Ausschreibung für diesen Regierungsauftrag zu beteiligen.

invite tenders v [ɪnˌvaɪt 'tendəz]

We invite tenders for the supply of the following items: ...

Angebot(e) erbitten, ausschreiben

Wir erbitten hiermit Angebote für die Lieferung folgender Posten: ...

representative n [ˌreprɪ'zentətɪv]

Our representative will call on you next Wednesday to help sort out the problem.

Vertreter(in)

Unser Vertreter wird Sie nächsten Mittwoch aufsuchen, um bei der Problemlösung behilflich zu sein.

prospective customer n [prəˌspektɪv 'kʌstəmə]

We suggest that you invite all prospective customers to a special presentation.
➲ prospect

potenzieller Kunde, Interessent

Wir schlagen Ihnen vor, alle potenziellen Kunden zu einer Sondervorführung einzuladen.

prospect n coll ['prɒspekt]

We believe Mr Jones is a good prospect.
➲ prospective customer

potenzieller Kunde, Interessent

Wir denken, dass Herr Jones ein guter potenzieller Kunde ist.

IN THE OFFICE

Office furniture and technology

desk n [desk]

I still have a lot of work on my desk.

Schreibtisch

Ich habe noch eine Menge Arbeit auf dem Schreibtisch.

office chair n ['ɒfɪs tʃeə]

An orthopaedic office chair is very comfortable.

Bürostuhl

Ein orthopädischer Bürostuhl ist sehr bequem.

swivel chair n ['swɪvl tʃeə]

All our swivel chairs have five castors.

Drehstuhl

All unsere Drehstühle haben fünf Rollen.

filing cabinet n ['faɪlɪŋ ˌkæbɪnət]

I keep all my boss's private correspondence in a filing cabinet.

Aktenschrank

Ich bewahre die gesamte Privatkorrespondenz meines Chefs in einem Aktenschrank auf.

suspension filing cabinet n [səˌspenʃn 'faɪlɪŋ kæbɪnət]

We keep all of our files in a suspension filing cabinet.

Hängeaktenschrank

Wir bewahren all unsere Akten in einem Hängeaktenschrank auf.

folder n ['fəʊldə]

We keep all our hard copy documents in folders, the rest are stored on computer.

Ordner

Wir bewahren alle unsere Dokumente in Ordnern auf, die restlichen Dateien werden im Computer gespeichert.

stationery n ['steɪʃənri]

Many offices in Britain use A4 stationery.

Briefpapier, Schreibwaren

Viele Büros in Großbritannien benutzen DIN A4 Briefpapier.

headed stationery n [ˌhedɪd 'steɪʃənri]

Since this is only a memo you shouldn't use our expensive headed stationery.

Briefpapier mit Briefkopf

Da dies nur eine innerbetriebliche Mitteilung ist, sollten Sie nicht unser teures Briefpapier mit Briefkopf verwenden.

data processing n [ˌdeɪtə 'prəʊsesɪŋ]

No modern office can do without data processing in some form or other.

Datenverarbeitung

Kein modernes Büro kommt ohne Datenverarbeitung in irgendeiner Form aus.

electronic data processing n [ɪlekˌtrɒnɪk 'deɪtə ˌprəʊsesɪŋ]
EDP [ˌiː diː 'piː]

The introduction of electronic data processing has made quite a number of office jobs superfluous.

elektronische Datenverarbeitung (EDV)

Die Einführung der elektronischen Datenverarbeitung hat eine ganze Reihe von Stellen im Bürobereich überflüssig gemacht.

computer n [kəm'pju:tə]

Practically every office nowadays has a computer.

Computer, Rechner

In nahezu jedem Büro findet man heutzutage einen Computer.

password n ['pɑ:swɜ:d]

You need to know the password if you want to use this computer

Passwort, Kennwort

Um diesen Computer zu benutzen, müssen Sie das Passwort kennen.

file n [faɪl]

Rather than store documents in a filing cabinet you can save them as files on computer.

Datei

Statt Dokumente in einem Aktenschrank abzulegen, kann man sie auf dem Computer als Dateien ablegen.

store v [stɔ:]

Modern typewriters can store texts before printing them.

speichern

Moderne Schreibmaschinen können Texte speichern, bevor sie sie drucken.

monitor n ['mɒnɪtə]

Unfortunately you can't see the whole document on the monitor.

Monitor, Bildschirm

Leider kann man nicht das ganze Dokument auf dem Monitor sehen.

screen n [skri:n]

It's about time someone introduced screens which show an entire A4-page.

Bildschirm

Es ist höchste Zeit, dass jemand Bildschirme einführt, die eine gesamte DIN A4-Seite zeigen.

central processing unit n [ˌsentrəl 'prəʊsesɪŋ ju:nɪt] CPU [ˌsi: pi: 'ju:]

The central processing unit of a computer is its most important component.

Prozessor

Der Prozessor ist das Herzstück eines Computers.

hardware n ['hɑ:dweə]

Computer hardware has become fairly cheap lately.

Hardware

Computer-Hardware ist in letzter Zeit ziemlich billig geworden.

software n ['sɒftweə]

A computer is useless without proper software.

Software, Anwenderprogramm

Ohne ordentliche Software ist ein Computer nutzlos.

mouse n [maʊs]

You cannot really use this program properly without a mouse.

Maus

Ohne Maus kann man dieses Programm nicht richtig benutzen.

mouse pad n ['maʊs pæd]

The mouse can easily be moved about on a mouse pad.

Mauspad

Auf einem Mauspad läßt sich die Maus leicht bewegen.

keyboard n ['ki:bɔ:d]

You will not find any umlauts on a British keyboard.

Tastatur

Auf einer britischen Tastatur gibt es keine Umlaute.

key n [ki:]

If you wish to use a backslash, you must press these two keys at the same time.

Taste

Wenn Sie den Backslash benutzen wollen, müssen Sie gleichzeitig diese beiden Tasten drücken.

laptop n ['læptɒp]

A laptop allows you to take "the office" home with you.

Laptop

Ein Laptop ermöglicht es einem, das „Büro" mit nach Hause zu nehmen.

modem n ['məʊdem]

You need a modem, a telephone line, and a computer for access to the Internet.

Modem

Um Zugang zum Internet zu erhalten, braucht man ein Modem, einen Telefonanschluss und einen Computer.

Internet n ['ɪntənct]

Information can be retrieved practically immediately through the Internet from anywhere in the world.

Internet

Mit Hilfe des Internet kann man praktisch sofort aus allen Teilen der Erde Informationen einholen.

dot matrix printer n ['dɒt 'meɪtrɪks prɪntə]

It's about time we upgraded our computer system. For instance, we've only got a rather old dot matrix printer.

Nadeldrucker

Es ist an der Zeit, unsere Computerausrüstung zu modernisieren. Wir haben z.B. nur einen ziemlich alten Nadeldrucker.

ink jet printer n ['ɪŋkdʒet prɪntə]

Make sure that you don't spill anything on that document. It was printed by an ink jet printer, so all the contours would blur.

Tintenstrahldrucker

Pass auf, dass du nichts auf dem Dokument verschüttest. Es wurde auf einem Tintenstrahldrucker gedruckt, und die Konturen würden sonst verschwimmen.

laser printer n ['leɪzə prɪntə]

By far the best – although also the most expensive – way of printing documents is to use a laser printer.

Laserdrucker

Bei weitem die beste, wenn auch die teuerste Art, Dokumente zu drucken, ist es, einen Laserdrucker zu benutzen.

dictaphone n ['dɪktəfəʊn]

Audiotypists are used to working with a dictaphone.

Diktaphon, Diktiergerät

Phonotypisten sind daran gewöhnt, mit dem Diktaphon zu arbeiten.

typewriter n ['taɪpraɪtə]

The typewriter was invented in the nineteenth century by someone living in a small South Tyrolean village.

Schreibmaschine

Die Schreibmaschine wurde im neunzehnten Jahrhundert von jemandem aus einem kleinen Südtiroler Dorf erfunden.

electronic typewriter n [ɪlek,trɒnɪk 'taɪpraɪtə]

On an electronic typewriter you can type something and then check the spelling before printing it.

elektronische Schreibmaschine

Auf einer elektronischen Schreibmaschine kann man etwas schreiben und auf die Rechtschreibung hin überprüfen, bevor man es ausdruckt.

daisywheel n ['deɪziwi:l]

Most typewriters are equipped with daisywheels.

Typenrad

Die meisten Schreibmaschinen haben Typenräder.

golfball n ['gɒlfbɔ:l]

Most typewriters have either a golfball or a daisywheel.

Kugelkopf

Die meisten Schreibmaschinen haben entweder einen Kugelkopf oder ein Typenrad.

telephone n ['telɪfəʊn]
The telephone is right next to the computer.

Telefon
Das Telefon steht direkt neben dem Computer.

cellular phone n [ˌseljələ 'fəʊn]
In many jobs, e.g. that of a sales representative, a cellular phone is indispensable.
➲ mobile phone

Handy, Mobiltelefon
In vielen Berufen, z.B. dem des Handelsvertreters, ist ein Handy unentbehrlich.

mobile phone n [ˌməʊbaɪl 'fəʊn]
Mobile phones have become increasingly popular.
➲ cellular phone

Mobiltelefon, Handy
Mobiltelefone erfreuen sich zunehmender Beliebtheit.

portable phone n [ˌpɔːtəbl 'fəʊn]
The portable phone is fast replacing the ordinary telephone.

schnurloses Telefon
Das schnurlose Telefon ist dabei, das normale Telefon abzulösen.

intercom n ['ɪntəkɒm]
If my line is engaged, you can try to contact me via the intercom.

Haustelefon, Sprechanlage
Wenn meine Leitung besetzt ist, können Sie versuchen, mich über das Haustelefon zu erreichen.

receiver n [rɪ'siːvə]
On lifting the receiver you will hear the dialling tone.

Hörer
Beim Abnehmen des Hörers hören Sie das Amtszeichen.

trunk call n US ['trʌŋk kɔːl]
Trunk calls are most expensive between 9 a.m. and 5 p.m.

Ferngespräch
Ferngespräche sind zwischen 9 und 17 Uhr am teuersten.

busy adj US ['bɪzi]
If the line's busy try again in a few minutes.
➲ engaged

besetzt
Wenn die Leitung besetzt ist, versuchen Sie es in ein paar Minuten noch einmal.

engaged adj GB [ɪn'geɪdʒd]
My boss must be on the phone again. The line's been engaged for one hour now.
➲ busy

besetzt
Bestimmt telefoniert mein Chef schon wieder. Die Leitung ist schon seit einer Stunde besetzt.

engaged tone n [ɪn'geɪdʒd təʊn]
When you hear the engaged tone you have to ring back later.

Besetztzeichen
Wenn Sie das Besetztzeichen hören, müssen Sie später noch einmal anrufen.

dial n ['daɪəl]
Telephones have either a dial or a push-button dialling system.

Wählscheibe
Telefone haben entweder eine Wählscheibe oder Drucktastenwahl.

dial code n US ['daɪəl kəʊd]
The dial code for international calls to the United States is 001.
➲ dialling code

Vorwahl
Die Ländervorwahl für die Vereinigten Staaten ist 001.

dialling code n GB ['daɪəlɪŋ kəʊd]

The company is in Manchester. So don't forget the dialling code.

➲ dial code

Vorwahl

Die Firma ist in Manchester. Vergiss also nicht die Vorwahl.

dial tone n US ['daɪəl təʊn]

On lifting the receiver you will hear the dial tone.

➲ dialling tone

Freizeichen, Amtszeichen

Beim Abnehmen des Hörers hören Sie das Freizeichen.

dialling tone n GB ['daɪəlɪŋ təʊn]

Something must be wrong with our phone. I didn't even hear the dialling tone when I lifted the receiver.

➲ dial tone

Freizeichen, Amtszeichen

Irgendetwas muss an unserem Telefon kaputt sein. Ich habe nicht einmal das Freizeichen gehört, als ich den Hörer abnahm.

re-dial v [ˌriː'daɪəl]

Press the re-dialling button if you want to re-dial the same number.

noch einmal wählen

Drücken Sie auf die Wahlwiederholungstaste, wenn Sie dieselbe Nummer noch einmal wählen wollen.

push-button dialling n ['pʊʃbʌtn daɪəlɪŋ]

Most modern telephones are equipped with push-button dialling.

Drucktastenwahl

Die meisten modernen Telefone haben Drucktastenwahl.

telephone book n US ['telɪfəʊn bʊk]

Of course, off-directory numbers are not in the telephone book.

➲ telephone directory

Telefonbuch

Natürlich stehen Geheimnummern nicht im Telefonbuch.

telephone directory n GB ['telɪfəʊn dərektəri]

Telephone subscribers can choose whether or not to have their names listed in the telephone directory.

➲ telephone book

Telefonbuch

Fernsprechteilnehmer können wählen, ob sie im Telefonbuch stehen wollen.

Yellow Pages n pl [ˌjeləʊ 'peɪdʒɪz]

The Yellow Pages list telephone subscribers according to their trades.

Gelbe Seiten, Branchentelefonbuch

Die Gelben Seiten führen Fernsprechteilnehmer je nach Gewerbe auf.

directory enquiries n pl [dəˌrektəri ɪn'kwaɪəriz]

In Britain you dial 192 for directory enquiries.

(Fernsprech-)Auskunft

In Großbritannien hat die Auskunft die Nummer 192.

extension n [ɪk'stenʃn]

If Mrs Adam's line is engaged, could you give me her extension number, please?

Durchwahl, Apparat

Wenn Frau Adams Leitung besetzt ist, könnten Sie mir bitte ihre Durchwahl geben?

operator n ['ɒpəreɪtə]

In emergencies ring 100 for the operator.

Vermittlung

In Notfällen rufen Sie die Vermittlung unter 100 an.

switchboard n ['swɪtʃbɔːd]
(Telefon-)Zentrale, Vermittlung

For outside calls ring the switchboard.
Für Gespräche außer Haus wählen Sie die Zentrale an.

put s.o. through v [ˌpʊt sʌmwʌn 'θruː]
jdn durchstellen, jdn verbinden

Mrs Snyder's line is free now. Shall I put you through?
Frau Snyders Leitung ist jetzt frei. Soll ich Sie durchstellen?

route a call v [ˌruːt ə 'kɔːl]
einen Anruf durchstellen, ein Gespräch verbinden

It's one of the operator's main jobs to route incoming calls.
Es ist eine der Hauptaufgaben der Vermittlung, eingehende Anrufe durchzustellen.

internal call n [ɪnˌtɜːnl 'kɔːl]
Hausgespräch, internes Gespräch

Internal calls must be interrupted if an outside caller is on the line.
Hausgespräche müssen unterbrochen werden, wenn ein Anruf von außen kommt.

international call n [ɪntəˌnæʃnəl 'kɔːl]
Auslandsgespräch

International calls should be made in off-peak periods if at all possible.
Wenn möglich, sollten Auslandsgespräche zum Feierabendtarif geführt werden.

radio pager n ['reɪdiəʊ peɪdʒə]
Pieper, Funkrufempfänger

My boss has a radio pager so that everyone can contact him when he is out of the office.
Mein Chef hat einen Pieper, damit jeder ihn erreichen kann, wenn er nicht im Hause ist.

answering machine n ['ɑːnsərɪŋ məʃiːn]
Anrufbeantworter

Colloquially a telephone answering machine is just called an answerphone in Britain.
➲ answerphone
Umgangssprachlich wird ein Anrufbeantworter in Großbritannien einfach „answerphone" genannt.

answerphone n coll ['ɑːnsəfəʊn]
Anrufbeantworter

Answerphones have become relatively cheap.
➲ answering machine
Anrufbeantworter sind relativ billig geworden.

fax machine n ['fæks məʃiːn]
Faxgerät

A fax machine can even be used for the transmission of technical drawings.
Ein Faxgerät kann sogar zur Übertragung technischer Zeichnungen benutzt werden.

fax n [fæks]
Fax

In order to speed up the process we would advise you to send us a fax.
Um die Angelegenheit zu beschleunigen, möchten wir Ihnen raten, uns ein Fax zu senden.

fax v [fæks]
faxen

If you want this letter to arrive on time you had better fax it.
Wenn Sie wollen, dass dieser Brief rechtzeitig ankommt, sollten Sie ihn faxen.

photocopier n ['fəʊtəʊkɒpiə]
Kopierer, Fotokopiergerät

Modern photocopiers have the advantage of being able to enlarge or reduce documents.
Moderne Kopierer haben den Vorteil, dass sie Dokumente vergrößern oder verkleinern können.

pocket calculator n ['pɒkɪt kælkjuleɪtə]

Pocket calculators are useful for minor mathematical computations.

Taschenrechner

Taschenrechner sind für kleinere mathematische Berechnungen ganz nützlich.

shredder n ['ʃredə]

Confidential papers which are no longer required have to be put through the shredder.

Reißwolf

Vertrauliche Papiere, die nicht mehr gebraucht werden, müssen in den Reißwolf geworfen werden.

visual display unit n [ˌvɪʒʊəl dɪ'spleɪ juːnɪt] VDU [ˌviː diː 'juː]

Visual display units help you check what you've written before you make a print-out of your text.

Bildschirmgerät

Bildschirmgeräte helfen Ihnen dabei zu überprüfen, was Sie geschrieben haben, bevor Sie einen Ausdruck Ihres Textes anfertigen.

telex machine n ['teleks məʃiːn]

Where telex machines are still used they are usually connected to a computer.

Fernschreiber, Telex

Wo Fernschreiber noch benutzt werden, sind sie gewöhnlich mit einem Computer verbunden.

overhead projector n [ˌəʊvəhed prə'dʒektə] OHP [ˌəʊ eɪtʃ 'piː]

For the presentation of our new product we need an overhead projector in the conference room.

Tageslichtprojektor, Overheadprojektor

Für die Vorstellung unseres neuen Produktes benötigen wir einen Tageslichtprojektor im Besprechungszimmer.

ballpoint pen n [ˌbɔːlpɔɪnt 'pen]

The ballpoint pen was invented by a Hungarian called Biro.

➲ biro

Kugelschreiber, Kuli

Der Kugelschreiber wurde von einem Ungarn namens Biro erfunden.

biro n ['baɪrəʊ]

I've run out of ink. Could you please pass me your biro?

➲ ballpoint pen

Kuli, Kugelschreiber

Ich habe keine Tinte mehr. Kannst du mir bitte deinen Kuli geben?

felt-tipped pen n [ˌfeltɪpt 'pen]

If you will leave the lid off your felt-tipped pen you shouldn't be surprised when it dries out.

Filzstift

Wenn du auch immer den Filzstift offen herumliegen lässt, musst du dich nicht wundern, wenn er austrocknet.

fountain pen n ['faʊntən pen]

Some people prefer to write with a fountain pen.

Füller, Füllfederhalter

Manche Leute schreiben lieber mit einem Füller.

highlighter n ['haɪlaɪtə]

Highlighters are good for marking passages in documents.

➲ text marker

Textmarker

Textmarker sind nützlich, um Abschnitte in einem Dokument zu markieren.

text marker n ['tekst mɑːkə]

I've used a text marker for marking the important passages in the contract.

➲ highlighter

Textmarker

Ich habe einen Textmarker benutzt, um die wichtigen Passagen in dem Vertrag zu markieren.

carbon paper n ['kɑːbən peɪpə]

Nowadays the photocopier is used largely in place of carbon paper.

Kohlepapier

Heutzutage hat der Kopierer weitgehend den Gebrauch von Kohlepapier ersetzt.

eraser n US [ɪ'reɪzə]

A rubber is called an eraser in the States.

➲ rubber

Radiergummi

Ein Radiergummi wird in den USA „eraser“ genannt.

rubber n GB ['rʌbə]

In Britain an eraser is called a rubber.

➲ eraser

Radiergummi

In Großbritannien nennt man ein Radiergummi „rubber“.

pencil sharpener n ['pensl ʃɑːpnə]

My pencil is blunt, may I borrow your pencil sharpener?

Bleistiftanspitzer, Spitzer

Mein Bleistift ist stumpf, kann ich mir Ihren Spitzer borgen?

ruler n ['ruːlə]

Could you pass me the ruler please.

Lineal

Könntest Du mir bitte das Lineal geben?

desk lamp n GB ['desk læmp]

We have just cancelled the order for 100 desk lamps.

➲ bureau lamp

Schreibtischlampe

Wir haben gerade die Bestellung von 100 Schreibtischlampen storniert.

bureau lamp n US ['bjʊərəʊ ˌlæmp]

We need to buy a new bureau lamp for the boss.

➲ desk lamp

Schreibtischlampe

Wir müssen dem Chef eine neue Schreibtischlampe kaufen.

Office layout

office n ['ɒfɪs]

Office workers usually receive a salary.

Büro

Büroangestellte erhalten gewöhnlich ein Gehalt.

open-plan office n [ˌəʊpənplæn 'ɒfɪs]

Open-plan offices are becoming increasingly popular.

Großraumbüro

Großraumbüros erfreuen sich zunehmender Beliebtheit.

office space n ['ɒfɪs speɪs]

We urgently require more office space for our new EDP department.

Büroraum, Bürofläche

Wir benötigen dringend mehr Büroraum für unsere neue EDV-Abteilung.

office block n ['ɒfɪs blɒk]

In two months' time we're going to move into our new office block.

Bürogebäude, Bürohochhaus

In zwei Monaten beziehen wir unser neues Bürogebäude.

headquarters n pl [ˌhed'kwɔːtəz]

Our company's headquarters is in Manchester.

Zentrale, Hauptsitz

Die Zentrale unserer Firma ist in Manchester.

premises n pl ['premɪsɪz] — **Betriebsräume, Geschäftsräume, Räumlichkeiten, Grundstück**

No loitering on the premises. — Unbefugter Aufenthalt (in den Betriebsräumen) verboten.

fixtures and fittings n pl [ˌfɪkstʃəz ənd 'fɪtɪŋz] — **Einbauten, Zubehör des Mieters/Pächters**

The office building was sold with all its fixtures and fittings. — Das Bürogebäude wurde mit sämtlichen Einbauten verkauft.

floor n [flɔː] — **Etage**

Our company headquarters is in a seven-floor building. — Unsere Zentrale befindet sich in einem siebengeschossigen Gebäude.

ground floor n GB ['graʊnd flɔː] — **Erdgeschoss**

The store rooms are on the ground floor. — Die Materialausgabe ist im Erdgeschoss.

first floor n ['fɜːst flɔː] — **erste Etage (GB), Erdgeschoss** (US)

The first floor in American English is the ground floor in British English. — „Erdgeschoss" heißt im amerikanischen Englisch „first floor", im britischen Englisch „ground floor".

basement n ['beɪsment] — **Kellergeschoss**

The central heating boiler is in the basement. — Der Zentralheizungskessel ist im Kellergeschoss.

accounts department n [ə'kaʊnts dɪpɑːtmənt] — **Buchhaltung**

We are looking for a qualified accountant to work in our accounts department. — Wir suchen einen qualifizierten Buchhalter für unsere Buchhaltung.

archives n ['ɑːkaɪvz] — **Registratur, Archiv**

All our important documents are stored in the archives. — Alle unsere wichtigen Dokumente werden in der Registratur aufbewahrt.

➲ filing room, record office

filing room n ['faɪlɪŋ ruːm] — **Registratur, Archiv**

She sent me to the filing to get everything on the Jones case. — Sie schickte mich ins Archiv, um alles über den Fall Jones herauszufinden.

➲ archives, record office

record office n ['rekɔːd ɒfɪs] — **Registratur, Archiv**

All relevant company documents are kept in the record office. — Alle entsprechenden Gesellschaftsdokumente werden im Archiv aufbewahrt.

➲ archives, filing room

mailroom n ['meɪlruːm] — **Poststelle**

Internal and incoming mail is sorted in the mailroom. — In der Poststelle wird Hauspost und eingehende Post sortiert.

stores department n [ˌstɔːz dɪ'pɑːtmənt] — **Materialstelle, Materialausgabe**

Our stores department is in the basement. — Unsere Materialstelle ist im Kellergeschoss.

reception n [rɪ'sepʃn]
Will all visitors please call at the reception?
➲ reception desk

Empfang, Rezeption
Alle Besucher werden gebeten, sich am Empfang zu melden.

reception desk n [rɪ'sepʃn desk]
The reception desk is open around the clock.
➲ reception

Empfang, Rezeption
Die Rezeption ist rund um die Uhr geöffnet.

secretary's office n [ˌsekrətriz 'ɒfɪs]
Every department has its own secretary's office.

Sekretariat
Alle Abteilungen haben ihr eigenes Sekretariat.

conference room n ['kɒnfərəns ru:m]
The meeting will be held in the conference room.

Besprechungszimmer, Konferenzzimmer
Die Besprechung wird im Besprechungszimmer stattfinden.

library n ['laɪbrəri]
We'll have to refurbish our library.

Bibliothek
Wir müssen unsere Bibliothek modernisieren.

canteen n [kæn'ti:n]
Mrs Myers has been running our canteen for fifteen years.

Kantine
Frau Myers betreibt seit fünfzehn Jahren unsere Kantine.

typing pool n ['taɪpɪŋ pu:l]
All our correspondence is typed in a typing pool.

Schreibzentrale
Unsere gesamte Korrespondenz wird in einer Schreibzentrale geschrieben.

Office mail

mail n ['meɪl]
We usually get our mail at 10 o'clock.

Post
Normalerweise bekommen wir unsere Post um 10 Uhr.

mailroom n ['meɪlru:m]
Internal and incoming mail is sorted in the mailroom.

Poststelle
In der Poststelle wird Hauspost und eingehende Post sortiert.

mailing list n ['meɪlɪŋ lɪst]
If you fill in this coupon, we'll include you in our mailing list.

Verteiler, Adressenliste
Wenn Sie diesen Gutschein ausfüllen, werden wir Sie in unseren Verteiler aufnehmen.

mailshot n ['meɪlʃɒt]
The latest mailshots were sent to teachers in secondary schools.
➲ direct mail

Werbebriefe, Direktwerbung
Die letzten Werbebriefe gingen an Lehrer an weiterbildenden Schulen.

direct mail n [dəˌrekt ˈmeɪl]

Direct mail targets a specific consumer group.
➲ mailshot

Direktwerbung

Direktwerbung ist an eine bestimmte Konsumentengruppe gerichtet.

junk mail n [ˈdʒʌŋk meɪl]

I'm sick of all this junk mail being dropped through my letter-box.

Papierkorbpost, unerwünschte Werbeprospekte

Ich bin die ganze Papierkorbpost leid, die mir in den Briefkasten geworfen wird.

airmail n [ˈeə meɪl]

Airmail letters are very expensive.

Luftpost

Luftpostbriefe sind sehr teuer.

surface mail n [ˈsɜːfɪs meɪl]

Ordinary letters are transported by surface mail.

Standardsendung, gewöhnliche Post

Einfache Briefe werden als Standardsendungen befördert.

correspond v [ˌkɒrɪˈspɒnd]

In my job, I have to correspond a lot with foreign business partners.

korrespondieren, in Briefwechsel stehen

In meinem Beruf muss ich viel mit ausländischen Geschäftspartnern korrespondieren.

circular n [ˈsɜːkjələ]

We'll have to send a circular to all departments.

Rundschreiben

Wir müssen ein Rundschreiben an alle Abteilungen schicken.

courier n [ˈkʊriə]

Our courier will deliver this parcel within two hours of picking it up.

Kurier

Unser Kurier wird das Paket innerhalb von zwei Stunden nach Annahme ausliefern.

envelope n [ˈenvələʊp]

Could I have an A5 envelope, please?

Umschlag

Könnte ich bitte einen DIN A5-Umschlag bekommen?

reply paid envelope n [rɪˌplaɪ ˌpeɪd ˈenvələʊp]

We enclose a reply paid envelope.

Freiumschlag, frankierter Rückumschlag

Wir legen einen Freiumschlag bei.

window envelope n [ˌwɪndəʊ ˈenvələʊp]

If you use a window envelope, you don't have to type the address twice.

Fensterumschlag

Wenn man einen Fensterumschlag benutzt, braucht man die Adresse nicht zweimal zu tippen.

collection n [kəˈlekʃn]

In Britain there are often up to four collections per day.

(Briefkasten-)Leerung

In Großbritannien gibt es oft bis zu vier (Briefkasten-)Leerungen pro Tag.

franking machine n [ˈfræŋkɪŋ məʃiːn]

If you have a lot of correspondence to do, you should get a franking machine.

Frankiermaschine

Wenn Sie viel Korrespondenz zu erledigen haben, sollten Sie sich eine Frankiermaschine zulegen.

delivery n [dɪˈlɪvəri]

The postman makes his daily delivery here at eleven o'clock.

Zustellung

Der Postbote bringt hier täglich um elf Uhr die Post.

general delivery n US
[ˌdʒenrəl dɪˈlɪvəri]

postlagernd

Make it a general delivery letter since Mr Miller hasn't given us his new address.

Schicken Sie den Brief postlagernd, weil Herr Miller uns nicht seine neue Adresse gegeben hat.

➲ poste restante

poste restante adv GB, frz.
[ˌpəʊst ˈrestɑːnt]

postlagernd

A poste restante letter can be picked up by the addressee at the post office.

Ein postlagernder Brief kann vom Empfänger im Postamt abgeholt werden.

➲ general delivery

jiffy bag n [ˈdʒɪfi bæg]

(gepolsterte) Versandtasche

Put the disk into a jiffy bag so that it doesn't break.

Steck die Diskette in eine Versandtasche, damit sie nicht zerbricht.

e-mail n [ˈiːmeɪl]
electronic mail [ɪlekˌtrɒnɪk ˈmeɪl]

E-Mail, elektronische Post

For e-mail you need to be linked to a computer network.

Für E-Mail muss man an ein Computernetz angeschlossen sein.

➲ electronic mail

electronic mail n [ɪlekˌtrɒnɪk ˈmeɪl]
e-mail [iːmeɪl]

elektronische Post, E-Mail

Electronic mail is a quick and easy way of sending internal memos.

Elektronische Post ist ein schneller und einfacher Weg, innerbetriebliche Memos zu schicken.

➲ e-mail

ECONOMIC THEORY

Economics

economics n [ˌiːkə'nɒmɪks]
Wirtschaftswissenschaft, Volkswirtschaftslehre (VWL)

She has a degree in economics.
Sie ist diplomierte Wirtschaftswissenschaftlerin.

economy n [ɪ'kɒnəmi]
Wirtschaft

The country's economy depends on tourism.
Die Wirtschaft des Landes hängt vom Tourismus ab.

economic adj [ˌiːkə'nɒmɪk]
Wirtschafts-, wirtschaftlich

The government's economic policy is an unmitigated disaster.
Die Wirtschaftspolitik der Regierung ist eine einzige Katastrophe.

economic theory n [ˌiːkə'nɒmɪk 'θɪəri]
Wirtschaftstheorie

Economic theory explains economic processes.
Die Wirtschaftstheorie erklärt wirtschaftliche Prozesse.

economist n [ɪ'kɒnəmɪst]
Wirtschaftswissenschaftler(in), Volkswirtschaftler(in)

John Maynard Keynes (1883-1946), the leading economist of his time, helped to found the IMF and the World Bank.
John Maynard Keynes (1883-1946), der führende Wirtschaftswissenschaftler seiner Zeit, half bei der Gründung des Internationalen Währungsfonds und der Weltbank.

national income n [ˌnæʃnəl 'ɪnkʌm]
Volkseinkommen

National income is defined as the total of all the money earned by the community.
Das Volkseinkommen wird definiert als die Gesamtsumme des von der Gesellschaft erwirtschafteten Geldes.

national income accounts n pl [ˌnæʃnəl 'ɪnkʌm əkaʊnts]
volkswirtschaftliche Gesamtrechnung

The national income accounts cover the total income of an economy over a period of time.
Die volkswirtschaftliche Gesamtrechnung deckt das gesamte Einkommen einer Volkswirtschaft innerhalb eines Zeitraums ab.

economic growth n [iːkəˌnɒmɪk 'grəʊθ]
Wirtschaftswachstum

Economic growth is nearly always accompanied by inflation.
Wirtschaftswachstum ist fast immer von inflationären Tendenzen begleitet.

nominal growth n [ˌnɒmɪnl 'grəʊθ]
Nominalwachstum

Nominal growth does not allow for inflation.
Beim Nominalwachstum wird die Inflation nicht berücksichtigt.

competition n [ˌkɒmpə'tɪʃn]
Wettbewerb, Konkurrenz

Competition leads to greater quality, more innovation and increased productivity.
Wettbewerb führt zu größerer Qualität, mehr Innovation und Produktivitätssteigerungen.

real growth n [ˌriːəl ˈgrəʊθ]

Real growth is expected to be no less than 4 per cent next year.

Realwachstum

Man erwartet, dass das Realwachstum im nächsten Jahr nicht weniger als 4 Prozent beträgt.

gross national product n [ˌgrəʊs ˌnæʃnəl ˈprɒdʌkt] GNP [ˌdʒiː en ˈpiː]

The GNP is the total value of goods and services produced by one country, including net income from abroad, within a given period.

Bruttosozialprodukt (BSP)

Bei dem BSP handelt es sich um den Gesamtwert aller Waren und Dienstleistungen, einschließlich des im Ausland erwirtschafteten Nettoeinkommens, den ein Land innerhalb eines bestimmten Zeitraumes erzielt.

gross domestic product n [ˌgrəʊs dəˈmestɪk ˈprɒdʌkt] GDP [ˌdʒiː diː ˈpiː]

The GDP is the part of the gross national product which remains after deduction of a country's net income from abroad.

Bruttoinlandsprodukt (BIP)

Das BIP ist der Teil des Bruttosozialprodukts, der nach Abzug des im Ausland erwirtschafteten Nettoeinkommens eines Landes verbleibt.

external equilibrium n [ɪkˌstɜːnl ˌiːkwɪˈlɪbriəm]

A balance of payments which is neither in the red nor in the black is indicative of an external equilibrium.

außenwirtschaftliches Gleichgewicht

Eine ausgeglichene Zahlungsbilanz ist ein Indiz für ein außenwirtschaftliches Gleichgewicht.

capital n [ˈkæpɪtl]

The rapid expansion of industry in the last two hundred years would have been impossible without the provision of capital to back it up.

Kapital

Die rasante Entwicklung der Industrie während der letzten zweihundert Jahre wäre ohne die Bereitstellung von Kapital nicht möglich gewesen.

capital stock n [ˌkæpɪtl ˈstɒk]

After the war, the capital stock has increased with a decreasing tendency.

Kapitalstock

Nach dem Krieg ist der Kapitalstock mit abnehmender Tendenz gewachsen.

capital goods n pl [ˈkæpɪtl ˌgʊdz]

Any rise in the rate of interest is likely to affect the capital goods sector.

Investitionsgüter

Jeder Zinsanstieg wird sich wahrscheinlich auf den Investitionsgütersektor auswirken.

production n [prəˈdʌkʃn]

We must step up production in order to cope with demand.

Produktion, Erzeugung

Wir müssen die Produktion steigern, um mit der Nachfrage fertig zu werden.

producer n [prəˈdjuːsə]

Producers can be found in both the primary and secondary sectors.

Erzeuger, Produzent

Erzeuger gibt es sowohl im Grundstoffsektor als auch in der gewerblichen Industrie.

cycle of production n [ˌsaɪkl əv prəˈdʌkʃn]

The cycle of production covers the development of an economic good from the raw material to the finished product.

Produktionszyklus

Der Produktionszyklus umfasst die Entwicklung eines Wirtschaftsgutes vom Rohstoff bis zum Fertigerzeugnis.

factor of production n [ˌfæktər əv prəˈdʌkʃn]

Produktionsfaktor

The three factors of production are: land, labour and capital.

Die drei Produktionsfaktoren sind: Boden, Arbeit und Kapital.

labour n [ˈleɪbə]

Arbeit, Arbeitskraft

As well as land and capital, labour is a major factor of production.

Neben Boden und Kapital ist die Arbeit ein wichtiger Produktionsfaktor.

division of labour n [dɪˌvɪʒn əv ˈleɪbə]

Arbeitsteilung

The principle of the division of labour can be seen not only in business, families and tribes, but also in many animal species.

Das Prinzip der Arbeitsteilung ist nicht nur in Geschäften, Familien und Stämmen zu beobachten, sondern auch bei vielen Tierarten.

land n [lænd]

Boden, Land

Land is traditionally defined as a primary factor of production.

Boden wird traditionell als primärer Produktionsfaktor definiert.

trade n [treɪd]

Handel

Trade stimulates economic growth.

Der Handel regt das Wirtschaftswachstum an.

supply-side economics n [səˌplaɪsaɪd ˌiːkəˈnɒmɪks]

angebotsorientierte Wirtschaftspolitik

Supply-side economics focuses on the most cost-effective supply of resources, including labour.

Eine angebotsorientierte Wirtschaftspolitik legt den Schwerpunkt auf das kostengünstigste Angebot von Ressourcen, einschließlich des Arbeitskräfteangebots.

economies of scale n pl [ɪˈkɒnəmiz əv ˈskeɪl]

Größendegression, Größenvorteile

It is said that larger markets lead to economies of scale.

Man sagt, dass größere Märkte zu Größendegression führen.

free enterprise n [ˌfriː ˈentəpraɪz]

freies Unternehmertum

Free enterprise is the foundation of a capitalist economy.

Das freie Unternehmertum ist die Grundlage einer kapitalistischen Wirtschaft.

command economy n [kəˈmɑːnd ɪkɒnəmi]

Planwirtschaft, sozialistisches Wirtschaftssystem

In a command economy, the government draws up a national plan covering production, consumption and investment.

Bei einer Planwirtschaft erstellt die Regierung einen nationalen Plan, der Produktion, Verbrauch und Investitionen abdeckt.

⊃ socialist economy

socialist economy n [ˈsəʊʃəlɪst ɪkɒnəmi]

sozialistisches Wirtschaftssystem, Planwirtschaft

In a socialist economy, money does not have universal purchasing power, because many goods and services are rationed.

In einem sozialistischen Wirtschaftssystem besitzt das Geld keine universelle Kaufkraft, da viele Güter und Dienstleistungen rationiert sind.

⊃ command economy

self-sufficiency n [ˌself səˈfɪʃənsi]

Totalitarian systems preach self-sufficiency.

Autarkie

Totalitäre Systeme predigen Autarkie.

self-sufficient adj [ˌself səˈfɪʃənt]

Vietnam is self-sufficient in rice.

autark, unabhängig

Vietnam kann seinen Reisbedarf selbst decken.

barter n [ˈbɑːtə]

Barter is common practice in countries with a very weak currency.

Tauschhandel

Der Tauschhandel ist gang und gäbe in Ländern mit einer sehr schwachen Währung.

barter v [ˈbɑːtə]

In primitive economic systems, garments were bartered for animals.

➲ swap

tauschen

In primitiven Wirtschaftssystemen wurden Kleidungsstücke gegen Tiere getauscht.

swap v [swɒp]

Before the introduction of money, goods were swapped.

➲ barter

tauschen

Vor der Einführung des Geldes wurden Waren getauscht.

exchange n [ɪksˈtʃeɪndʒ]

Trade can be defined as the exchange of goods and services.

Austausch

Handel kann man als Austausch von Waren und Dienstleistungen definieren.

fiscal policy n [ˈfɪskl pɒləsi]

The term "fiscal policy" refers to the policy adopted on public or government money.

Finanzpolitik

Der Begriff „fiscal policy" bezieht sich auf die Politik, die bezüglich öffentlicher oder staatlicher Gelder angewendet wird.

business cycle n [ˈbɪznəs saɪkl]

In the 19th century, business cycles were explained as a result of the sunspots, which were said to cause good or poor harvests.

➲ trade cycle

Konjunkturzyklus

Im 19. Jahrhundert wurden Konjunkturzyklen als Folge der Sonnenflecken gedeutet, die angeblich gute Ernten bzw. Missernten hervorriefen.

trade cycle n [ˈtreɪd saɪkl]

There have been all sorts of theories put forward to explain the trade cycle phenomenon.

➲ business cycle

Konjunkturzyklus

Es hat alle möglichen Theorien zur Erklärung des Phänomens der Konjunkturzyklen gegeben.

boom n [buːm]

In times of a boom, prices, including the cost of labour, tend to rise.

Hochkonjunktur, Boom

In Hochkonjunkturphasen tendieren die Preise, einschließlich der Lohnkosten, nach oben.

deflation n [dɪˈfleɪʃn]

Rising interest rates now would inevitably lead to a period of deflation.

Deflation

Steigende Zinsen würden zum jetzigen Zeitpunkt unweigerlich zu einer Deflationsphase führen.

depression n [dɪ'preʃn]

The Great Depression of the 1930s led to mass unemployment worldwide.

Wirtschaftskrise

Die Weltwirtschaftskrise der dreißiger Jahre des 20. Jahrhunderts führte weltweit zu Massenarbeitslosigkeit.

downswing n ['daʊnswɪŋ]

The latest downswing is expected to lead to further job losses.

➲ slump

Konjunkturrückgang, (Konjunktur-)Abschwung

Es wird erwartet, dass der neuste Konjunkturabschwung zu weiteren Arbeitsplatzverlusten führt.

inflation n [ɪn'fleɪʃn]

Inflation is said to be the scourge of the capitalist system.

Inflation

Man sagt, die Inflation sei die Geißel des kapitalistischen Systems.

recession n [rɪ'seʃn]

If there is a recession, unemployment will get worse.

Rezession, Konjunkturrückgang

Wenn es eine Rezession gibt, dann wird die Arbeitslosigkeit noch schlimmer werden.

recovery n [rɪ'kʌvəri]

The experts predict a sustained recovery as from next year.

Aufschwung, Erholung

Die Experten sagen vom nächsten Jahr an einen nachhaltigen Aufschwung voraus.

stagflation n [stæg'fleɪʃn]

Stagflation is the nightmare of those in charge of economic policy.

Stagflation, Inflation bei gleichzeitiger Stagnation

Stagflation ist der Alptraum aller für die Wirtschaftspolitik Verantwortlichen.

slump n [slʌmp]

The trade cycle is an ongoing sequence of booms and slumps.

➲ downswing

Konjunkturrückgang, (Konjunktur-)Abschwung

Der Konjunkturzyklus ist eine dauernde Abfolge von starkem konjunkturellem Auf- und Abschwung.

subsidy n ['sʌbsədi]

Subsidies cost the taxpayer billions.

Subvention

Subventionen kosten den Steuerzahler Milliarden.

subsidize v ['sʌbsɪdaɪz]

Coal mining has long been subsidized in Germany.

subventionieren

Der Kohlebergbau in Deutschland wird schon seit geraumer Zeit subventioniert.

private sector n ['praɪvət sektə]

Many formerly nationalized industries are now part of the private sector.

Privatwirtschaft, privater Sektor

Viele früher verstaatlichte Industrien sind jetzt Teil der Privatwirtschaft.

public sector n ['pʌblɪk sektə]

Public sector employees are to get a 3% pay rise this year.

öffentlicher Sektor, staatlicher Sektor

Die im öffentlichen Sektor Beschäftigten erhalten dieses Jahr eine Lohn- bzw. Gehaltserhöhung von 3%.

public sector borrowing requirement n [ˌpʌblɪk ˌsektə 'bɒrəʊɪŋ rɪkwaɪəmənt]
PSBR [ˌpiː es biː 'ɑː]

PSBR is likely to be higher again next year.

Kreditbedarf der öffentlichen Hand

Der Kreditbedarf der öffentlichen Hand dürfte im kommenden Jahr erneut steigen.

primary sector n ['praɪməri sektə]

Agriculture and fishing as well as mining and the extraction of oil are part of the primary sector.

Grundstoffsektor, primärer Sektor

Landwirtschaft und Fischfang sowie Bergbau und Ölförderung sind Teil des Grundstoffsektors.

secondary sector n ['sekəndri sektə]

The secondary sector, i.e. the manufacturing industry, has declined, while the service sector has grown.

sekundärer Sektor, gewerblicher Sektor

Der sekundäre Sektor, d.h. der gewerbliche Sektor, ist geschrumpft, während der Dienstleistungssektor gewachsen ist.

tertiary sector n ['tɜːʃəri sektə]

The tertiary sector is the only sector to have grown in recent times.

➲ service sector

Dienstleistungssektor, tertiärer Sektor

Der Dienstleistungssektor ist der einzige Sektor, der in der letzten Zeit gewachsen ist.

service sector n ['sɜːvɪs sektə]

In the UK some 70 per cent of the working population are employed in the service sector.

➲ tertiary sector

Dienstleistungssektor, tertiärer Sektor

Im Vereinigten Königreich sind etwa 70 Prozent der arbeitenden Bevölkerung im Dienstleistungssektor beschäftigt.

services n pl ['sɜːvɪsɪz]

It would be a mistake to assume that an economy can survive on services alone.

Dienstleistungen

Es wäre ein Fehler anzunehmen, dass eine Volkswirtschaft auf der Basis von Dienstleistungen allein überleben kann.

infrastructure n ['ɪnfrəstrʌktʃə]

The term "infrastructure" refers primarily to transport and communication.

Infrastruktur

Der Begriff „Infrastruktur" bezieht sich in erster Linie auf das Verkehrs- und Kommunikationswesen.

development area n [dɪ'veləpmənt eəriə]

Not only the fringes of Europe, but also traditional industrial areas enjoying EU regional aid are classified as development areas.

Entwicklungsgebiet

Nicht nur Randgebiete Europas, sondern auch traditionelle Industriereviere, die in den Genuss der EU-Regionalförderung kommen, haben den Status von Entwicklungsgebieten.

industrial policy n [ɪn'dʌstriəl 'pɒləsi]

If a government pursues an industrial policy, it will seek to preserve existing industries by means of subsidies and create new industries with the help of grants.

Industriepolitik

Wenn eine Regierung eine Industriepolitik betreibt, dann wird sie versuchen, bestehende Industrien mit Hilfe von Subventionen zu erhalten und neue Industrien mit Hilfe von Zuschüssen zu schaffen.

regional policy n ['riːdʒənl 'pɒləsi]

The regional policy of the EU has chiefly benefited long-neglected fringe areas of Europe.

Regionalpolitik

Die Regionalpolitik der EU ist vor allem lange vernachlässigten Randzonen Europas zugute gekommen.

structural policy n ['strʌktʃərəl 'pɒləsi]

The aim of structural policy is to create a mix of industries.

Strukturpolitik

Das Ziel der Strukturpolitik besteht darin, eine Palette verschiedener Industrien zu schaffen.

exhaustive industries n pl [ɪg'zɔ:stɪv ɪndəstriz]

Grundstoffindustrien, Abbaubetriebe

Mining and quarrying are exhaustive industries.

Bergbau und Tagebau gehören zu den Grundstoffindustrien.

➲ extractive industries

extractive industries n pl [ɪk'stræktɪv ɪndəstriz]

Grundstoffindustrien, Abbaubetriebe

Extractive industries deplete the earth's resources.

Grundstoffindustrien erschöpfen die Ressourcen der Erde.

➲ exhaustive industries

monetarism n ['mʌnɪtərɪzəm]

Monetarismus

Monetarism, i.e. controlling economic development solely by varying the money supply, succeeded in killing off not only inflation, but also many industries.

Der Monetarismus, d.h. die ausschließliche Steuerung wirtschaftlicher Entwicklungen durch Veränderung der Geldmenge, machte nicht nur der Inflation, sondern auch vielen Industriezweigen ein Ende.

monetary policy n ['mʌnɪtri 'pɒləsi]

Geldmengensteuerung, Geldpolitik

A sound monetary policy is the only effective way to control inflation.

Eine vernünftige Geldmengensteuerung ist die einzig wirksame Methode, um die Inflation zu kontrollieren.

monetary stability n [ˌmʌnɪtri stə'bɪləti]

Geldwertstabilität

A capitalist system is based on monetary stability. It cannot function properly in times of high inflation.

Ein kapitalistisches System basiert auf der Geldwertstabilität. In Zeiten einer hohen Inflation kann es nicht richtig funktionieren.

money supply n ['mʌni səplaɪ]

Geldmenge

Central banks employ various tools in order to control the money supply, the most important being the discount rate.

Zentralbanken setzen verschiedene Werkzeuge zur Steuerung der Geldmenge ein, wobei das wichtigste der Diskontsatz ist.

deficit spending n ['defɪsɪt ˌspendɪŋ]

Deficitspending, defizitäre Ausgaben der öffentlichen Hand

The concept of deficit spending was successfully implemented in pre-war Europe and in the New Deal policy of the Roosevelt administration.

Das Konzept des Deficitspending wurde mit Erfolg im Vorkriegseuropa und in der New Deal-Politik der Regierung Roosevelt umgesetzt.

market n ['mɑ:kɪt]

Markt

The market is the place where supply and demand meet.

Der Markt ist der Ort, wo Angebot und Nachfrage zusammentreffen.

market forces n pl ['mɑ:kɪt fɔ:sɪz]

Marktkräfte

The price of goods is determined by market forces.

Der Preis einer Ware wird von den jeweiligen Marktkräften bestimmt.

market saturation n [ˌmɑ:kɪt ˌsætʃə'reɪʃn]

Marktsättigung

For many consumer durables, such as cars, washing machines and fridges, market saturation has already been reached in Western Europe.

Für viele Gebrauchsgüter wie Autos, Waschmaschinen und Kühlschränke ist in Westeuropa bereits Marktsättigung erreicht worden.

perfect market n [ˌpɜːfɪkt ˈmɑːkɪt]

In a perfect market, there is perfect, i.e. undistorted competition.

vollkommener Markt

In einem vollkommenen Markt herrscht ein vollkommener Wettbewerb vor, d.h. es gibt keine Wettbewerbsverzerrungen.

demand n [dɪˈmɑːnd]

Excess demand will lead to rising prices.

Nachfrage

Eine überhöhte Nachfrage führt zu Preissteigerungen.

elasticity of demand n [ɪːlæˌstɪsəti əv dɪˈmɑːnd]

Elasticity of demand occurs if a small change in price results in a considerable change in demand.

Nachfrageelastizität

Nachfrageelastizität liegt vor, wenn eine geringfüge Veränderung des Preises eine erhebliche Veränderung der Nachfrage nach sich zieht.

excess demand n [ˌekses dɪˈmɑːnd]

Excess demand, whereby too much money chases too few goods, is bound to lead to inflation.

Nachfrageüberhang, Nachfrageüberschuss

Ein Nachfrageüberhang, bei dem zu viel Geld und zu wenig Güter vorhanden sind, führt unweigerlich zu Inflation.

demand curve n [dɪˈmɑːnd kɜːv]

A downward-sloping demand curve means that, as prices fall, buyers will be prepared to buy more of a product.

Nachfragekurve, Nachfragefunktion

Eine abwärts verlaufende Nachfragekurve bedeutet, dass Käufer bereit sind, in dem Maße mehr von einem Produkt zu kaufen, wie die Preise sinken.

pent-up demand n [ˌpentʌp dɪˈmɑːnd]

Pent-up demand will, if released, push up prices.

Nachfragestau

Ein Nachfragestau treibt bei seiner Freisetzung die Preise in die Höhe.

supply n [səˈplaɪ]

The greater the supply of funds available for lending, the lower the rate of interest.

Angebot

Je größer das Angebot an Geldmitteln, die zur Kreditvergabe verfügbar sind, um so niedriger der Zinssatz.

elasticity of supply n [ɪːlæˌstɪsəti əv səˈplaɪ]

Elasticity of supply is defined as the degree to which the supply of an item is sensitive to a change in price.

Angebotselastizität

Angebotselastizität wird definiert als das Maß, in dem die Angebotsmenge eines Artikels auf Preisveränderungen reagiert.

excess supply n [ˌekses səˈplaɪ]

Excess supply is likely to lead to lower prices.

Angebotsüberhang, Überangebot

Ein Angebotsüberhang führt wahrscheinlich zu Preissenkungen.

supply curve n [səˈplaɪ kɜːv]

An upward-sloping supply curve indicates that, as the price of a product increases, suppliers will offer more of it.

Angebotskurve, Angebotsfunktion

Eine ansteigende Angebotskurve zeigt an, dass Anbieter ein Produkt in dem Maße vermehrt anbieten, wie dessen Preis steigt.

law of supply and demand n [ˌlɔː əv səˌplaɪ ənd dɪˈmɑːnd]

Gesetz von Angebot und Nachfrage

In a state of perfect competition, prices are solely determined by the law of supply and demand.

Im Zustand des vollkommenen Wertbewerbs werden die Preise ausschließlich durch das Gesetz von Angebot und Nachfrage bestimmt.

compete v [kəm'pi:t]

konkurrieren

It's almost impossible to compete with a low-wage country.

Mit einem Niedriglohnland zu konkurrieren ist fast unmöglich.

competitor n [kəm'petɪtə]

Konkurrent(in), Mitbewerber(in)

Our competitors claim to have come up with a much better product.

Unsere Konkurrenten behaupten, ein viel besseres Produkt entwickelt zu haben.

perfect competition n [ˌpɜ:fɪkt ˌkɒmpə'tɪʃn]

vollkommener Wettbewerb

In an ideal world without government interference there may be perfect competition.

In einer idealen Welt ohne staatliche Einmischung mag es vollkommenen Wettbewerb geben.

imperfect competition n [ɪmˌpɜ:fɪkt ˌkɒmpə'tɪʃn]

unvollkommener Wettbewerb

Whenever there is government interference in the market there is imperfect competition.

Wenn die Regierung in den Markt eingreift, gibt es unvollkommenen Wettbewerb.

cartel n [kɑ:'tel]

Kartell

The Organization of Petroleum Exporting Countries (OPEC) is the best-known example of an international commodity cartel.

Die Organisation Erdöl exportierender Länder (OPEC) ist das beste Beispiel eines internationalen Rohstoffkartells.

monopoly n [mə'nɒpəli]

Monopol

The postal service in Britain is a government monopoly.

Der Postdienst in Großbritannien ist ein staatliches Monopol.

oligopoly n [ˌɒlɪ'gɒpəli]

Oligopol

An oligopoly occurs when only a small number of businesses are responsible for a large proportion of output and employment.

Ein Oligopol kommt dann vor, wenn eine geringe Anzahl von Unternehmen für einen großen Anteil des Umsatzes und der Arbeit verantwortlich sind.

Monopolies and Mergers Commission n GB [məˌnɒpəliz ənd ˌmɜ:dʒəz kə'mɪʃn] MMC [ˌem em 'si:]

Kartellamt

Mega mergers are subject to MMC approval.

„Elefantenhochzeiten" müssen vom Kartellamt genehmigt werden.

demerge v [dɪ'mɜ:dʒ]

entflechten

The German chemical industry was demerged after the war, with the result that each of the hived-off groups is now as powerful as the IG Farben once was.

Die deutsche chemische Industrie wurde nach dem Krieg entflochten. Das Ergebnis war, dass jeder der ausgegliederten Konzerne inzwischen so mächtig ist, wie es die IG Farben einmal war.

demerger n [dɪ'mɜːdʒə]

Demergers usually lead to greater efficiency.

Entflechtung

Entflechtungen führen gewöhnlich zu größerer Effizienz.

locational factor n [ləʊˌkeɪʃnəl 'fæktə]

A functioning transportation network is an important industrial location factor.

Standortfaktor

Ein funktionierendes Verkehrsnetz ist ein wichtiger Standortfaktor für die Industrie.

manufacturer n [ˌmænju'fæktʃərə]

General Motors is America's leading automobile manufacturer.

Hersteller(in), Produzent(in)

General Motors ist Amerikas führender Automobilhersteller.

manufacture v [ˌmænju'fæktʃə]

Pencils have been manufactured in Nuremberg since the 1500s.

herstellen, produzieren

Bleistifte werden in Nürnberg seit dem 16. Jahrhundert hergestellt.

finished product n [ˌfɪnɪʃt 'prɒdʌkt]

A motorcar, comprising many components, is an example of a finished product.

Fertigerzeugnis, Fertigware

Ein Automobil, das aus vielen Bauteilen besteht, ist ein Beispiel für ein Fertigerzeugnis.

semi-finished products n pl [ˌsemifɪnɪʃt 'prɒdʌkts]

Germany imports semi-finished products on a large scale and then processes them.

Halbfabrikate, unfertige Erzeugnisse

Deutschland importiert in großem Maßstab Halbfabrikate zur Veredelung.

goods n pl [gʊdz]

In a barter system, goods are swapped against other goods or services.

Ware(n), Güter

In einer Tauschwirtschaft werden Waren gegen andere Waren bzw. Dienstleistungen getauscht.

basic necessities n pl [ˌbeɪsɪk nə'sesətiz]

It is the task of any government to ensure that basic necessities are and remain affordable.

das Lebensnotwendigste

Es ist Aufgabe einer jeden Regierung, dafür zu sorgen, dass das Lebensnotwendigste erschwinglich ist und bleibt.

wants n pl [wɒnts]

According to the Manchester School, there will always be a market to satisfy all wants.

Bedürfnisse

Dem Manchesterliberalismus zufolge wird es immer einen Markt zur Befriedigung aller Bedürfnisse geben.

price n [praɪs]

Prices are determined by supply and demand.

Preis

Preise werden durch Angebot und Nachfrage bestimmt.

administered price n [ədˌmɪnɪstəd 'praɪs]

There used to be an administered price for bread in France.

staatlich regulierter Preis

Früher gab es in Frankreich einen staatlich regulierten Preis für Brot.

equilibrium market price n [iːkwɪˌlɪbriəm ˌmɑːkɪt 'praɪs]

We have equilibrium market prices when demand is perfectly equal to supply, i.e. there are no distortions.

Gleichgewichtspreis

Gleichgewichtspreise liegen vor, wenn die Nachfrage völlig mit dem Angebot übereinstimmt, d.h. wenn es keine Verzerrungen gibt.

maximum price n ['mæksɪməm praɪs]

Höchstpreis

Maximum prices are fixed by governments in order to protect the consumer.

Höchstpreise werden von Regierungen zum Schutz des Verbrauchers festgesetzt.

minimum price n ['mɪnɪməm praɪs]

Mindestpreis

If European farmers cannot sell their produce in the market at the stipulated minimum price, the relevant EU agency will buy the produce.

Wenn europäische Bauern ihre Erzeugnisse nicht zum festgesetzten Mindestpreis am Markt absetzen können, dann kauft die betreffende EU-Agentur diese Erzeugnisse auf.

price control n ['praɪs kəntrəʊl]

Preiskontrolle

It may be necessary to have price controls for staple foods.

Preiskontrollen können für Grundnahrungsmittel vonnöten sein.

price elasticity n ['praɪs iːlæstɪsəti]

Preiselastizität

The aim of introducing brand-name goods is to reduce price elasticity.

➲ price sensitivity

Das Ziel der Einführung von Markenartikeln ist die Reduzierung der Preiselastizität.

price sensitivity n ['praɪs sensətɪvəti]

Preiselastizität, Preisempfindlichkeit

Manufacturers have a natural interest in keeping the price sensitivity of their products low.

➲ price elasticity

Hersteller haben ein natürliches Interesse an einer geringen Preiselastizität ihrer Produkte.

resale price maintenance n [ˌriːseɪl ˌpraɪs 'meɪntənəns]

vertikale Preisbindung, Preisbindung der zweiten Hand

Resale price maintenance was abolished in Britain in the 1960s, except for books, which followed in 1997.

Die vertikale Preisbindung wurde in Großbritannien in den sechziger Jahren abgeschafft, für Bücher allerdings erst 1997.

collusion n [kə'luːʒn]

unerlaubte geheime Absprache

There is often collusion when companies tender for government contracts.

Bei öffentlichen Aufträgen gibt es oft unerlaubte geheime Absprachen.

restrictive practices n pl [rɪˌstrɪktɪv 'præktɪsiz]

wettbewerbswidriges Verhalten

Restrictive practices are a matter for the Office of Fair Trading.

Wettbewerbswidriges Verhalten ist eine Sache für das Amt für Verbraucherschutz.

Office of Fair Trading n GB [ˌɒfɪs əv feə 'treɪdɪŋ] OFT [ˌəʊ ef 'tiː]

Amt für Verbraucherschutz

The OFT investigates allegations of restrictive practices.

Das Amt für Verbraucherschutz ermittelt, wenn Anzeige wegen wettbewerbswidrigen Verhaltens erstattet wird.

regulate v ['regjuleɪt]

kontrollieren

The insurance industry is still regulated to some extent.

Die Versicherungswirtschaft wird immer noch bis zu einem gewissen Grad kontrolliert.

regulator n ['regjuleɪtə]

Aufsichtsamt, Aufsichtsgremium

Electricity prices may only be raised if the regulator approves.

➲ watchdog

Strompreise dürfen nur mit Genehmigung des Aufsichtsamts erhöht werden.

watchdog n ['wɒtʃdɒg]

The chief function of a watchdog is to protect the consumer and the public at large.

➲ regulator

Aufsichtsamt

Die wichtigste Funktion eines Aufsichtsamts besteht darin, den Verbraucher und die Allgemeinheit zu schützen.

consumer n [kən'sju:mə]

There are various magazines which help the consumer find the better or best product.

Verbraucher(in), Konsument(in)

Es gibt verschiedene Zeitschriften, die dem Verbraucher helfen, das bessere oder beste Produkt zu finden.

consumer durables n pl [kən,sju:mə 'djʊərəblz]

Cars, washing machines, fridges and hair-dryers are consumer durables.

➲ hard goods

langlebige Konsumgüter, Gebrauchsgüter

Autos, Waschmaschinen, Kühlschränke und Haartrockner sind langlebige Konsumgüter.

consumer goods n pl [kən'sju:mə gʊdz]

Any rise in the sale of consumer goods can be interpreted as a sign of an incipient boom.

Konsumgüter, Verbrauchsgüter

Jeder Anstieg beim Absatz von Konsumgütern kann als Anzeichen für einen beginnenden Konjunkturaufschwung gedeutet werden.

consumption n [kən'sʌmpʃn]

Consumption usually means destruction, unless there is a degree of recycling.

Verbrauch, Konsum

Verbrauch bedeutet gewöhnlich Zerstörung, es sei denn, es gibt ein gewisses Maß an Recycling.

perishables n pl ['perɪʃəblz]

All foods are perishables.

➲ perishable goods

(leicht) verderbliche Waren

Alle Lebensmittel sind leicht verderbliche Waren.

utility n [ju:'tɪləti]

Even if they are part of the private sector, utilities should be subject to public inspection.

Versorgungsbetrieb

Versorgungsbetriebe sollten auch dann der öffentlichen Kontrolle unterliegen, wenn sie ein Teil der Privatwirtschaft sind.

purchasing power n ['pɜ:tʃəsɪŋ paʊə]

Real money, as opposed to vouchers, has real purchasing power.

Kaufkraft

Echtes Geld hat im Gegensatz zu Gutscheinen echte Kaufkraft.

cost of living n [,kɒst əv 'lɪvɪŋ]

The cost of living is usually defined by means of the retail price index, i.e. by means of a basket of goods and services.

Lebenshaltungskosten

Die Lebenshaltungskosten werden normalerweise über den Einzelhandelspreisindex definiert, d.h. über einen Korb von Waren und Dienstleistungen.

transfer income n ['trænsfɜ:r ɪnkʌm]

Transfer income is the type of income received by people who do not provide any goods or services in return, for example pensioners or those on social security.

Transfereinkommen

Das Transfereinkommen ist die Art von Einkommen, das Personen erhalten, die dafür weder Güter liefern noch Dienstleistungen erbringen, z.B. Rentner oder Sozialhilfeempfänger.

standard of living n [ˌstændəd əv ˈlɪvɪŋ]

The standard of living we enjoy today cannot be compared with that of former generations.

Lebensstandard

Der heutige Lebensstandard ist mit dem früherer Generationen überhaupt nicht zu vergleichen.

full employment n [ˌfʊl ɪmˈplɔɪmənt]

Even 1% unemployment counts as full employment.

Vollbeschäftigung

Selbst bei 1% Arbeitslosigkeit spricht man von Vollbeschäftigung.

unemployment n [ˌʌnɪmˈplɔɪmənt]

Governments must act to combat unemployment.

Arbeitslosigkeit

Regierungen müssen etwas zur Bekämpfung der Arbeitslosigkeit unternehmen.

Business administration

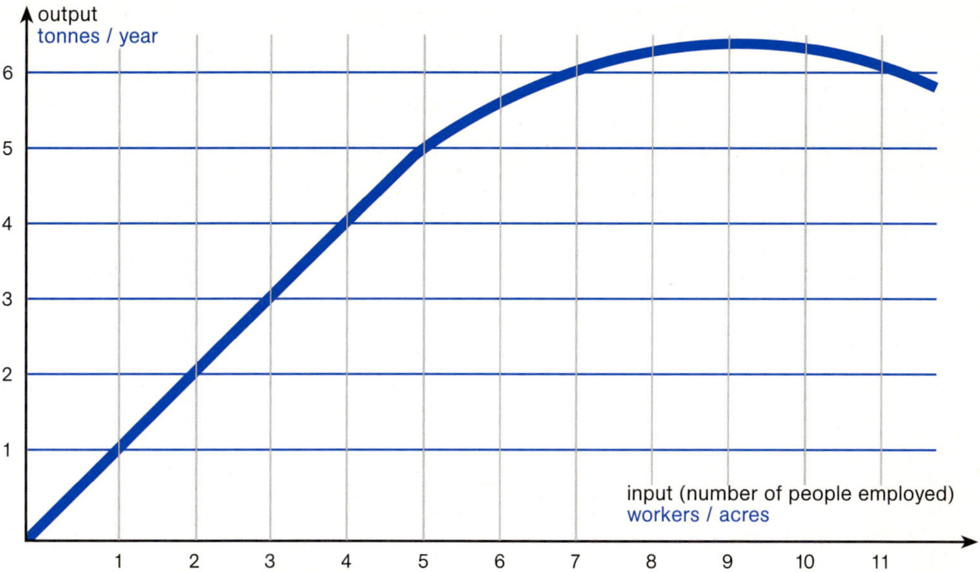

If the optimum number of people working a plot of land is exceeded, **the law of diminishing returns** will apply. In this case, output per person or, worse still, total output will decrease.

business administration n [ˈbɪznəs ədmɪnɪˈstreɪʃn]

Students often read business administration after taking a degree in economics.

➲ business studies

Betriebswirtschaft(slehre) (BWL)

Studenten absolvieren oft ein Studium der Betriebswirtschaftslehre nach ihrem VWL-Diplom.

business studies n ['bɪznəs stʌdiz]
Betriebswirtschaft(slehre) (BWL)

Business studies has become a popular subject in recent years.
➲ business administration

BWL ist in den letzten Jahren ein beliebtes Fach geworden.

invest v [ɪn'vest]
investieren

If we hadn't invested heavily over the years, we would be bankrupt by now.

Wenn wir im Laufe der Jahre nicht stark investiert hätten, dann wären wir jetzt schon pleite.

investment n [ɪn'vestmənt]
Investition

Low interest rates act as a spur on investments.

Niedrige Zinsen sind ein Ansporn für Investitionen.

investor n [ɪn'vestə]
Investor(in), Anleger(in)

Investors tend to go abroad if returns are higher there.

Investoren gehen gewöhnlich ins Ausland, wenn die Renditen dort höher sind.

interest n ['ɪntrəst]
Beteiligung, Anteil

We've acquired a minority interest in a leading Swiss watchmaker.
➲ stake

Wir haben eine Minderheitsbeteiligung an einem führenden Schweizer Uhrenhersteller erworben.

stake n [steɪk]
Beteiligung

Our stake in this company is now 35%.
➲ interest

Unsere Beteiligung an der Gesellschaft beträgt nun 35 %.

assets n pl ['æsets]
Vermögen, Aktiva, Vermögenswerte

The company was forced to divest itself of assets in order to be able to pay a dividend.

Um eine Dividende zahlen zu können, war die Gesellschaft gezwungen, einen Teil ihres Vermögens zu veräußern.

current assets n pl [ˌkʌrənt 'æsets]
Umlaufvermögen

Our current assets are not sufficient to repay the loan.

Unser Umlaufvermögen reicht nicht zur Tilgung des Darlehens.

fixed assets n pl [fɪkst 'æsets]
Anlagevermögen

The company has fixed assets worth £3 million.

Die Firma hat Anlagevermögen im Wert von 3 Millionen Pfund.

intangible assets n pl [ɪnˌtændʒəbl 'æsets]
immaterielle Vermögenswerte

Goodwill, patents, trademarks etc. are intangible assets.

Goodwill, Patente, Warenzeichen usw. sind immaterielle Vermögenswerte.

accounting n [ə'kaʊntɪŋ]
Bilanzierung, Rechnungswesen, Bilanzbuchhaltung

There are various accounting principles.

Es gibt verschiedene Bilanzierungsgrundsätze.

accounting period n [ə'kaʊntɪŋ pɪəriəd]
Rechnungsperiode, Abrechnungszeitraum

Although the traditional accounting period is one year, many companies now prepare quarterly, monthly or even weekly accounts.

Obwohl die traditionelle Rechnungsperiode ein Jahr ist, erstellen viele Firmen heutzutage vierteljährliche, monatliche oder sogar wöchentliche Bilanzen.

accounting standards n pl [ə'kaʊntɪŋ stændədz]

The accounting standards laid down by the appropriate professional bodies must be adhered to.

Grundsätze ordnungsgemäßer Buchführung (GOB)

Die von den jeweiligen berufsständischen Körperschaften festgelegten Grundsätze ordnungsgemäßer Buchführung müssen eingehalten werden.

unit of account n [ju:nɪt əv ə'kaʊnt] U/A [ju: 'eɪ]

Since crude oil is invoiced in dollars, the dollar is the unit of account of the world's petroleum trade.

Rechnungseinheit

Da Rohöl in Dollar abgerechnet wird, ist der Dollar die Rechnungseinheit für den Welthandel mit Erdöl.

annual accounts n pl [ˌænjuəl ə'kaʊnts]

All business organizations are required by law to produce annual accounts.

Jahresabschluss

Alle Unternehmensformen sind gesetzlich verpflichtet, einen Jahresabschluss vorzulegen.

financial year n [faɪˌnænʃl 'jɪə]

In the current financial year we might even break even.

Geschäftsjahr, Rechnungsjahr

Im laufenden Geschäftsjahr könnten wir sogar die Gewinnschwelle erreichen.

statement of affairs n [ˌsteɪtmənt əv ə'feəz]

Bankrupt debtors are required to produce a statement of affairs showing all their assets and liabilities.

Bericht über die Vermögenslage, Offenbarungseid

Konkursschuldner müssen einen Bericht über die Vermögenslage vorlegen, der ihr gesamtes Vermögen und all ihre Verbindlichkeiten darlegt.

balance sheet n ['bæləns ʃi:t]

A balance sheet shows a company's assets and liabilities on the last day of the accounting period.

Bilanz

Eine Bilanz zeigt die Aktiva und Passiva eines Unternehmens am letzten Tag der Rechnungsperiode.

window dressing n ['wɪndəʊ dresɪŋ]

Window dressing is designed to deceive creditors, investors and customers.

Bilanzschönung, Window-Dressing

Eine Bilanzschönung soll Gläubiger, Anleger und Kunden täuschen.

audit n ['ɔ:dɪt]

The purpose of an audit is to ascertain whether or not the balance sheet shows a true and fair view of the financial state of affairs of the company concerned.

Revision, Buchprüfung, Bilanzprüfung

Der Zweck einer Revision besteht darin, festzustellen, ob die Bilanz ein wahrheitsgemäßes und angemessenes Abbild der Finanzlage des betreffenden Unternehmens darstellt.

audit v ['ɔ:dɪt]

A well-known firm of chartered accountants has been commissioned to audit the books.

die Bücher prüfen, Revision durchführen, Bilanzen prüfen

Eine bekannte Wirtschaftsprüfungsgesellschaft ist mit der Prüfung der Bücher beauftragt worden.

auditor n ['ɔ:dɪtə]

The auditors prepare a report which states, among other things, whether the books of account have been properly kept.

Wirtschaftsprüfer(in), Revisor(in)

Die Wirtschaftsprüfer erstellen einen Bericht, der u.a. darlegt, ob die Bücher ordnungsgemäß geführt worden sind.

ECONOMIC THEORY

accruals n pl [ə'kru:əlz]

Accruals must be included in the balance from the period in which they arose.

Antizipative, antizipative Posten

Antizipative müssen in der Bilanz der Rechnungsperiode erscheinen, in der sie entstanden sind.

deferrals n pl [dɪ'fɜ:rəlz]

Deferrals may be assets or liabilities which will only in fact accrue in the future, but are already accounted for.

transitorische Posten, Transitive

Transitorische Posten können Aktiva oder Passiva sein, die erst in der Zukunft tatsächlich entstehen, die aber bereits in die Bilanz eingegangen sind.

appreciate v [ə'pri:ʃieɪt]

The deutschmark has appreciated considerably against the pound over the last thirty years.

(im Wert) steigen

Die D-Mark ist in den letzten dreißig Jahren im Verhältnis zum Pfund erheblich gestiegen.

appreciation n [əˌpri:ʃi'eɪʃn]

The balance sheet shows a marked appreciation in the company's industrial shareholdings.

Wertsteigerung

Die Bilanz zeigt eine deutliche Wertsteigerung bei den Industriebeteiligungen der Gesellschaft.

depreciate v [dɪ'pri:ʃieɪt]

Fixed assets are usually depreciated over a period of five years.

abschreiben

Anlagegüter werden normalerweise über einen Zeitraum von fünf Jahren abgeschrieben.

depreciation n [dɪˌpri:ʃi'eɪʃn]

The depreciation period for fixed assets is normally five years.

Abschreibung

Der Abschreibungszeitraum für Anlagevermögen ist normalerweise fünf Jahre.

write down v [raɪt 'daʊn]

Some of our assets have been written down by 75%.

teilabschreiben, niedriger bewerten

Einige unserer Anlagegüter sind zu 75% teilabgeschrieben.

write-down n ['raɪtdaʊn]

Due to write-down, our assets have decreased this year.

Teilwertberichtigung, Teilabschreibung

Infolge der Teilwertberichtigung ist unser Anlagevermögen dieses Jahr niedriger angesetzt worden.

write up v [ˌraɪt 'ʌp]

As a result of inflation, some assets will be written up.

höher bewerten, höher bilanzieren

Als Folge der Inflation werden einige Anlagegüter höher bewertet.

write-off n ['raɪtɒf]

After the crash, the car was a write-off.

Totalschaden, Vollabschreibung

Nach dem Zusammenstoß war das Auto ein Totalschaden.

depreciation n [dɪˌpri:ʃi'eɪʃn]

Depreciation must be charged against profits because fixed assets are subject to wear and tear or obsolescence.

Wertminderung, Wertverlust

Wertminderungen müssen mit dem Gewinn verrechnet werden, da das Anlagevermögen verschleißt oder veraltet.

depreciate v [dɪ'pri:ʃieɪt]

Fixed assets depriciate, being subject to wear and tear.

an Wert verlieren

Da das Anlagevermögen verschleißt oder veraltet, verliert es an Wert.

overheads n pl ['əʊvəhedz]	**Gemeinkosten, indirekte Kosten**
Overheads include items like heating, cleaning or rent.	Die Gemeinkosten schließen Posten wie Heizung, Reinigung oder Miete ein.
historic cost(s) n [hɪˌstɒrɪk 'kɒsts]	**Gestehungskosten, Einstandskosten**
Assets are usually entered in a balance sheet at historic cost.	Anlagegüter werden normalerweise zu Gestehungskosten bilanziert.
in the black adv [ɪn ðə 'blæk]	**in den schwarzen Zahlen**
Germany's balance of trade is always in the black.	Deutschlands Handelsbilanz ist immer in den schwarzen Zahlen.
in the red adv [ɪn ðə 'red]	**in den roten Zahlen**
My account has a habit of being in the red all the time.	Mein Konto ist regelmäßig in den roten Zahlen.
provisions n pl [prə'vɪʒnz]	**Rückstellungen**
Banks make provisions for bad and doubtful debts.	Banken nehmen Rückstellungen für uneinbringliche und zweifelhafte Forderungen vor.
reserves n pl [rɪ'zɜːvz]	**Rücklagen, Reserven**
Fortunately, we have sufficient reserves to pay an unchanged dividend.	Glücklicherweise verfügen wir über hinreichend große Rücklagen, um eine unveränderte Dividende zu zahlen.
break even v [breɪk 'iːvn]	**Kostendeckung erreichen, mit Plus-Minus-Null arbeiten**
We are confident that we will break even next year.	Wir sind zuversichtlich, dass wir im nächsten Jahr kostendeckend arbeiten werden.
break-even (point) n [breɪk 'iːvn pɔɪnt]	**Gewinnschwelle, Kostendeckungspunkt**
Reaching break-even is our immediate objective.	Das Erreichen der Gewinnschwelle ist unser unmittelbares Ziel.
allocate v ['æləkeɪt]	**zuweisen**
I've been allocated a new task.	Mir ist eine neue Aufgabe zugewiesen worden.
allocation n [ˌælə'keɪʃn]	**Zuweisung, Allokation**
Allocations help trace responsibility for costs to the relevant department.	Zuweisungen ermöglichen die Zuordnung von Kosten zu den betreffenden Abteilungen.
controlling n [kən'trəʊlɪŋ]	**Controlling**
Controlling means constantly monitoring financial targets.	Controlling bedeutet die ständige Überwachung der finanziellen Ziele.
cost accounting n ['kɒst əˌkaʊntɪŋ]	**Kostenrechnung**
Without proper cost accounting, your firm will soon be bankrupt.	Ohne eine richtige Kostenrechnung wird Ihre Firma bald Pleite gehen.
cost centre accounting n ['kɒst sentər əˌkaʊntɪŋ]	**Kostenstellenrechnung**
Cost centre accounting helps allocate costs to their proper source.	Die Kostenstellenrechnung hilft bei der Zuordnung von Kosten zum Verursacher.

cost-benefit analysis n [kɒstˌbenɪfɪt əˈnæləsɪs]

Kosten-Nutzen-Analyse, Kosten-Nutzen-Rechnung

We need a realistic cost-benefit analysis before embarking on this project.

Wir brauchen eine realistische Kosten-Nutzen-Analyse, bevor wir uns auf das Projekt einlassen.

cash flow n [ˈkæʃ fləʊ]

Cashflow

Cash flow is the difference between cash receipts and cash payments at a given time.

Der Cashflow ist die Differenz zwischen Bareinnahmen und Barausgaben zu einem bestimmten Zeitpunkt.

circulating capital n [ˌsɜːkjəleɪtɪŋ ˈkæpɪtl]

Betriebskapital, Umlaufvermögen

The circulating capital is used to produce goods which are sold for money which is used again to produce goods.

Das Betriebskapital wird für die Produktion von Gütern verwendet, die gegen Geld verkauft werden, das dann wieder für die Produktion von Gütern verwendet wird.

➲ current capital, working capital

current capital n [ˌkʌrənt ˈkæpɪtl]

Betriebskapital, Umlaufvermögen

The current capital of an enterprise is the money earmarked for production purposes.

Das Betriebskapital eines Unternehmens ist das Geld, das für Produktionszwecke vorgesehen ist.

➲ circulating capital, working capital

working capital n [ˈwɜːkɪŋ ˌkæpɪtl]

Betriebskapital, Umlaufvermögen

Working capital consists of merchandise stock and liquid resources.

Das Betriebskapital besteht aus Warenbeständen und flüssigen Mitteln.

➲ circulating capital, current capital

net current assets n pl [ˌnet ˌkʌrənt ˈæsets]

Nettoumlaufvermögen

Our company will have to increase its net current assets if it wishes to go on trading successfully.

Unsere Gesellschaft muss ihr Nettoumlaufvermögen erhöhen, wenn sie weiter erfolgreich arbeiten will.

➲ working capital

working capital n [ˈwɜːkɪŋ kæpɪtl]

Nettoumlaufvermögen

The working capital is the difference between a company's current assets and current liabilities.

Das Nettoumlaufvermögen ist die Differenz zwischen dem Umlaufvermögen und den kurzfristigen Verbindlichkeiten in einer Gesellschaft.

➲ net current assets

debenture capital n [dɪˈbentʃə kæpɪtl]

Anleihekapital, Fremdkapital

The drawback of debenture capital is that the company who has borrowed will have to pay interest on it at regular intervals.

Der Nachteil von Anleihekapital besteht darin, dass das Unternehmen, welches den Kredit aufgenommen hat, in regelmäßigen Abständen Zinsen bezahlen muss.

➲ debt capital, loan capital

debt capital n [ˈdet ˈkæpɪtl]

Anleihekapital, Fremdkapital

The providers of debenture capital receive regular interest payments.

Investoren, die Anleihekapital zur Verfügung stellen, erhalten regelmäßig Zinszahlungen.

➲ debenture capital, loan capital

direct costs n pl [dəˌrekt 'kɒsts]

As output increases, so will direct costs.

direkte Kosten

In dem Maße, wie die Produktionsmenge steigt, steigen auch die direkten Kosten.

fixed cost(s) n [fɪkst 'kɒsts]

Rent is part of a company's fixed costs.

Fixkosten, Gemeinkosten

Die Miete ist ein Teil der Fixkosten eines Unternehmens.

incremental cost(s) n [ˌɪŋkrə'mentl 'kɒsts]

Increased production will result in incremental costs of £50 per item.

➲ marginal cost(s)

Grenzkosten

Eine Erhöhung der Produktion wird Grenzkosten von 50 Pfund pro Stück zur Folge haben.

marginal cost(s) n [ˌmɑːdʒɪnl 'kɒsts]

Marginal cost is defined as the extra cost of increasing production by one more unit.

➲ incremental cost(s)

Grenzkosten

Grenzkosten werden definiert als die zur Erhöhung der Produktion um eine Einheit erforderlichen Zusatzkosten.

labour costs n ['leɪbə(r) kɒsts]

Labour costs consist of wages and salaries plus wage incidentals.

Arbeitskosten, Personalkosten

Die Arbeitskosten setzen sich zusammen aus Löhnen und Gehältern plus Lohnnebenkosten.

replacement cost(s) n [rɪ'pleɪsmənt kɒsts]

Using replacement costs rather than historic costs is more realistic.

Wiederbeschaffungskosten

Es ist realistischer, Wiederbeschaffungskosten anstelle von Einstandskosten anzusetzen.

unit cost(s) n [ˌ'juːnɪt kɒsts]

Stepping up production and putting on a third shift are bound to considerably reduce unit costs.

Stückkosten

Das Hochfahren der Produktion und die Einführung einer dritten Schicht werden automatisch die Stückkosten erheblich senken.

variable cost n ['veəriəbl 'kɒst]

Our electricity bill is a variable cost because the more we produce, the greater our electricity consumption.

variable Kosten

Unsere Stromrechnung ist ein variabler Kostenfaktor, da unser Stromverbrauch mit steigender Produktion in die Höhe geht.

wage costs n pl ['weɪdʒ kɒsts]

Wage costs are the most important part of the total labour costs.

Lohnkosten

Die Lohnkosten sind der wichtigste Teil der gesamten Arbeitskosten.

wage incidentals n pl ['weɪdʒ ɪnsɪdentlz]

German companies are said to be hampered by excessive wage incidentals.

Lohnnebenkosten

Man sagt, deutsche Unternehmen seien durch allzu hohe Lohnnebenkosten belastet.

total costs n pl [ˌtəʊtl 'kɒsts]

The total costs of the project must not exceed $5.5 m.

Gesamtkosten

Die Gesamtkosten des Projekts dürfen 5,5 Millionen Dollar nicht übersteigen.

cost price n ['kɒst praɪs]

Employees can sometimes buy products from their company at cost price.

Selbstkostenpreis, Einstandspreis

Mitarbeiter können manchmal Erzeugnisse ihrer Firma zum Selbstkostenpreis bekommen.

expense account n [ɪk'spens əkaʊnt]

Don't overdraw your expense account.

Spesenkonto

Überziehen Sie Ihr Spesenkonto nicht.

deficit n ['defɪsɪt]

Nationalized industries usually show a deficit, but they are subject to a public service obligation.

Defizit, Fehlbetrag

Verstaatlichte Industrien weisen normalerweise ein Defizit auf, aber sie haben einen öffentlichen Leistungsauftrag.

profit n ['prɒfɪt]

Profit can be defined as the price received minus the cost price.

Gewinn

Gewinn kann als Differenz zwischen dem Verkaufspreis und dem Selbstkostenpreis definiert werden.

profit margin n ['prɒfɪt mɑːdʒɪn]

Some British tour operators went out of business because their profit margins were less than 5%.

➲ margin of profit

Gewinnspanne

Einige britische Reiseveranstalter stellten den Geschäftsbetrieb ein, weil ihre Gewinnspannen unter 5% lagen.

margin of profit n [ˌmɑːdʒɪn əv 'prɒfɪt]

We need a margin of profit of at least 10% to be able to establish some reserves.

➲ profit margin

Gewinnspanne

Wir benötigen eine Gewinnspanne von mindestens 10%, um Rücklagen bilden zu können.

profitability n [prɒfɪtə'bɪləti]

We must make an effort to increase profitability.

Rentabilität

Wir müssen uns anstrengen, um die Rentabilität zu steigern.

profit and loss account n [ˌprɒfɪt ənd 'lɒs əkaʊnt]

The profit and loss account shows both the gross profit and the net profit, i.e. the pre-tax profit, of an enterprise.

Gewinn- und Verlustrechnung (GuV)

Die Gewinn- und Verlustrechnung stellt sowohl den Brutto- als auch den Nettogewinn, d.h. den Vorsteuergewinn eines Unternehmens, dar.

gross profit n [ˌgrəʊs 'prɒfɪt]

The gross profit is the difference between the sales revenue and the cost of sales, i.e. before distribution, administration and other costs are deducted.

➲ trading profit

Bruttogewinn

Der Bruttogewinn ist die Differenz zwischen dem Umsatzerlös und den Umsatzkosten, d.h. vor Abzug von Vertriebs-, Verwaltungs- und sonstigen Kosten.

trading profit n ['treɪdɪŋ ˌprɒfɪt]

We've made a trading profit of £500 on each car sold.

➲ gross profit

Bruttogewinn, Betriebsgewinn

Wir haben einen Bruttogewinn von 500 Pfund für jedes verkaufte Auto erzielt.

net profit n [ˌnet 'prɒfɪt]

Net profits before tax are significantly below expectations.

Nettogewinn, Reingewinn

Die Nettogewinne vor Steuer sind deutlich hinter den Erwartungen zurückgeblieben.

pre-tax profit n [ˌpriːtæks 'prɒfɪt]

Pre-tax profits turned out to be higher than expected.

Gewinn vor Steuern, Vorsteuergewinn

Der Gewinn vor Steuern fiel höher als erwartet aus.

surplus n ['sɜːpləs]

The Common Agricultural Policy (CAP) of the European Union is said to cause unnecessary surpluses.

Überschuss

Die Gemeinsame Agrarpolitik der EU verursacht angeblich unnötige Überschüsse.

windfall profit n ['wɪndfɔːl ˌprɒfɪt]

In the 1970s, oil producers reaped considerable windfall profits.

unerwarteter Gewinn, Zufallsgewinn

In den siebziger Jahren erzielten Ölproduzenten unerwartete Gewinne in erheblicher Höhe.

liquidity n [lɪ'kwɪdəti]

Our liquidity has distinctly improved in recent years.

Zahlungsfähigkeit, Liquidität

Unsere Zahlungsfähigkeit hat sich in den letzten Jahren deutlich verbessert.

rate of return n [ˌreɪt əv rɪ'tɜːn]

Gilt-edged stocks offer a safe rate of return.

➲ return, yield

Rendite, Ertrag

Staatsanleihen bieten eine sichere Rendite.

return n [rɪˌtɜːn]

Any net return on investment in excess of 10% is unusual in inflationary times.

➲ rate of return, yield

Rendite, Ertrag

Jede Netto-Investitionsrendite über 10% ist in Zeiten der Inflation ungewöhnlich.

yield n [jiːld]

Why not invest abroad as long as the yield is attractive enough?

➲ rate of return, return

Rendite, Ertrag

Warum sollte man nicht im Ausland investieren, solange die Rendite attraktiv genug ist?

law of diminishing returns n [ˌlɔː əv dɪˌmɪnɪʃɪŋ rɪ'tɜːnz]

If the optimum number of people working a plot of land is exceeded, the law of diminishing returns will apply. In this case, output per person or, worse still, total output will decrease.

Gesetz vom abnehmenden Ertragszuwachs

Wenn die optimale Anzahl der Leute, die ein Stück Land bearbeiten, überschritten wird, dann gilt das Gesetz vom abnehmenden Ertragszuwachs. In diesem Fall wird sich der Ausstoß pro Person oder, was noch schlimmer wäre, der Gesamtausstoß verringern.

proceeds n pl ['prəʊsiːdz]

We would ask you to dispose of the remaining items as you see fit and to remit the proceeds less commission.

Erlös

Wir möchten Sie bitten, die Restposten nach Ihrem Ermessen zu veräußern und den Erlös abzüglich Provision zu überweisen.

borrow v ['bɒrəʊ]

We've had to borrow heavily in order to finance the scheme.

Kredit aufnehmen, (sich Geld) leihen

Zur Finanzierung des Projektes mussten wir erhebliche Kredite aufnehmen.

borrower n ['bɒrəʊə]

Borrowers stand to lose out if the standard rate of interest goes up.

Kreditnehmer(in), Darlehensnehmer(in)

Wenn die Eckzinsen in die Höhe gehen, dann sind die Kreditnehmer die Verlierer.

borrowings n pl ['bɒrəʊɪŋz]

We'll have to trim our borrowings next year.

Darlehensverbindlichkeiten

Nächstes Jahr müssen wir unsere Darlehensverbindlichkeiten reduzieren.

lend v [lend]	**verleihen, Kredit vergeben**
Banks only lend money against security.	Banken verleihen Geld nur gegen Sicherheiten.
lendings n pl ['lendɪŋz]	**Kreditvolumen**
High-street banks report record lendings.	Die Geschäftsbanken berichten von Kreditvolumina in Rekordhöhe.
lender n ['lendə]	**Kreditgeber, Darlehensgeber**
The Halifax building society is one of Britain's leading lenders.	Die Halifax-Bausparkasse ist einer der führenden britischen Kreditgeber.
gearing n ['gɪərɪŋ]	**Fremdkapitalanteil, Eigen-/Fremdkapitalverhältnis, Verschuldungsgrad**
Unfortunately, we've had to increase our gearing in the current financial year. ➲ leverage	Leider mussten wir im laufenden Finanzjahr unseren Fremdkapitalanteil erhöhen.
leverage n US ['levərɪdʒ]	**Fremdkapitalanteil, Eigen-/Fremdkapitalverhältnis, Verschuldungsgrad**
We need to increase leverage if we are to take over our French competitors. ➲ gearing	Wir müssen den Fremdkapitalanteil erhöhen, wenn wir unsere französische Konkurrenz übernehmen wollen.
liabilities n pl [laɪə'bɪlətiz]	**Verbindlichkeiten, Passiva, Schulden**
Our liabilities have reached worrying proportions.	Unsere Verbindlichkeiten haben beunruhigende Ausmaße angenommen.
merge v [mɜːdʒ]	**fusionieren, sich zusammenschließen**
If competitors merge, consumers will not necessarily benefit.	Wenn Konkurrenten fusionieren, dann profitiert davon nicht notwendigerweise der Verbraucher.
merger n ['mɜːdʒə]	**Fusion, (Firmen-)Zusammenschluss**
Some mergers in Britain are subject to approval by the Mergers and Monopolies Commission.	Einige Fusionen in Großbritannien bedürfen der Zustimmung der britischen Kartellbehörde.
acquisition n [ˌækwɪ'zɪʃn]	**Übernahme**
The acquisition of this Irish company will enable us to substantially increase our market share in Ireland. ➲ takeover	Die Übernahme dieses irischen Unternehmens wird es uns ermöglichen, unseren Marktanteil in Irland erheblich zu verstärken.
takeover n ['teɪkəʊvə]	**Übernahme**
Takeovers in Britain are sometimes referred to the Monopolies and Mergers Commission. ➲ acquisition	Firmenübernahmen werden in Großbritannien gelegentlich der Kartellbehörde zur Überprüfung vorgelegt.
takeover bid n ['teɪkəʊvə bɪd]	**Übernahmeangebot**
The majority of shareholders have rejected the latest takeover bid.	Die Mehrheit der Aktionäre hat das jüngste Übernahmeangebot abgelehnt.

insolvency n [ɪn'sɒlvənsi]

Insolvency means that your liabilities exceed your assets and that, as a result, you'll have to cease trading.

Insolvenz, Zahlungsunfähigkeit

Insolvenz bedeutet, dass Ihre Verbindlichkeiten Ihr Vermögen übersteigen und Sie deshalb das Geschäft aufgeben müssen.

insolvent adj [ɪn'sɒlvənt]

If you are insolvent, your creditors will try to seize your assets in order to satisfy their claims.

zahlungsunfähig, insolvent

Wenn Sie zahlungsunfähig sind, werden Ihre Gläubiger versuchen, Ihr Vermögen zu beschlagnahmen, um ihre Ansprüche zu befriedigen.

liquidation n [ˌlɪkwɪ'deɪʃn]

In the event of a company going into liquidation, all its assets are sold in order to satisfy creditors.

➲ winding up

Liquidation, Abwicklung

Wenn ein Unternehmen in Liquidation geht, wird das gesamte Anlagevermögen verkauft, um die Gläubiger zu befriedigen.

liquidate v [ˌlɪkwɪ'deɪt]

At the meeting of creditors it was decided that the company should be liquidated.

➲ wind up

liquidieren, abwickeln

Auf der Gläubigerversammlung wurde die Abwicklung des Unternehmens beschlossen.

winding up n [ˌwaɪndɪŋ 'ʌp]

Winding up may be voluntary or compulsory. In the latter case, the court has issued a winding up order.

➲ liquidation

Abwicklung, Liquidation

Die Abwicklung (eines Unternehmens) kann freiwillig erfolgen oder verfügt werden. Im letzteren Fall hat das Gericht einen Liquidationsbeschluss erlassen.

wind up v [ˌwaɪnd 'ʌp]

At the meeting of creditors it was decided that the company should be wound up.

➲ liquidate

abwickeln, liquidieren

Auf der Gläubigerversammlung wurde die Abwicklung des Unternehmens beschlossen.

bankruptcy n ['bæŋkrʌpsi]

The company's financial problems eventually led to bankruptcy.

Bankrott, Konkurs

Die finanziellen Probleme der Firma führten schließlich zum Bankrott.

go bankrupt v [gəʊ 'bæŋkrʌpt]

Potential creditors usually ask you whether you have ever gone bankrupt.

in Konkurs gehen, Pleite gehen, Bankrott machen

Potenzielle Gläubiger fragen gewöhnlich, ob Sie schon einmal in Konkurs gegangen sind.

receivership n [rɪ'siːvəʃɪp]

All we can say is that the company concerned has been in receivership since the end of last year.

Konkurs, Konkursverwaltung

Wir können nur darauf hinweisen, dass die betreffende Gesellschaft seit Ende letzten Jahres in Konkurs ist.

receiving order n [rɪ'siːvɪŋ ɔːdə]

The bankruptcy court issued a receiving order.

Konkurseröffnungsbeschluss

Das Konkursgericht stellte einen Konkurseröffnungsbeschluss aus.

official receiver n [əˌfɪʃl rɪ'siːvə]

If a person or a company goes bankrupt, an official receiver is appointed by the bankruptcy court to take care of the bankrupt's assets.

vorläufiger Konkursverwalter

Wenn eine Person oder Gesellschaft in Konkurs geht, dann setzt das Konkursgericht einen vorläufigen Konkursverwalter ein, der sich um das Vermögen des Konkursschuldners kümmert.

break-up value n ['breɪkʌp væljuː]

Unless an enterprise can be sold as a going concern, its assets will be sold separately; the amount realized being the break-up value.

Liquidationswert, Zerschlagungswert

Wenn ein Unternehmen nicht als Ganzes verkauft werden kann, dann wird sein Anlagevermögen einzeln veräußert. Der dabei erzielte Erlös ist der Liquidationswert.

residual value n [rɪ'zɪdjuəl 'væljuː]

The residual value of the enterprise was put at £1.25m.

Restwert

Der Restwert des Unternehmens wurde auf 1,25 Millionen Pfund veranschlagt.

deed of arrangement n [ˌdiːd əv ə'reɪndʒmənt]

Under this deed of arrangement, the creditors have agreed to accept 75p in the pound.

➲ composition

Vergleich

Bei diesem Vergleich haben sich die Gläubiger mit einer Zahlung von 75% einverstanden erklärt.

composition n [ˌkɒmpə'zɪʃn]

We have made a composition of 50p in the £1.

➲ deed of arrangement

Vergleich

Wir haben einen Vergleich geschlossen, bei dem die Gläubiger zu 50% abgefunden werden.

rent n [rent]

The rent for the premises is unlikely to be increased.

Miete

Es ist eher unwahrscheinlich, dass die Miete für die Räumlichkeiten erhöht wird.

research and development n [rɪˌsɜːtʃ ənd dɪ'veləpmənt]
R&D [ˌɑːr ənd 'diː]

In our company, R&D is an expensive, but indispensable item.

Forschung und Entwicklung (F&E)

In unserem Unternehmen ist F&E ein teurer, aber unerlässlicher Posten.

quality assurance n ['kwɒləti əʃʊərəns]

We'll have to do more in the way of quality assurance if we are to keep ahead of our competitors.

Qualitätssicherung

Wir müssen in Sachen Qualitätssicherung mehr tun, wenn wir unseren Vorsprung gegenüber der Konkurrenz wahren wollen.

goodwill n [ˌgʊd'wɪl]

Goodwill is the difference between the stock market value of a business and the value of its net assets as shown in its balance sheet.

Goodwill, immaterieller Firmenwert

Der Goodwill ist die Differenz zwischen dem Börsenwert eines Unternehmens und dem Wert seines bilanzierten Nettoanlagevermögens.

feasibility study n [ˌfiːzə'bɪləti stʌdi]

The feasibility study showed that the project could be implemented as envisaged.

Machbarkeitsstudie

Die Machbarkeitsstudie zeigte, dass das Projekt wie vorgesehen durchgeführt werden konnte.

streamline v ['stri:mlaɪn]

If we are really to streamline operations, we'll have to reduce staffing levels.

rationalisieren

Wenn wir wirklich rationalisieren wollen, dann müssen wir Arbeitskräfte abbauen.

streamlining n ['stri:mlaɪnɪŋ]

Streamlining means cutting costs all round.

Rationalisierung

Rationalisierung bedeutet eine umfassende Kostensenkung.

productivity n [ˌprɒdʌk'tɪvəti]

Productivity is the ratio of output to factor input.

Produktivität

Produktivität ist das Verhältnis von Ausstoß und Faktoreinsatz.

input n ['ɪnpʊt]

It is virtually impossible to increase production without increasing input at the same time.

Input, Faktoreinsatz

Es erscheint praktisch unmöglich, die Produktion ohne einen höheren Input zu steigern.

output n ['aʊtpʊt]

The higher the output per man-hour, the greater the productivity of labour.

Ausstoß, Produktion(smenge)

Je höher der Ausstoß pro Arbeitsstunde, umso höher die Arbeitsproduktivität.

downtime n ['daʊntaɪm]

With our new machines we can cut downtime to a minimum.

Ausfallzeit(en), Produktionsleerlauf(zeit)

Mit unseren neuen Maschinen können wir die Ausfallzeiten auf ein Minimum reduzieren.

FORMS OF BUSINESS ORGANIZATION

Limited companies

Limited adj ['lɪmɪtɪd] Ltd. ['el tiː 'diː]

mit beschränkter Haftung (nach dem Namen einer „limited liability company“)

After the name of a private limited company “Limited” is abbreviated to “Ltd” e.g. “Parker and West Ltd”.

Nach dem Namen einer „private limited company“ wird „Limited“ z.B. „Parker and West Ltd.“ abgekürzt.

company n ['kʌmpəni]

Unternehmen, (Kapital-)Gesellschaft

You need financial support if you want to form your own company.

Sie brauchen finanzielle Unterstützung, wenn Sie Ihr eigenes Unternehmen gründen wollen.

limited liability company n [ˌlɪmɪtɪd ˌlaɪə'bɪləti kʌmpəni]

Kapitalgesellschaft, Gesellschaft mit beschränkter Haftung

As legal entities, limited liability companies may sue and be sued.

Als juristische Personen können Kapitalgesellschaften klagen und verklagt werden.

private (limited) company n [ˌpraɪvət ˌlɪmɪtɪd 'kʌmpəni]

Gesellschaft mit beschränkter Haftung

In the UK the maximum number of shareholders in a private limited company is fifty.

Im Vereinigten Königreich hat eine GmbH höchstens fünfzig Anteilseigner.

public (limited) company n [ˌpʌblɪk ˌlɪmɪtɪd 'kʌmpəni] plc [ˌpiː el 'siː]

Aktiengesellschaft (AG)

Plcs offer shares and debentures to the public.
➲ listed company, quoted company

AGs bieten der Öffentlichkeit Aktien und Schuldverschreibungen an.

proprietary company n Australia, South Pacific [prə'praɪətri ˌkʌmpəni] pty [ˌpiː tiː 'waɪ]

Gesellschaft mit beschränkter Haftung (GmbH)

Like its British equivalent, the Ltd, a pty is not open to the public.

Wie ihre britische Entsprechung, die „Ltd“, ist eine „pty“ keine Publikumsgesellschaft.

incorporated adj US [ɪn'kɔːpəreɪtɪd] Inc [ɪŋk]

(als Kapitalgesellschaft) eingetragen

An incorporated business is a legal entity.

Eine eingetragene Gesellschaft ist eine juristische Person.

corporation n US [ˌkɔːpə'reɪʃn]

Kapitalgesellschaft

There are open and close corporations.

Es gibt AGs und GmbHs.

corporation charter n US
[ˌkɔːpəˈreɪʃn tʃɑːtə]

After receiving its corporation charter a corporation may start trading.

Gründungsurkunde (einer AG)

Nach Erhalt der Gründungsurkunde kann eine Kapitalgesellschaft den Geschäftsbetrieb aufnehmen.

close corporation n US
[ˌkləʊs kɔːpəˈreɪʃn]

The shares of a close corporation are usually held by a very few shareholders.

Gesellschaft mit beschränkter Haftung

Die Anteile an einer amerikanischen GmbH werden gewöhnlich von sehr wenigen Anteilseignern gehalten.

open corporation n US
[ˌəʊpən ˌkɔːpəˈreɪʃn]

Most large businesses in the USA are open corporations with a large number of shareholders.

offene Kapitalgesellschaft, Aktiengesellschaft

Die meisten Großunternehmen in den Vereinigten Staaten sind offene Kapitalgesellschaften mit einer großen Zahl von Anteilseignern.

incorporation certificate n US
[ɪnˌkɔːpəˈreɪʃn səˈtɪfɪkət]

An incorporation certificate is issued by the county courthouse.

Gründungsurkunde, Gründungsbestätigung

Eine Gründungsurkunde wird vom Bezirksgericht ausgestellt.

certificate of incorporation n
[səˌtɪfɪkət əv ɪnˌkɔːpəˈreɪʃn]

The certificate of incorporation is issued by the Registry of Companies.

Gründungsurkunde

Die Gründungsurkunde wird von der Handelsregisterbehörde ausgestellt.

articles of association n pl
[ˌɑːtɪklz əv əˌsəʊsiˈeɪʃn]

The articles of association cover the rules for the organization and internal running of the company.

Gesellschaftsvertrag, Satzung, Statut

Der Gesellschaftsvertrag enthält die Regeln für Organisation und Geschäftsablauf der Gesellschaft.

memorandum of association n
[meməˌrændəm əv əˌsəʊsiˈeɪʃn]

The memorandum of association is open to public inspection.

Gründungsvertrag, Satzung, Statut

Der Gründungsvertrag ist der Öffentlichkeit zugänglich.

company secretary n
[ˌkʌmpəni ˈsekrətri]

The company secretary takes care of the company's legal duties.

Syndikus und Verwaltungsdirektor

Dem Syndikus obliegt die Erfüllung der juristischen Aufgaben der Gesellschaft.

chief executive officer n
[ˌtʃiːf ɪgˈzekjətɪv ˈɒfɪsə] CEO [ˌsiː iː ˈəʊ]

The CEO is in charge of the everyday running of the company.
➲ chief executive, managing director

Vorstandsvorsitzende(r), Generaldirektor(in), Hauptgeschäftsführer(in)

Der Vorstandsvorsitzende ist für den laufenden Geschäftsbetrieb der Gesellschaft verantwortlich.

executive director n
[ɪgˌzekjutɪv dəˈrektə]

Our executive directors receive a generous remuneration package.

Vorstandsmitglied, Geschäftsführer(in)

Unsere Vorstandsmitglieder erhalten ein großzügiges Vergütungspaket.

non-executive director n [ˌnɒn ɪgˌzekjətɪv dəˈrektə]

Aufsichtsratsmitglied, nicht geschäftsführendes Mitglied der Unternehmensleitung

Members of Parliament are often non-executive directors.

Parlamentsabgeordnete sind oft Aufsichtsratsmitglieder.

proxy n [ˈprɒksi]

Vertreter(in), Vertretung

In Germany banks often act as proxies for shareholders.

In Deutschland vertreten Banken oft Aktionäre.

listed company n [ˌlɪstɪd ˈkʌmpəni]

börsennotierte Gesellschaft

A company is a listed company if its shares are traded on the stock exchange.

Eine Gesellschaft, deren Aktien an der Börse gehandelt werden, ist börsennotiert.

➲ quoted company, public limited company

stockholder n US [ˈstɒkhəʊldə]

Aktionär

Our stockholders received four dividend payments last year.

Unsere Aktionäre erhielten im letzten Jahr vier Dividendenzahlungen.

➲ shareholder

shareholder n GB [ˈʃeəhəʊldə]

Aktionär

Shareholders receive a dividend and usually have the right to attend the annual general meeting.

Aktionäre erhalten eine Dividende und haben gewöhnlich das Recht, an der Hauptversammlung teilzunehmen.

➲ stockholder

existing shareholder n [ɪgˌzɪstɪŋ ˈʃeəhəʊldə]

Altaktionär

Existing shareholders often receive preferential treatment by being given a scrip issue.

Altaktionäre werden oft durch die Ausgabe von Gratisaktien bevorzugt behandelt.

annual general meeting n [ˌænjuəl ˌdʒenrəl ˈmiːtɪŋ]
AGM [ˌeɪ dʒiː ˈem]

Jahreshauptversammlung, Hauptversammlung (der Aktionäre)

Joint-stock companies are required by law to convene an AGM.

Kapitalgesellschaften sind gesetzlich zur Einberufung einer Jahreshauptversammlung verpflichtet.

general meeting (of shareholders) n [ˌdʒenrəl ˈmiːtɪŋ əv ˈʃeəhəʊldəz]

(Aktionärs-)Hauptversammlung

Shareholders meet at least once a year in the general meeting.

Aktionäre kommen mindestens einmal pro Jahr in der Hauptversammlung zusammen.

go public v [gəʊ ˈpʌblɪk]

an die Börse gehen

If a Ltd company goes public, it becomes a plc.

Wenn eine GmbH an die Börse geht, wird sie eine AG.

issue n [ˈɪʃuː]

Ausgabe, Emission

Issuing houses help with the issue of shares.

Emissionsbanken helfen bei der Ausgabe von Aktien.

issue v [ˈɪʃuː]

ausgeben, emittieren

If we are to increase our capital, we'll have to issue new shares.

Wenn wir unser Kapital erhöhen wollen, müssen wir neue Aktien ausgeben.

rights issue n ['raɪts 'ɪʃuː]

Bezugsrechtsemission

Shares in a rights issue are cheaper than ordinary shares.

Die Aktien aus einer Bezugsrechtsemission sind billiger als Stammaktien.

dividend n ['dɪvɪdend]

Dividende

In the USA dividends are distributed up to four times a year.

In den USA werden bis zu vier Mal jährlich Dividenden ausgeschüttet.

declare the dividend v [dɪˌkleə ðə 'dɪvɪdend]

die Dividende beschließen

The annual general meeting usually declares the dividend as proposed by the board.

Die Hauptversammlung beschließt gewöhnlich die vom Vorstand vorgeschlagene Dividende.

subscribe (for) v [səb'skraɪb fə]

zeichnen

The public are invited to subscribe for shares.

Die Öffentlichkeit wird zur Zeichnung von Aktien aufgerufen.

annual report n [ˌænjuəl rɪ'pɔːt]

Geschäftsbericht, Lagebericht

The annual report is presented every year to the shareholders.
➲ statutory report

Jedes Jahr wird den Anteilseignern der Geschäftsbericht vorgelegt.

statutory report n [ˌstætʃətri rɪ'pɔːt]

Geschäftsbericht

In Britain, the statutory report is required by the Companies Act (1985).

In Großbritannien ist der Geschäftsbericht durch das Aktiengesetz von 1985 vorgeschrieben.

authorized capital n [ˌɔːθəraɪzd 'kæpɪtl]

genehmigtes Kapital

The minimum authorized capital of a plc is £5,000.
➲ authorized share capital, registered capital

Das genehmigte Kapital einer AG beträgt mindestens 5.000 Pfund.

equity capital n ['ekwəti kæpɪtl]

Eigenkapital, Anteilskapital

Equity capital is the amount of money subscribed by shareholders.

Das Eigenkapital ist die von Aktionären gezeichnete Kapitalsumme.

debenture capital n [dɪ'bentʃə kæpɪtl]

Anleihekapital, Fremdkapital

Investors who provide debenture capital receive regular interest payments.
➲ debt capital, loan capital

Investoren, die Anleihekapital zur Verfügung stellen, erhalten regelmäßige Zinszahlungen.

loan capital n ['ləʊn kæpɪtl]

Anleihekapital, Fremdkapital

Loan capital includes loans and debentures.
➲ debenture capital, debt capital

Das Anleihekapital umfasst Kredite und Schuldverschreibungen.

assets n pl ['æsets]

Vermögen, Aktiva, Vermögenswerte

The company was forced to divest itself of assets in order to pay a dividend to its shareholders.

Um eine Dividende an die Aktionäre zahlen zu können, war die Gesellschaft gezwungen, einen Teil ihres Vermögens zu veräußern.

fixed assets n pl [fɪkst 'æsets]

Fixed assets include in the main plant and machinery.

Anlagevermögen

Das Anlagevermögen umfasst im Wesentlichen Anlagen und Maschinen.

current assets n pl [ˌkʌrənt 'æsets]

Our current assets are not sufficient to repay the loan on the due date.

Umlaufvermögen

Unser Umlaufvermögen reicht nicht zur fristgemäßen Tilgung des Darlehens.

intangible assets n pl [ɪnˌtændʒəbl 'æsets]

Goodwill, patents, trademarks etc. are intangible assets.

immaterielles Vermögen, immaterielle Vermögenswerte

Goodwill, Patente, Warenzeichen usw. gehören zum immateriellen Vermögen.

tangible assets n pl [ˌtændʒəbl 'æsets]

Machinery are tangible assets.

materielle Vermögenswerte, Sachvermögen

Maschinen sind materielle Vermögenswerte.

balance sheet n ['bæləns ʃiːt]

The balance sheet contains the assets and liabilities of a company in the year under review.

Bilanz

Die Bilanz enthält die Aktiva und Passiva einer Gesellschaft im Berichtsjahr.

profit and loss account n [ˌprɒfɪt ənd 'lɒs əkaʊnt]

The profit and loss account lists the receipts and expenditures of a business for one year.

Gewinn- und Verlustrechnung (GuV)

Die GuV führt Einnahmen und Ausgaben eines Unternehmens in einem Jahr auf.

interim profit n [ˌɪntərɪm 'prɒfɪt]

The interim dividend depends on the interim profit.

Zwischengewinn

Die Zwischendividende hängt vom Zwischengewinn ab.

interim result n ['ɪntərɪm rɪzʌlt]

Last year's interim results were rather disappointing.

Zwischenergebnis

Die Zwischenergebnisse des letzten Jahres waren ziemlich enttäuschend.

allocation of profits n [æləˌkeɪʃn əv 'prɒfɪts]

The annual general meeting decides on the allocation of profits.

Gewinnzuteilung, Gewinnverwendung

Die Jahreshauptversammlung entscheidet über die Gewinnzuteilung.

audit v ['ɔːdɪt]

Every joint-stock company has to have its books audited at least once a year.

Bilanzen / Bücher prüfen, Revision durchführen

Jede Kapitalgesellschaft muss mindestens einmal im Jahr ihre Bilanzen prüfen lassen.

audit n ['ɔːdɪt]

The audit has shown no irregularities.

Revision, Buchprüfung, Bilanzprüfung

Die Revision hat keine Unregelmäßigkeiten ergeben.

auditor n ['ɔːdɪtə]

Auditors are chartered accountants elected by the annual general meeting to examine the company's books and other records.

Wirtschaftsprüfer(in), Revisor(in)

Wirtschaftsprüfer sind von der Jahreshauptversammlung bestellte Buchprüfungsunternehmen, die die Bücher und sonstigen Unterlagen der Gesellschaft prüfen.

Forms of business organization

	sole trader	partnership	Ltd	plc
formation requirements	–	partnership deed	registration with Registrar of Companies	registration with Registrar of Companies
legal status	no separate legal status	no separate legal status	distinct legal entity	distinct legal entity
owners	trader	partners	shareholders	shareholders
transfer of ownership	sale of assets	sale of partner's share subject to consent of other partners	share transfer subject to consent of other shareholders	sale of shares
control	trader	joint control	majority of shareholders	majority of shareholders
number of owners	1	1–20	at least 2	at least 2
liability	unlimited	joint and several	limited to shareholding	limited to shareholding
profits	undivided	divided between partners	dividend as agreed by agm	dividend as agreed by agm

Other types of business

limited partnership n [ˌlɪmɪtɪd ˈpɑːtnəʃɪp]
Kommanditgesellschaft (KG)

In a limited partnership, there is only one fully liable partner.
In einer Kommanditgesellschaft gibt es nur einen voll haftenden Teilhaber.

limited partner n [ˌlɪmɪtɪd ˈpɑːtnə]
Kommanditist(in), beschränkt haftende(r) Teilhaber(in)

A limited partner is, as a rule, not actively engaged in the day-to-day running of the firm.
Ein Kommanditist ist in der Regel nicht aktiv am Tagesgeschäft der Firma beteiligt.

general partnership n [ˌdʒenrəl ˈpɑːtnəʃɪp]
offene Handelsgesellschaft (OHG)

A general or ordinary partnership has only general partners, i.e. partners who are fully liable.
Eine OHG hat nur persönlich haftende Teilhaber, d.h. voll haftende Teilhaber.

general partner n [ˌdʒenrəl ˈpɑːtnə]
Komplementär, persönlich haftende(r) Gesellschafter(in) / Teilhaber(in)

The general partner is not only responsible for the running of a limited partnership. He or she is also fully liable.
Der Komplementär ist nicht nur für die Geschäftsführung einer KG verantwortlich. Er oder sie ist auch Vollhafter.

holding (company) n ['həʊldɪŋ kʌmpəni]

A holding company holds at least half of the shares of a subsidiary.

Holding(gesellschaft), Dachgesellschaft, Beteiligungsgesellschaft

Eine Holdinggesellschaft kontrolliert mindestens die Hälfte der Anteile einer Tochtergesellschaft.

investment trust (company) n [ɪn'vestmənt trʌst kʌmpəni]

Investment trusts use their investors' money to buy and sell securities.

Investmentgesellschaft

Investmentgesellschaften verwenden die Gelder ihrer Anleger zum Kauf und Verkauf von Wertpapieren.

joint-stock company n [ˌdʒɔɪnt 'stɒk kʌmpəni]

Joint-stock companies, i.e. public and private limited companies, are legal entities.

Kapitalgesellschaft

Kapitalgesellschaften, d.h. AGs und GmbHs, sind juristische Personen.

deed of partnership n [ˌdi:d əv 'pɑ:tnəʃɪp]

The deed of partnership is a written agreement setting out the partners' rights.

Gesellschaftsvertrag (einer Personengesellschaft)

Der Gesellschaftsvertrag ist eine schriftliche Abmachung, die die Rechte der Teilhaber festlegt.

partnership n ['pɑ:tnəʃɪp]

Having cooperated on an informal basis for some time, they decided to go into partnership.

Personengesellschaft

Nachdem sie eine Zeitlang ohne formelle Grundlage zusammen gearbeitet hatten, entschlossen sie sich, eine Personengesellschaft zu gründen.

parent (company) n ['peərənt kʌmpəni]

A parent company often owns more than one subsidiary.

Muttergesellschaft

Eine Muttergesellschaft besitzt oft mehr als eine Tochtergesellschaft.

subsidiary (company) n [səb'sɪdiəri kʌmpəni]

Most subsidiaries are wholly owned by their parent companies.

Tochtergesellschaft

Die meisten Tochtergesellschaften gehören ihren Muttergesellschaften zu 100%.

group n [gru:p]

Chrysler is an automotive group.

Konzern, Gruppe

Chrysler ist ein Automobilkonzern.

joint venture n [ˌdʒɔɪnt 'ventʃə]

Joint ventures are more often than not only set up as temporary organizations.

Gemeinschaftsunternehmen, Jointventure

Gemeinschaftsunternehmen werden zumeist nur als zeitweilig existierende Organisationen gegründet.

firm n [fɜ:m]

Firms are, as a rule, small undertakings owned by two or more persons.

Personengesellschaft

Personengesellschaften sind in der Regel kleine Unternehmen mit zwei oder mehr Eigentümern.

proprietor n [prə'praɪətə]

Proprietors are fully liable in the absence of partners.

Inhaber(in), Besitzer(in), Eigentümer(in)

Wenn es keine Teilhaber gibt, sind die Firmeninhaber voll haftbar.

sole proprietorship n [ˌsəʊl prə'praɪətəʃɪp]

A newsagents' is a typical example of a sole proprietorship.

Einzelfirma, Einzelgeschäft

Ein Zeitschriftenladen ist ein typisches Beispiel für eine Einzelfirma.

sole trader n [ˌsəʊl 'treɪdə]

A sole trader is fully liable for all the debts incurred by his firm.

Einzelkaufmann, Einzelkauffrau

Ein Einzelkaufmann ist für die Schulden seiner Firma voll haftbar.

trust n [trʌst]

A trust is defined as an organization in which two or more people (trustees) manage property or other capital.

Treuhand, Stiftung

Eine Treuhand wird als Organisation definiert, bei der zwei oder mehr Personen (Treuhänder) Grundeigentum oder anderes Kapital verwalten.

unlimited liability n [ʌnˌlɪmɪtɪd laɪə'bɪləti]

Unlimited liability means that you might have to sell all your property in the event of bankruptcy.

unbegrenzte Haftung

Unbegrenzte Haftung bedeutet, dass man im Falle eines Konkurses unter Umständen seinen gesamten Besitz verkaufen muss.

cooperative n [kəʊ'ɒpərətɪv]

Cooperatives operate mainly in the following sectors: banking, farming and retailing.

Genossenschaft

Genossenschaften sind vor allem in folgenden Sektoren tätig: Bankwesen, Landwirtschaft und Einzelhandel.

friendly society n GB [ˌfrendli sə'saɪəti]

A friendly society is a non-profitmaking association formed for a certain purpose, the best example being a building society.

gemeinnütziger Verein, Wohltätigkeitsverein

Ein gemeinnütziger Verein ist ein nicht gewinnorientierter Zusammenschluss für einen bestimmten Zweck. Das beste Beispiel sind Bausparkassen.

shelf company n ['ʃelf ˌkʌmpəni]

Shelf companies, typically domiciled in countries like Liechtenstein or in the Caribbean, usually serve to conceal illegal business activities.

Briefkastenfirma

Briefkastenfirmen, die ihren Sitz oft in Ländern wie Liechtenstein oder in der Karibik haben, dienen in der Regel dazu, illegale Geschäfte zu verdecken.

dormant partner n [ˌdɔːmənt 'pɑːtnə]

The sole function of the dormant or silent partner is to contribute to the firm's capital. In return, he or she shares in the profit.

⊃ sleeping partner

stille(r) Teilhaber(in), stille(r) Gesellschafter(in)

Die einzige Funktion des stillen Teilhabers besteht darin, zum Firmenkapital beizutragen. Als Gegenleistung ist er oder sie am Gewinn beteiligt.

sleeping partner n [ˌsliːpɪŋ 'pɑːtnə]

Joining a successful firm as a sleeping partner can be an attractive investment.

⊃ dormant partner

stille(r) Teilhaber(in), stille(r) Gesellschafter(in)

Stiller Teilhaber einer erfolgreichen Firma zu werden, kann eine attraktive Investition sein.

public utility n [ˌpʌblɪk juːˈtɪləti]

A public utlity is subject to a public service obligation (PSO).

öffentlicher Versorgungsbetrieb

Ein öffentlicher Versorgungsbetrieb unterliegt einem öffentlichen Leistungsauftrag.

nationalized industry n [ˌnæʃnəlaɪzd ˈɪndəstri]

After 1979, the Conservative government privatized nearly all the nationalized industries in Great Britain.

verstaatlichter Wirtschaftszweig

Nach 1979 privatisierte die konservative Regierung fast alle verstaatlichten Wirtschaftszweige in Großbritannien.

complementary adj [ˌkɒmplɪˈmentri]

The skills and tasks of the partners of a firm are often complementary.

(sich) ergänzend, komplementär

Die Fertigkeiten und Aufgaben der Teilhaber einer Firma ergänzen sich oft.

Running a business

business n [ˈbɪznəs]

It's a small family business.

Geschäft, Betrieb, Unternehmen

Es ist ein kleines Familienunternehmen.

run a business v [rʌn ə ˈbɪznəs]

He shows great managerial skills in running his business.

ein Unternehmen führen, ein Geschäft führen

Er zeigt großes Geschick bei der Führung seines Unternehmens.

company formation n [ˌkʌmpəni fəˈmeɪʃn]

Company formation in Britain invariably involves the Registrar of Companies.

Unternehmensgründung

Bei jeder Unternehmensgründung in Großbritannien muss das Zulassungsamt für Kapitalgesellschaften eingeschaltet werden.

company promoter n [ˌkʌmpəni prəˈməʊtə]

Company promoters usually have sufficient funds to become major shareholders in the future company.

Unternehmensgründer

Unternehmensgründer verfügen gewöhnlich über ausreichende Finanzmittel, um große Anteile an der künftigen Gesellschaft zu halten.

company law n [ˈkʌmpəni lɔː]

Company law provides for the regulation of private and public limited companies.

Gesellschaftsrecht, Unternehmensrecht

GmbHs und AGs unterliegen dem Gesellschaftsrecht.

form v [fɔːm]

Forming a public limited company is a complicated procedure.

gründen

Die Gründung einer Aktiengesellschaft ist ein komplizierter Vorgang.

set up on one's own v [ˌset ˈʌp ɒn wʌnz ˈəʊn]

In order to set up on your own, you need private capital or a bank loan.

sich selbständig machen

Man benötigt Privatkapital oder ein Bankdarlehen, um sich selbständig zu machen.

registration n [ˌredʒɪ'streɪʃn]

After registration companies can begin trading.

Eintragung im Handelsregister

Nach der Eintragung im Handelsregister kann eine Gesellschaft ihre Tätigkeit aufnehmen.

Registrar of Companies n GB [ˌredʒɪ'strɑːr əv kʌmpəniz]

Companies are only allowed to commence trading after the Registrar of Companies has issued a certificate of incorporation.

Zulassungsamt für Kapitalgesellschaften, Handelsregister

Gesellschaften können erst dann tätig werden, wenn das Zulassungsamt für Kapitalgesellschaften eine Gründungsbestätigung ausgestellt hat.

registered address n [ˌredʒɪstəd ə'dres]

It rather arouses suspicion if a German company's registered address is in Liechtenstein.

Firmensitz, eingetragene Anschrift

Es ist ziemlich verdächtig, wenn der Firmensitz einer deutschen Gesellschaft Liechtenstein ist.

trading licence n ['treɪdɪŋ laɪsns]

If you want to set up on your own, you need a trading licence.

Gewerbeschein

Wenn man sich selbständig machen will, benötigt man einen Gewerbeschein.

undertaking n [ˌʌndə'teɪkɪŋ]

All profit-oriented commercial undertakings are liable for tax.

Unternehmen

Alle gewinnorientierten Wirtschaftsunternehmen unterliegen der Steuer.

entrepreneur n [ˌɒntrəprə'nɜː]

The government provides incentives to encourage budding entrepreneurs.

Unternehmer(in)

Die Regierung bietet finanzielle Anreize für Neuunternehmer.

entrepreneurial adj [ˌɒntrəprə'nɜːriəl]

In a sole proprietorship the entrepreneurial risk is borne by just one person.

unternehmerisch

In einer Einzelfirma wird das unternehmerische Risiko ausschließlich von einer Person getragen.

management n ['mænɪdʒmənt]

The management view these proposals with scepticism.

Geschäftsführung, Unternehmensleitung

Die Leitung des Unternehmens steht diesen Vorschlägen skeptisch gegenüber.

management by objectives n [ˌmænɪdʒmənt baɪ əb'dʒəktɪvz]

Management by objectives means that each department and each employee must meet certain targets.

Unternehmensführung nach Zielvorgaben

Unternehmensführung nach Zielvorgaben bedeutet, dass jede Abteilung und jeder Mitarbeiter bestimmte Ziele erreichen muss.

top management n ['tɒp 'mænɪdʒmənt]

The top management are to blame for the sudden collapse of this company.

Führungsspitze, Unternehmensleitung

Für den plötzlichen Zusammenbruch dieser Gesellschaft ist die Führungsspitze verantwortlich.

management consultant n ['mænɪdʒmənt kən'sʌltənt]

Management consultants often come up with radical solutions for streamlining a company.

Unternehmensberater(in)

Unternehmensberater schlagen oft Radikallösungen für die Rationalisierung eines Unternehmens vor.

books (of account) n pl [ˌbʊks əv əˈkaʊnt]

Geschäftsbücher

All firms and companies are required to keep books of account.

Alle Personen- und Kapitalgesellschaften sind gehalten, Geschäftsbücher zu führen.

accountant n [əˈkaʊntənt]

Buchhalter(in)

Our accountant is just doing the books.

Unser Buchhalter macht gerade die Buchhaltung.

chartered accountant n [ˌtʃɑːtəd əˈkaʊntənt]

beeidete(r) Wirtschaftsprüfer(in) (Mitglied des Institute of Chartered Accountants), **Buchhalter(in), Steuerberater(in)**

A well known firm of chartered accountants has been appointed to do the audit.

Eine bekannte Wirtschaftsprüfungsgesellschaft ist mit der Revision beauftragt worden.

ledger n [ˈledʒə]

Hauptbuch

There are several company ledgers, e.g. the purchase ledger and the sales ledger.

Es gibt verschiedene Firmenhauptbücher, z.B. das Kreditoren- und das Debitorenbuch.

cost centre n [ˌkɒst ˈsentə]

Kostenstelle

In recent years, many businesses have been split up into cost centres for streamlining purposes.

In den letzten Jahren sind viele Unternehmen aus Rationalisierungsgründen in Kostenstellen aufgeteilt worden.

reserves n pl [rɪˈzɜːvz]

Rücklagen, Reserven

Dividends are sometimes paid out of reserves.

Dividenden werden manchmal aus Rücklagen gezahlt.

dissolve v [dɪˈzɒlv]

auflösen

Before you can dissolve a company, you must first satisfy its creditors.

Bevor man ein Unternehmen auflösen kann, müssen zunächst alle Gläubiger zufriedengestellt werden.

Department of Trade and Industry n GB [dɪˌpɑːtmənt əv ˈtreɪd ənd ˈɪndəstri] DTI [ˌdiː tiː ˈaɪ]

Wirtschaftsministerium, Handelsministerium

The DTI plays a leading role in the UK's external trade affairs.

Das Wirtschaftsministerium spielt eine führende Rolle im Außenhandel Großbritanniens.

THE CHAIN OF DISTRIBUTION

Buying and selling

buy v [baɪ] — **(ein-)kaufen**

Wholesalers buy in bulk. — Großhändler kaufen en gros ein.

➲ purchase

impulse buying n ['ɪmpʌls baɪɪŋ] — **Spontankäufe**

The items displayed near the till are supposed to encourage impulse buying. — Waren in der Nähe der Ladenkasse sollen zu Spontankäufen anregen.

purchase v ['pɜːtʃəs] — **kaufen**

I've decided to purchase the de luxe version. — Ich habe mich zum Kauf der Luxusversion entschlossen.

➲ buy

purchase n ['pɜːtʃəs] — **Kauf**

The purchase of that property will set you back quite a bit. — Der Kauf dieser Immobilie wird Sie eine hübsche Stange Geld kosten.

purchasing department n ['pɜːtʃəsɪŋ dɪˌpɑːtmənt] — **Einkaufsabteilung, Einkauf**

Working in the purchasing department is said to be pleasanter than a job in the sales department. — Man sagt, im Einkauf zu arbeiten sei angenehmer als ein Posten im Verkauf.

guarantee n GB [ˌgærən'tiː] — **Garantie**

Our after-sales service deals with all problems relating to guarantees. — Unser Kundendienst kümmert sich um alle Fragen bezüglich der Garantie.

➲ guaranty, warranty

guaranty n US ['gærəntiː] — **Garantie**

The guaranty for your PC has already expired. — Die Garantie für Ihren PC ist bereits abgelaufen.

➲ guarantee, warranty

warranty n ['wɒrənti] — **Garantie**

Fortunately, our TV set is still under warranty. — Zum Glück hat unser Fernseher noch Garantie.

➲ guarantee, guaranty

sell v [sel] — **verkaufen**

We are selling the goods at retail prices. — Wir verkaufen die Ware zum Einkaufspreis.

direct selling n [dəˌrekt 'selɪŋ] — **Direktverkauf**

Direct selling excludes the retail trade. — Direktverkauf schließt den Einzelhandel aus.

inertia selling n [ɪˌnɜːʃə 'selɪŋ]

Trägheitsverkauf, Verkauf ohne Bestellung

The pint left on your doorstep by the milkman is an example of inertia selling.

Die Flasche Milch, die der Milchmann Ihnen vor die Tür stellt, ist ein Beispiel für Trägheitsverkauf.

doorstep selling n ['dɔːstep ˌselɪŋ]

Verkauf an der Haustür

Doorstep selling or direct selling is staging a come-back.

Der Verkauf an der Haustür oder Direktverkauf gewinnt wieder an Bedeutung.

sale n [seɪl]

Verkauf

The sale of tobacco and alcoholic beverages is subject to certain restrictions.

Der Verkauf von Tabak und alkoholischen Getränken unterliegt gewissen Beschränkungen.

after-sales service n [ˌɑːftə'seɪlz sɜːvɪs]

Kundendienst

For £20 a year, you are entitled to our free after-sales repair service.

Für 20 Pfund pro Jahr können Sie unseren kostenlosen Kundendienst für Reparaturen in Anspruch nehmen.

sales department n ['seɪlz dɪpɑːtmənt]

Verkaufsabteilung, Verkauf

Our sales department is definitely understaffed.

Unsere Verkaufsabteilung hat entschieden zu wenig Personal.

sales representative n ['seɪlz reprɪzentətɪv]

Außendienstmitarbeiter(in), Handelsvertreter(in), Vertreter(in)

Our sales representatives are reporting rising sales.

➲ travelling salesperson

Unser Außendienst meldet steigende Umsätze.

travelling salesperson n ['trævlɪŋ 'seɪlzpɜːsn]

Handelsvertreter(in), Vertreter(in), Außendienstmitarbeiter(in)

The average travelling salesperson will clock up tens of thousands of miles per year.

➲ sales representative

Der typische Handelsvertreter legt Zigtausende von Meilen pro Jahr zurück.

sales territory n ['seɪlz terətri]

Vertriebsbezirk

This sales territory has been somewhat neglected in recent years.

Dieser Vertriebsbezirk ist in den letzten Jahren eher vernachlässigt worden.

sales campaign n ['seɪlz kæmpeɪn]

Verkaufskampagne

Last year's sales campaign was rather a flop.

➲ sales drive

Die Verkaufskampagne im vergangenen Jahr war ein ziemlicher Flop.

sales drive n ['seɪlz draɪv]

Verkaufskampagne

The only way to boost sales is a new sales drive.

➲ sales campaign

Die einzige Methode zur Steigerung des Umsatzes ist eine neue Verkaufskampagne.

marketing n ['mɑːkɪtɪŋ]

Marketing, Vermarktung

We'd better leave the marketing to the experts.

Das Marketing überlassen wir besser den Fachleuten.

merchandising n ['mɜːtʃəndaɪzɪŋ]

Merchandising, Verkaufsförderung

The right merchandising strategy will enable us to overtake our competitors.

Die richtige Merchandisingstrategie wird es uns ermöglichen, unsere Konkurrenz zu überflügeln.

merchandise n ['mɜːtʃəndaɪz]

Warenangebot, Handelsware

In this closing-down sale all merchandise is 20% off.

Bei diesem Räumungsverkauf ist das ganze Warenangebot um 20% reduziert.

advertise v ['ædvətaɪz]

werben

We'd better advertise the new line locally to start with, in order to test the market.

➲ promote

Es ist wohl besser, wenn wir für die neue Produktgruppe zunächst vor Ort werben, um den Markt zu testen.

advertising n ['ædvətaɪzɪŋ]

Werbung

Advertising is occasionally defined as trying to persuade people to buy things they don't need.

Werbung wird gelegentlich als der Versuch definiert, die Menschen zum Kauf von Dingen zu überreden, die sie nicht benötigen.

advertisement n [əd'vɜːtɪsmənt]

Anzeige, Inserat

An advertisement in the trade press is bound to attract the attention of the specialist trade.

Eine Anzeige in der Fachpresse wird ganz sicher die Aufmerksamkeit des Fachhandels erregen.

advertising campaign n [ˌædvətaɪzɪŋ kæm'peɪn]

Werbekampagne

We have earmarked $200m for this advertising campaign alone.

Allein für diese Werbekampagne haben wir 200 Millionen Dollar bereitgestellt.

classified advertisement n [ˌklæsɪfaɪd əd'vɜːtɪsmənt]

Kleinanzeige

Classified advertisements are extremely revealing.

➲ small ad

Kleinanzeigen sind ungemein aufschlussreich.

small ad n ['smɔːl æd]

Kleinanzeige

Small ads cost little and may work wonders.

➲ classified advertisement

Kleinanzeigen kosten wenig und können Wunder bewirken.

promote v [prə'məʊt]

werben für

Our last model was not sufficiently promoted.

➲ advertise

Für unser Vorgängermodell ist nicht genügend geworben worden.

promotion n [prə'məʊʃn]

Werbung

We'd better consult Messrs Oglethorpe & Creek with regard to the sales promotion.

Es ist wohl besser, wenn wir die Firma Oglethorpe & Creek für die Verkaufswerbung einschalten.

distribution n [ˌdɪstrɪ'bjuːʃn]

Vertrieb

Distribution is part of the tertiary, i.e. services sector.

Der Vertrieb ist Teil des tertiären, d.h. des Dienstleistungssektors.

distribution channel n [ˌdɪstrɪ'bjuːʃn tʃænl] — **Vertriebsweg**

Mail-order houses have their own distribution channels nowadays.
Versandhäuser verfügen heutzutage über eigene Vertriebswege.

turnover n ['tɜːnəʊvə] — **Umsatz**

Food accounted for 60% of our turnover last year.
Lebensmittel hatten im vergangenen Jahr einen Anteil von 60% an unserem Umsatz.

asking price n ['ɑːskɪŋ praɪs] — **Preisforderung, geforderter Preis**

If your asking price is too high, you're not likely to make a brisk turnover.
Wenn Ihre Preisforderung zu hoch ist, werden Sie wohl keine guten Umsätze machen.

cut-price adj ['kʌt praɪs] — **Billig-**

Both wholesalers and retailers sometimes offer cut-price items.
Sowohl Großhändler als auch Einzelhändler bieten gelegentlich Billigartikel an.

net price n ['net praɪs] — **Nettopreis, Preis ohne Abzüge**

Please note that all prices are net prices.
Bitte beachten Sie, dass alle Preise Nettopreise sind.

list price n ['lɪst praɪs] — **Listenpreis**

Our list prices are quoted CIF.
Unsere Listenpreise verstehen sich CIF.

purchase price n ['pɜːtʃəs praɪs] — **Einkaufspreis**

Our suppliers have put up their purchase prices, so I'm afraid we have to raise the prices of our goods as well.
Unsere Lieferanten haben die Einkaufspreise heraufgesetzt, darum müssen wir leider auch unsere Preise erhöhen.

selling price n ['selɪŋ praɪs] — **Verkaufspreis**

Experts speak of a seller's market if the selling price equals the asking price.
Experten sprechen von einem Verkäufermarkt, wenn der Verkaufspreis mit dem geforderten Preis identisch ist.

price range n ['praɪs reɪndʒ] — **Preisgruppe, Preissegment**

I wouldn't go for any of the items in the lower price range.
Artikel aus der unteren Preisgruppe würde ich nicht nehmen.

price war n ['praɪs wɔː] — **Preiskrieg**

It doesn't happen very often that one of the major chains starts a price war.
Es kommt nicht sehr oft vor, dass eine der großen Ketten einen Preiskrieg beginnt.

price v [praɪs] — **auszeichnen, mit einem Preis versehen**

These items are priced too high.
Diese Artikel sind zu hoch ausgezeichnet.

pricing (policy) n ['praɪsɪŋ pɒləsi] — **Preisgestaltung, Preispolitik**

Success depends on your pricing policy.
Der Erfolg hängt von Ihrer Preisgestaltung ab.

odd-even pricing n [ˌɒd'iːvn praɪsɪŋ] — **ungerade Preisgestaltung**

According to the principle of odd-even pricing, a price of $9.99 is more attractive than one of $10.
Entsprechend dem Prinzip der ungeraden Preisgestaltung ist ein Preis von 9,99 Dollar attraktiver als einer von 10 Dollar.

mark down v [mɑːk 'daʊn]

All items will be marked down by 10% as from next week.

reduzieren, den Preis herabsetzen

Ab nächster Woche werden alle Waren um 10% reduziert.

mark up v [mɑːk 'ʌp]

As a result of the brisk demand before Christmas, the cycle shop marked mountain bikes up by 5%.

den Preis heraufsetzen, teurer auszeichnen

Wegen der starken Nachfrage vor Weihnachten setzte der Fahrradladen die Preise für Mountain Bikes um 5% herauf.

undersell v [ˌʌndə'sel]

Only by underselling our competitors can we hope to get a foothold in this difficult market.

unterbieten, zu einem niedrigeren Preis als die Konkurrenz verkaufen

Nur wenn wir unsere Konkurrenz unterbieten, besteht Hoffnung, dass wir in diesem schwierigen Markt Fuß fassen können.

overcharge v [ˌəʊvə'tʃɑːdʒ]

We'll soon find out whether we've been overcharged.

zuviel berechnen, zuviel in Rechnung stellen

Wir werden bald feststellen, ob uns zuviel berechnet worden ist.

down-market adj/adv ['daʊnmɑːkɪt]

Down-market articles tend to sell well in recessionary times.

im unteren Marktsegment

Waren im unteren Marktsegment verkaufen sich in Krisenzeiten gewöhnlich gut.

bargain n ['bɑːgən]

Department stores usually offer bargains in the basement.

Sonderangebot, Schnäppchen

Warenhäuser bieten Sonderangebote gewöhnlich im Untergeschoss an.

bargain v ['bɑːgən]

After bargaining for half an hour, we got the car for half the asking price.

➲ haggle

feilschen

Nachdem wir eine halbe Stunde gefeilscht hatten, bekamen wir das Auto für die Hälfte des ursprünglich geforderten Preises.

haggle v ['hægl]

Haggling is associated with Mediterranean or Oriental markets.

➲ bargain

feilschen

Feilschen verbindet man mit Märkten im Mittelmeerraum oder im Orient.

discount n ['dɪskaʊnt]

Wholesalers grant discounts for instant payment.

➲ rebate

Rabatt, Nachlass

Großhändler gewähren bei umgehender Bezahlung Rabatt.

rebate n ['riːbeɪt]

Since you are one of our long-standing customers we are prepared to grant you a rebate of 5%.

➲ discount

Rabatt, Nachlass

Da Sie einer unserer treusten Kunden sind, sind wir bereit, Ihnen einen Rabatt von 5% zu gewähren.

market v ['mɑːkɪt]

We are looking for an established firm to market our services in your country.

vermarkten

Wir suchen eine alteingesessene Firma für die Vermarktung unserer Dienstleistungen in Ihrem Land.

market leader n [ˌmɑːkɪt ˈliːdə]

The market leader controls more than half the German model railway market.

Marktführer

Der Marktführer hält mehr als die Hälfte des deutschen Modelleisenbahnmarktes.

market penetration n [ˌmɑːkɪt ˌpenɪˈtreɪʃn]

We've got to come up with new products if we are to achieve maximum market penetration.

Marktdurchdringung, Marktanteil

Wir müssen mit neuen Produkten aufwarten, wenn wir eine maximale Marktdurchdringung erreichen wollen.

market saturation n [ˌmɑːkɪt ˌsætʃəˈreɪʃn]

You shouldn't invest in this particular item since competitors' products have long achieved market saturation.

Marktsättigung

In dieses spezielle Produkt sollten Sie nicht investieren, weil der Markt durch Konkurrenzprodukte längst gesättigt ist.

saturation point n [ˌsætʃəˈreɪʃn pɔɪnt]

The automobile market has definitely reached saturation point.

Sättigungspunkt

Der Automarkt hat eindeutig den Sättigungspunkt erreicht.

market share n [ˌmɑːkɪt ˈʃeə]

Our market share has slumped to less than 10%.

Marktanteil

Unser Marktanteil ist auf weniger als 10% zurückgegangen.

launch n [lɔːntʃ]

The launch of the new sports car will take place at the Geneva Motor Show.

Markteinführung

Die Markteinführung des neuen Sportwagens wird auf der Genfer Automobilausstellung stattfinden.

launch v [lɔːntʃ]

New cars are usually launched in spring.

auf den Markt bringen, auf dem Markt einführen

Neue Autos werden gewöhnlich im Frühjahr auf den Markt gebracht.

Office of Fair Trading n GB [ˌɒfɪs əv feə ˈtreɪdɪŋ] OFT [ˌəʊ ef ˈtiː]

Any price-fixing arrangements should be referred to the OFT.

Amt für Verbraucherschutz

Jede Preisabsprache sollte dem Amt für Verbraucherschutz gemeldet werden.

inventory n [ˈɪnvəntri]

Every year we take an inventory of our stocks.

Bestandsaufnahme, Inventur

Jedes Jahr nehmen wir eine Bestandsaufnahme unserer Warenvorräte vor.

line n [laɪn]

Specialist shops tend to stock up-market lines.

(Waren-)Sortiment, Produktgruppe

Fachgeschäfte führen gewöhnlich gehobene Sortimente.

off-the-shelf goods n pl [ˌɒf ðə ˈʃelf gʊdz]

Off-the-shelf goods are considerably cheaper than customized items.

Konfektionsware

Konfektionsware ist erheblich billiger als maßgefertigte Ware.

shelf life n [ˈʃelf laɪf]

Perishable goods only have a short shelf life.

Lagerfähigkeit, Verweildauer

Leicht verderbliche Waren sind nur begrenzt lagerfähig.

merchantable quality n [ˌmɜːtʃəntəbl ˈkwɒləti]

marktgängige Qualität, mittlere Art und Güte, Tauglichkeit zum gewöhnlichen Gebrauch

The goods were not of merchantable quality.

Die Waren waren nicht von marktgängiger Qualität.

produce n [ˈprɒdjuːs]

landwirtschaftliche(s) Erzeugnis(se)

Many farmers sell their produce direct from their farm.

Viele Bauern verkaufen ihre landwirtschaftlichen Erzeugnisse direkt ab Hof.

perishables n pl [ˈperɪʃəblz]

(leicht) verderbliche Ware(n)

Dairy produce, vegetables, fish and fruit are typical perishables.
➲ perishable goods

Molkereierzeugnisse, Gemüse, Fisch und Obst sind typische leicht verderbliche Waren.

perishable goods n pl [ˌperɪʃəbl ˈgʊdz]

(leicht) verderbliche Ware(n)

Perishable goods are often transported in cold-storage lorries.
➲ perishables

Leicht verderbliche Waren werden oft in Kühltransportern befördert.

groceries n pl [ˈgrəʊsəriːz]

Lebensmittel

Supermarkets sell primarily groceries and household products.

Supermärkte verkaufen hauptsächlich Lebensmittel und Haushaltswaren.

hard goods n pl US [ˈhɑːd ˌgʊdz]

Gebrauchsgüter, langlebige Konsumgüter

Washing machines, refrigerators and deep freezers are typical hard goods.
➲ consumer durables

Waschmaschinen, Kühlschränke und Tiefkühltruhen sind typische Gebrauchsgüter.

consumer durables n pl [kənˌsjuːmə ˈdjʊərəbls]

Gebrauchsgüter, langlebige Konsumgüter

Televisions and cars are consumer durables.

Fernsehgeräte und Autos sind Gebrauchsgüter.

electronic funds transfer at point of sale n [ɪlekˌtrɒnɪk fʌndz ˌtrænsfɜː ət pɔɪnt əv ˈseɪl] EFTPOS [ˈeftpɒs]

elektronischer Zahlungsverkehr an der Kasse

The advantage of EFTPOS for customers is that they need not pay cash.

Der Vorteil des elektronischen Zahlungsverkehrs an der Ladenkasse besteht für Kunden darin, dass sie nicht bar bezahlen müssen.

clearance sale n [ˈklɪərəns seɪl]

Räumungsverkauf, Ausverkauf

Clearance sales are designed to dispose of old stock.

Räumungsverkäufe sind dazu da, alte Warenbestände abzubauen.

close-out sale n US [ˈkləʊzaʊt seɪl]

Räumungsverkauf (bei Geschäftsaufgabe)

In a close-out sale, all goods are drastically reduced.
➲ closing-down sale

Bei einem Räumungsverkauf sind alle Waren drastisch reduziert.

closing-down sale n GB [ˌkləʊzɪŋ ˈdaʊn seɪl]

Räumungsverkauf (bei Geschäftsaufgabe)

Since we're going out of business, there will be a closing-down sale next week.
➲ close-out sale

Weil wir unser Geschäft aufgeben, veranstalten wir nächste Woche einen Räumungsverkauf.

exhibition n [ˌeksɪˈbɪʃn]
The model exhibition was a real crowd-puller.
➲ trade fair

Ausstellung, Messe
Die Modellausstellung war ein wahrer Publikumsmagnet.

trade fair n [ˈtreɪd feə]
The Hanover Fair is the world's leading industrial trade fair.
➲ exhibition

Messe, Ausstellung
Die Hannover-Messe ist die führende Industriemesse der Welt.

trade directory n [ˈtreɪd dərektəri]
In many countries, the leading trade directory is known as "The Yellow Pages".

Branchenverzeichnis
In vielen Ländern ist das führende Branchenverzeichnis als „Gelbe Seiten" bekannt.

auction n [ˈɔːkʃn]
All the furniture will be sold at auction.

Versteigerung, Auktion
Das gesamte Mobiliar wird bei einer Versteigerung verkauft.

auction v [ˈɔːkʃn]
The pre-1914 teddy bear was auctioned for £1,500.

versteigern
Der Teddybär aus der Zeit vor 1914 wurde für 1.500 Pfund versteigert.

auctioneer n [ˌɔːkʃəˈnɪə]
Two London firms are the world's leading auctioneers.

Auktionshaus, Auktionator
Zwei Londoner Firmen sind die größten Auktionshäuser der Welt.

Modes of distribution

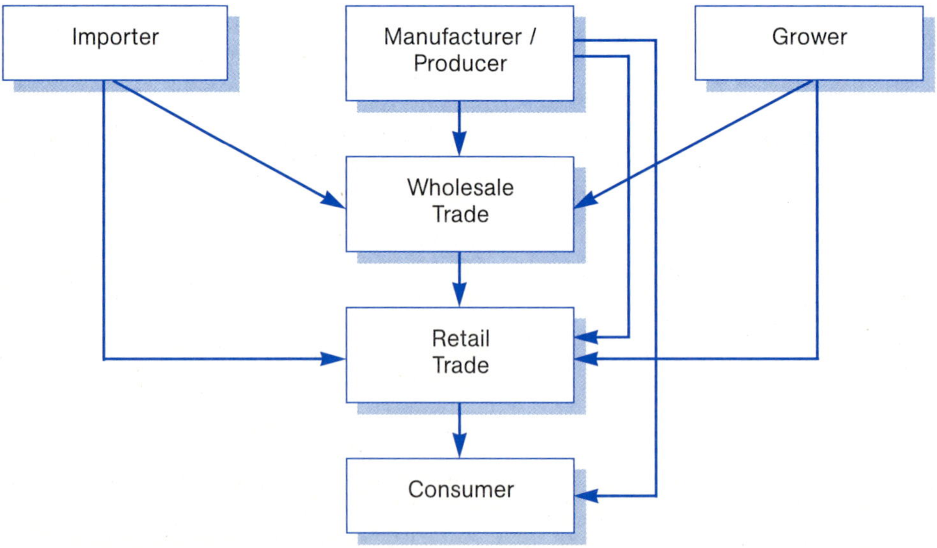

Wholesaling and retailing

wholesaling n ['həʊlseɪlɪŋ]
Wholesaling is just as important as retailing.

Großhandel(sverkauf), Verkauf en gros
Der Großhandel ist ebenso wichtig wie der Einzelhandel.

wholesaler n ['həʊlseɪle]
Wholesalers buy in bulk.

Großhändler
Großhändler kaufen en gros ein.

retail v ['ri:teɪl]
Marks & Spencer chiefly retail clothing and foodstuffs.

(im Einzelhandel) **verkaufen**
Marks & Spencer verkaufen hauptsächlich Kleidung und Nahrungsmittel.

retail at v ['ri:teɪl æt]
These items will retail at about £5.

kosten (im Einzelhandel), **sich verkaufen (lassen)**
Diese Waren werden im Einzelhandel ungefähr 5 Pfund kosten.

retailing n ['ri:teɪlɪŋ]
Retailing is the last link in the distribution chain.

Einzelhandel, Einzelhandel(sverkauf)
Der Einzelhandel ist das letzte Glied in der Vertriebskette.

retailer n ['ri:teɪlə]
British retailers are represented by the Retail Consortium.

Einzelhändler
Britische Einzelhändler werden durch den Einzelhandelsverband vertreten.

retail price index n [ˌri:teɪl 'praɪs ɪndeks]
The retail price index, a basket of goods and services, is the standard measure of inflation.

Einzelhandelspreisindex
Der Einzelhandelspreisindex, ein Korb aus Waren und Dienstleistungen, ist der übliche Inflationsmaßstab.

High Street n GB ['haɪ stri:t]
Many leading retail chains can be found in the High Street.
➲ Main Street

Hauptgeschäftsstraße
Viele führende Einzelhandelsketten sind in der Hauptgeschäftsstraße zu finden.

Main Street n US ['meɪn stri:t]
Department stores are traditionally located in the Main Street.
➲ High Street

Hauptgeschäftsstraße
Warenhäuser sind von jeher in den Hauptgeschäftsstraßen zu finden.

retail sales n pl ['ri:teɪl ˌseɪlz]
In holiday periods retail sales tend to be slack.

Einzelhandelsumsätze
In Ferienzeiten sind Einzelhandelsumsätze eher schwach.

retail chain n ['ri:teɪl tʃeɪn]
The Body Shop is a very successful retail chain.

Einzelhandelskette
„Body Shop" ist eine sehr erfolgreiche Einzelhandelskette.

retail outlet n ['ri:teɪl ˌaʊtlet]
Even a vending machine is a retail outlet.

Einzelhandelsverkaufsstelle, Einzelhandelsgeschäft
Selbst ein Verkaufsautomat ist eine Einzelhandelsverkaufsstelle.

branch n [brɑːntʃ] — **Filiale, Zweigstelle**

The leading retail chains have branches in every city.
Die führenden Einzelhandelsketten haben Filialen in jeder Stadt.

in-store adj ['ɪnstɔː] — **ladeneigen, im Laden**

Many supermarkets today have an in-store bakery
Viele Supermärkte haben heute eine ladeneigene Bäckerei.

opening hours ['əʊpənɪŋ 'aʊəz] — **Öffnungszeiten, Geschäftszeiten**

Many shoppers would like to see more customer-friendly opening hours.
Viele Käufer hätten gern kundenfreundlichere Öffnungszeiten.

cash-and-carry store n [ˌkæʃ ən 'kæri ˌstɔː] — **Abholgroßmarkt, Cash-and-carry-Markt**

Cash-and-carry stores are chiefly used by small retailers and the catering trade.
Abholgroßmärkte werden hauptsächlich von kleinen Einzelhändlern und von Gastronomen genutzt.

chain store n ['tʃeɪn stɔː] — **Filiale** (einer Ladenkette)

Nowadays many High Streets are characterized by the standardized shop fronts of chain stores.
Viele Hauptgeschäftsstraßen sind heute durch Einheitsfassaden von Ladenkettenfilialen geprägt.

cooperative store n GB [kəʊ'ɒpərətɪv ˌstɔː] — **Coop(-Laden), Konsum**

The first cooperative store was opened in Rochdale near Manchester in the nineteenth century.
Der erste Coop-Laden wurde im neunzehnten Jahrhundert in Rochdale bei Manchester eröffnet.

voluntary chain n [ˌvɒləntri 'tʃeɪn] — **freiwillige Ladenkette**

Store owners who belong to a voluntary chain lose part of their independence.
Ladenbesitzer, die einer freiwilligen Ladenkette angehören, verlieren einen Teil ihrer Selbständigkeit.

department store n [dɪ'pɑːtmənt ˌstɔː] — **Warenhaus, Kaufhaus**

Harrods and Selfridges are London's best known department stores.
Harrods und Selfridges sind Londons berühmteste Warenhäuser.

discount store n ['dɪskaʊnt stɔː] — **Discounter**

Ours has been one of the world's most successful discount stores in recent years.
Wir sind seit einigen Jahren einer der weltweit erfolgreichsten Discounter.

DIY (store) n [ˌdiː aɪ 'waɪ ˌstɔː] do-it-yourself store [ˌduːɪt jɔː'self ˌstɔː] — **Baumarkt, Heimwerkermarkt**

In recent years DIY chains have mushroomed all over the country.
In den letzten Jahren sind Baumarktketten überall im Land wie Pilze aus der Erde geschossen.

franchise n ['fræntʃaɪz] — **Franchise, Vertriebslizenz**

Under a franchise agreement, the franchisee pays the franchiser a royalty for the right to distribute the latter's products.
Bei einer Franchisevereinbarung bezahlt der Franchisenehmer dem Franchisegeber eine Gebühr für den Vertrieb der Erzeugnisse des Letzteren.

hypermarket n ['haɪpəmɑːkɪt]

Hypermarkets are often the mainstay of out-of-town shopping centres.

Verbrauchermarkt, Einkaufsmarkt

Verbrauchermärkte sind oft das Herzstück von Einkausfzentren am Stadtrand.

mail-order house n ['meɪlˌɔːdə haʊs]

Mail-order houses send goods by post.

Versandhaus

Versandhäuser liefern Waren mit der Post.

mall n US [mɔːl]

Modern malls are not nearly as elegant as some of the older shopping arcades.

überdachtes Einkaufszentrum

Moderne überdachte Einkaufszentren sind bei weitem nicht so elegant wie einige der alten Ladenpassagen.

pedestrian precinct n [pɪ'destriən ˌpriːsɪŋkt]

Fußgängerzone

Pedestrian precincts make for convenient shopping.

Fußgängerzonen machen das Einkaufen angenehm.

megacentre n ['megəˌsentə]

A megacentre often spells ruin for small retailers.

großes Einkaufszentrum

Ein großes Einkaufszentrum bedeutet oft das Aus für kleine Einzelhandelsgeschäfte.

multiple n ['mʌltɪpl]

Sainsbury's and Tesco are large multiples in Great Britain.

Einzelhandelskette

Sainsbury's und Tesco sind große Einzelhandelsketten in Großbritannien.

one-stop shopping n [ˌwʌn stɒp 'ʃɒpɪŋ]

The traditional department store offers one-stop shopping.

Einkauf aller Waren in einem Geschäft, Einkauf unter einem Dach

Im traditionellen Kaufhaus kann man alles unter einem Dach kaufen.

self-service n [ˌself 'sɜːvɪs]

Self-service is convenient for the customer and saves labour costs.

Selbstbedienung

Selbstbedienung ist für den Kunden angenehm und spart Arbeitskosten.

shopping trolley n ['ʃɒpɪŋ ˌtrɒlɪ]

Some shopping trolleys are designed for small children to sit in, too.

Einkaufswagen

Einige Einkaufswagen sind so gestaltet, dass auch Kleinkinder darin sitzen können.

vending machine n ['vendɪŋ məˌʃiːn]

Coin-operated vending machines are often full of foreign coins.

Verkaufsautomat

Münzbetriebene Verkaufsautomaten sind oft voll von ausländischen Münzen.

field staff n pl ['fiːld stɑːf]

Außendienstmitarbeiter(innen), Mitarbeiter(innen) im Außendienst

A wholesaler's field staff calls on customers in the retail trade in order to win orders.

Die Außendienstmitarbeiter eines Großhändlers suchen Kunden im Einzelhandel auf, um Aufträge einzuholen.

branded goods n pl ['brændɪd gʊdz]

Branded goods are facing increasing competition from own labels.

Markenartikel, Markenware

Markenartikel müssen zunehmend mit Eigenmarken konkurrieren.

trademark n ['treɪd mɑːk] — **Warenzeichen, Handelsmarke**

The first trademarks came into being in the 19th century.

Die ersten Warenzeichen entstanden im 19. Jahrhundert.

own brand n ['əʊn 'brænd] — **Eigenmarke, Hausmarke**

Some well-known manufacturers refuse to produce own brands for chain stores.

Einige bekannte Hersteller lehnen es ab, Eigenmarken für Kettenläden zu produzieren.

➲ own label

own label n ['əʊn 'leɪbl] — **Eigenmarke, Hausmarke**

Own labels are cheaper than branded products.

Eigenmarken sind billiger als Markenprodukte.

➲ own brand

stock(s) n [stɒks] — **Lager(bestand), Waren(bestand)**

Your order can be supplied from stock.

Ihr Auftrag kann ab Lager geliefert werden.

storage space n ['stɔːrɪdʒ ˌspeɪs] — **Lagerraum, Lagerkapazität**

Unfortunately we do not have enough storage space for new supplies.

Leider haben wir für neue Lieferungen nicht genug Lagerraum.

warehouse n ['weəhaʊs] — **Lager(haus)**

Wholesalers have large warehouses in which to temporarily store goods from various manufacturers.

Großhändler verfügen über große Lagerhäuser, um Waren von verschiedenen Herstellern vorübergehend zu lagern.

recommended price n [rekəˌmendɪd 'praɪs] — **Preisempfehlung**

Retailers are free to offer goods at less than the recommended price.

Es steht Einzelhändlern frei, Waren zu einem Preis anzubieten, der unter der Preisempfehlung liegt.

dump v [dʌmp] — **unter Normalpreis verkaufen**

The company complained about foreign competition dumping their products on the market.

Die Gesellschaft klagte über ausländische Wettbewerber, die ihre Produkte unter Normalpreis auf den Markt brachten.

resale price maintenance n [ˌriːseɪl 'praɪs ˌmeɪntənəns] — **vertikale Preisbindung, Preisbindung der zweiten Hand**

Resale price maintenance is illegal because it amounts to price fixing at the expense of the customer.

Vertikale Preisbindung ist verboten, weil sie auf Preisabsprachen auf Kosten des Verbrauchers hinausläuft.

price tag n ['praɪs tæg] — **Preisschild**

The introduction of bar codes and scanning checkouts has made it unnecessary to attach price tags to every single item.

Durch die Einführung von Strichcodes und Scannerkassen hat sich das Anbringen von Preisschildern an jedem einzelnen Artikel erübrigt.

electronic point of sale terminal n [ˌɪlek'trɒnɪk pɔɪnt əv 'seɪl tɜːmɪnl] — **elektronischer Kassenterminal**

Some electronic point of sale terminals are linked to a computer at the wholesaler's warehouse.

Einige elektronische Kassenterminals sind mit einem Computer im Lager des Großhändlers verbunden.

scanning checkout n ['skænɪŋ ˌtʃekaʊt]

Stock turnover can be monitored with the help of scanning checkouts.

elektronische Kasse, Scannerkasse

Der Warenumschlag kann mit Hilfe elektronischer Kassen überwacht werden.

bar code n ['bɑː kəʊd]

Nearly all items have a bar code, which means that they can be registered by a scanning checkout.

Strichcode

Fast alle Artikel haben einen Strichcode, so dass sie von einer Scannerkasse registriert werden können.

high-end adj ['haɪˌend]

Harrods is a typical high-end store.
➲ up-market, upscale

für gehobene Ansprüche, der gehobenen Klasse, der oberen Preisklasse

Harrods ist ein typisches Geschäft für gehobene Ansprüche.

up-market adj [ˌʌp'mɑːkɪt]

Up-market cars have seen rising sales lately.
➲ high-end, upscale

der gehobenen Klasse, für gehobene Ansprüche, der oberen Preisklasse

Fahrzeuge der gehobenen Klasse verkaufen sich in der letzten Zeit besser.

upscale adj US ['ʌpskeɪl]

Some Fifth Avenue department stores offer primarily upscale ranges.
➲ high-end, up-market

für gehobene Ansprüche, der oberen Preisklasse, der gehobenen Klasse

Einige Warenhäuser in der Fifth Avenue bieten vornehmlich Sortimente für gehobene Ansprüche an.

high-margin adj [ˌhaɪ 'mɑːdʒɪn]

Watches and jewellery are typical high-margin goods.

mit hoher Gewinnspanne

Uhren und Schmuck sind typische Waren mit hoher Gewinnspanne.

greenfield site n ['griːnfiːld saɪt]

As a result of the high rents in town centre locations, many retailers have moved to greenfield sites.

Standort auf der grünen Wiese

Wegen der hohen Mieten in Innenstadtlagen sind viele Einzelhändler auf Standorte auf der grünen Wiese ausgewichen.

break bulk v [breɪk 'bʌlk]

Breaking bulk is one of the chief functions of the wholesale trade.

Großgebinde auflösen

Das Auflösen von Großgebinden ist eine der wichtigsten Aufgaben des Großhandels.

bulk buying n ['bʌlk baɪɪŋ]

Bulk buying enables wholesalers to obtain goods at low prices.

Großeinkauf, Einkauf en gros

Großeinkäufe ermöglichen Großhändlern den Bezug von Waren zu niedrigen Preisen.

rack jobber n ['ræk dʒɒbə]

As rack jobbers, wholesalers are responsible for entire product lines within a retail outlet.

Regalbeschicker

Als Regalbeschicker sind Großhändler für ganze Produktgruppen in einem Einzelhandelsgeschäft zuständig.

drop shipper n ['drɒp ʃɪpə]

Drop shippers collect orders and pass them on direct to the last purchase-seller.

Großhändler im Streckengeschäft

Großhändler im Streckengeschäft sammeln Aufträge und leiten sie direkt an den Letztverkäufer weiter.

INTERNATIONAL TRADE

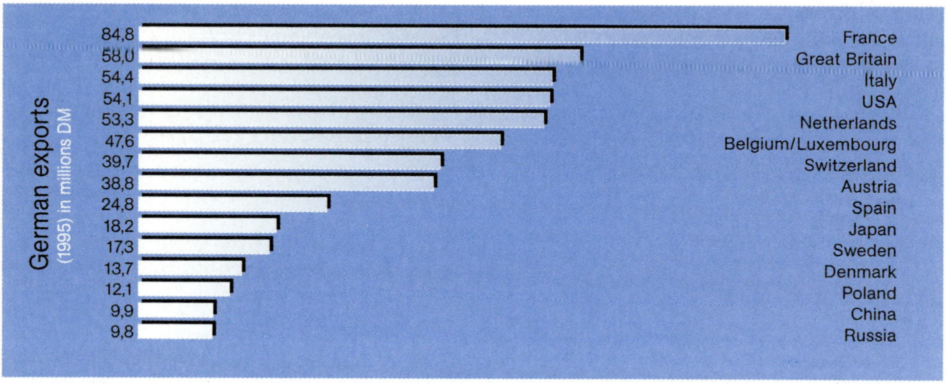

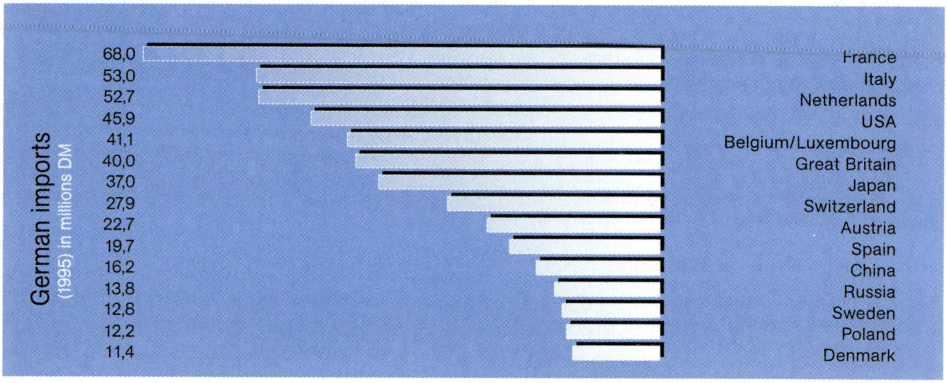

Import and export

import n ['ɪmpɔːt]

One way to protect indigenous industries is to increase tariffs on imports of manufactured goods.

Einfuhr, Import

Eine Möglichkeit, die heimische Industrie zu schützen, besteht darin, die Einfuhrzölle für Industrieerzeugnisse zu erhöhen.

import v [ɪm'pɔːt]

Most industrialized countries import crude oil.

importieren, einführen

Die meisten Industrieländer importieren Rohöl.

importer n [ɪm'pɔːtə]

Japan is the world's biggest importer of crude oil.

Importeur

Japan ist der größte Rohölimporteur der Welt.

import quota n ['ɪmpɔːt kwəʊtə]

There's an import quota on Japanese cars shipped to the USA.

Importquote, Einfuhrkontingent

In den Vereinigten Staaten gibt es eine Quote für Autoimporte aus Japan.

import restrictions n pl ['ɪmpɔːt rɪstrɪkʃnz] — **Einfuhrbeschränkungen**

Some countries impose import restrictions on toxic waste.
Einige Länder verhängen Einfuhrbeschränkungen auf Giftmüll.

import licence n ['ɪmpɔːt laɪsns] — **Einfuhrgenehmigung, Importlizenz**

In order to protect their industries many countries require import licences for a number of products.
Um ihre Wirtschaft zu schützen, verlangen viele Länder Einfuhrgenehmigungen für verschiedene Produkte.

import-oriented adj ['ɪmpɔːt 'ɔːriəntɪd] — **importorientiert, einfuhrorientiert**

Some developing countries are import-oriented.
Einige Entwicklungsländer sind import-orientiert.

export n ['ekspɔːt] — **Export, Ausfuhr**

No country is likely to impose tariffs on exports.
Es ist unwahrscheinlich, dass ein Land Ausfuhrzölle erhebt.

export v [eks'pɔːt] — **exportieren, ausführen**

Nigeria exports top-quality crude oil.
Nigeria exportiert hochwertiges Rohöl.

exporter n [ek'spɔːtə] — **Exporteur**

Japan is the world's biggest exporter of watches.
Japan ist der größte Uhrenexporteur der Welt.

export quota n ['ekspɔːt kwəʊtə] — **Exportquote, Ausfuhrkontingent**

Brazil has imposed an export quota on coffee in order to keep prices on the world market stable.
Brasilien hat eine Exportquote für Kaffee verhängt, um die Weltmarktpreise stabil zu halten.

export licence n ['ekspɔːt laɪsns] — **Ausfuhrgenehmigung, Exportlizenz**

Many countries require an export licence for the export of hi-tech products.
Für die Ausfuhr von Hochtechnologiegütern verlangen viele Länder eine Ausfuhrgenehmigung.

export-oriented adj ['ekspɔːt 'ɔːriəntɪd] — **exportorientiert, ausfuhrorientiert**

Japan is an export-oriented country.
Japan ist ein exportorientiertes Land.

re-import n ['riːɪmpɔːt] — **Reimport, Wiedereinfuhr**

Re-imports make some commodities cheaper in their country of origin.
Durch Reimporte werden einige Waren im Herkunftsland billiger.

re-import v [ˌriːɪm'pɔːt] — **reimportieren, wiedereinführen**

Some German products, for instance cars and pharmaceuticals, are frequently re-imported.
Einige deutsche Erzeugnisse, z. B. Autos und Arzneimittel, werden oft reimportiert.

re-export n ['riːekspɔːt] — **Wiederausfuhr, Reexport**

The value of our re-export trade has increased.
Der Wert unseres Wiederausfuhrhandels ist gestiegen.

re-export v [ˌriːek'spɔːt] — **reexportieren, wiederausführen**

Processed goods are often re-exported.
Veredelte Waren werden oft reexportiert.

invisible imports n pl [ɪnˌvɪzəbl ˈɪmpɔːts]

Insurance services are invisible imports.

unsichtbare Einfuhren, Importe von Dienstleistungen

Versicherungsleistungen sind unsichtbare Einfuhren.

visible imports n pl [ˌvɪzəbl ˈɪmpɔːts]

Agricultural products are visible imports.

Importgüter, sichtbare Einfuhren, Warenimporte

Landwirtschaftliche Produkte sind Importgüter.

embargo n [ɪmˈbɑːgəʊ]

The USA imposed an oil embargo on Japan in 1941 and did not accede to the latter's demands to lift it.

Embargo, Handelssperre

Im Jahre 1941 verhängten die Vereinigten Staaten ein Ölembargo gegen Japan und gaben Japans Forderungen nach Aufhebung dieses Embargos nicht statt.

international trade n [ˌɪntəˌnæʃnəl ˈtreɪd]

In international trade goods are bought and sold on a global scale.

internationaler Handel, Welthandel

Im internationalen Handel werden Waren weltweit gekauft und verkauft.

foreign trade n [ˌfɒrən ˈtreɪd]

All modern economies depend on foreign trade.

Außenhandel

Alle modernen Volkswirstchaften sind auf Außenhandel angewiesen.

foreign sales n pl [ˌfɒrən ˈseɪlz]

Our company's foreign sales improved last year.

Auslandsabsatz, Auslandsverkäufe

Im letzten Jahr ist der Auslandsabsatz unserer Gesellschaft gestiegen.

Organisation of Petroleum Exporting Countries n [ɔːgənaɪˌzeɪʃn əv pəˌtrəʊliəm ɪkˌspɔːtɪŋ ˈkntriz] OPEC [ˈəʊpek]

The Organization of Petroleum Exporting Countries (OPEC) is the best-known example of an international commodity cartel.

Organisation Erdöl exportierender Länder (OPEC)

Die Organisation Erdöl exportierender Länder (OPEC) ist das beste Beispiel eines internationalen Rohstoffkartells.

Incoterms, terms and conditions

Incoterms n pl [ˈɪnkəʊtɜːmz] international commercial terms [ɪntəˌnæʃnəl kəˌmɜːʃl ˈtɜːmz]

The Paris-based International Chamber of Commerce lays down and defines all Incoterms.

Incoterms

Alle Incoterms werden von der in Paris ansässigen Internationalen Handelskammer festgelegt und definiert.

carriage and insurance paid to adv Incoterm [ˈkærɪdʒ ənd ɪnˌʃʊərəns peɪd ˈtuː] CIP [ˌsiː aɪ ˈpiː]

Under CIP, the seller has to procure cargo insurance.

frachtfrei versichert bis

Bei CIP muss der Verkäufer für die Frachtversicherung sorgen.

carriage paid to adv Incoterm ['kærɪdʒ peɪd 'tuː] CPT [ˌsiː piː 'tiː]

CPT means that the seller bears all the risks until the goods have been delivered to the carrier.

frachtfrei bis

„Frachtfrei bis“ bedeutet, dass der Verkäufer alle Risiken zu tragen hat, bis die Ware dem Frachtführer übergeben worden ist.

cost and freight n Incoterm [ˌkɒst ənd 'freɪt] CFR [ˌsiː ef 'ɑː]

“Cost and freight” is more attractive than “cost, insurance and freight” (CIF) because the cost of insurance can be very high.

Kosten und Fracht

„Kosten und Fracht“ ist attraktiver als „Kosten, Versicherung, Fracht“ (CIF), da die Versicherungskosten enorm hoch sein können.

cost, insurance, freight n Incoterm [ˌkɒst, ɪnˌʃʊərəns, 'freɪt] CIF [ˌsiː aɪ 'ef]

When prices are quoted “CIF”, the seller bears the cost of marine insurance.

Kosten, Versicherung, Fracht

Wenn Preise einschließlich „CIF“ angegeben sind, trägt der Verkäufer die Seeversicherungskosten.

delivered ex quay (duty paid) adv Incoterm [dɪˌlɪvəd eks 'kiː djuːti 'peɪd] DEQ [ˌdiː iː 'kjuː]

DEQ terms are even more attractive for the buyer because the seller has to bear all costs relating to duties, taxes and other charges levied on imports.

geliefert ab Kai (verzollt)

DEQ-Bedingungen sind sogar noch attraktiver für den Käufer, weil der Verkäufer alle Kosten tragen muss, die mit Zöllen, Steuern und sonstigen Importabgaben verbunden sind.

delivered ex ship adv Incoterm [dɪˌlɪvəd eks 'ʃɪp] DES [ˌdiː iː 'es]

Some importers prefer DES terms because the seller bears all the costs and risks of bringing the goods to the named port of destination.

geliefert ab Schiff

Einige Importeure bevorzugen DES-Bedingungen, weil dadurch der Verkäufer alle Kosten und Risiken bis zur Anlieferung der Ware im benannten Zielhafen trägt.

delivered duty paid adv Incoterm [dɪˌlɪvəd ˌdjuːti 'peɪd] DDP [ˌdiː diː 'piː]

While EXW represents the minimum obligation for the seller, DDP represents the maximum obligation.

geliefert verzollt

Während EXW die geringsten Verpflichtungen für den Verkäufer beinhaltet, beinhaltet DDP die meisten.

delivered duty unpaid adv Incoterm [dɪˌlɪvəd ˌdjuːti 'ʌnpeɪd] DDU [ˌdiː diː 'juː]

DDU terms are fairly common because importers are usually more experienced in handling customs formalities.

geliefert unverzollt

DDU-Bedingungen sind recht weit verbreitet, da Importeure normalerweise mehr Erfahrung bei der Erledigung von Zollformalitäten haben.

delivered at frontier adv Incoterm [dɪˌlɪvəd ət 'frʌntɪə] DAF [ˌdiː eɪ 'ef]

Under DAF, the seller is only responsible for carriage to the customs border of the next country.

geliefert Grenze

Bei DAF ist der Verkäufer für die Fracht nur bis zur Zollgrenze des Nachbarlandes zuständig.

ex works adv Incoterm [ˌeks ˈwɜːks] EXW [ˌiː eks ˈdʌbljuː] — **ab Werk**

Car prices are usually quoted ex works.

Autopreise sind gewöhnlich ab Werk angegeben.

free alongside ship adv Incoterm [ˌfriː əlɒŋˌsaɪd ˈʃɪp] FAS [ˌef eɪ ˈes] — **frei Längsseite Schiff**

If prices are quoted "free alongside ship", the buyer has to bear all costs and risks from the time the goods have been placed alongside the ship.

Wenn Preise „frei Längsseite Schiff" angegeben sind, hat der Käufer, sobald die Waren längsseits des Schiffes angelangt sind, alle Kosten und Risiken zu tragen.

free carrier adv Incoterm [ˌfriː ˈkæriə] FCA [ˌef siː ˈeɪ] — **frei Frachtführer**

"Free carrier" means that the seller hands the goods and the charge thereof over to the carrier.

„Frei Frachtführer" bedeutet, dass der Verkäufer dem Frachtführer die Waren überantwortet.

free on board adv Incoterm [ˌfriː ɒn ˈbɔːd] FOB [ˌef əʊ ˈbiː] — **frei an Bord**

"Free on board" means that the seller is responsible for the goods until they have passed over the ship's rail.

„Frei an Bord" bedeutet, dass der Verkäufer für die Güter verantwortlich ist, bis sie die Bordwand passiert haben.

free on rail adv [ˌfriː ɒn ˈreɪl] FOR [ˌef əu ˈaː] — **frei Waggon**

"Free on rail" means that the seller is responsible for the goods until they have been loaded onto the train.

„Frei Waggon" bedeutet, dass der Verkäufer für die Güter verantwortlich ist, bis sie auf dem Zug verladen sind.

ex quay adv [ˌeks ˈkiː] — **ab Kai**

Ex quay prices include the cost of unloading the consignment.

Preise ab Kai schließen das Löschen der Ladung ein.

indent n [ˈɪndent] — **Auslandsauftrag, Indentgeschäft**

The principal gave his agent an indent for the goods.

Der Auftraggeber erteilte seinem Bevollmächtigten einen Auslandsauftrag.

closed indent n [ˌkləʊzd ˈɪndent] — **Auslandsauftrag für Produkte von bestimmten Lieferanten, geschlossenes Indentgeschäft**

The sole agent received a closed indent for a consignment of china.

Der Alleinvertreter erhielt einen spezifizierten Auslandsauftrag für eine Sendung Porzellan.

open indent n [ˌəʊpən ˈɪndent] — **Auslandsauftrag ohne Marken- und Herstellerspezifizierung, offenes Indentgeschäft**

The sole distributor received an open indent for a consignment of china.

Der Alleinvertreiber erhielt einen Auslandsauftrag ohne Marken- und Herstellerspezifizierung für eine Sendung Porzellan.

certificate of origin n [səˌtɪfɪkət əv ˈɒrɪdʒɪn] — **Herkunftsbescheinigung, Ursprungszeugnis**

Customs authorities insist on a certificate of origin so as to be able to apply the appropriate tariff.

Zollbehörden bestehen auf einer Herkunftsbescheinigung, um den richtigen Zolltarif anwenden zu können.

duplicate n ['dju:plɪkeɪt]

The invoice must be submitted in duplicate.

zweifache Ausfertigung, Duplikat

Die Rechnung muss in zweifacher Ausfertigung vorgelegt werden.

triplicate n ['trɪplɪkət]

The bill of lading is issued in triplicate.

dreifache Ausfertigung

Das Konnossement wird in dreifacher Ausfertigung ausgestellt.

deregulation n [ˌdi:regju'leɪʃn]

Deregulation is bound to boost trade.

Liberalisierung, Deregulierung

Die Liberalisierung fördert unweigerlich den Handel.

overseas adj [ˌəʊvə'si:z]

Most countries trade with overseas partners.

ausländisch, überseeisch, Auslands-, Übersee-

Die meisten Länder treiben Handel mit ausländischen Partnern.

overseas trade n [əʊvə'si:z 'treɪd]

Overseas trade is a major source of revenue for Germany.

Überseehandel

Der Überseehandel bringt Deutschland Devisen in beträchtlichem Umfang ein.

Customs

customs n pl ['kʌstəmz]

Customs have seized a large quantity of cocaine at the airport.

Zoll(behörde)

Der Zoll hat eine große Menge Kokain am Flughafen beschlagnahmt.

customs officer n ['kʌstəmz ɒfɪsə]

The customs officer has checked the lorry load.

Zollbeamter, -beamtin

Der Zollbeamte hat die Ladung des Lastwagens überprüft.

customs clearance n [ˌkʌstəmz 'klɪərəns]

Foreign heavy goods vehicles may only cross the border after customs clearance.

Zollabfertigung

Ausländische Schwerlasttransporter dürfen die Grenze erst nach der Zollabfertigung passieren.

clear through customs v [ˌklɪə θru: 'kʌstəmz]

The consignment must be cleared through customs.

vom Zoll abfertigen lassen, verzollen, klarieren

Die Ladung muss vom Zoll abgefertigt werden.

enter for clearance v [ˌentə fə 'klɪərəns]

The importer entered a container for clearance.

➲ declare

zur Verzollung anmelden, verzollen

Der Importeur meldete einen Container zur Verzollung an.

customs declaration n [ˌkʌstəmz ˌdeklə'reɪʃn]

Parcels sent abroad must contain a customs declaration.

Zollerklärung, Zollinhaltserklärung

Pakete ins Ausland müssen eine Zollerklärung enthalten.

declare v [dɪ'kleə]

verzollen, zur Verzollung anmelden

If you have any goods to declare, please proceed through the red channel.

➲ enter for clearance

Wenn Sie etwas zu verzollen haben, gehen Sie bitte durch den roten Durchgang.

customs duty n [ˌkʌstəmz 'dju:ti]

Zoll, Zolltarif

Customs duties have decreased worldwide.

Weltweit sind die Zölle gesunken.

customs and excise duties n pl [ˌkʌstəmz ənd ˌeksaɪz 'dju:tiz]

Zölle und Verbrauchssteuern

Customs and excise duties are a major source of revenue.

Zölle und Verbrauchssteuern sind eine wichtige Einnahmequelle.

customs allowance n [ˌkʌstəmz ə'laʊəns]

Freimenge, erlaubte Einfuhrmenge zollfreier Waren

The customs allowance for spirits has been increased.

➲ duty-free allowance

Die Freimenge für Spirituosen ist erhöht worden.

customs house n [ˌkʌstəmz 'haʊs]

Zollamt

If you have goods to declare, please proceed to the customs house.

➲ customs office

Wenn Sie etwas zu verzollen haben, begeben Sie sich bitte ins Zollamt.

customs office n [ˌkʌstəmz 'ɒfɪs]

Zollamt, Zollstelle

The nearest customs office is at Dover.

➲ customs house

Das nächste Zollamt ist in Dover.

customs seal n [ˌkʌstəmz 'si:l]

Zollplombe

Customs seals are affixed to all commercial vehicles in transit.

Zollplomben werden an allen Nutzfahrzeugen im Transitverkehr angebracht.

tariff n ['tærɪf]

Zolltarif

Goods imported into the EU are subject to the common external tariff.

EU-Einfuhren unterliegen dem gemeinsamen Außenzoll.

preferential tariff n [ˌprefə'renʃl ˌtærɪf]

Vorzugszoll

Preferential tariffs are granted under the most favoured nation clause.

Vorzugszölle werden gemäß der Meistbegünstigungsklausel gewährt.

protective tariff n [prəˌtektɪv 'tærɪf]

Schutzzoll

Developing countries could hardly survive without protective tariffs.

Entwicklungsländer könnten ohne Schutzzölle kaum überleben.

import duty n ['ɪmpɔ:t dju:ti]

Einfuhrzoll

There are no import duties on goods originating from within the EU.

Für aus der EU stammende Waren gibt es keine Einfuhrzölle.

bill of entry n [ˌbɪl əv 'entri]

Einfuhrerklärung

Importers are required to prepare a bill of entry for customs.

Importeure müssen eine Einfuhrerklärung für den Zoll ausfüllen.

bonded goods n pl [ˌbɒndɪd ˈgʊdz]
Zollgut, unter Zollverschluss liegende Ware

We need permission to release these bonded goods to the importer.
Wir benötigen eine Erlaubnis, um dieses Zollgut dem Importeur auszuhändigen.

bonded warehouse n [ˌbɒndɪd ˈweəhaʊs]
Zolllager

Before customs clearance, goods can be stored in the bonded warehouse.
Vor der Zollabfertigung können Waren im Zolllager gelagert werden.

landing order n [ˈlændɪŋ ɔːdə]
Zollpassierschein

No goods will be moved without a landing order.
Ohne Zollpassierschein werden keine Waren bewegt.

public warehouse n [ˌpʌblɪk ˈweəhaʊs]
öffentliches Zolllager

Goods cannot be removed from a public warehouse without permission.
Ohne Erlaubnis können Waren nicht aus einem öffentlichen Zolllager entfernt werden.

Board of Customs and Excise n GB [ˌbɔːd əv ˈkʌstəmz ənd ˈeksaɪz]
Amt für Zölle und Verbrauchssteuern

The customs duties collected by the Board of Customs and Excise are remitted to Brussels.
Die vom Amt für Zölle und Verbrauchssteuern eingezogenen Zölle werden nach Brüssel überwiesen.

Documents

documents n pl [ˌdɒkjumənts]
Unterlagen, Papiere, Dokumente

More documents are needed in overseas trade than in domestic trade.
Im Außenhandel werden mehr Unterlagen benötigt als im Binnenhandel.

shipping documents n pl [ˈʃɪpɪŋ dɒkjumənts]
Frachtpapiere, Versandpapiere

Overseas trade involves far more shipping documents than domestic trade.
Im Außenhandel werden weit mehr Frachtpapiere benötigt als im Binnenhandel.

shipping contract n [ˈʃɪpɪŋ kɒntrækt]
Frachtvertrag, Beförderungsvertrag

The bill of lading is a special type of shipping contract.
Das Konnossement ist eine besondere Form eines Frachtvertrags.

bill of lading n [ˌbɪl əv ˈleɪdɪŋ] B/L, b/l, b.l. [ˌbiː ˈel]
Konnossement, Seefrachtbrief, Ladeschein (Binnenschifffahrt)

A B/L is a shipping contract and a document of title.
Ein Konnossement ist ein Beförderungsvertrag und eine Eigentumsurkunde.

clean bill of lading n [ˌkliːn ˌbɪl əv ˈleɪdɪŋ] clean B/L [ˌkliːn ˌbiː ˈel]
Konnossement ohne Vorbehalt, reines Konnossement

If the goods received on board are in good condition, the ship's captain will issue a clean b/l.
Wenn die an Bord übernommenen Waren in gutem Zustand sind, wird der Kapitän ein Konnossement ohne Vorbehalt ausstellen.

dirty bill of lading n [ˌdɜːti ˌbɪl əv ˈleɪdɪŋ] dirty B/L [ˌdɜːti ˌbiː ˈel]

unreines Konnossement, eingeschränktes Konnossement

If the goods received on board are damaged, the captain will issue a dirty B/L.
➲ foul bill of lading

Wenn die an Bord übernommenen Waren beschädigt sind, wird der Kapitän ein unreines Konnossement ausstellen.

foul bill of lading n [ˌfaʊl ˌbɪl əv ˈleɪdɪŋ] foul B/L [ˌfaʊl ˌbiː ˈel]

unreines Konnossement, eingeschränktes Konnossement

A foul bill of lading is not a document of title.
➲ dirty bill of lading

Ein unreines Konnossement ist keine Eigentumsurkunde.

surrender a bill of lading v [səˌrendər ə bɪl əv ˈleɪdɪŋ] surrender a B/L [səˌrendər ə ˌbiː ˈel]

ein Konnossement hinterlegen

Prior to customs clearance importers are required to surrender the B/L.

Vor der Zollabfertigung sind Importeure gehalten, das Konnossement zu hinterlegen.

non-negotiable adj [ˌnɒn nɪˈɡəʊʃiəbl]

nicht übertragbar, nicht begebbar

The copy of a bill of lading is non-negotiable.

Die Kopie eines Konnossements ist nicht übertragbar.

consignment note n [kənˈsaɪnmənt nəʊt]

Frachtbrief, Warenbegleitschein

One copy of the consignment note is handed to the consignee.
➲ waybill

Eine Kopie des Frachtbriefs wird dem Empfänger ausgehändigt.

waybill n [ˈweɪbɪl]

Frachtbrief, Warenbegleitschein

One copy of the waybill is retained by the consignor.
➲ consignment note

Eine Kopie des Frachtbriefs verbleibt beim Versender.

air(way) bill n [ˈeəweɪ bɪl]

Luftfrachtbrief

Goods cannot be forwarded by plane without an air(way) bill.

Ohne Luftfrachtbrief können Waren nicht per Flugzeug befördert werden.

consular invoice n [ˌkɒnsjələr ˈɪnvɔɪs]

Konsulatsrechnung, Konsulatsfaktura

Foreign customers sometimes insist on a consular invoice to ensure they're not charged excessive prices.

Auslandskunden bestehen manchmal auf einer Konsulatsrechnung, um sicherzustellen, dass ihnen nicht zu hohe Preise in Rechnung gestellt werden.

pro forma invoice n [ˌprəʊˈfɔːmə ɪnvɔɪs]

Proforma-Rechnung, vorläufige Rechnung

A pro forma invoice serves first of all as a quotation.

Eine Proforma-Rechnung dient zunächst als Angebot.

Balance of payments

balance of payments n [ˌbæləns əv 'peɪmənts]	**Zahlungsbilanz**
Countries always strive to have a favourable balance of payments.	Länder sind immer um eine positive Zahlungsbilanz bemüht.
balance of capital movements n [ˌbæləns əv 'kæpɪtl muːvmənts]	**Kapitalbilanz**
Foreign investment in Germany is covered by the balance of capital movements.	Ausländische Investitionen in Deutschland sind ein Posten in der Kapitalbilanz.
balance of visible trade n [ˌbæləns əv ˌvɪzəbl 'treɪd]	**Warenbilanz**
Great Britain generally has a negative balance of visible trade.	Großbritannien hat gewöhnlich eine negative Warenbilanz.
balance of invisible trade n [ˌbæləns əv ɪnˌvɪzəbl 'treɪd]	**Dienstleistungsbilanz**
In Great Britain the balance of invisible trade also covers transfer payments.	In Großbritannien deckt die Dienstleistungsbilanz auch Transferzahlungen ab.
adverse adj ['ædvɜːs]	**negativ, ungünstig**
Britain has had an adverse balance of trade since World War II.	Großbritanniens Handelsbilanz ist seit dem 2. Weltkrieg negativ.
favourable adj ['feɪvərəbl]	**positiv, günstig**
Japan has had a favourable balance of trade since World War II.	Japan hat seit dem 2. Weltkrieg eine positive Handelsbilanz.
current account balance n [ˌkʌrənt əˌkaʊnt 'bæləns]	**Leistungsbilanz**
The current account balance covers visible and invisible trade.	Die Leistungsbilanz deckt den Warenhandel und den Dienstleistungsverkehr ab.
money market n ['mʌni mɑːkɪt]	**Geldmarkt**
Because of the strength of the dollar, money markets remained stable.	Aufgrund des starken Dollars blieben die Geldmärkte stabil.
hot money n [hɒt 'mʌni]	**heißes Geld** (fließt von Land zu Land auf der Suche nach der stabilsten Währung und der höchsten politischen Sicherheit), **heißes Kapital**
A country's balance of payments can be seriously distorted by hot money.	Die Zahlungsbilanz eines Landes kann durch heißes Geld erheblich verzerrt werden.
currency n ['kʌrənsi]	**Währung**
The dollar used to be the world's leading currency.	Der Dollar war früher die Leitwährung der Welt.
local currency n [ˌləʊkl 'kʌrənsi]	**Landeswährung**
The punt is Ireland's local currency.	Das Punt ist Irlands Landeswährung.

currency fluctuation n ['kʌrənsi flʌktʃu'eɪʃn]

Export trade is affected by currency fluctuations.

Wechselkursschwankung

Der Außenhandel wird durch Wechselkursschwankungen beeinflusst.

foreign currency n [ˌfɒrən 'kʌrənsi]

I need to get some foreign currency before I go on holiday.

➲ foreign exchange

Devisen, Fremdwährung

Ich muss noch Devisen besorgen, bevor ich in Urlaub fahre.

foreign exchange n [ˌfɒrən ɪks'tʃeɪndʒ]

Rich export countries usually have high foreign exchange reserves.

➲ foreign currency

Devisen, Fremdwährung(en)

Reiche Exportländer haben gewöhnlich hohe Devisenreserven.

foreign exchange market n [ˌfɒrən ɪks'tʃeɪndʒ mɑːkɪt]

The dollar closed .5 pfennigs down on the German mark on the foreign exchange market in Frankfurt.

Devisenbörse, Devisenmarkt

An der Frankfurter Devisenbörse schloss der Dollar gegenüber der deutschen Mark um 0,5 Pfennig schwächer.

outflow of foreign exchange n [ˌaʊtfləʊ əv ˌfɒrən ɪks'tʃeɪndʒ]

Importing always entails an outflow of foreign exchange.

Devisenabfluss

Das Importgeschäft ist immer mit Devisenabfluss verbunden.

exchange rate n [ɪks'tʃeɪndʒ reɪt]

Under the Bretton Woods agreement of 1944, there was a system of fixed exchange rates.

Wechselkurs

Nach dem Abkommen von Bretton Woods von 1944 gab es ein System fester Wechselkurse.

trade deficit n [ˌtreɪd 'defɪsɪt]

The UK has had a major trade deficit for quite some time.

➲ trade gap

Außenhandelsdefizit

Seit geraumer Zeit hat das Vereinigte Königreich ein erhebliches Außenhandelsdefizit.

trade figures n pl ['treɪd 'fɪgəz]

This month's trade figures are quite favourable.

Außenhandelsbilanz, Außenhandelsdaten

Die Außenhandelsbilanz für diesen Monat ist recht günstig.

trade gap n ['treɪd gæp]

Italy's trade gap worsened last year.

➲ trade deficit

Außenhandelsdefizit

Italiens Außenhandelsdefizit ist im letzten Jahr größer geworden.

Trade relations

trade relations n pl ['treɪd rɪ'leɪʃnz]

Trade relations between Germany and the Netherlands have always been good.

Handelsbeziehungen

Die Handelsbeziehungen zwischen Deutschland und den Niederlanden waren immer gut.

trade agreement n ['treɪd əgri:mənt]

Most countries have trade agreements with their neighbour countries.

Handelsabkommen

Die meisten Länder haben Handelsabkommen mit ihren Nachbarstaaten.

bilateral trade agreement n [baɪˌlætərəl 'treɪd əgri:mənt]

The two countries are negotiating a bilateral trade agreement.

bilaterales Handelsabkommen

Die beiden Länder verhandeln gerade über ein bilaterales Handelsabkommen.

multilateral trade agreement n [ˌmʌltilætərəl 'treɪd əgri:mənt]

The countries of the western Sahara are negotiating a multilateral trade agreement.

multilaterales Handelsabkommen

Die Länder der westlichen Sahara verhandeln gerade über ein multilaterales Handelsabkommen.

trading partner n ['treɪdɪŋ ˌpɑ:tnə]

Germany is the Netherlands' most important trading partner.

Handelspartner

Deutschland ist der wichtigste Handelspartner der Niederlande.

trade bloc n ['treɪd blɒk]

Canada, Mexico and the United States of America are a major trade bloc.

Handelsblock

Kanada, Mexiko und die Vereinigten Staaten von Amerika sind ein wichtiger Handelsblock.

trade restriction n ['treɪd rɪˌstrɪkʃn]

Trade restrictions include embargoes, export quotas and tariffs.

Handelsbeschränkung, Handelshemmnis

Zu Handelsbeschränkungen gehören Embargos, Exportkontingente und Zölle.

General Agreement on Tariffs and Trade n [ˌdʒenrəl əˌgri:mənt ɒn ˌtærɪfs ənd 'treɪd] GATT [gæt]

The General Agreement on Tariffs and Trade is abbreviated to GATT.

Allgemeines Zoll- und Handelsabkommen

Das Allgemeine Zoll- und Handelsabkommen wird GATT abgekürzt.

most favoured adj [ˌməʊst 'feɪvəd]

Industrialized countries often grant developing countries most favoured nation status.

meistbegünstigt

Industriestaaten räumen Entwicklungsländern oft Meistbegünstigungsstatus ein.

most favoured nation clause n [məʊst ˌfeɪvəd 'neɪʃn klɔ:z]

It took very long before the USA granted China the most favoured nation clause.

Meistbegünstigungsklausel

Es dauerte lange, bis die USA China die Meistbegünstigungsklausel einräumten.

economic sanctions n pl [i:kəˌnɒmɪk 'sæŋkʃnz]

Economic sanctions may be imposed for political reasons.

Wirtschaftssanktionen

Wirtschaftssanktionen können aus politischen Gründen verhängt werden.

dumping n ['dʌmpɪŋ]

Japanese exporters used to be accused of dumping.

Verkauf unter Normalpreis, Dumping

Japanische Exporteure wurden früher beschuldigt, Waren unter Normalpreis zu verkaufen.

factoring n ['fæktərɪŋ]

Many exporters sell their right to collect invoices abroad to factoring firms.

Faktoring(geschäft), Forderungsverkauf

Viele Exporteure verkaufen das Recht, ihre Rechnungen im Ausland einzutreiben, an Faktoringgesellschaften.

International Chamber of Commerce n [ɪntəˌnæʃnəl ˌtʃeɪmbər əv 'kɒmɜːs] ICC [ˌaɪ siː 'siː]

Internationale Handelskammer

The ICC has published a brochure on letters of credit.

Die Internationale Handelskammer hat eine Broschüre über Akkreditive veröffentlicht.

International Monetary Fund n [ɪntəˌnæʃnəl ˌmʌnɪtri 'fʌnd] IMF [ˌaɪ em 'ef]

Internationaler Währungsfonds (IWF)

The abbreviation for International Monetary Fund is IMF.

Die Abkürzung für Internationaler Währungsfonds ist IWF.

protectionism n [prə'tekʃənɪzəm]

Many developing countries are tempted to introduce protectionism to stare off foreign competition.

Protektionismus

Viele Entwicklungsländer sind versucht Protektionismus einzuführen, um ausländischen Wettbewerb fernzuhalten.

price cartel n ['praɪs ˌkɑːtel]

Members of a price cartel try to get high prices for their commodities.

Preiskartell

Die Mitglieder eines Preiskartells versuchen, für ihre Waren hohe Preise zu erzielen.

developing country n [dɪˌveləpɪŋ 'kʌntri]

The Sudan is a developing country.

Entwicklungsland

Der Sudan ist ein Entwicklungsland.

industrialized country n [ɪnˌdʌstriəlaɪzd 'kʌntri]

Great Britain was the first industrialized country in the world.

Industriestaat

Großbritannien war der erste Industriestaat der Welt.

devalue v [ˌdiː'væljuː]

Although Great Britain devalued her currency repeatedly in the 1960s and 1970s, she still had persistent balance of payments deficits.

abwerten

Obwohl Großbritannien seine Währung in den sechziger und siebziger Jahren wiederholt abwertete, hatte es weiterhin chronische Handelsbilanzdefizite.

devaluation n [ˌdiːˌvælju'eɪʃn]

Any devaluation of the exporter's currency will stimulate exports.

Abwertung

Jede Abwertung der Währung des Exporteurs wird die Ausfuhr anregen.

EUROPE

Development

European Union n
[ˌjʊərəˌpiːən ˈjuːniən] EU [ˌiː ˈjuː]
The EC adopted the name of European Union on 1 January 1993.

Europäische Union (EU)
Am 1.1.1993 nahm die EG den Namen Europäische Union an.

European Community n
[ˌjʊərəˌpiːən kəˈmjuːnəti] EC [ˌiː ˈsiː]
The European Community developed from the EEC, which initially comprised six members, into a community of 15 member states.

Europäische Gemeinschaft (EG)
Die Europäische Gemeinschaft entwickelte sich aus der EWG, die ursprünglich sechs Mitglieder umfasste, zu einer Gemeinschaft von 15 Mitgliedern.

Single European Act n
[ˌsɪŋgl ˌjʊərəˌpiːən ˈækt] SEA [ˌes iː ˈeɪ]
The Single European Act of 1987 was designed to give a new impetus to European integration.

Einheitliche Europäische Akte (EEA)
Die Einheitliche Europäische Akte von 1987 sollte der europäischen Integration neuen Schwung verleihen.

European Economic Community n
[ˌjʊərəˌpiːən iːkəˌnɒmɪk kəˈmjuːnəti] EEC [ˌiː iː ˈsiː]
The EEC was formed in 1957.

Europäische Wirtschaftsgemeinschaft (EWG)
Die EWG wurde 1957 gegründet.

Common Market n [ˌkɒmən ˈmɑːkɪt]
The Common Market was the first step towards creating a united Europe.

Gemeinsamer Markt
Der Gemeinsame Markt war der erste Schritt zur Schaffung eines vereinten Europa.

Common Agricultural Policy n
[ˌkɒmən ægrɪˌkʌltʃərəl ˈpɒləsi] CAP [ˌsiː eɪ ˈpiː]
The Common Agricultural Policy is a price support system which maintains European farm prices at a high level.

Gemeinsame Agrarpolitik
Die Gemeinsame Agrarpolitik ist ein Preisstützungssystem, das die europäischen Agrarpreise auf hohem Niveau hält.

European Coal and Steel Community n [ˌˌjʊərəˈpiːən ˌkəʊl ənd ˌstiːl kəˈmjuːnəti] ECSC [ˌiː siː es ˈsiː]
The ECSC was established in 1952 in order to control the production and distribution of coal and steel in the six member countries.

Montanunion, Europäische Gemeinschaft für Kohle und Stahl (EGKS)
Die Montanunion wurde 1952 gegründet, um die Erzeugung und den Vertrieb von Kohle und Stahl in den sechs Mitgliedsländern zu überwachen.

Treaty of Rome n pl [ˌtriːti əv ˈrəʊm]
In 1957, the member states of the ECSC signed the Treaty of Rome in order to create the EEC.

Römische Verträge
1957 unterzeichneten die Mitgliedsstaaten der Montanunion die Römischen Verträge, um die EWG zu schaffen.

Treaty of Maastricht n [ˌtriːti əv 'mɑːstrɪkt]

The Treaty of Maastricht was signed on 7 February, 1992.

Vertrag von Maastricht

Der Vertrag von Maastricht wurde am 7. Februar 1992 unterzeichnet.

Schengen Agreement n [ˌʃengən ə'griːmənt]

The Schengen Agreement of 14 June 1985 between the Benelux countries, the Federal Republic of Germany and France envisaged cross-border police cooperation as well as the abolition of passport controls.

Schengener Abkommen

Das Schengener Abkommen zwischen den Benelux-Staaten, der Bundesrepublik Deutschland und Frankreich vom 14. Juni 1985 sah neben der Abschaffung von Passkontrollen eine grenzüberschreitende Zusammenarbeit der Polizei vor.

single market n [ˌsɪŋgl 'mɑːkɪt]

The Single Market became effective from January 1st, 1993.

Binnenmarkt

Der Binnenmarkt trat am 1. Januar 1993 in Kraft.

internal market n [ɪnˌtɜːnl 'mɑːkɪt]

Even after the completion of the customs union in 1968 it took another 25 years to create a real internal market.

Binnenmarkt

Selbst nach Vollendung der Zollunion im Jahre 1968 dauerte es noch 25 Jahre bis zur Schaffung eines echten Binnenmarkts.

single currency bloc n [ˌsɪŋgl 'kʌrənsi blɒk]

The next step towards European unity must be the creation of a single currency bloc.

Währungsblock, gemeinsames Währungsgebiet

Der nächste Schritt zur Schaffung der europäischen Einheit muss die Schaffung eines Währungsblocks sein.

seek association with v [ˌsiːk əˌsəʊsi'eɪʃn wɪð]

Several non-European countries have sought association with the EU in order to gain access to European markets.

Assoziierung beantragen mit, assoziierte Mitgliedschaft beantragen in

Mehrere nicht europäische Länder haben die Assoziierung mit der EU beantragt, um Zugang zu europäischen Märkten zu erlangen.

treaty of accession n [ˌtriːti əv ək'seʃn]

All treaties of accession are ratified by the national parliaments and sometimes endorsed by a referendum.

Beitrittsabkommen

Alle Beitrittsabkommen werden von den nationalen Parlamenten ratifiziert und manchmal durch eine Volksabstimmung bestätigt.

accession n [æk'seʃn]

Britain first sought accession to the EEC in the early sixties, but her application for membership was vetoed by France in 1963.

Beitritt

Großbritannien bemühte sich bereits in den frühen sechziger Jahren um die Mitgliedschaft in der EWG, aber das Beitrittsgesuch wurde 1963 durch ein französisches Veto abgelehnt.

accede to v [ək'siːd tə]

Poland, Hungary, the Czech Republic and Slovenia hope to accede to the EU soon after the year 2000.

beitreten

Polen, Ungarn, Tschechien und Slowenien hoffen der EU bald nach dem Jahr 2000 beizutreten.

free movement of capital n [ˌfriː ˌmuːvmənt əv 'kæpɪtl]

freier Kapitalverkehr

There used to be all sorts of currency restrictions before the free movement of capital was made possible throughout Europe.

Es gab alle Arten von Devisenbeschränkungen, bevor der freie Kapitalverkehr in ganz Europa möglich wurde.

capital movements n pl ['kæpɪtl mu:vmənts]

Kapitalverkehr

Capital movements within Europe are no longer subject to government control.

Der Kapitalverkehr in Europa unterliegt nicht mehr der staatlichen Kontrolle.

free movement of labour n [ˌfri: ˌmu:vmənt əv 'leɪbə]

Freizügigkeit für Arbeitnehmer und Selbständige

Free movement of labour in Europe is taken for granted nowadays.

Die Freizügigkeit für Arbeitnehmer und Selbständige in Europa wird heutzutage als selbstverständlich angesehen.

transition period n [træn'zɪʃn pɪəriəd]

Übergangszeit

Eastern European countries will only be allowed to join the EU after a transition period.

Osteuropäische Länder dürfen der EU erst nach einer Übergangszeit beitreten.

member country n ['membə kʌntri]

Mitgliedstaat, Mitgliedsland

The EEC, which was set up in 1958, comprised six member countries.

Die 1958 gegründete EWG umfasste sechs Mitgliedstaaten.

referendum n [ˌrefə'rendəm]

Referendum, Volksabstimmung

The question of Britain's membership was ultimately settled by a referendum in 1976.

Die Frage der britischen Mitgliedschaft wurde endgültig durch ein Referendum im Jahre 1976 entschieden.

harmonize v ['hɑ:mənaɪz]

harmonisieren, angleichen

Value added tax has to some extent been harmonized in Europe.

In Europa ist die Mehrwertsteuer zu einem gewissen Grad harmonisiert worden.

deregulate v [ˌdi:'regjuleɪt]

liberalisieren, deregulieren

Air transport within Europe is to be deregulated.

Der Luftverkehr in Europa soll liberalisiert werden.

deregulation n [ˌdi:regju'leɪʃn]

Liberalisierung, Deregulierung

Since 1 January 1993, deregulation has made some progress in Europe.

Seit dem 1. Januar 1993 macht die Liberalisierung in Europa einige Fortschritte.

dismantle v [dɪs'mæntl]

abbauen

The last trade barriers were dismantled on 31 December 1992.

Die letzten Handelshemmnisse wurden am 31. Dezember 1992 abgebaut.

dismantling n [dɪs'mæntlɪŋ]

Abbau

It was chiefly through the dismantling of all border controls that the Single Market was established.

Die Schaffung des Binnenmarktes wurde im Wesentlichen durch den Abbau aller Grenzkontrollen ermöglicht.

trade barrier n ['treɪd bæriə]

Handelshemmnis, Handelsbeschränkung

There are various kinds of trade barriers, ranging from customs duties to non-tariff barriers such as technical standards.

Es gibt verschiedene Arten von Handelshemmnissen, von Zöllen bis hin zu nicht tarifären Hemmnissen wie technischen Normen.

non-tariff adj [ˌnɒn ˈtærɪf]

Technical standards and administrative hurdles are typical non-tariff trade barriers.

nicht tarifär, nicht zolltariflich

Technische Normen und administrative Hürden sind typische nicht tarifäre Handelshemmnisse.

customs union n [ˌkʌstəmz ˈjuːniən]

The EEC became a customs union in 1968.

Zollunion

1968 wurde die EWG eine Zollunion.

customs duty n [ˌkʌstəmz ˈdjuːti]

The customs duties collected by the member states on third-country imports are remitted to Brussels.

Zoll, Zolltarif

Die von Mitgliedstaaten auf Einfuhren aus Drittländern erhobenen Zölle werden nach Brüssel abgeführt.

sluice-gate price n [ˈsluːsgeɪt ˌpraɪs]

Import levies must be paid if agricultural products are imported into Europe at prices below the sluice-gate price.

Schleusenpreis

Importzölle sind zu entrichten, wenn landwirtschaftliche Erzeugnisse nach Europa zu Preisen eingeführt werden, die unterhalb des Schleusenpreises liegen.

frontier n [ˈfrʌntɪə]

Nowadays, customs duties are only levied at the external frontiers of the EU.

Grenze

Heutzutage werden Zölle nur noch an den Außengrenzen der EU erhoben.

cross-frontier adj [ˌkrɒsˈfrʌntɪə]

Cross-frontier trade in Europe has increased to such an extent that it is no longer regarded as foreign trade in the traditional sense.

grenzüberschreitend

Der grenzüberschreitende Handel in Europa hat so stark zugenommen, dass er nicht mehr als Außenhandel im herkömmlichen Sinn angesehen wird.

Institutions

Charter of European Unity n [ˌtʃɑːtər əv ˌjʊərəˌpiːən ˈjuːnəti]

After all the member states had ratified the Treaty of Maastricht the Charter of European Unity came into effect on 1 November 1993.

Europäische Einigungscharta

Nachdem alle Mitgliedstaaten den Vertrag von Maastricht ratifiziert hatten, trat die Europäische Einigungscharta am 1. November 1993 in Kraft.

Community law n [kəˈmjuːnəti lɔː]

The European Court of Justice is the ultimate arbiter in deciding whether national law is compatible with Community law.

Gemeinschaftsrecht

Der Europäische Gerichtshof entscheidet letztinstanzlich, ob nationales Recht mit dem Gemeinschaftsrecht vereinbar ist.

European Parliament n [ˌjʊərəˌpiːən ˈpɑːləmənt]

Although the European Parliament has been around for some time, it still lacks real power.

Europäisches Parlament

Obwohl das Europäische Parlament schon seit einiger Zeit existiert, hat es immer noch keine echten Machtbefugnisse.

Community legislative process

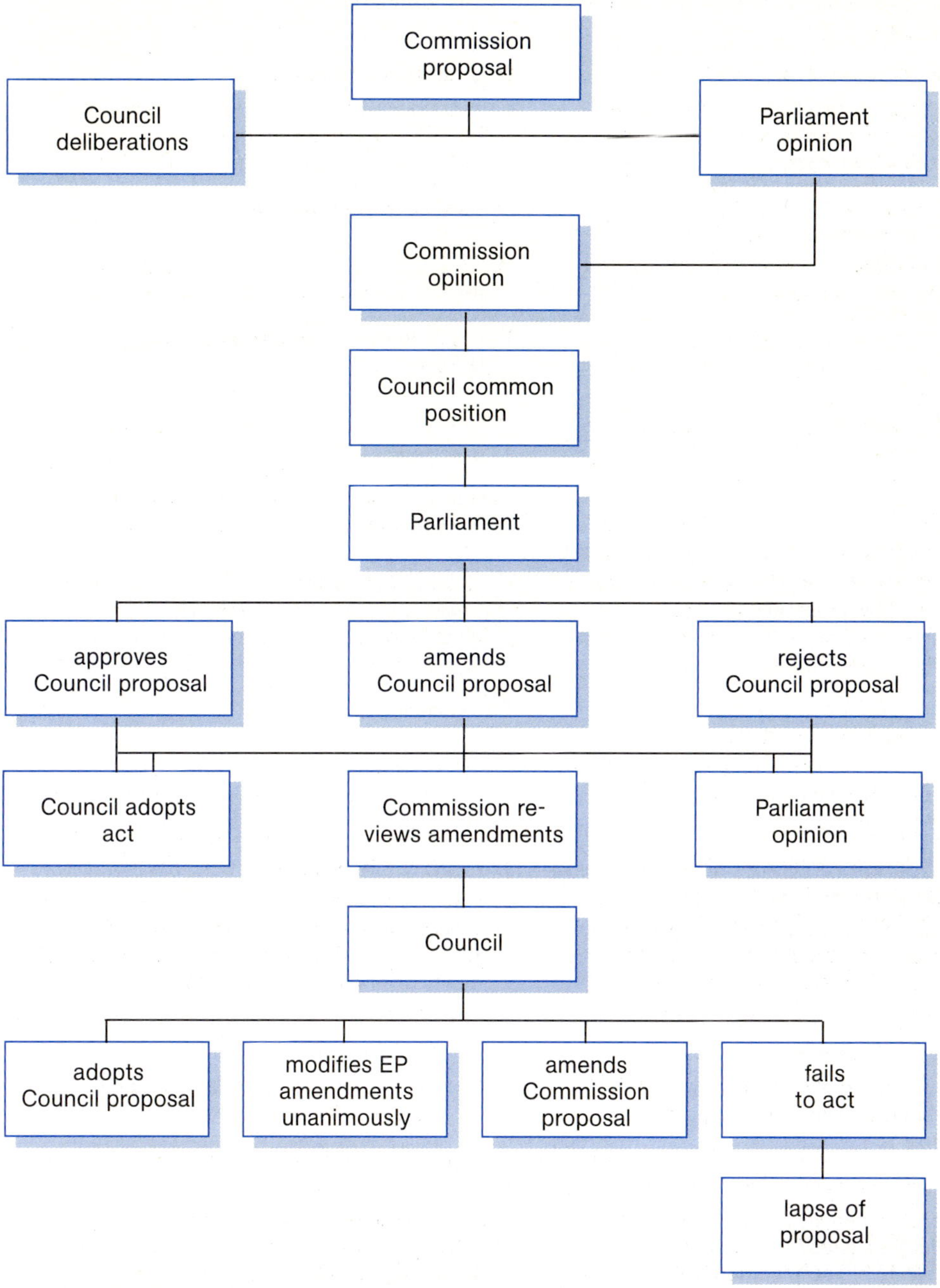

EUROPE

Council of Ministers n [ˌkaʊnsl əv ˈmɪnɪstəz]

The Council of Ministers is the most important decision-making body in Europe.

Ministerrat

Der Ministerrat ist das wichtigste Entscheidungsgremium in Europa.

presidency n [ˈprezɪdənsi]

All major EU meetings are held in the member country which has the six-month presidency.

Präsidentschaft, Vorsitz

Alle wichtigen EU-Konferenzen werden in dem Mitgliedstaat abgehalten, welcher die sechsmonatige Präsidentschaft innehat.

European Commission n [ˌjʊərəˌpiːən kəˈmɪʃn]

The European Commission is more than an administrative body.

Europäische Kommission

Die Europäische Kommission ist mehr als ein Verwaltungsorgan.

European Free Trade Association n [ˌjʊərəˌpiːən friː ˌtreɪd əˌsəʊsiˈeɪʃn] EFTA [ˈeftə]

EFTA was formed as a free trade bloc in 1959.

Europäische Freihandelsvereinigung (EFTA)

Die EFTA wurde 1959 als Freihandelsblock gegründet.

European Bank for Reconstruction and Development n [ˌjʊərəˌpiːən ˌbæŋk fə ˌriːkənˌstrʌkʃn ənd dɪˈveləpmənt]

The European Bank for Reconstruction and Development was set up in 1991 to help former Communist countries develop market economies.

Europäische Bank für Wiederaufbau und Entwicklung

Die Europäische Bank für Wiederaufbau und Entwicklung wurde 1991 gegründet, um ehemals kommunistischen Ländern beim Aufbau einer Marktwirtschaft zu helfen.

European Central Bank n [ˌjʊərəˌpiːən ˈsentrəl bæŋk]

Like its model, the Bundesbank, the European Central Bank is located in Frankfurt.

Europäische Zentralbank

Wie ihr Vorbild, die Bundesbank, hat die Europäische Zentralbank ihren Sitz in Frankfurt.

European Currency Unit n [ˌjʊərəˌpiːən ˈkʌrənsi juːnɪt] ECU [ˈekjuː]

For a while, the English language abbreviation of the European Currency Unit was intended to become the official name for the European currency.

Europäische Währungseinheit (EWE)

Zeitweilig war die englische Abkürzung für Europäische Währungseinheit als offizielle Bezeichnung für die Eurowährung vorgesehen.

Euro n [ˈjʊərəʊ]

Next to the dollar, the Euro will be the world's leading currency.

Euro

Neben dem Dollar wird der Euro die führende Währung der Welt sein.

European Investment Bank n [ˌjʊərəˌpiːən ɪnˈvestmənt bæŋk] EIB [ˌiː ai ˈbiː]

The European Investment Bank was formed in1958 to help finance economic development within Europe.

Europäische Investitionsbank (EIB)

Die Europäische Investitionsbank wurde 1958 zur Förderung der wirtschaftlichen Entwicklung Europas gegründet.

European Monetary System n [ˌjʊərəˌpiːən ˌmʌnɪtri ˈsɪstəm] EMS [ˌiː em ˈes]

Europäisches Währungssystem (EWS)

The European Monetary System is based on fixed exchange rates and was established in 1979.

Das Europäische Währungssystem basiert auf festen Wechselkursen und wurde 1979 geschaffen.

European Economic Area n [jʊərəˈpiːən ɪkəˌnomɪk ˈeəriə] E.E.A. [ˈiː iː ˈeɪ]

Europäischer Wirtschaftsraum (EWR)

The E.E.A. comprises countries which are not full members but enjoy the benefits of the single market.

Zur europäischen Wirtschaftszone gehören Länder, die zwar keine Vollmitglieder sind, aber die Vorteile des Binnenmarktes genießen.

European Regional Development Fund n [ˌjʊərəˌpiːən ˌriːdʒənl dɪˈveləpmənt fʌnd] ERDF [ˈiːˌɑːˌdiˈef]

Europäischer Fonds für Regionale Entwicklung (EFRE)

For years, Great Britain, Sicily and southern Spain have benefited from the European Regional Development Fund.

Seit Jahren sind Großbritannien, Sizilien und Südspanien Nutznießer des Europäischen Fonds für Regionale Entwicklung.

European Social Fund n [ˌjʊərəˌpiːən ˌsəʊʃl ˈfʌnd]

Europäischer Sozialfonds

The European Social Fund is designed to help overcome social disparities between the richer and poorer regions of Europe.

Der Europäische Sozialfonds ist dazu bestimmt, soziale Unterschiede zwischen den reicheren und ärmeren Regionen Europas auszugleichen.

Court of Auditors n [ˌkɔːt əv ˈɔːdɪtəz]

Rechnungshof

It is the task of the Court of Auditors to see that funds allocated for a certain purpose are not misspent.

Es ist Aufgabe des Rechnungshofes, darauf zu achten, dass die für einen bestimmten Zweck bereitgestellten Gelder nicht zweckentfremdet werden.

Court of Justice of the European Union n [ˌkɔːt əv ˈdʒʌstɪs əv ðə jʊərəˌpiːən ˈjuːniən]

Europäischer Gerichtshof

The decisions of the Court of Justice of the European Union are binding on all member states and their citizens.

Die Entscheidungen des Europäischen Gerichtshofes sind für alle Mitgliedstaaten und ihre Bürger verbindlich.

Common External Tariff n [ˌkɒmən ɪkˌstɜːnl ˈtærɪf] CET [ˌsiː iː ˈtiː]

Gemeinsamer Außenzoll

The Common External Tariff was designed to protect European industries against overseas competition.

Der Gemeinsame Außenzoll wurde eingeführt, um die europäischen Industrien gegen Konkurrenz aus Übersee zu schützen.

Europol n [ˈjʊərəʊpɒl]

Europol (Europäische Polizei)

Europol would help combat cross-border crime.

Europol würde bei der Bekämpfung grenzüberschreitender Kriminalität helfen.

Lomé Agreement n [ˌləʊmeɪ əˈgriːmənt]

Lomé-Abkommen

The Lomé Agreement was designed to enable poor third-world countries to gain access to European markets.

Mit dem Lomé-Abkommen sollte armen Drittewelt-Ländern Zugang zu europäischen Märkten verschafft werden.

directive n [də'rektɪv]

Richtlinie, Direktive

There are European directives for nearly all aspects of economic life.

Für fast alle Bereiche des Wirtschaftslebens gibt es EU-Richtlinien.

regulation n [ˌregju'leɪʃn]

Bestimmung, Verordnung, Vorschrift

European regulations have come to replace national regulations.

Europäische Bestimmungen haben inzwischen nationalstaatliche Vorschriften ersetzt.

subsidiarity n [səbˌsɪdi'ærəti]

Subsidiarität

The principle of subsidiarity, i.e. enabling individuals, companies and communities to help themselves, is at the very core of European policy.

Das Subsidiaritätsprinzip, d.h. Hilfe zur Selbsthilfe für Einzelpersonen, Unternehmen und Gemeinschaften ist ein zentraler Bestandteil der europäischen Politik.

majority voting n [mə'dʒɒrəti vəʊtɪŋ]

Mehrheitsentscheidung(en), Mehrheitsbeschluss

If Europe is to make progress, majority voting should replace the principle of unanimity.

Wenn Europa Fortschritte machen soll, dann sollten Mehrheitsentscheidungen das Einstimmigkeitsprinzip ablösen.

unanimity n [ˌjuːnə'nɪməti]

Einstimmigkeit

Unanimity will in future be reserved for landmark decisions.

Einstimmigkeit wird in Zukunft nur für Grundsatzentscheidungen erforderlich sein.

unanimous adj [ju'nænɪməs]

einstimmig

In the past, all decisions had to be unanimous.

In der Vergangenheit mussten alle Entscheidungen einstimmig getroffen werden.

veto v ['viːtəʊ]

Veto einlegen (gegen), Zustimmung verweigern

Even a small country may veto proposals.

Selbst ein kleines Land kann gegen Vorschläge ein Veto einlegen.

veto n ['viːtəʊ]

Veto

De Gaulle's veto in 1963 blocked Britain's first attempt to join the EEC.

De Gaulles Veto im Jahre 1963 blockierte Großbritanniens ersten Versuch, sich der EWG anzuschließen.

regime n [reɪ'ʒiːm]

Marktordnung

There are regimes for all kinds of agricultural produce.

Es gibt Marktordnungen für alle Arten landwirtschaftlicher Erzeugnisse.

price support system n [ˌpraɪs sə'pɔːt sɪstəm]

Preisstützungssystem

The CAP is basically an elaborate price support system.

Die Gemeinsame Agrarpolitik ist im Wesentlichen ein kompliziertes Preisstützungssystem.

threshold price n ['θreʃhəʊld praɪs]

Schwellenpreis

Threshold prices are guaranteed minimum prices for agricultural produce in the EU.

Schwellenpreise sind garantierte Mindestpreise für landwirtschaftliche Erzeugnisse in der EU.

internal frontier n [ɪnˌtɜːnl 'frʌntɪə]

Binnengrenze

For the countries which have acceded to the Schengen Agreement internal frontiers are a thing of the past.

Zwischen den Ländern, die dem Schengener Abkommen beigetreten sind, gibt es keine Binnengrenzen mehr.

Account

account n [əˈkaʊnt]
I have an account with Barclays Bank.

Konto
Ich habe ein Konto bei der Barclays Bank.

account holder n [əˈkaʊnt həʊldə]
The account holder of a current account usually receives a cheque book.

Kontoinhaber(in)
Der Inhaber eines Girokontos erhält normalerweise ein Scheckheft.

current account n GB [ˌkʌrənt əˈkaʊnt]
There's usually no interest on current account deposits.

Girokonto, laufendes Konto
Auf Girokonto-Guthaben gibt es gewöhnlich keine Zinsen.

joint account n [ˌdʒɔɪnt əˈkaʊnt]
Married couples often have joint accounts.

gemeinsames Konto
Ehepaare haben oft ein gemeinsames Konto.

deposit account n [dɪˈpɒzɪt əkaʊnt]
We'll grant you five per cent interest on your deposit account.
➲ savings account

Sparkonto
Auf Ihr Sparkonto gewähren wir Ihnen fünf Prozent Zinsen.

savings account n [ˈseɪvɪŋz əkaʊnt]
In some banks, the term "savings account" refers to small deposits only.
➲ deposit account

Sparkonto
Bei einigen Banken bezieht sich der Ausdruck „savings account" (Sparkonto) nur auf kleine Sparguthaben.

checking account n US [ˈtʃekɪŋ əkaʊnt]
In the USA, interest-bearing checking accounts are quite common.

Girokonto, Scheckkonto
In den USA sind zinstragende Girokonten weit verbreitet.

NOW account n US [ˈnaʊ əˌkaʊnt]
negotiable order of withdrawal account [nɪˌgəʊʃiəbl ˌɔːdər əv wɪðˌdrɔːəl əˈkaʊnt]
You're not allowed to overdraw your NOW account, but you'll receive 5% interest on it.

zinstragendes Girokonto
Sie dürfen Ihr zinstragendes Girokonto nicht überziehen, aber Sie erhalten darauf 5% Zinsen.

open an account v [ˌəʊpən ən əˈkaʊnt]
When I opened my account I was also advised of the bank charges.

ein Konto eröffnen
Als ich mein Konto eröffnete, wurden mir auch die Kontoführungsgebühren mitgeteilt.

close an account v [ˌkləʊz ən əˈkaʊnt]
Since I am moving to Manchester I would like to close my account.

ein Konto auflösen
Da ich nach Manchester verziehe, möchte ich mein Konto auflösen.

bank statement n [ˈbæŋk steɪtmənt]
A bank statement shows all the money paid into and paid out of a bank account.
➲ statement of account

Kontoauszug
Ein Kontoauszug zeigt alle auf ein Bankkonto ein- und ausgezahlten Geldbeträge.

statement of account n [ˌsteɪtmənt əv əˈkaʊnt]

Kontoauszug

The bank will send you regular statements of account if you wish.
➲ bank statement

Die Bank schickt Ihnen regelmäßig Kontoauszüge zu, wenn Sie es wünschen.

balance n [ˈbæləns]

Kontostand, Saldo

What's the balance on my account?

Wie ist mein Kontostand?

deposit n [dɪˈpɒzɪt]

Guthaben, Einlage

We have a deposit of £10,000.

Wir haben ein Guthaben von 10.000 Pfund.

savings n pl [ˈseɪvɪŋz]

Ersparnisse

We've put all our savings into a building society account.

Wir haben unsere gesamten Ersparnisse auf einem Bausparkassenkonto angelegt.

interest n [ˈɪntrəst]

Zins(en)

Our offshore accounts offer attractive rates of interest.

Unsere Auslandskonten bieten attraktive Zinsen.

credit n [ˈkredɪt]

Haben, Gutschrift

The statement of account shows debits and credits.

Der Kontoauszug führt Soll und Haben auf.

credit balance n [ˈkredɪt ˈbæləns]

Habensaldo, Guthaben

When the credit total is greater than the debit total, your account shows a credit balance.

Wenn die Summe der Gutschriften die der Lastschriften übersteigt, dann weist Ihr Konto ein Habensaldo auf.

credit v [ˈkredɪt]

gutschreiben

We have credited £500 to your account.

Wir haben Ihrem Konto 500 Pfund gutgeschrieben.

credit item n [ˈkredɪt aɪtem]

Habenposten

The statement of account shows credit items, debit items and the balance.

Der Kontoauszug zeigt Haben- und Sollposten sowie den Saldo.

on the credit side adv [ɒn ðə ˈkredɪt saɪd]

auf der Habenseite, kreditorisch

This month I've had only five items on the credit side.

Diesen Monat hatte ich nur fünf Posten auf der Habenseite.

credit slip n [ˈkredɪt slɪp]

Einzahlungsbeleg

You have to fill out a credit slip before you make a deposit.
➲ paying-in slip

Sie müssen einen Einzahlungsbeleg ausfüllen, bevor Sie eine Einzahlung vornehmen.

paying-in slip n [ˈpeɪɪŋ ɪn slɪp]

Einzahlungsbeleg

When you've made your deposit, the teller will hand you your paying-in slip.
➲ credit slip

Wenn Sie eine Einzahlung gemacht haben, gibt Ihnen die Kassiererin Ihren Einzahlungsbeleg.

counterfoil n ['kaʊntəfɔɪl]

If you write a cheque, make sure you fill in the counterfoil too.

Kontrollabschnitt

Wenn Sie einen Scheck ausstellen, denken Sie daran, auch den Kontrollabschnitt auszufüllen.

debit n ['debɪt]

The statement contains debits and credits.

Soll, Lastschrift

Der Kontoauszug enthält Soll und Haben.

debit balance n ['debɪt 'bæləns]

When the debit total is greater than the credit total, your account shows a debit balance.

Sollsaldo, Soll

Wenn die Summe der Lastschriften die der Gutschriften übersteigt, dann weist Ihr Konto einen Sollsaldo auf.

debit v ['debɪt]

I'm afraid we'll have to debit your account at once.

belasten

Leider müssen wir Ihr Konto sofort belasten.

debit item n ['debɪt aɪtəm]

There's a debit item I can't explain.

Sollposten

Es gibt hier einen Sollposten, den ich mir nicht erklären kann.

on the debit side adv [ɒn ðə 'debɪt saɪd]

Our company's statements usually show more than 100 items on the debit side.

debitorisch, auf der Sollseite

Die Kontoauszüge unserer Gesellschaft weisen gewöhnlich mehr als 100 debitorische Posten auf.

debit note n ['debɪt nəʊt]

We'll send you a debit note.

Lastschriftanzeige, Lastschrift

Wir werden Ihnen eine Lastschriftanzeige schicken.

direct debit n [dəˌrekt 'debɪt]

I pay my telephone bill by direct debit.
➲ direct debiting

Lastschriftverfahren, Abbuchung per Einzugsermächtigung

Ich zahle meine Telefonrechnung per Lastschriftverfahren.

direct debiting n [dəˌrekt 'debɪtɪŋ]

Many people pay their gas bills by direct debiting.
➲ direct debit

Lastschriftverfahren, Einzugsverfahren

Viele Leute bezahlen ihre Gasrechnungen per Lastschriftverfahren.

direct debit mandate n [dəˌrekt 'debɪt 'mændeɪt]

I gave British Telecom a direct debit mandate for my telephone bills.

Einzugsermächtigung, Abbuchungsauftrag

Ich habe British Telecom eine Einzugsermächtigung für meine Telefonrechnungen erteilt.

originator n [ə'rɪdʒɪneɪtə]

As the originator, the electricity company will debit your account quarterly.

Einzugsberechtigte(r)

Als Einzugsberechtigte wird die Elektrizitätsgesellschaft Ihr Konto vierteljährlich belasten.

overdraw v [ˌəʊvə'drɔː]

You have to pay interest when you overdraw your account.

überziehen

Sie müssen Zinsen bezahlen, wenn Sie Ihr Konto überziehen.

overdraft n ['əʊvədrɑːft]

Many students in Britain have large overdrafts.

Überziehungskredit, Überziehung

Viele britische Studenten haben hohe Überziehungskredite.

overdraft facility n [ˌəʊvədrɑːft fə'sɪləti]

In Britain you need to apply at the bank for an overdraft facility.

Überziehungskredit, Dispositionskredit

In Großbritannien müssen Sie einen Überziehungskredit bei Ihrer Bank beantragen.

remit v [rɪ'mɪt]

You can, of course, remit the invoiced amount.

➲ transfer

überweisen

Natürlich können Sie den Rechnungsbetrag überweisen.

remittance n [rɪ'mɪtns]

Of course, you can pay the invoice by remittance.

➲ bank transfer, credit transfer

Überweisung

Natürlich können Sie die Rechnung per Überweisung begleichen.

transfer v [træns'fɜː]

In Britain you can easily transfer an amount to an account with another bank.

➲ remit

überweisen

In Großbritannien können Sie leicht einen Betrag auf ein Konto bei einer anderen Bank überweisen.

wire transfer n ['waɪə 'trænsfɜː]

In emergencies you can even obtain money by wire transfer.

➲ cable transfer, telegraphic transfer

telegrafische Überweisung

In dringenden Fällen können Sie sogar Geld per telegrafischer Anweisung erhalten.

standing order n ['stændɪŋ 'ɔːdə]

You should pay your rent by standing order.

Dauerauftrag

Sie sollten die Miete per Dauerauftrag zahlen.

withdraw v [wɪð'drɔː]

I would like to withdraw £500, please.

abheben

Ich möchte gerne 500 Pfund abheben.

withdrawal n [wɪð'drɔːəl]

Of course, withdrawals mustn't exceed the amount in your account.

Abhebung

Natürlich dürfen die abgehobenen Beträge nicht höher sein als der Betrag auf Ihrem Konto.

annual percentage rate n [ˌænjuəl pə'sentɪdʒ reɪt] APR [ˌeɪ piː 'ɑː]

The APR for consumer loans can well be 16%.

effektiver Jahreszins (einschließlich Bankspesen)

Der effektive Jahreszins für Verbraucherkredite kann durchaus 16% betragen.

automated cash withdrawal n [ˌɔːtəmeɪtɪd 'kæʃ wɪðdrɔːəl]

For automated cash withdrawals you need a cheque card and a PIN number.

Barabhebung am Geldautomaten

Für Barabhebungen am Geldautomaten braucht man eine Scheckkarte und eine persönliche Geheimnummer.

automated teller machine n [ˌɔːtəmeɪtɪd 'telə məʃiːn] ATM [ˌeɪ tiː 'em]

Geldautomat

ATMs have mushroomed all over the country.
➲ autoteller, cash dispenser, cash machine

Geldautomaten sind im ganzen Land wie Pilze aus der Erde geschossen.

autoteller n ['ɔ:təʊtelə]

Geldautomat

You can use the autoteller for cash withdrawals and statements.
➲ automated teller machine, cash dispenser, cash machine

Sie können am Geldautomaten Geld abheben oder Kontoauszüge bekommen.

cash dispenser n ['kæʃ dɪspensə]

Geldautomat

Cash dispensers are particularly useful for foreign tourists with a Eurocheque card and a PIN number.
➲ automated teller machine, autoteller, cash machine

Geldautomaten sind besonders nützlich für ausländische Touristen mit Euroscheckkarte und einer persönlichen Geheimnummer.

cash machine n ['kæʃ məʃi:n]

Geldautomat

If you want to withdraw money outside banking hours you can use a cash machine.
➲ automated teller machine, autoteller, cash dispenser

Wenn Sie außerhalb der Banköffnungszeiten Geld abheben möchten, können Sie einen Geldautomaten benutzen.

cash card n ['kæʃkɑ:d]

Geldautomatenkarte

If you want to use one of our cash machines you need a cash card.

Wenn Sie einen unserer Geldautomaten benutzen wollen, benötigen Sie eine Geldautomatenkarte.

PIN n ['pɪn] personal identification number [ˌpɜ:sənl aiˌdentɪfɪ'keɪʃn nʌmbə]

persönliche Geheimnummer

When you are given your cheque card, you will also be informed of your PIN number.

Bei Erhalt Ihrer Scheckkarte wird Ihnen auch Ihre Geheimnummer mitgeteilt.

eurocheque n ['jʊərəʊtʃek]

Euroscheck

Eurocheques are issued by European banks and can be cashed at any bank which displays the Eurocheque sign.

Euroschecks werden von europäischen Banken ausgegeben und können bei jeder Bank mit dem Euroscheckzeichen eingelöst werden.

Credit

credit n ['kredɪt]

Kredit, Darlehen

The bank refused the company further credit.

Die Bank verweigerte der Firma einen weiteren Kredit.

credit line n ['kredɪt ˌlaɪn]

Kreditrahmen, Dispositionskredit, Überziehungskredit

We are prepared to grant your company a credit line of £100,000.
➲ lending ceiling

Wir sind bereit, Ihrer Gesellschaft einen Kreditrahmen von 100.000 Pfund zu gewähren.

loan n [ləʊn]

The chief function of banks is to grant loans.

➲ credit

Kredit, Darlehen

Die Vergabe von Darlehen ist die Hauptaufgabe von Banken.

loan shark n ['ləʊn ʃɑːk]

Loan sharks offer credit at high rates of interest.

Kredithai

Kredithaie bieten Darlehen zu hohen Zinssätzen an.

lending institution n ['lendɪŋ ɪnstɪtjuːʃn]

Thrifts and credit unions are lending institutions.

➲ credit institution

Kreditinstitut

Sparkassen und Verbandsbanken sind Kreditinstitute.

lending n ['lendɪŋ]

Lending is the main source of revenue of all British banks.

Kreditgewährung, Darlehensgewährung

Die Kreditgewährung ist die Haupteinnahmequelle aller britischen Banken.

lending activity n ['lendɪŋ æktɪvəti]

Our bank has made an enormous profit through its lending activity.

Kreditgeschäft

Unsere Bank hat durch ihre Kreditgeschäfte enorme Gewinne gemacht.

lending ceiling n ['lendɪŋ siːlɪŋ]

We've just been granted a generous lending ceiling by our bank.

➲ credit line

Kreditrahmen, Kreditlinie

Unsere Bank hat uns gerade einen großzügigen Kreditrahmen eingeräumt.

principal n ['prɪnsəpl]

Servicing one's debts means paying interest and repaying the principal.

Kreditsumme, Darlehensbetrag

Der Schuldendienst beinhaltet die Zahlung der Zinsen und die Tilgung der Kreditsumme.

borrow v ['bɒrəʊ]

Borrowing money can be very expensive.

(sich Geld) leihen, Kredit aufnehmen

Sich Geld zu leihen kann sehr teuer sein.

borrower n ['bɒrəʊə]

Big borrowers usually have to pay a surcharge.

Kreditnehmer(in), Darlehensnehmer(in)

Darlehensnehmer mit Großkrediten müssen meistens einen Zuschlag entrichten.

borrowing n ['bɒrəʊɪŋ]

Public sector borrowing is a major problem in most industrialized nations.

Kreditaufnahme, Darlehensverbindlichkeiten

In den meisten Industrieländern ist die Kreditaufnahme der öffentlichen Hand ein großes Problem.

consumer loan n [kən'sjuːmə ləʊn]

High discount rates mean expensive consumer loans.

Kundenkredit

Hohe Diskontsätze bedeuten teure Kundenkredite.

bridging loan n ['brɪdʒɪŋ ləʊn]

A bridging loan can tide you over a difficult situation.

Überbrückungskredit

Ein Überbrückungskredit kann Ihnen über eine schwierige Situation hinweghelfen.

short-term loan n ['ʃɔːttɜːm ləʊn]

We're prepared to grant you a short-term loan for six months.

kurzfristiger Kredit, kurzfristiges Darlehen

Wir sind bereit, Ihnen einen kurzfristigen Kredit für sechs Monate zu gewähren.

long-term loan n ['lɒŋtɜːm ləʊn]

If you can offer sufficient security, we'll grant you a long-term loan.

langfristiger Kredit, langfristiges Darlehen

Wenn Sie uns hinreichende Sicherheiten bieten, gewähren wir Ihnen einen langfristigen Kredit.

soft loan n ['sɒft ləʊn]

Banks usually grant their employees soft loans.

zinsgünstiges Darlehen, zinsgünstiger Kredit

Banken gewähren ihren Mitarbeitern gewöhnlich zinsgünstige Darlehen.

personal loan n ['pɜːsənl ləʊn]

A personal loan may help you to buy a new kitchen.

Kleinkredit

Ein Kleinkredit kann Ihnen beim Kauf einer neuen Küche helfen.

home loan n US ['həʊm ləʊn]

Without a home loan it is difficult to buy a house or an apartment.

➲ mortgage

Hypothek, Eigenheimdarlehen

Ohne eine Hypothek ist es schwierig ein Haus oder eine Wohnung zu kaufen.

mortgage n GB ['mɔːgɪdʒ]

We'll have to take out a mortgage for our new house.

➲ home loan

Hypothek

Wir werden für unser neues Haus eine Hypothek aufnehmen müssen.

pay back v [ˌpeɪ 'bæk]

Unfortunately, we didn't manage to pay back the credit within the stipulated period.

➲ repay

tilgen, zurückzahlen

Leider ist es uns nicht gelungen, den Kredit innerhalb der festgesetzten Zeit zu tilgen.

repay v [rɪ'peɪ]

We undertake to repay the credit within eighteen months.

➲ pay back

tilgen, zurückzahlen

Wir verpflichten uns, den Kredit innerhalb von achtzehn Monaten zu tilgen.

housing finance n ['haʊzɪŋ faɪnæns]

Housing finance is offered by banks and building societies.

Wohnungsbaufinanzierung

Wohnungsbaufinanzierung wird von Banken und Bausparkassen angeboten.

industrial finance n [ɪn'dʌstriəl 'faɪnæns]

Industrial finance is usually provided by merchant banks.

Unternehmensfinanzierung

Unternehmensfinanzierung wird gewöhnlich von Handelsbanken bereitgestellt.

collateral n [kə'lætərəl]

Banks will only grant loans if you can furnish some collateral or other.

➲ security

Sicherheit

Banken gewähren nur Darlehen, wenn Sie Sicherheiten in irgendeiner Form bieten können.

security n [sɪ'kjʊərəti]

Any bank will ask what kind of security you can offer before granting a loan.

➲ collateral

Sicherheit

Jede Bank wird Sie fragen, welche Art von Sicherheit Sie bieten können, bevor Sie Ihnen einen Kredit gewährt.

real estate n ['rɪəl ɪˌsteɪt]

Real estate is the most welcome form of security.

➲ realty

Immobilien

Immobilien sind die willkommenste Form von Sicherheit.

realty n US ['riːəlti]

Getting a loan was no problem, as we had some realty to serve as collateral.

➲ real estate

Immobilien

Die Beschaffung eines Darlehens war unproblematisch, weil wir Immobilien als Sicherheit anbieten konnten.

base rate n GB ['beɪs reɪt]

Barclays reduced its base rate by 1 per cent to encourage investors to take up loans.

Leitzins, Basiszins

Barclays hat seinen Leitzins um ein Prozent gesenkt, um Investoren zur Aufnahme von Krediten zu ermuntern.

base lending rate n GB ['beɪs lendɪŋ reɪt]

Any reduction in base lending rates is bound to stimulate growth.

Basisausleihsatz (unter Banken)

Jede Senkung des Basisausleihsatzes ist mit Sicherheit wachstumsfördernd.

base rate n US ['beɪs reɪt]

The base rate is so low at present that it is a good time for individuals and companies to start borrowing.

Kreditzins für erste Adressen

Der Kreditzins für erste Adressen ist momentan so niedrig, dass es für Privatpersonen und Unternehmen eine günstige Zeit ist, Kredite aufzunehmen.

bank rate n GB ['bæŋk reɪt]

In order to fight inflation the Bank of England raised the bank rate to 8 per cent.

➲ discount rate, minimum lending rate

Diskontsatz, Bankrate

Die Bank von England hob den Diskontsatz auf 8 Prozent an, um die Inflation zu bekämpfen.

discount rate n US ['dɪskaʊnt reɪt]

The Federal Reserve Bank is going to reduce the discount rate by 0.5 per cent.

➲ bank rate, minimum lending rate

Diskontsatz, Bankrate

Die amerikanische Zentralbank beabsichtigt, den Diskontsatz um 0,5 Prozent zu senken.

minimum lending rate n GB [ˌmɪnɪməm 'lendɪŋ reɪt] MLR [ˌem el 'ɑː]

The minimum lending rate of the Bank of England often influences the country's money supply.

➲ bank rate, discount rate

Mindestdiskontsatz

Der Mindestdiskontsatz der Bank von England beeinflusst oftmals die Geldmenge des Landes.

discount rate n GB ['dɪskaʊnt reɪt]

The discount rate is charged for buying bills of exchange in advance of maturity.

Diskontsatz

Der Diskontsatz wird beim Ankauf von Wechseln vor Fälligkeit erhoben.

Main street high-banks in the UK (1995)

National Westminster	2,545 branches
Barclay's	2,119 branches
Lloyds	1,860 branches
Midland	1,713 branches
Trustee Savings Bank	1,321 branches
The Royal Bank of Scotland	752 branches
Abbey National	686 branches
Bank of Scotland	455 branches

NatWest

BARCLAYS

MIDLAND
The Listening Bank

TSB

The Royal Bank of Scotland

ABBEY NATIONAL®

Types of bank

bank n ['bæŋk]

A bank is an institution which holds other people's money in safe keeping and lends money at interest.

Bank

Eine Bank ist eine Institution, die das Geld anderer Leute verwahrt und Geld mit Zinsaufschlag verleiht.

Bank of England n GB [ˌbæŋk əv 'ɪŋglənd]

The Bank of England was founded in 1692 to administer the national debt. It is responsible to the Chancellor of the Exchequer.

Bank von England

Die Bank von England wurde 1692 gegründet, um die Staatsschulden zu verwalten. Sie ist dem Schatzkanzler gegenüber rechenschaftspflichtig.

central bank n ['sentrəl bæŋk]

The Bank of England and the Federal Reserve are the respective central banks of the UK and the USA.

Zentralbank

Die Bank von England und die Federal Reserve sind die jeweiligen Zentralbanken des Vereinigten Königreichs und der Vereinigten Staaten.

high-street bank n GB ['haɪ striːt bæŋk]

Barclays Bank and the National Westminster Bank are two of Great Britain's most important high-street banks.

Geschäftsbank

Barclays Bank und die National Westminster Bank sind zwei von Großbritanniens bedeutendsten Geschäftsbanken.

commercial bank n [kəˌmɜːʃl 'bæŋk]

Commercial banks are profit-oriented credit institutions.

Geschäftsbank

Geschäftsbanken sind gewinnorientierte Kreditinstitute.

merchant bank n ['mɜːtʃənt ˌbæŋk]

Since we are a merchant bank, we have hardly any private customers.

Handelsbank, Bank für Geschäftskunden

Da wir eine Handelsbank sind, haben wir kaum Privatkunden.

lending institution n ['lendɪŋ ˌɪnstɪtjuːʃn]

Lending institutions are prepared to lend money on interest.

➲ credit institution

Kreditinstitut

Kreditinstitute sind bereit, gegen Zinsen Geld zu verleihen.

credit institution n ['kredɪt ɪnstɪˌtjuːʃn]

Banks and building societies are credit institutions.

➲ lending institution

Kreditinstitut

Banken und Bausparkassen sind Kreditinstitute.

savings bank n ['seɪvɪŋz bæŋk]

Savings banks, banks and building societies are credit-granting institutions.

Sparkasse

Sparkassen, Banken und Bausparkassen sind Kredit gewährende Institute.

savings and loan association n US [ˌseɪvɪŋz ənd 'ləʊn əsəʊsieɪʃn]
S&L [ˌes ənd 'el]

An S&L is a mutual institution.

➲ thrift

Spar- und Darlehenskasse, Bausparkasse

Eine Spar- und Darlehenskasse ist ein Finanzinstitut auf Gegenseitigkeit.

building society n ['bɪldɪŋ səˌsaɪəti]

Building societies offer their customers mortgages.

Bausparkasse

Bausparkassen bieten ihren Kunden Hypotheken an.

thrift n US [θrɪft]

A thrift provides home loans.

➲ S&L, savings and loan association

Bausparkasse, Sparkasse

Eine Bausparkasse stellt Hypotheken bereit.

National Giro n GB [ˌnæʃnəl 'dʒaɪrəʊ]

The National Giro system is operated by the Post Office.

Postscheckdienst, Postgirosystem

Die Post ist der Betreiber des Postscheckdienstes.

clearing bank n ['klɪərɪŋ bæŋk]

Clearing banks exchange cheques and bills from other clearing banks.

➲ clearer

Girobank, Clearingbank, Verrechnungsbank

Girobanken verrechnen Schecks und Wechsel anderer Girobanken.

clearer n ['klɪərə]

The NatWest is one of Britain's biggest clearers.

➲ clearing bank

Girobank, Clearingbank, Verrechnungsbank

Die NatWest ist eine der größten Girobanken Großbritanniens.

credit union n US ['kredɪt juːniən]

Credit unions are only open to members of an association or labor union.

Verbandsbank, Kreditgenossenschaft

Verbandsbanken stehen nur Mitgliedern eines Verbandes oder einer Gewerkschaft zur Verfügung.

acceptance bank n US [ək'septəns bæŋk]

An acceptance bank is usually prepared to buy bills of exchange against a fee.

➲ acceptance house, acccpting house

Akzeptbank

Eine Akzeptbank ist normalerweise bereit, Wechsel gegen eine Gebühr aufzukaufen.

acceptance house n US [ək'septəns haʊs]

The payee had his B/E discounted with an acceptance house.

➲ acceptance bank, accepting house

Akzeptbank

Der Trassant ließ seinen Wechsel von einer Akzeptbank diskontieren.

accepting house n GB [ək'septɪŋ haʊs]

In Britain, most merchant banks are members of the accepting houses committee.

➲ acceptance bank, acceptance house

Akzeptbank

In Großbritannien sind die meisten Banken Mitglieder des Akzeptbanken-Ausschusses.

discount house n GB ['dɪskaʊnt haʊs]

Discount houses discount bills of exchange presented to them by accepting houses.

Diskontbank

Diskontbanken diskontieren Wechsel, die ihnen von Akzeptbanken vorgelegt werden.

issuing house n ['ɪʃuːɪŋ haʊs]

Issuing houses help companies issue new shares.

➲ investment bank

Emissionsbank, Emissionshaus

Emissionsbanken unterstützen Aktiengesellschaften bei der Ausgabe neuer Aktien.

investment bank n [ɪn'vestmənt bæŋk]

Investment banks buy the issue of new stocks or bonds in order to offer them to the public in small lots.

➲ issuing house

Emissionsbank

Emissionsbanken kaufen die gesamte Emission einer Aktie oder Schuldverschreibung, um sie dann der Öffentlichkeit in kleinen Stückelungen anzubieten.

Federal Reserve System n [ˌfedərəl ri'zɜːv sɪstəm]

The Federal Reserve System is independent of the Treasury Secretary.

Zentralbanksystem der USA

Das amerikanische Zentralbanksystem ist vom Finanzminister unabhängig.

Federal Reserve Bank n US [ˌfedərəl ri'zɜːv bæŋk] Fed [fed]

The 12 local Federal Reserve Banks form the Federal Reserve System. The latter is controlled by the Federal Reserve Board.

Zweigstelle der Zentralbank der USA

Die zwölf Zweigstellen der amerikanischen Zentralbank bilden das Zentralbanksystem, welches durch den Zentralbankausschuss kontrolliert wird.

state bank n US ['steɪt bæŋk]

The majority of US banks are state banks.

einzelstaatlich konzessionierte Bank

Die Mehrzahl der amerikanischen Banken ist nur für einen Bundesstaat konzessioniert.

MODES OF PAYMENT

Bill of exchange

bill of exchange n [ˌbɪl əv ɪks'tʃeɪndʒ]
B/E, b/e, b.e. [ˌbiː 'iː]

Wechsel

Many international transactions used to be paid by bill of exchange.

Viele internationale Transaktionen wurden früher per Wechsel bezahlt.

draft n [drɑːft]

Tratte, gezogener Wechsel

We enclose a draft to the amount of £15,000, which we would ask you to accept and return.

Wir legen eine Tratte in Höhe von 15.000 Pfund bei und bitten Sie, diese zu akzeptieren und zurückzusenden.

accommodation bill n [əˌkɒmə'deɪʃn bɪl]

Gefälligkeitswechsel

As a rule, only long-standing business partners are prepared to sign an accommodation bill.

In der Regel sind nur langjährige Geschäftspartner bereit, einen Gefälligkeitswechsel zu unterzeichnen.

advance bill n [əd'vɑːns bɪl]

Vorschusswechsel, vor Lieferung ausgestellte Tratte

An advance bill is drawn before delivery of the goods ordered.

Ein Vorschusswechsel wird vor Lieferung der bestellten Waren gezogen.

backed bill n [ˌbækt 'bɪl]

avalierter Wechsel

A backed bill is, for example, endorsed by the bank of the drawee.

Ein avalierter Wechsel wird z.B. von der Bank des Bezogenen gedeckt.

bank bill n GB ['bæŋk bɪl]

Bankakzept, Bankwechsel

A bank bill makes the payer's bank responsible for payment.
➲ bank acceptance

Ein Bankakzept macht die Bank des Zahlungspflichtigen für die Zahlung verantwortlich.

bank acceptance n ['bæŋk əkseptəns]
BA [ˌbiː 'eɪː]

Bankakzept, Bankwechsel

A bank acceptance is a fairly safe mode of payment.
➲ bank bill

Ein Bankakzept ist eine ziemlich sichere Zahlungsmethode.

bank draft n ['bæŋk drɑːft]

Bankwechsel, Banktratte, Bankscheck

A bank draft is drawn on the payer's bank.
➲ bank cheque, bank check, banker's cheque, banker's draft, cashier's check

Ein Bankwechsel wird auf die Bank des Zahlungspflichtigen gezogen.

banker's draft n ['bæŋkəz drɑːft]

Bankwechsel, Banktratte, Bankscheck

Banker's drafts are often issued in the same denominations as banknotes.
➲ bank check, bank cheque, banker's cheque, bank draft, cashier's check

Bankwechsel werden oft in derselben Stückelung ausgegeben wie Banknoten.

commercial bill n [kə'mɜːʃl bɪl]

A commercial bill is used to pay for goods.

Handelswechsel, Warenwechsel

Ein Handelswechsel wird zur Bezahlung von Waren benutzt.

documentary bill n [ˌdɒkju'mentri bɪl]

The documentary bill is attached to the shipping documents.

Dokumententratte

Die Dokumententratte ist den Versandpapieren beigefügt.

domestic bill n [də'mestɪk bɪl]

Since both drawer and drawee live in the same country they use a domestic bill.

➲ inland bill

Inlandswechsel

Da der Trassant und der Trassat im selben Land wohnen, benutzen sie einen Inlandswechsel.

inland bill n GB ['ɪnlənd bɪl]

Since both the drawer and the drawee live in Britain they are using an inland bill.

➲ domestic bill

Inlandswechsel

Da der Trassant und der Trassat in Großbritannien wohnen, benutzen sie einen Inlandswechsel.

domiciled bill n ['dɒmɪsaɪld bɪl]

This domiciled bill is to be paid in London.

Domizilwechsel

Dieser Domizilwechsel muss in London bezahlt werden.

foreign bill n ['fɒrən bɪl]

The term "foreign bill" indicates that one of the two partners involved in a bill of exchange transaction lives abroad.

Fremdwährungswechsel, Auslandswechsel

Der Ausdruck „Fremdwährungswechsel" weist darauf hin, dass einer der an dem Wechselgeschäft Beteiligten im Ausland wohnt.

prime bill n ['praɪm bɪl]

A bill accepted by an accepting house is certainly a prime bill.

erstklassiger Wechsel

Ein von einer Akzeptbank akzeptierter Wechsel ist sicher ein erstklassiger Wechsel.

short bill n ['ʃɔːt bɪl]

A short bill must be paid after ten days at the latest.

kurzfristiger Wechsel

Ein kurzfristiger Wechsel muss spätestens nach zehn Tagen gezahlt werden.

sight bill n ['saɪt bɪl]

A sight bill must be paid whenever it is presented.

Sichtwechsel

Ein Sichtwechsel muss bei Vorlage gezahlt werden.

at sight adv [ət 'saɪt]

A sight bill is to be paid at sight.

bei Vorlage, bei Sicht

Ein Sichtwechsel muss bei Vorlage gezahlt werden.

sight draft n ['saɪt drɑːft]

A sight draft may – after acceptance – be cashed immediately.

Sichttratte (vor Akzept)

Eine Sichttratte kann nach Akzept sofort eingelöst werden.

discount a bill of exchange v [dɪs'kaʊnt ə ˌbɪl əv ɪks'tʃeɪndʒ]
discount a B/E [dɪs'kaʊnt ə ˌbiː 'iː]

The exporter had the B/E discounted by his bank.

einen Wechsel diskontieren

Der Exporteur ließ den Wechsel bei seiner Bank diskontieren.

accept v [ək'sept] — **mit Akzept versehen, annehmen**

Please, return the accepted draft within three days.

Bitte senden Sie uns die mit dem Akzept versehene Tratte innerhalb von drei Tagen zurück.

acceptance n [ək'septəns] — **Akzept**

Once a draft is signed by the acceptor it is called an acceptance.

Nach der Unterschrift durch den Wechselnehmer heißt eine Tratte Akzept.

accommodation acceptance n [əˌkɒmə'deɪʃn əkseptəns] — **Gefälligkeitsakzept**

I've signed the accommodation acceptance because I want to do you a favour.

Ich habe das Gefälligkeitsakzept unterzeichnet, weil ich dir einen Gefallen tun möchte.

clean acceptance n [kliːn ək'septəns] — **uneingeschränktes Akzept, reines Akzept**

We beg to inform you that we must insist on a clean acceptance.

➲ general acceptance

Wir erlauben uns darauf hinzuweisen, dass wir auf einem uneingeschränkten Akzept bestehen müssen.

general acceptance n [ˌdʒenrəl ək'septəns] — **uneingeschränktes Akzept, reines Akzept**

As a matter of principle, payment can only be effected by a general acceptance.

➲ clean acceptance

Grundsätzlich können Zahlungen nur vermittels eines uneingeschränkten Akzepts erfolgen.

collateral acceptance n [kə'lætərəl əkseptəns] — **Avalakzept**

I lodged my customer's bill of exchange with my bank as collateral acceptance.

Ich habe den Wechsel meines Kunden als Avalakzept bei meiner Bank hinterlegt.

in default of acceptance adv [ɪn dɪˌfɔːlt əv ək'septəns] — **mangels Akzept**

In default of your acceptance your order No. 123 has not yet been executed.

Mangels Akzept ist Ihr Auftrag Nr. 123 noch nicht ausgeführt worden.

partial acceptance n [ˌpɑːʃl ək'septəns] — **Teilakzept, teilweise Annahme**

In the case of partial acceptance at least one other person is also responsible for eventual payment.

Im Fall eines Teilakzepts ist mindestens eine andere Person für die letztendliche Zahlung mitverantwortlich.

present a bill for acceptance v [prɪˌzent ə bɪl fər ək'septəns] — **einen Wechsel zum Akzept vorlegen**

We shall present our bill for acceptance tomorrow.

Wir werden morgen unseren Wechsel zum Akzept vorlegen.

procure acceptance v [prəˌkjʊər ək'septəns] — **Akzept einholen**

We procured acceptance for our bill yesterday.

Wir haben gestern das Akzept für unseren Wechsel eingeholt.

qualified acceptance n [ˌkwɒlɪfaɪd ək'septəns] — **eingeschränktes Akzept, bedingtes Akzept**

The qualified acceptance stipulated London as the place of payment.

Das eingeschränkte Akzept sah Zahlung in London vor.

uncovered acceptance n [ˌʌnkʌvəd əkˈseptəns]

ungedecktes Akzept

Since this is an uncovered acceptance, there is some risk of its being returned unpaid.

Da es sich um ein ungedecktes Akzept handelt, besteht eine gewisse Gefahr, dass es nicht eingelöst wird.

non-acceptance n [ˌnɒn əkˈseptəns]

Nichtannahme, Annahmeverweigerung, Akzeptverweigerung

Non-acceptance renders the contract nul and void.

Nichtannahme macht den Vertrag null und nichtig.

acceptor n [əkˈseptə]

Wechselnehmer, Akzeptant

Once a draft is signed by the acceptor it is called an acceptance.

Nach der Unterschrift durch den Wechselnehmer heißt eine Tratte Akzept.

acceptor for honour n [əkˌseptə fər ˈɒnə]

Ehrenakzeptant

The acceptor for honour accepts a dishonoured bill to preserve the debtor's honour.

➲ acceptor supra protest

Der Ehrenakzeptant nimmt einen nicht bezahlten Wechsel an, um den guten Ruf des Schuldners zu wahren.

acceptor supra protest n [əkˌseptə suːprə ˈprəʊtest]

Ehrenakzeptant

Since we have always had an excellent business relationship we are prepared to act as acceptor supra protest for you on this occasion.

➲ acceptor for honour

Da wir seit je hervorragende Geschäftsverbindungen mit Ihnen haben, sind wir bereit, in dieser Sache Ihr Ehrenakzeptant zu sein.

acceptance credit n [əkˈseptəns ˌkredɪt]

Akzeptkredit

On presentation of the acceptance the exporter was granted an acceptance credit by his bank.

Bei Vorlage des Akzepts erhielt der Exporteur einen Akzeptkredit von seiner Bank.

promissory note n [ˈprɒmɪsəri ˌnəʊt]
P/N [ˌpiː ˈen]

Eigenwechsel, Solawechsel, Schuldschein

If you draw a bill on yourself you make out a promissory note.

Wenn man einen Wechsel auf sich selbst zieht, stellt man einen Eigenwechsel aus.

bearer n [ˈbeərə]

Inhaber(in), Überbringer(in)

On maturity an acceptance is payable to bearer.

Bei Fälligkeit muss ein Akzept an den Inhaber gezahlt werden.

draw v [drɔː]

ausstellen, ziehen, trassieren

The shipper drew a bill on the consignee.

Der Spediteur stellte einen Wechsel auf den Warenempfänger aus.

drawee n [drɔːˈiː]

Trassat, Bezogene(r)

The drawee of a bill of exchange is the payer.

Der Trassat eines Wechsels ist der Zahlungspflichtige.

drawer n [drɔːə]

Trassant, Aussteller(in), Zeichner(in)

The drawer of a bill of exchange is the payee.

Der Trassant eines Wechsels ist der Zahlungsempfänger.

endorsement n [ɪn'dɔːsmənt]

The bill is payable to the person stipulated in the last endorsement.
➲ indorsement

Indossament, Giro

Der Wechsel ist an die im letzten Indossament genannte Person zahlbar.

accommodation endorsement n [əˌkɒmə'deɪʃn ɪn'dɔːsmənt]

I've assumed responsibility for the swift payment of your B/E by an accommodation endorsement on the back.

Gefälligkeitsindossament

Ich habe die Verantwortung für die schnelle Bezahlung Ihres Wechsels durch ein Gefälligkeitsindossament auf der Rückseite übernommen.

endorsee n [ɪndɔː'siː]

The bill is payable to the last endorsee.
➲ indorsee

Indossat(ar), Girat(ar)

Der Wechsel ist zahlbar an den letzten Indossatar.

endorser n [ɪn'dɔːsə]

The last endorser will ultimately have to honour the bill.

Indossant, Girant

Der letzte Indossant muss schließlich den Wechsel zahlen.

indorsement n [ɪn'dɔːsmənt]

We would ask you to make your indorsement within two days and send the bill back to us.
➲ endorsement

Indossament, Giro

Wir bitten Sie, das Indossament innerhalb von zwei Tagen vorzunehmen und uns den Wechsel zurückzusenden.

indorsee n [ɪndɔː'siː]

The bill is payable to the last indorsee.
➲ endorsee

Indossat(ar), Girat(ar)

Der Wechsel ist zahlbar an den letzten Indossatar.

indorser n [ɪn'dɔːsə]

Payment will eventually have to be effected by the indorser.
➲ endorser

Indossant, Girant

Die Zahlung wird schließlich vom Indossanten vorgenommen werden müssen.

bounce v [baʊns]

You'd better ask him to pay cash, his cheques always bounce.
➲ be returned unpaid

platzen, nicht eingelöst werden

Bitte ihn besser um Barzahlung, weil seine Schecks immer platzen.

be returned unpaid v [bi rɪˌtɜːnd ˌʌn'peɪd]

Since this is an uncovered acceptance there is some risk of it being returned unpaid.
➲ bounce

nicht eingelöst werden, platzen

Da es sich um ein ungedecktes Akzept handelt, besteht eine gewisse Gefahr, dass es nicht eingelöst wird.

dishonour v [dɪs'ɒnə]

If you dishonour a bill of exchange, you risk being taken to court.

nicht bezahlen, nicht einlösen

Wenn Sie einen Wechsel nicht bezahlen, riskieren Sie einen Prozess.

letter of credit n [ˌletər əv ˈkredɪt] L/C [ˌel ˈsiː]

Akkreditiv, Kreditbrief

The financial risks of an L/C transaction are borne by the two banks involved.
➲ commercial letter of credit

Die finanziellen Risiken eines Akkreditivgeschäfts werden von den zwei beteiligten Banken getragen.

circular letter of credit n [ˌsɜːkjələ ˌletər əv ˈkredɪt] circular L/C [ˌsɜːkjələ ˌel ˈsiː]

Zirkularkreditbrief, Reisekreditbrief

The circular L/C is addressed to all branches of the confirming bank.

Der Zirkularkreditbrief ist an alle Filialen der bestätigenden Bank gerichtet.

commercial letter of credit n [kəˌmɜːʃl ˌletər əv ˈkredɪt] commercial L/C [kəˌmɜːʃl ˌel ˈsiː]

Akkreditiv, Kreditbrief

The commercial letter of credit is a widely used means of payment in foreign trade.
➲ letter of credit

Das Akkreditiv ist eine im Außenhandel häufig genutzte Zahlungsmethode.

direct letter of credit n [dəˌrekt ˌletər əv ˈkredɪt] direct L/C [dəˌrekt ˌel ˈsiː]

Akkreditiv an eine bestimmte Bank

The issuing bank used a direct L/C by addressing the opening advice to one particular branch of the exporter's bank.

Die das Akkreditiv eröffnende Bank adressierte die Mitteilung über die Eröffnung an eine bestimmte Filiale der Bank des Exporteurs.

documentary letter of credit n [dɒkjuˌmentri ˌletər əv ˈkredɪt] documentary L/C [dɒkjuˌmentri ˌel ˈsiː]

Dokumentenakkreditiv

The documentary L/C is accompanied by a number of stipulated documents.

Das Dokumentenakkreditiv wird von einer Anzahl festgelegter Dokumente begleitet.

irrevocable letter of credit n [ɪˌrevəkəbl ˌletər əv ˈkredɪt] irrevocable L/C [ɪˌrevəkəbl ˌel ˈsiː]

unwiderrrufliches Akkreditiv, unwiderruflicher Kreditbrief

An irrevocable L/C is a very safe means of payment in foreign trade.

Ein unwiderrufliches Akkreditiv ist eine sehr sichere Zahlungsmethode im Außenhandel.

negotiable letter of credit n [nɪˌɡəʊʃiəbl ˌletər əv ˈkredɪt] negotiable L/C [nɪˌɡəʊʃiəbl ˌel ˈsiː]

begebbares Akkreditiv, übertragbares Akkreditiv

A negotiable L/C may be given to somebody other than the seller.

Ein begebbares Akkreditiv kann jemand anderem als dem Verkäufer übertragen werden.

unconfirmed letter of credit n [ˌʌnkənfɜːmd ˌletər əv ˈkredɪt] unconfirmed L/C [ˌʌnkəfɜːmd ˌel ˈsiː]

unbestätigtes Akkreditiv

An unconfirmed L/C does not guarantee payment.

Ein unbestätigtes Akkreditiv garantiert nicht die Zahlung.

cancel a letter of credit v
['kænsl ˌə letər əv 'kredɪt]
cancel an L/C ['kænsl ən ˌel 'siː]

ein Akkreditiv annullieren

Irrevocable L/Cs cannot be cancelled.

Unwiderrufliche Akkreditive können nicht annulliert werden.

confirm a letter of credit v
[kən'fɜːm ə ˌletər əv 'kredɪt]
confirm an L/C [kən'fɜːm ən ˌel 'siː]

ein Akkreditiv bestätigen

Only confirmed L/Cs give exporters maximum security.

Nur ein bestätigtes Akkreditiv gibt dem Exporteur größte Sicherheit.

draw a letter of credit v
[drɔː ə ˌletər əv 'kredɪt]
draw an L/C [drɔː ən ˌel 'siː]

ein Akkreditiv in Anspruch nehmen

With regard to our order No 246 we would like to draw an L/C.

Hinsichtlich unseres Auftrags Nr. 246 würden wir gern ein Akkreditiv in Anspruch nehmen.

issue a letter of credit v
[ˌɪʃuː ə ˌletər əv 'kredɪt]
issue an L/C [ˌɪʃuː ən ˌel 'siː]

ein Akkreditiv ausfertigen, ein Akkreditiv ausstellen, ein Akkreditiv eröffnen

The L/C is issued by the buyer's bank.
➲ open a letter of credit

Das Akkreditiv wird von der Bank des Käufers ausgefertigt.

open a letter of credit v
[ˌəʊpən ə ˌletər əv 'kredɪt]
open an L/C [ˌəʊpən ən ˌel 'siː]

ein Akkreditiv ausfertigen, ein Akkreditiv ausstellen, ein Akkreditiv eröffnen

The L/C was opened yesterday by our bank.
➲ issue a letter of credit

Das Akkreditiv ist gestern von unserer Bank eröffnet worden.

revoke a letter of credit v
[rɪ'vəʊk ə ˌletər əv 'kredɪt]
revoke an L/C [rɪ'vəʊk ən ˌel 'siː]

ein Akkreditiv zurückziehen, ein Akkreditiv widerrufen

We regret to advise you that adverse circumstances force us to revoke our L/C.

Wir bedauern, Ihnen mitteilen zu müssen, dass widrige Umstände uns zwingen, das Akkreditiv zurückzuziehen.

confirming bank n [kən'fɜːmɪŋ bæŋk]

(die das Akkreditiv) bestätigende Bank

The confirming bank is the seller's bank.

Die bestätigende Bank ist die Bank des Verkäufers.

issuing bank n ['ɪʃuːɪŋ bæŋk]

(die das Akkreditiv) eröffnende Bank, (die das Akkreditiv) stellende Bank

The issuing bank is the importer's, i.e. the payer's bank.

Die das Akkreditiv eröffnende Bank ist die Bank des Importeurs, d.h. des Zahlungspflichtigen.

beneficiary n [ˌbenɪ'fɪʃəri]

Begünstigte(r), Zahlungsempfänger(in), Leistungsempfänger(in)

The confirming bank, i.e. the beneficiary's bank, effects payment against documents.

Die bestätigende Bank, d.h. die Bank des Begünstigten, leistet Zahlung gegen Dokumente.

Irrevocable documentary letter of credit (L/C)

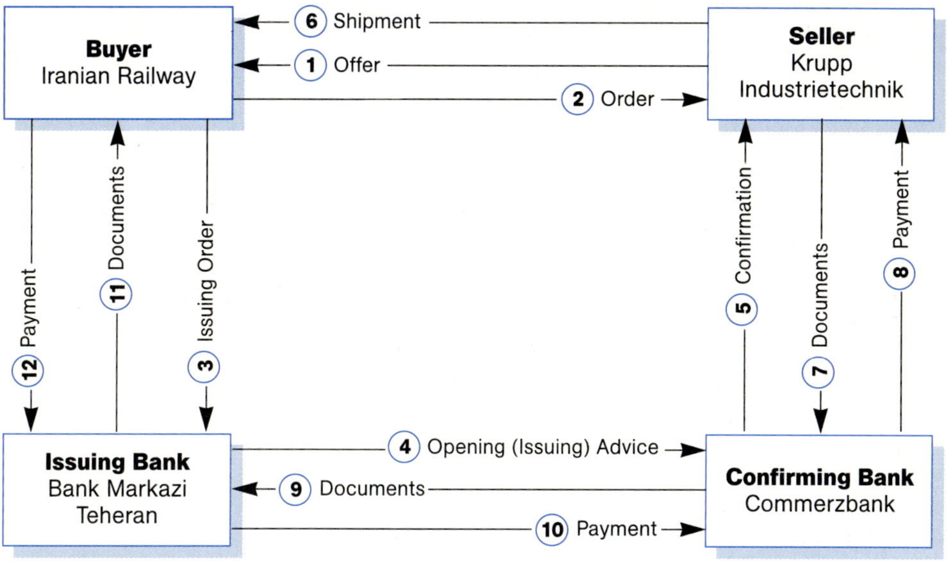

1 The buyer / applicant and seller / beneficiary enter into a contract of sale.

2 On agreement of settlement by documentary credit, the buyer places an order with the seller.

3 The buyer now requests the issuing bank to issue a documentary letter of credit in favour of the seller.

4 The documentary letter of credit is sent to a bank in the beneficiary's country.

5 The confirming / advising bank advises the beneficiary of documents and other terms and conditions.

6 The seller ships the goods and obtains the necessary documents.

7 The seller checks the documents against the contract of sale and presents them to the confirming bank.

8 The confirming bank examines the documents and pays the exporter if the documents are in compliance with the terms of the credit.

9 Once settlement has been made, the documents are forwarded to the issuing bank.

10 The confirming bank now obtains reimbursement as agreed between the banks, including charges.

11 The documents are examined by the issuing bank and forwarded to the buyer.

12 The buyer then pays in accordance with the arrangement agreed upon, i.e. the buyer's account is debited. On the strength of the documents, the importer can now secure the release of the goods from the shipping company and from customs.

advising bank n [əd'vaɪzɪŋ bæŋk]
(die das Akkreditiv) bestätigende Bank

In this Franco-Indian transaction Credit Lyonnais acted as advising bank.
Als die das Akkreditiv bestätigende Bank bei diesem französisch-indischen Geschäft fungierte Credit Lyonnais.

➲ confirming bank

Cash and cheques

cash n [kæʃ]
Barzahlung, Bargeld

Many people still prefer to pay cash.
Viele Menschen ziehen immer noch Barzahlung vor.

➲ currency, notes and coins

currency n US ['kʌrənsi]
Bargeld

Many people in the USA still pay with currency.
Viele Menschen in den USA zahlen noch bar.

➲ cash, notes and coins

notes and coins n [ˌnəʊts ən 'kɔɪnz]
Bargeld

Plastic money has replaced notes and coins to a certain extent.
Plastikgeld hat zu einem gewissen Grad Bargeld ersetzt.

➲ cash, currency

banknote n ['bæŋknəʊt]
Banknote, Geldschein

The smallest denomination of a banknote in Britain is £5.
Die kleinste Banknotenstückelung in Großbritannien ist 5 Pfund.

➲ bank bill, note

(bank) bill n US ['bæŋk bɪl]
Banknote, Geldschein

Would you like the money in bills?
Möchten Sie das Geld in Scheinen?

➲ bank note, note

note n [nəʊt]
Banknote, Geldschein

The Royal Mint prints notes and mints coins.
Die königliche Münzanstalt druckt Banknoten und prägt Münzen.

➲ bank bill, banknote

cash discount n ['kæʃ dɪskaʊnt]
Skonto, Barzahlungsrabatt

Our prices are subject to a 5% cash discount.
Bei Barzahlung gewähren wir 5% Skonto.

cash on delivery n GB [ˌkæʃ ɒn dɪ'lɪvəri]
c.o.d. [ˌsiː əʊ 'diː]
Nachnahme, Barzahlung bei Lieferung

We'll send the goods c.o.d.
Wir schicken die Waren per Nachnahme.

cash price n ['kæʃ praɪs]
Barzahlungspreis

Our prices are cash prices, i.e. we do not grant any discounts.
Unsere Preise sind Barzahlungspreise, d.h. wir gewähren keinen Rabatt.

cash with order n [ˌkæʃ wɪð 'ɔːdə]
c.w.o. [ˌsiː dʌbljuː 'əʊ]
Barzahlung bei Bestellung, Bezahlung bei Auftragserteilung

Few companies can insist on cash with order.

Nur wenige Unternehmen können auf Barzahlung bei Bestellung bestehen.

check n US [tʃek]

Scheck

I'll write you a check.
➲ cheque

Ich stell dir einen Scheck aus.

cheque n GB [tʃek]

Scheck

If you issue a cheque, you instruct the bank on which it is drawn to pay the amount to the bearer.
➲ check

Wenn man einen Scheck ausstellt, weist man die bezogene Bank an, dem Überbringer den Betrag auszuzahlen.

certified cheque n [ˌsɜːtɪfaɪd ˈtʃek]

gedeckter Scheck, bestätigter Scheck

Enclosed please find a certified cheque for £500.

Anbei finden Sie einen gedeckten Scheck über 500 Pfund.

cash a cheque v [ˈkæʃ ə tʃek]

einen Scheck einlösen

Could I cash this cheque, please?

Könnte ich bitte diesen Scheck einlösen?

cancel a cheque v [ˈkænsl ə ˌtʃek]

einen Scheck annullieren

The cheque made out for the wrong amount was cancelled.

Der falsch ausgestellte Scheck wurde annulliert.

cancelled cheque n [ˌkænsld ˈtʃek]

abgerechneter Scheck, annullierter Scheck

In Britain, cancelled cheques used to be returned to the issuer.

In Großbritannien wurden abgerechnete Schecks früher an den Aussteller zurückgeschickt.

cross a cheque v [ˈkrɒs ə ˌtʃek]

einen Scheck zur Verrechnung ausstellen

You should cross your cheques to make them safer.

Sie sollten Ihre Schecks zur Verrechnung ausstellen, um sie sicherer zu machen.

uncrossed cheque n GB [ʌnˌkrɒst ˈtʃek]

Barscheck, Inhaberscheck

An uncrossed cheque can be cashed immediately.
➲ cross-the-counter check, open cheque

Ein Barscheck kann sofort eingelöst werden.

crossed cheque n GB [ˈkrɒst tʃek]

Verrechnungsscheck

A crossed cheque can only be paid into an account.

Ein Verrechnungsscheck kann nur auf ein Konto eingezahlt werden.

endorse a cheque v [ɪnˈdɔːs ə tʃek]

einen Scheck auf der Rückseite unterzeichnen, einen Scheck indossieren, einen Scheck girieren

Would you, please, endorse the cheque?
➲ indorse a check

Würden Sie bitte den Scheck auf der Rückseite unterzeichnen?

indorse a check v US [ɪnˈdɔːs ə tʃek]

einen Scheck auf der Rückseite unterzeichnen, einen Scheck indossieren, einen Scheck girieren

We would ask you to indorse the check to Messrs Brown & Co.
➲ endorse a cheque

Wir möchten Sie bitten, den Scheck auf die Firma Brown & Co. (als Zahlungsempfänger) zu indossieren.

honour a cheque v GB [ˌɒnər ə ˈtʃek]
I'm afraid I cannot honour your cheque.

einen Scheck einlösen
Leider kann ich Ihren Scheck nicht einlösen.

endorsee n [indɔːˈsiː]
The last indorsee is the payee.
➲ indorsee

Indossat(ar), Girat(ar)
Der letzte Indossatar ist der Zahlungsempfänger.

issue a cheque v [ˌɪʃuː ə ˈtʃek]
I'll just issue a cheque.
➲ make out a cheque, write (out) a cheque

einen Scheck ausstellen
Ich stelle einfach einen Scheck aus.

make out a cheque v GB [meɪk ˌaʊt ə ˈtʃek]
Is it okay if I just make out a cheque for £100?
➲ issue a cheque, write (out) a cheque

einen Scheck ausstellen
Ist es in Ordnung, wenn ich einfach einen Scheck über 100 Pfund ausstelle?

write (out) a cheque n [raɪt ˌaʊt ə ˈtʃek]
I'll just write you a cheque.
➲ issue a cheque, make out a cheque.

einen Scheck ausstellen
Ich stelle Ihnen einfach einen Scheck aus.

pay by cheque v GB [ˌpeɪ baɪ ˈtʃek]
Could I, please, pay this invoice by cheque?

per Scheck zahlen
Könnte ich diese Rechnung bitte per Scheck zahlen?

present a cheque for collection v GB [prɪˌzent ə ˌtʃek fə kəˈlekʃn]
We would be grateful if you would present our cheque for collection no earlier than a week from today.

einen Scheck zum Einzug einreichen
Wir wären Ihnen dankbar, wenn Sie unseren Scheck frühestens in einer Woche einziehen würden.

stop a cheque n GB [ˈstɒp ə tʃek]
We herewith return your stopped cheque and would ask you to issue a new one immediately.

einen Scheck sperren
Hiermit übersenden wir Ihren gesperrten Scheck und bitten Sie um umgehende Ausstellung eines neuen.

refer to drawer v [rɪˌfɜː tə ˈdrɔːə]
R/D [ˌɑː ˈdiː]
A bank will write or stamp R/D on a cheque if words and figures don't match.

an den Aussteller zurück
Eine Bank versieht einen Scheck mit dem schriftlichen oder gestempelten Vermerk „an den Aussteller zurück", wenn es Diskrepanzen zwischen Ziffern und Worten gibt.

bearer cheque n [ˈbeərə tʃek]
A bearer cheque can be cashed by anyone who presents it.

Überbringerscheck, Inhaberscheck
Ein Überbringerscheck kann von jedem, der ihn vorlegt, eingelöst werden.

cross-the-counter check n US [ˌkrɒs ðə ˈkaʊntə tʃek]
A cross-the-counter check is paid to bearer.
➲ open cheque, uncrossed cheque

Barscheck, Inhaberscheck
Ein Barscheck wird dem Überbringer ausgezahlt.

dishonoured cheque n GB [dɪsˈɒnəd tʃek]

nicht eingelöster Scheck, nicht akzeptierter Scheck

We herewith return your dishonoured cheque and request cash payment within three days.

Hiermit senden wir Ihnen Ihren nicht eingelösten Scheck zurück und bitten um Barzahlung innerhalb von drei Tagen.

➲ returned cheque

negotiable cheque n GB [nɪˌgəʊʃiəbl ˈtʃek]

übertragbarer Scheck, girierfähiger Scheck

A negotiable cheque can be cashed by anyone who presents it.

Ein übertragbarer Scheck kann von jedem eingelöst werden, der ihn vorlegt.

negotiable instrument n [nɪˌgəʊʃiəbl ˈɪnstrəmənt]

übertragbares Wertpapier, begebbares Wertpapier

Cheques and bills of exchange are negotiable instruments in that they can be bought and sold.

Schecks und Wechsel sind übertragbare Wertpapiere, da man sie kaufen und verkaufen kann.

non-negotiable cheque n GB [ˌnɒn nɪˌgəʊʃiəbl ˈtʃek]

Namensscheck, Rektascheck, nicht übertragbarer Scheck

Please, only issue non-negotiable cheques.

Bitte stellen Sie nur Namensschecks aus.

open cheque n GB [ˌəʊpən ˈtʃek]

Barscheck, Inhaberscheck

An open cheque is paid to bearer.

Ein Barscheck wird dem Überbringer ausgezahlt.

➲ cross-the-counter check, uncrossed cheque

out-of-date cheque n GB [ˌaʊt əv deɪt ˈtʃek]

verfallener Scheck, verjährter Scheck

We're afraid we can't accept your out-of-date cheque. It was issued more than six months ago.

Leider können wir Ihren verfallenen Scheck nicht annehmen. Er wurde vor mehr als sechs Monaten ausgestellt.

➲ stale check

stale check n US [ˌsteɪl ˈtʃek]

verfallener Scheck

Banks do not usually cash stale checks.

Banken lösen normalerweise keine verfallenen Schecks ein.

➲ out-of-date cheque

returned cheque n GB [rɪˌtɜːnd ˈtʃek]

Rückscheck, Retourscheck

Banks do not generally like receiving returned cheques.

Banken nehmen Rückschecks im Allgemeinen nicht gern.

bank check n US [ˈbæŋk tʃek]

Bankscheck, Bankwechsel, Banktratte

A bank check, i.e. a cheque drawn by the bank on itself, is as safe as cash.

Ein Bankscheck, d.h. ein von der Bank auf sich selbst gezogener Scheck, ist ebenso sicher wie Bargeld.

➲ bank cheque, banker's cheque, bank draft, banker's draft, cashier's check, cashier's cheque

bank cheque n GB [ˈbæŋk tʃek]

Bankscheck, Bankwechsel, Banktratte

Bank cheques can be used as an alternative to cash.

Bankschecks können als Alternative zu Bargeld verwendet werden.

➲ bank check, banker's cheque, bank draft, banker's draft, cashier's check, cashier's cheque

banker's cheque n GB ['bæŋkəz tʃek]

These days, payment by banker's cheque is not so widespread.

➲ bank check, bank cheque, bank draft, banker's draft, cashier's check, cashier's cheque

Bankscheck, Bankwechsel, Banktratte

Zahlung per Bankscheck ist heutzutage eher selten.

cashier's check n US [kæ'ʃɪəz tʃek]

Cashier's checks are very safe.

➲ bank check, bank cheque, banker's cheque, bank draft, banker's draft, cashier's cheque

Bankscheck, Bankwechsel, Banktratte

Bankschecks sind sehr sicher.

cashier's cheque n GB [kæ'ʃɪəz tʃek]

Cashier's cheques are virtually as safe as cash.

➲ bank check, bank cheque, banker's cheque, bank draft, banker's draft, cashier's check

Bankscheck, Bankwechsel, Banktratte

Bankschecks sind praktisch so sicher wie Bargeld.

cheque card n ['tʃek kɑːd]

You can pay by cheque card if you have a PIN number.

➲ bank card, banker's card

Scheckkarte

Sie können mit Scheckkarte bezahlen, wenn Sie eine persönliche Geheimnummer haben.

bank card n ['bæŋk kɑːd]

If you pay by bank card, you don't need any cash.

➲ banker's card, cheque card

Scheckkarte

Wenn Sie mit der Scheckkarte bezahlen, brauchen Sie kein Bargeld.

banker's card n GB ['bæŋkəz kɑːd]

Most shops only accept cheques if you can present your banker's card.

➲ bank card, cheque card

Scheckkarte

Die meisten Geschäfte nehmen Schecks nur an, wenn Sie Ihre Scheckkarte vorlegen können.

Invoicing and settlement

invoice n ['ɪnvɔɪs]

We enclose our invoice for $5,300.

Rechnung, Warenrechnung, Faktura

Wir legen unsere Rechnung in Höhe von 5.300 Dollar bei.

invoice v ['ɪnvɔɪs]

We will invoice you for the remaining items within a fortnight of dispatch.

in Rechnung stellen, berechnen

Wir werden Ihnen die noch verbleibenden Posten innerhalb von 14 Tagen nach Versand in Rechnung stellen.

settlement n ['setlmənt]

We enclose a cheque to the value of £3,500 in settlement of the account.

Begleichung, Bezahlung

Wir legen einen Scheck in Höhe von 3.500 Pfund zur Begleichung der Rechnung bei.

cash before delivery n [ˌkæʃ bɪfɔː dɪ'lɪvərɪ]

Since we haven't done business with you before, I'm afraid we have to ask you for cash before delivery.

Vorkasse

Wir bedauern, Sie um Vorkasse bitten zu müssen, da wir bisher noch keine Geschäftsbeziehungen mit Ihnen hatten.

amount due n [əˌmaʊnt 'djuː]

We have, in the meantime, remitted the amount due.

fälliger Betrag

Inzwischen haben wir den fälligen Betrag überwiesen.

amount overdue n [əˌmaʊnt ˌəʊvə'djuː]

Please note that the amount overdue is £12,500.

überfälliger Betrag

Bitte beachten Sie, dass der überfällige Betrag sich auf 12.500 Pfund beläuft.

default n [dɪ'fɔːlt]

We regret to inform you that we cannot accept any further default.

➲ delay in payment

Zahlungsverzug

Wir bedauern, Ihnen mitteilen zu müssen, dass wir keinen weiteren Zahlungsverzug hinnehmen können.

default v [dɪ'fɔːlt]

Having repeatedly defaulted on their payments in the past, they could not possibly hope for a respite.

in Zahlungsverzug geraten

Da sie in der Vergangenheit mehrfach in Zahlungsverzug geraten waren, war jede Hoffnung auf eine Fristverlängerung aussichtslos.

payment n ['peɪmənt]

Payment is to be made at least three days in advance.

Zahlung

Die Zahlung muss mindestens drei Tage im Voraus entrichtet werden.

delay in payment n [dɪˌleɪ ɪn 'peɪmənt]

We would kindly bring to your attention your delay in payment regarding our invoice 1234 of 1 February.

➲ default

Zahlungsverzug

Wir möchten Sie höflichst darauf hinweisen, dass Sie mit der Zahlung unserer Rechnung 1234 vom 1. Februar in Verzug sind.

secure payment v [sɪˌkjʊə 'peɪmənt]

Insisting on cash before delivery is a safe method of securing payment.

Zahlung garantieren, Zahlung sicherstellen

Auf Barzahlung vor Lieferung zu bestehen, ist eine sichere Methode, die Zahlung zu garantieren.

down payment n ['daʊn peɪmənt]

As a token of our goodwill we have remitted a down payment of $5,000.

➲ deposit

Anzahlung

Als Zeichen unseres guten Willens haben wir eine Anzahlung von 5.000 Dollar überwiesen.

pay down v [ˌpeɪ 'daʊn]

We have already paid down 10% of the invoiced amount.

anzahlen, eine Anzahlung leisten

Wir haben bereits 10% des Rechnungbetrags angezahlt.

deposit n [dɪ'pɒzɪt]

Please pay a deposit of ten per cent.

➲ down payment

Anzahlung

Bitte leisten Sie eine Anzahlung von 10 Prozent.

pay back v [ˌpeɪ 'bæk]

We herewith pay back the amount remitted by you in excess of our invoiced amount of 1 October 1996.

erstatten, zurückzahlen

Hiermit erstatten wir den von Ihnen zu viel überwiesenen Betrag aus unserer Rechnung vom 1. Oktober 1996.

pay off v [ˌpeɪ 'ɒf]

We have always paid off our instalments regularly.

abbezahlen, tilgen

Wir haben unsere Raten immer regelmäßig abbezahlt.

payable adj ['peɪəbl]

The full amount is payable in advance.

zahlbar, fällig

Der volle Betrag ist im Voraus zahlbar.

payee n [ˌpeɪ'iː]

We have remitted the amount due to the account of the payee.

Zahlungsempfänger(in)

Wir haben den fälligen Betrag auf das Konto des Zahlungsempfängers überwiesen.

a/c payee adv [eɪˌsiː peɪ'iː]

Payment will be made a/c payee.

à conto Zahlungsempfänger(in)

Zahlung erfolgt à conto Zahlungsempfänger.

legal tender n [ˌliːgl 'tendə]

Bank of England notes are unlimited legal tender, i.e. they must be accepted irrespective of the amount in question.

gesetzliches Zahlungsmittel

Banknoten der Bank von England sind unbegrenzt gültige gesetzliche Zahlungsmittel, d.h. sie müssen in jeder Höhe akzeptiert werden.

remit v [rɪ'mɪt]

We would like to remind you to remit the amount due immediately.

➲ transfer

überweisen

Wir erlauben uns, Sie daran zu erinnern, den fälligen Betrag unverzüglich zu überweisen.

remittance n [rɪ'mɪtns]

Payment by remittance is common in intra-European transactions.

➲ bank transfer, credit transfer

Überweisung

Bei innereuropäischen Transaktionen ist es üblich, per Überweisung zu zahlen.

remittance order n [rɪ'mɪtns ɔːdə]

I shall fill in the remittance order immediately.

➲ transfer order

Überweisungsauftrag

Ich fülle den Überweisungsauftrag sofort aus.

remittance slip n [rɪ'mɪtns slɪp]

The bank clerk handed the customer the remittance slip.

➲ transfer slip

Überweisungsbeleg

Der Bankangestellte händigte dem Kunden den Überweisungsbeleg aus.

transfer v [træns'fɜː]

We thank you for transferring the amount promptly.

➲ remit

überweisen

Wir danken Ihnen für die prompte Überweisung des Betrags.

bank transfer n ['bænk trænsfɜː]

In the Single Market a substantial number of commercial invoices are paid by bank transfer.

➲ credit transfer, remittance

(Bank-)Überweisung

Im europäischen Binnenmarkt wird eine beträchtliche Zahl von Warenrechnungen per Überweisung beglichen.

telegraphic transfer n [telɪˌɡræfɪk 'trænsfə]

telegrafische Überweisung

If you really want to meet the deadline, I suggest you pay by telegraphic transfer.

Wenn Sie unbedingt den Termin einhalten müssen, schlage ich eine telegrafische Überweisung vor.

➲ cable transfer, wire transfer

wire transfer n ['waɪə trænsfɜː]

telegrafische Überweisung

Nowadays, wire transfers are chiefly used in international money markets.

Telegrafische Überweisungen werden heutzutage hauptsächlich auf internationalen Geldmärkten getätigt.

➲ cable transfer, telegraphic transfer

cable transfer n ['keɪbl trænsfɜː]

telegrafische Überweisung

Since the amount must reach the payee today, you'll have to make a cable transfer.

Da der Betrag den Empfänger heute erreichen muss, müssen Sie eine telegrafische Überweisung vornehmen.

➲ telegraphic transfer, wire transfer

cable address n [ˌkeɪbl ə'dres]

Telegrammadresse

We still have a cable address but a fax would be quicker.

Wir haben zwar immer noch eine Telegrammadresse, aber ein Fax wäre schneller.

credit transfer n ['kredɪt ˌtrænsfɜː]

Überweisung

We shall pay your invoice by credit transfer.

Wir werden Ihre Rechnung per Überweisung begleichen.

➲ bank transfer, remittance

transfer order n ['trænsfɜːr ˌɔːdə]

Überweisungsauftrag

Make sure you sign the transfer order.

Vergiss nicht, den Überweisungsauftrag zu unterschreiben.

➲ remittance order

transfer slip n ['trænsfɜː slɪp]

Überweisungsbeleg

The bank clerk handed the customer the transfer slip.

Der Bankangestellte händigte dem Kunden den Überweisungsbeleg aus.

➲ remittance slip

credit note n ['kredɪt nəʊt]

Gutschriftanzeige, (Rechnungs-)Gutschrift

We have just received the credit note for invoice 13254.

Wir haben soeben die Gutschriftanzeige für Rechnung 13254 erhalten.

debit note n ['debɪt nəʊt]

Lastschriftanzeige, Lastschrift

Of course, we'll send you a debit note.

Wir werden Ihnen natürlich eine Lastschriftanzeige schicken.

rebate n ['riːbeɪt]

Rückvergütung, Erstattung

The customer transferred too much money and received a rebate.

Der Kunde überwies zu viel Geld und erhielt eine Rückvergütung.

➲ refund

refund n ['riːfʌnd]

Rückvergütung, Erstattung

Thank you very much for the refund of £150, which we received today.

Herzlichen Dank für die Rückvergütung von 150 Pfund, die heute bei uns einging.

➲ rebate

refund v [riː'fʌnd]

We will refund your expenses in full.

erstatten

Wir werden Ihre Ausgaben in voller Höhe erstatten.

antedate v ['ænti ˌdeɪt]

For tax purposes we would ask you to antedate your invoice.

vordatieren

Aus Steuergründen bitten wir Sie um Vordatierung Ihrer Rechnung.

backdate v ['bækdeɪt]

We would be grateful if you could backdate your cheque.

ruckdatieren

Wir wären Ihnen dankbar, wenn Sie Ihren Scheck rückdatieren könnten.

surcharge n ['sɜːtʃɑːdʒ]

A surcharge of 5% on the retail price applies for deliveries outside our delivery area.

Aufschlag, Zuschlag

Für Lieferungen außerhalb unseres Liefergebiets erheben wir einen Aufschlag von 5% des Verkaufspreises.

advance n [əd'vɑːns]

We would be grateful for an advance of 25% of the invoiced amount.

Vorschuss

Für einen Vorschuss in Höhe von 25% des Rechnungsbetrags wären wir Ihnen dankbar.

arrears n pl [ə'rɪəz]

The tenants were asked to pay the arrears.

Rückstände

Die Mieter wurden aufgefordert, die Rückstände zu bezahlen.

be in arrears v [ˌbi ɪn ə'rɪəz]

We would like to inform you that you are in arrears with payment of invoice 135.

in Verzug sein

Wir erlauben uns darauf hinzuweisen, dass Sie mit der Zahlung von Rechnung 135 in Verzug sind.

prompt note n ['prɒmpt ˌnəʊt]

The exporter sent the importer a prompt note because the invoice had not been paid on time.

Mahnung, Zahlungserinnerung

Der Exporteur schickte dem Importeur eine Mahnung, weil die Rechnung nicht rechtzeitig bezahlt worden war.

reminder n [rɪ'maɪndə]

Please, see to it that the reminder to Myers & Co is sent off immediately.

Mahnschreiben, Mahnung

Bitte sorgen Sie dafür, dass das Mahnschreiben an Myers & Co. sofort abgeschickt wird.

period of grace n [ˌpɪəriəd əv 'greɪs]

The period of grace for a B/E is three days, i.e. the drawee has to honour the bill within three days of the due date.

(erweiterte) Zahlungsfrist, Aufschub, Nachfrist

Die Zahlungsfrist für einen Wechsel beträgt drei Tage, d.h. der Bezogene muss den Wechsel innerhalb von drei Tagen nach dem angegebenen Zahlungsdatum bezahlen.

charge account n ['tʃɑːdʒ əkaʊnt]

Holders of charge accounts can do their shopping without having to pay immediately.

➲ credit account

Kundenkreditkonto

Inhaber von Kundenkreditkonten können ihre Einkäufe erledigen, ohne sofort zahlen zu müssen.

credit account n ['kredɪt əkaʊnt]

Some British department stores offer their customers credit accounts.

➲ charge account

Kundenkreditkonto

Einige britische Kaufhäuser bieten ihren Kunden Kreditkonten an.

credit card n ['kredɪt kɑ:d]

The holder of a credit card obtains credit for a certain period of time.

Kreditkarte

Der Kreditkarteninhaber erhält für einen gewissen Zeitraum Kredit.

debit card n ['debɪt kɑ:d]

If you pay by debit card, your account will be debited instantly.

Bankkarte

Wenn Sie mit Bankkarte bezahlen, wird Ihr Konto sofort belastet.

IOU n [ˌaɪ əʊ 'ju:] I owe you [ˌaɪ əʊ 'ju:]

If the creditor returns the IOU to the debtor, the latter must pay back the amount borrowed.

Schuldschein

Wenn der Gläubiger dem Schuldner den Schuldschein wieder vorlegt, muss dieser den geliehenen Betrag zurückzahlen.

money order n ['mʌni ɔ:də] M.O. [ˌem 'əʊ]

Invoices from mail order houses can sometimes be paid by M.O.

Zahlkarte, Postanweisung

Rechnungen von Versandhäusern können gelegentlich per Zahlkarte bezahlt werden.

foreign money order n [ˌfɒrən 'mʌni ɔ:də]

Foreign money orders are no longer widely used.

➲ international money order

Auslandspostanweisung

Auslandspostanweisungen sind nicht mehr weit verbreitet.

international money order n [ɪntəˌnæʃnəl 'mʌni ɔ:də] IMO [ˌaɪ em 'əʊ]

International money orders are rather the exception nowadays.

➲ foreign money order

Auslandspostanweisung

Auslandspostanweisungen sind heutzutage eher die Ausnahme.

telegraphic money order n [telɪˌgræfɪk 'mʌni ɔ:də]

If you need to pay the invoice very quickly, you can use a telegraphic money order.

telegrafische Zahlungsanweisung

Wenn man eine Rechnung sehr schnell bezahlen muss, kann man eine telegrafische Zahlungsanweisung verwenden.

postal order n [ˌpəʊstl ɔ:də] P.O. [ˌpi: 'əʊ]

Postal orders are used to effect small payments by post.

Postbarscheck (in festen Stückelungen)

Postbarschecks werden zur Zahlung kleinerer Beträge per Post verwendet.

hire purchase n GB [ˌhaɪə 'pɜ:tʃəs]

Expensive items like cars are often bought on hire purchase.

➲ purchase on deferred terms

Ratenkauf, Abzahlungskauf, Mietkauf

Teure Gegenstände wie Autos werden oft auf Raten gekauft.

purchase on deferred terms n US [ˌpɜ:tʃəs ɒn dɪˌfɜ:d 'tɜ:mz]

As that automobile is so expensive, I'll make a purchase on deferred terms.

➲ hire purchase

Ratenkauf, Abzahlungskauf, Mietkauf

Weil das Auto so teuer ist, werde ich es auf Raten kaufen.

installment n US [ɪn'stɔ:lmənt]

If you don't pay your installments regularly, we'll have to institute proceedings.

➲ instalment

Rate

Wenn Sie Ihre Raten nicht regelmäßig zahlen, sehen wir uns gezwungen, rechtliche Schritte einzuleiten.

instalment n GB [ɪn'stɔːlmənt]

Since you have repeatedly omitted to pay your instalments, we have placed the matter in the hands of our solicitors.

➲ installment

Rate

Da Sie es wiederholt unterlassen haben, Ihre Raten zu zahlen, haben wir die Angelegenheit unseren Anwälten übergeben.

lump sum n ['lʌmp sʌm]

We are only remitting a lump sum of £1,500 because our order has not yet been executed to our satisfaction.

Pauschalbetrag

Weil unser Auftrag noch nicht zufriedenstellend erledigt ist, überweisen wir Ihnen nur einen Pauschalbetrag von 1.500 Pfund.

milestone payment n [ˌmaɪlstəʊn 'peɪmənt]

The first milestone payment on the building is due on completion of the basement.

➲ progress payment

Zahlung nach Baufortschritt, Abschlagszahlung

Die erste Zahlung für den Bau ist bei Fertigstellung des Kellergeschosses fällig.

progress payment n [ˌprəʊgres 'peɪmənt]

If you build a house, you usually arrange progress payment.

➲ milestone payment

Zahlung nach Baufortschritt, Abschlagszahlung

Wenn man ein Haus baut, vereinbart man normalerweise Zahlung nach Baufortschritt.

loco adv lat. ['ləʊkəʊ]

All our prices are quoted loco Manchester.

loco, ab ... (Ortsname)

All unsere Preise gelten ab Manchester.

ex factory adv [ˌeks 'fæktəri]

Please note that all prices are quoted ex factory.

➲ ex works

ab Werk

Bitte beachten Sie, dass alle Preise ab Werk angegeben sind.

ex warehouse adv [ˌeks 'weəhaʊs]

The prices for our kitchen furniture are always quoted ex warehouse.

ab Lager

Die Preise für unsere Küchenmöbel sind immer ab Lager angegeben.

FINANCIAL MARKETS

Stock exchange

stock exchange n ['stɒk ɪkstʃeɪndʒ]
In Britain far more people play the stock exchange than in Germany.
➲ stock market

Aktienbörse, Effektenbörse
In Großbritannien spekulieren viel mehr Menschen an der Börse als in Deutschland.

stock market n ['stɒk mɑːkɪt]
Shares, debentures and government stocks are traded on the stock market.
➲ stock exchange

Aktienmarkt, Aktienbörse, Effektenbörse
Auf dem Aktienmarkt wird mit Aktien, Obligationen und Staatsanleihen gehandelt.

play the stock exchange v [ˌpleɪ ðə 'stɒk ɪkstʃeɪndʒ]
In order to be successful in playing the stock exchange you must be an expert – and have a lot of luck.

an der Börse spekulieren
Um beim Spekulieren an der Börse Erfolg zu haben, muss man ein Experte sein – und viel Glück haben.

money market n ['mʌni mɑːkɪt]
The government raised short-term loans on the money market.

Geldmarkt
Die Regierung nahm kurzfristige Kredite auf dem Geldmarkt auf.

market maker n ['mɑːkɪt meɪkə]
In 1986, market makers took over the function of brokers and jobbers.

Market Maker
1986 übernahmen Market Maker die Arbeit der Makler und Jobber.

broker n ['brəʊkə]
I have instructed my broker to buy British Telecom shares.

Makler (wurde 1986 durch den „market maker" ersetzt)
Ich habe meinen Makler beauftragt, Aktien der British Telecom zu kaufen.

stockbroker n ['stɒkbrəʊkə]
We have instructed our stockbroker to invest in chemical shares.

Börsenmakler, Wertpapiermakler
Wir haben unseren Wertpapiermakler angewiesen, in Chemiewerte zu investieren.

stockbroking n ['stɒkbrəʊkɪŋ]
Stockbroking has always been a very profitable business.

Effektenhandel, Wertpapierhandel
Der Effektenhandel ist seit je ein sehr einträgliches Geschäft.

broker's commission n [ˌbrəʊkəz kə'mɪʃn]
The abolition of minimum broker's commissions changed dealings on the London stock exchange.

Maklerprovision
Die Abschaffung von Mindestmaklerprovisionen veränderte den Handel an der Londoner Börse.

brokerage firm n ['brəʊkərɪdʒ ˌfɜːm]	**Maklerfirma**
Many brokerage firms in Britain are subsidiaries of merchant banks.	Viele Maklerfirmen in Großbritannien sind Tochterunternehmen von Handelsbanken.
member firm n infml ['membə ˌfɜːm]	**Maklerfirma** (die Mitglied der Effektenbörse ist)
We are happy to inform you that we are now a member firm of the LSE.	Wir freuen uns, Ihnen mitteilen zu dürfen, dass wir jetzt Mitglied der Londoner Börse sind.
stockjobber n GB ['stɒkdʒɒbə]	**eigenständiger Wertpapierhändler** (wurde 1986 durch den „market maker" ersetzt)
Stockjobbers did not work for a commission but for the jobber's turn. ➲ jobber	Eigenständige Wertpapierhändler arbeiteten nicht auf Provisionsbasis, sondern verdienten an dem Unterschied zwischen Geld- und Briefkurs.
jobber n ['dʒɒbə]	**Jobber** (wurde 1986 durch den „market maker" ersetzt), **eigenständiger Wertpapierhändler**
After the Big Bang, the jobs of the broker and of the jobber were largely replaced by that of the market maker. ➲ stockjobber	Nach der Umstrukturierung der Londoner Börse wurden die Aufgaben des Börsenmaklers und des Jobbers weitgehend durch die des Market Makers ersetzt.
bear n ['beə]	**Baissier, Baissespekulant, Bär**
As the bears expected falling quotations they began to sell shares to such a large extent that the negative tendency developed into a downright slump.	Da die Baissiers fallende Kurse erwarteten, begannen sie so massiv Aktien zu verkaufen, dass die negative Tendenz sich zu einem regelrechten Kurssturz entwickelte.
bear market n ['beə mɑːkɪt]	**Börsenbaisse, Baisse**
The threat of international conflict resulted in a bear market in Wall Street.	Der drohende internationale Konflikt führte an der Wall Street zu einer Börsenbaisse.
bear position n ['beə pəzɪʃn]	**Baisseposition, Leerposition**
I found myself in a bear position as I did not have enough securities to sell at the agreed price. ➲ short position	Ich befand mich in einer Baisseposition, weil ich nicht genügend Wertpapiere hatte, um sie zu dem vereinbarten Preis zu verkaufen.
short position n ['ʃɔːt pəzɪʃn]	**Leerverkaufsposition, Baisseposition**
The market maker found himself in a short position until he had bought so many more shares that he was able to sell them at the agreed price. ➲ bear position	Der Market Maker befand sich in einer Leerverkaufsposition, bis er so viele Aktien gekauft hatte, dass er sie zu dem vereinbarten Preis verkaufen konnte.
bearish adj ['beərɪʃ]	**pessimistisch, zur Baisse tendierend**
On news of the severe balance of payments deficit, the London Stock Exchange opened in a rather bearish mood.	Wegen der Nachricht von dem großen Zahlungsbilanzdefizit eröffnete die Londoner Börse ziemlich pessimistisch.

bull n [bʊl]

Expecting soaring prices, bulls began to invest in shares on a large scale in order to sell them at a profit later.

Haussier, Haussespekulant, Bulle

Da sie steigende Kurse erwarteten, begannen Haussiers, in großem Umfang in Aktien zu investieren, um sie später wieder mit Gewinn zu verkaufen.

bull market n ['bʊl mɑːkɪt]

All the world's stock exchanges reported a bull market yesterday.

Börsenhausse, Hausse

Gestern meldeten alle Börsen der Welt eine Hausse.

bull position n ['bʊl pəzɪʃn]

In expectation of soaring prices the market maker remained in a bull position.

➲ long position

Hausseposition, Überbestand

In Erwartung rasant steigender Kurse blieb der Market Maker in einer Hausseposition.

long position n ['lɒŋ pəzɪʃn]

Our market maker is buying more shares because he wants to be in a long position when prices rise.

➲ bull position

Hausseposition, Überbestand

Unser Market Maker kauft neue Aktien, weil er in einer Hausseposition sein möchte, wenn die Preise steigen.

bullish adj ['bʊlɪʃ]

News of positive economic developments led to a decidedly bullish mood in Wall Street yesterday.

optimistisch, haussierend

Die Nachricht von positiven Wirtschaftsentwicklungen führte gestern an der Wall Street zu einer entschieden optimistischen Stimmung.

stock quotation n ['stɒk kwəʊteɪʃn]

Stock quotations at the LSE opened on a weak note but firmed considerably during the day.

Aktiennotierung

Aktiennotierungen an der Londoner Wertpapierbörse eröffneten schwach, erholten sich aber im weiteren Verlauf deutlich.

Stock Exchange Daily Official List n GB [ˌstɒk ɪkstˌʃeɪndʒ 'deɪli əˌfɪʃl 'lɪst]

The LSE publishes the Stock Exchange Daily Official List.

amtliches Kursblatt

Die Londoner Börse gibt das amtliche Kursblatt heraus.

unlisted share n [ˌʌnlɪstɪd 'ʃeə]

Unlisted shares at the USM opened on a cautious note.

➲ unquoted share

nicht notierte Aktie

Nicht notierte Aktien im Freiverkehr eröffneten vorsichtig.

unquoted share n [ˌʌnkwəʊtɪd 'ʃeə]

It is certainly very risky to invest in unquoted shares since many of them are not regarded as safe enough by the relevant stock exchange committees.

➲ unlisted share

nicht notierte Aktie

Es ist sicher sehr riskant, in nicht notierte Aktien zu investieren, weil viele von ihnen von den zuständigen Börsenzulassungsstellen als nicht sicher genug eingeschätzt werden.

index of shares n GB [ˌɪndeks əv 'ʃeəz]

Most major stock exchanges have their own index of shares – usually of a selected range of shares – which provide as much relevant information as possible.

➲ index of stocks

Aktienindex, Index der Aktienkurse

Die meisten größeren Börsen unterhalten einen eigenen Aktienindex – gewöhnlich von ausgewählten Aktien –, um möglichst viele relevante Informationen bereitzustellen.

index of stocks n US [ˌɪndeks əv ˈstɒks]

The Dow Jones is the most important index of stocks in Wall Street.

➲ index of shares

Aktienindex, Index der Aktienkurse

Der Dow Jones ist der wichtigste Aktienindex an der New Yorker Börse.

account day n [əˈkaʊnt deɪ]

Payment of stock exchange transactions must be made before the account day

Liquidationstermin, Zahlungstag

Die Bezahlung von Börsentransaktionen muss vor dem Liquidationstermin erfolgen.

trading day n [ˈtreɪdɪŋ deɪ]

This has been a successful trading day.

Börsentag

Dies war ein erfolgreicher Börsentag.

last trading day n [ˌlɑːst ˈtreɪdɪŋ deɪ]

The transaction was so complex that it was not finalized before the last trading day.

Ultimo

Die Transaktion war so komplex, dass sie erst zum Ultimo unter Dach und Fach gebracht wurde.

session n [ˈseʃn]

During yesterday's session chemical shares suffered a dramatic setback.

Börsensitzung

Während der gestrigen Börsensitzung erlitten Chemiewerte einen dramatischen Einbruch.

trading floor n [ˌtreɪdɪŋ ˈflɔː]

Most stock exchange transactions are nowadays conducted over the telephone rather than on the trading floor.

Börsensaal

Heutzutage werden die meisten Börsentransaktionen per Telefon statt im Börsensaal abgewickelt.

over-the-counter adj [ˌəʊvə ðə ˈkaʊntə]
OTC [ˌəʊ tiː ˈsiː]

Unlisted securities can only be dealt over the counter.

außerbörslich, im Freiverkehr

Nicht börsennotierte Wertpapiere können nur außerbörslich gehandelt werden.

over-the-counter market n [ˌəʊvə ðə ˈkaʊntə mɑːkɪt]
OTC market [ˌəʊ tiː ˈsiː mɑːkɪt]

Unlisted securities are traded on the OTC market.

Freiverkehr, außerbörslicher Markt

Nicht börsennotierte Wertpapiere werden im Freiverkehr gehandelt.

main market n GB [ˌmeɪn ˈmɑːkɪt]

As we have sold 25% of our shares to the public, we are entitled to have our shares traded on the main market.

Primärmarkt (an der Londoner Börse)

Da wir 25% unserer Aktien an die Öffentlichkeit verkauft haben, sind wir berechtigt, unsere Aktien auf dem Primärmarkt zu handeln.

third market n [ˈθɜːd ˌmɑːkɪt]

In the USA the third market is independent of the stock exchange.

ungeregelter Freiverkehr

In den Vereinigten Staaten ist der ungeregelte Freiverkehr von der Börse unabhängig.

thin market n [ˌθɪn ˈmɑːkɪt]

Since hardly any investor sold C&D shares there was a very thin market in these shares.

schwacher Markt, begrenzter Markt

Weil kaum ein Investor C&D Aktien verkaufte, war der Markt für diese Aktien sehr schwach.

share certificate n [ˈʃeə səˌtɪfɪkət]

You do not usually receive a share certificate for every share purchase you make.

Aktienzertifikat

Sie erhalten gewöhnlich nicht für jeden von Ihnen getätigten Kauf ein Aktienzertifikat.

Share prices

Share	Price	Change on Week	52 Week High	52 Week Low	Yield	P/E	Mkt Cap £m
Asda (retailing)	105 1/2	. . .	114 1/2	65 1/4	2.7	17.1	3079.3
Barclays (banking)	810	+29	810	564	3.4	11.2	13142.0
British Airways	505	...	532	349	3.1	19.3	4848.7
British Petroleum (oil)	52912	-8 1/2	549 1/2	394 1/2	3.3	18.4	29530.0
Cadbury Schweppes (food & drink)	532	+4	556	385 3/4	3.7	16.9	5272.9
Glaxo Welcome (pharmceuticals)	943	+9	969	599	3.9	28.8	33080.4
ICI (chemicals)	812	-7	844	670	4.3	31.2	5878.8
Marks & Spencer (retailing)	433	+1	453	372 1/2	3.0	19.3	12184.6
National Westminster (banking)	668	+16	692	458	4.2	10.6	11832.6
P&O (shipping)	545	+21	634 1/2	460	7.0	14.5	3294.0
Pilkington (glass)	217	+16	217	136 1/4	2.5	-	2175.6
Rolls Royce (aero engines)	215	+9	217	148	2.9	32.5	3139.0
Unilever (detergents, foods)	1275	-14	1376	1126	2.6	15.3	10404.0
Whitbread (beer)	729	+5	729	522	3.5	17.0	3513.7
Yorkshire Water	620	+10	660	473	5.7	9.5	1263.2

The table above shows the share prices of fifteen blue-chip companies (16 February 1996).

The following explanations might be helpful:

Price: Share prices are usually quoted above par. The nominal price per share is, as a rule, £1 (100p).

Change on Week: It will be noted that, while some share prices have remained unchanged, others have gone up or down.

52 Week / High - Low: These columns highlight the extent to which share prices can fluctuate within a year.

Yield : ratio of annual profit (after tax and fixed interest and/or fixed dividend payments) to total equity capital (at the current market value = market capitalization)

P/E: price - earnings ratio: market price of share divided by earnings per share for the previous year

Mkt Cap: market capitalization: total market value of a company's capital (number of shares issued multiplied by the market price of a share)

Note: These ratios are not percentage figures!

share option n ['ʃeər ɒpʃn]	**Aktienoption, Aktienbezugsrecht**
The general meeting has decided to give all employees a share option.	Die Hauptversammlung hat beschlossen, allen Mitarbeitern eine Aktienoption zu geben.
share splitting n ['ʃeə splɪtɪŋ]	**Aktiensplitting**
Our shares have become so expensive that we will have to introduce share splitting to make them affordable.	Unsere Aktien sind so teuer geworden, dass wir Aktiensplitting einführen werden müssen, um sie erschwinglich zu machen.
earnings per share n pl [ˌɜːnɪŋz pə 'ʃeə]	**Gewinn pro Aktie, Aktienrendite**
Earnings per share are calculated in terms of the market value of the security concerned.	Der Gewinn pro Aktie wird aufgrund des Kurswerts des betreffenden Wertpapiers ermittelt.
oversubscription n [ˌəʊvəsəb'skrɪpʃn]	**Überzeichnung**
In the case of oversubscription the shares will be allocated by ballot.	Im Falle einer Überzeichnung werden die Aktien im Losverfahren zugeteilt.
undersubscription n [ˌʌndəsəb'skrɪpʃn]	**Unterzeichnung, nicht vollständige Zeichnung**
In the case of undersubscription the issuing house will attempt to find new buyers.	Im Falle einer Unterzeichnung wird sich die Emissionsbank um neue Käufer bemühen.
subscribe (for) v [səb'skraɪb fə]	**zeichnen**
A very large number of private investors have subscribed for British Telecom shares.	Eine sehr große Zahl privater Investoren hat Aktien von British Telecom gezeichnet.
stag n [stæg]	**Konzertzeichner**
The stags took up the new company share issue to sell it almost immediately at a large profit.	Die Konzertzeichner kauften die neue Aktienemission der Gesellschaft, um sie fast unmittelbar darauf mit großem Gewinn zu verkaufen.
preemptive right n [priˌemptɪv 'raɪt]	**Bezugsrecht, Vorkaufsrecht**
Current shareholders usually have a preemptive right to any new issue.	Gegenwärtige Aktionäre haben gewöhnlich ein Bezugsrecht auf neue Emissionen.
rights issue n ['raɪts ɪʃuː]	**Bezugsrechtsemission**
Since this is a rights issue, existing shareholders are given the opportunity to buy shares before anybody else.	Da dies eine Bezugsrechtsemission ist, erhalten die Altaktionäre vor allen anderen die Gelegenheit, Aktien zu kaufen.
overvalued adj [ˌəʊvə'væljuːd]	**überbewertet**
Companies whose shares are overvalued often improve their position by issuing bonus shares.	Gesellschaften mit überbewerteten Aktien helfen sich oft durch die Ausgabe von Gratisaktien.
nominal value n [ˌnɒmɪnl 'væljuː]	**Nominalwert, Nennwert**
All investors hope that the quotations of their shares will rise well above their nominal value. ➲ par value	Alle Investoren hoffen, dass die Kurse ihrer Aktien weit über den Nennwert steigen.

par value n [pɑː 'væljuː]

Dividends are quoted as a percentage of the share's par value or in pence.

➲ nominal value

Nominalwert, Nennwert

Dividenden werden als Prozentsatz des Nominalwerts einer Aktie oder in Pence angegeben.

at par adv [ət 'pɑː]

Debentures are not always repaid at par.

zum Nennwert, zu pari

Anleihen werden nicht immer zum Nennwert zurückgezahlt.

above par adv [əˌbʌv 'pɑː]

The issue price was 55 p above par.

über dem Nennwert, über pari

Der Emissionspreis lag 55 p über dem Nennwert.

below par adj [bɪˌləʊ 'pɑː]

Occasionally gilts fall below par if the interest paid for them drops below the current market interest rate.

unter pari, unter Nennwert

Gelegentlich fallen Staatspapiere auf unter pari, wenn der für sie gezahlte Zinssatz unter den gegenwärtig auf dem Markt gezahlten Zinssatz fällt.

bid price n ['bɪd praɪs]

The bid price is always lower than the offer price, and the difference used to be called the jobber's turn.

Geldkurs

Der Geldkurs ist immer niedriger als der Briefkurs, und früher nannte man den Unterschied die Spanne des Jobbers.

asked price n ['ɑːskt praɪs]

The yield gap is the difference between the bid price and the asked price.

➲ offer price

Briefkurs

Das Renditegefälle ist die Differenz zwischen Geld- und Briefkurs.

offer price n ['ɒfə praɪs]

ICI shares were dealt today at an offer price of 235.

➲ asked price

Briefkurs

ICI Aktien wurden heute zu einem Briefkurs von 235 gehandelt.

price-dividend ratio n [ˌpraɪs'dɪvɪdend reɪʃiəʊ]

A low price-dividend ratio does not always indicate a good investment.

Preis-Dividenden-Rate

Eine niedrige Preis-Dividenden-Rate bedeutet nicht immer eine gute Investition.

price-earnings ratio n [ˌpraɪs'ɜːnɪŋz reɪʃiəʊ]

The price-earnings ratio is generally regarded as a good indicator of a company's situation.

Kurs-Gewinn-Verhältnis (KGV)

Das KGV gilt allgemein als guter Indikator für den Zustand einer Gesellschaft.

application for quotation n GB [æplɪˌkeɪʃn fə kwəʊ'teɪʃn]

A prospective public limited company must submit its application for quotation to the relevant stock exchange committee.

➲ listing application

Börsenzulassungsantrag

Eine künftige Aktiengesellschaft muss bei der entsprechenden Börsenabteilung einen Börsenzulassungsantrag einreichen.

listing application n US [ˌlɪstɪŋ ˌæplɪ'keɪʃn]	**Börsenzulassungsantrag**
Every future open corporation must submit its listing application to the stock exchange.	Jede zukünftige Aktiengesellschaft muss der Börse einen Börsenzulassungsantrag vorlegen.
➲ application for quotation	
listed company n [ˌlɪstɪd 'kʌmpəni]	**börsennotierte Gesellschaft, Aktiengesellschaft**
Our company has been a listed company for more than a hundred years.	Unser Unternehmen ist seit über hundert Jahren eine börsennotierte Gesellschaft.
➲ public limited company, quoted company	
quoted company n [ˌkwəʊtɪd 'kʌmpəni]	**börsennotierte Gesellschaft, Aktiengesellschaft**
Once a company has been admitted to the official list it is a quoted company.	Wenn eine Gesellschaft in das amtliche Kursblatt aufgenommen ist, ist sie ein börsennotiertes Unternehmen.
➲ public limited company, listed company	
authorized share capital n [ˌɔːθəraɪzd 'ʃeə ˌkæpɪtl]	**genehmigtes Grundkapital, Nominalkapital**
Even after this new scrip issue, our issued share capital will be well below our authorized share capital.	Selbst nach dieser Emission von Gratisaktien wird unser begebenes Grundkapital noch weit unter unserem genehmigten Grundkapital liegen.
➲ authorized capital, registered capital	
registered capital n [ˌredʒɪstəd 'kæpɪtl]	**genehmigtes Kapital**
Registered capital is recorded in the articles of association.	Das genehmigte Kapital ist in der Gesellschaftssatzung festgehalten.
➲ authorized capital, authorized share capital	
stock market valuation n [ˌstɒk ˌmɑːkɪt ˌvælju'eɪʃn]	**Börsenwert**
A company's stock market valuation is the product of its shares' current market price and the number of shares issued.	Der Börsenwert einer Gesellschaft ist das Produkt aus dem gegenwärtigen Kurs ihrer Aktien und der Zahl der ausgegebenen Aktien.
called-up capital n ['kɔːldʌp ˌkæpɪtl]	**aufgerufenes Kapital**
The issue of A&B shares was only partly successful because called-up capital amounted to only 50 per cent of the total share capital.	Die Emission von A&B Aktien war nur ein Teilerfolg, weil das aufgerufene Kapital nur 50 Prozent des gesamten Aktienkapitals ausmachte.
issued share capital n [ˌɪʃuːd ˌʃeə 'kæpɪtl]	**begebenes Stammkapital, emittiertes Grundkapital**
The issued share capital must never exceed the authorized share capital.	Das begebene Stammkapital darf nie höher sein als das genehmigte Grundkapital.
share register n ['ʃeə ˌredʒɪstə]	**Aktienbuch**
Since we sold all our shares our name has been struck off the share register.	Da wir alle unsere Aktien verkauft hatten, wurde unser Name im Aktienbuch gelöscht.
➲ register of shareholders, register of members, transfer book, transfer register	

register of members n GB [ˌredʒɪstər əv ˈmembəz] — **Aktienbuch**

Every shareholder's name is entered into the register of members. — Alle Aktionäre sind im Aktienbuch eingetragen.

➲ share register, register of shareholders, transfer book, transfer register

register of shareholders n GB [ˌredʒɪstər əv ˈʃeəhəʊldəz] — **Aktienbuch**

The names of all shareholders are in the register of shareholders. — Die Namen aller Aktionäre stehen im Aktienbuch.

➲ share register, register of members, transfer book, transfer register

transfer book n [ˈtrænsfɜː bʊk] — **Aktienbuch**

The transfer book is closed before the general meeting. — Vor der Hauptversammlung wird das Aktienbuch geschlossen.

➲ share register, register of members, register of shareholders, transfer register

transfer register n [ˈtrænsfɜː ˌredʒɪstə] — **Aktienbuch**

Company shares must not be traded at the general meeting. Therefore the transfer register is closed until after the general meeting. — Auf der Hauptversammlung dürfen keine Aktien der Gesellschaft gehandelt werden. Darum bleibt das Aktienbuch bis nach der Hauptversammlung geschlossen.

➲ share register, register of members, register of shareholders, transfer book

(stock) transfer form n [ˌstɒk ˈtrænsfə fɔːm] — **Aktienübertragungsformular**

If you sell stocks, your broker will fill out the stock transfer form for you to sign. — Wenn Sie Aktien verkaufen, wird Ihr Makler das Aktienübertragungsformular für Sie zur Unterschrift vorbereiten.

Financial Times Stock Exchange 100 Share Index n GB [faɪˌnænʃl ˈtaɪmz ˈstɒk ɪkstʃeɪndʒ wʌn ˌhʌndrəd ˌʃeə ˈɪndeks] — **Aktienindex** (enthält Aktienwerte der 100 größten britischen AGs)

While the Nikkei Index dropped slightly yesterday, the FTSE-100 remained stable. — Während der Nikkei leicht fiel, blieb der FTSE-100 stabil.

➲ Footsie, FT-SE 100 Index

Footsie n GB [ˈfʊtsi] — **Aktienindex** (enthält die Aktienwerte der 100 größten britischen AGs)

As a result of the country's satisfactory performance, the Footsie has reached an all-time high. — Als Ergebnis der befriedigenden Wirtschaftsleistung des Landes hat der britische Aktienindex eine Rekordhöhe erreicht.

➲ Financial Times Stock Exchange 100 Share Index, FT-SE 100 Index

FT-SE 100 Index n GB
['fʊtsi wʌn ˌhʌndrəd 'ɪndeks]

Aktienindex (enthält Aktienwerte der 100 größten britischen AGs)

The FT-SE 100 Index is usually called the Footsie.

Der FT-SE 100 Index wird normalerweise „Footsie" genannt.

➲ Financial Times Stock Exchange 100 Share Index, Footsie

Thirty Share Index n GB
[ˌθɜːti ʃeər 'ɪndeks]

Index dreißig ausgewählter Aktien

Yesterday, the SE recorded a seven point fall in the Thirty Share Index from 2859 to 2852.

Gestern fiel der „Thirty Share Index" um 7 Punkte von 2859 auf 2852.

Dow Jones (Industrial Average) n
[ˌdaʊ ˌdʒəʊnz ɪnˌdʌstriəl 'æverɪdʒ]

Dow Jones (Aktienindex) (amerikanischer Aktienindex)

The Dow Jones, which covers 30 leading industrial companies quoted on the New York Stock Exchange, was established by two editors of The Wall Street Journal.

Der Dow Jones, der 30 führende an der New Yorker Börse notierte Industrieunternehmen berücksichtigt, wurde von zwei Herausgebern des Wall Street Journal begründet.

Nikkei Index n ['nɪkeɪ ˌɪndeks]

Nikkei Index (japanischer Aktienindex)

The Nikkei Index records the movements of shares on the stock exchange in Tokyo.

Der Nikkei Index registriert die Aktienkursbewegungen an der Börse von Tokio.

International Stock Exchange n
[ɪntəˌnæʃnəl 'stɒk ɪkstʃeɪndʒ]
ISE [ˌai es 'iː]

Internationale Wertpapierbörse

The International Stock Exchange is situated in London.

Die Internationale Wertpapierbörse (LSE) befindet sich in London.

➲ London Stock Exchange

London Stock Exchange n
[ˌlʌndən 'stɒk ɪkstʃeɪndʒ] LSE [ˌel es 'iː]

Londoner Wertpapierbörse

The official name of the London Stock Exchange is International Stock Exchange.

Der offizielle Name der Londoner Wertpapierbörse (LSE) ist Internationale Wertpapierbörse (ISE).

➲ International Stock Exchange

American Stock Exchange n US
[əˌmerɪkən 'stɒk ɪkstʃeɪndʒ]
AMEX ['eɪmeks]

Wertpapierbörse (in New York)

The official name of the stock exchange in Wall Street is "American Stock Exchange".

Der offizielle Name der Börse in der Wall Street ist „Amerikanische Wertpapierbörse".

Wall Street n ['wɔːl striːt]

Bezeichnung der New Yorker Börse

The New York Stock Exchange is usually referred to as Wall Street, the street in which it is located.

Die New Yorker Börse wird gewöhnlich nach der Straße, in der sie sich befindet, Wall Street genannt.

Big Bang n [bɪg 'bæŋ]

Liberalisierung des britischen Wertpapiermarkts (am 27. Oktober 1986)

The Big Bang on 27 October 1986 meant dramatic changes for the London Stock Exchange.

Die Liberalisierung des britischen Wertpapiermarkts am 27. Oktober 1986 bedeutete eine dramatische Veränderung für die Londoner Börse.

Black Monday n [ˌblæk ˈmʌndeɪ]

Schwarzer Montag

In the 1987 crash share prices throughout the world dropped by some 10% on Black Monday.

Bei dem Börsenkrach von 1987 fielen die Aktienkurse am Schwarzen Montag weltweit um ungefähr 10%.

National Association of Securities Dealers Automated Quotation n US [ˌnæʃnəl əsəʊsiˌeɪʃn əv sɪˈkjʊərətiz diːləz ˌɔːtəmeɪtɪd kwəʊˈteɪʃən] NASDAQ [ˈnæzdæk]

EDV-gestütztes Kursnotierungssystem

The introduction of NASDAQ led to a considerable speeding up of transactions.

Die Einführung des EDV-gestützten Kursnotierungssystems hatte eine beträchtliche Beschleunigung der Transaktionen zur Folge.

Teletext Output of Price Information by Computer n GB [ˌtelitekst ˌaʊtpʊt əv ˈpraɪs ɪnfəmeɪʃn baɪ kəmˈpjuːtə] TOPIC [ˈtɒpɪk]

computergesteuertes Teletext-Informationssystem der Börse

TOPIC helps potential buyers to monitor shares prices on their TV screens.

TOPIC ermöglicht potenziellen Käufern die Verfolgung der Kursentwicklung von Aktien auf ihrem Fernsehbildschirm.

Transfer Accounting Lodgement for Investors and Stock Management n GB [ˈtrænsfər əkaʊntɪŋ lɒdʒmənt fər ɪnˌvestəz ənd ˈstɒk mænɪdʒmənt] TALISMAN [ˈtælɪzmən]

computergesteuertes System zum Kauf und Verkauf von Wertpapieren

Today, securities are dealt more quickly through the TALISMAN system in London.

Heute werden Wertpapiere in London mit Hilfe des TALISMAN Systems schneller gehandelt.

Transfer of Automated Registration of Uncertified Stock n GB [ˌtrænsfɜːr əv ˌɔːtəmeɪtɪd ˌredʒɪˈstreɪʃn əv ˌʌnsɜːtɪfaɪd ˈstɒk] TAURUS [ˈtɔːrəs]

EDV-gestütztes Kursnotierungssystem

The introduction of TAURUS at the London Stock Exchange led to a considerable speeding up of transactions.

Die Einführung des EDV-gestützten Kursnotierungssystems an der Londoner Börse hatte eine beträchtliche Beschleunigung der Transaktionen zur Folge.

Commodities and futures

commodity n [kəˈmɒdəti]

Rohstoff, Ware

South Africa used to be a commodity economy.

Südafrika war früher eine auf Rohstoffen basierende Volkswirtschaft.

commodity futures n pl [kə'mɒdəti 'fjuːtʃəz] — **Warentermingeschäfte**

Commodity futures are agreements to buy or sell a certain amount of a commodity at a future date and at a fixed price.

Warentermingeschäfte sind Vereinbarungen, bestimmte Mengen einer Ware zu einem künftigen Termin und zu einem festgesetzten Preis zu kaufen oder zu verkaufen.

commodity exchange n [kə'mɒdəti ɪkstʃeɪndʒ] — **Warenbörse, Produktenbörse, Rohstoffbörse**

The two commodity exchanges in Chicago deal in commodities like grain or cattle, hogs and pork bellies.

➲ commodity market

Die beiden Warenbörsen in Chicago handeln mit Korn bzw. mit Vieh, Schweinen und Schweinebäuchen.

Commodity Exchange n [kə'mɒdəti ɪkstʃeɪndʒ] COMEX ['kəʊmeks] — **Warenbörse** (in New York)

The American Commodity Exchange (COMEX) is in New York.

Die amerikanische Warenbörse (COMEX) befindet sich in New York.

commodity market n [kə'mɒdəti mɑːkɪt] — **Warenbörse, Produktenbörse**

The Baltic Exchange in London is one of the world's major commodity markets.

➲ commodity exchange

Londons „Baltic Exchange“ ist eine der großen Warenbörsen der Welt.

futures n pl ['fjuːtʃəz] — **Terminwaren, Termingeschäfte**

We've decided to buy futures so that if prices rise, we'll be able to sell them at a profit.

Wir haben uns entschieden, Terminwaren zu kaufen, so dass wir sie gewinnbringend verkaufen können, wenn die Preise steigen.

futures exchange n ['fjuːtʃəz ɪkstʃeɪndʒ] — **Terminbörse**

Futures are traded on the futures exchange.

➲ futures market

Terminwaren werden an der Terminbörse gehandelt.

futures market n ['fjuːtʃəz mɑːkɪt] — **Terminmarkt, Terminbörse**

After the Kobe earthquake the futures market in Japanese securities collapsed.

➲ futures exchange

Nach dem Erdbeben in Kobe brach der Terminmarkt für japanische Wertpapiere zusammen.

futures contract n ['fjuːtʃəz kɒntrækt] — **Terminkontrakt**

The commodity broker bought a futures contract for crude oil on behalf of his client.

Im Auftrag seines Kunden kaufte der Rohstoffmakler einen Terminkontrakt für Rohöl.

futures deal n ['fjuːtʃəz diːl] — **Termingeschäft**

Futures deals often involve lively speculation.

Mit Termingeschäften wird oft lebhaft spekuliert.

financial futures n [ˌfaɪˌnænʃl 'fjuːtʃəz] — **Finanztermingeschäfte**

Financial futures embrace futures contracts in interest rates and exchange rates.

Finanztermingeschäfte umfassen Terminkontrakte für Zinssätze und Wechselkursraten.

London International Financial Futures and Options Exchange n GB [ˌlʌndən ɪntəˌnæʃnəl faɪˌnænʃl ˌfjuːtʃəz ənd ˈɒpʃnz ɪkstʃeɪndʒ] LIFFE [ˈlɪfi]

Internationale Londoner Finanzterminbörse

On the LIFFE you can speculate with the future prices of securities and currencies.

Bei LIFFE kann man mit dem zukünftigen Wert von Wertpapieren und Währungen spekulieren.

Baltic (Mercantile and Shipping) Exchange n GB [ˌbɔːltɪk ˌmɜːkəntaɪl ənd ˈʃɪpɪŋ ɪksˈtʃeɪndʒ]

Londoner Schifffahrtsbörse

Cargo space on tramps can be secured on the Baltic Exchange.

Laderaum auf Trampschiffen kann man an der Londoner Schifffahrtsbörse buchen.

Baltic International Freight and Futures Exchange n [ˌbɔːltɪk ɪntəˌnæʃnəl ˌfreɪt ənd ˈfjuːtʃəz ɪkstʃeɪndʒ] BIFFEX [ˈbɪfeks]

Londoner Börse für Warentermingeschäfte

BIFFEX operates out of the Baltic Exchange premises.

BIFFEX ist im Gebäude der „Baltic Exchange" untergebracht.

freight exchange n [ˈfreɪt ɪksˈtʃeɪndʒ]

Frachtenbörse

Cargo space can be chartered at a freight exchange.

Laderaum kann an einer Frachtenbörse gechartert werden.

➲ freight market

London Metal Exchange n [ˌlʌndən ˈmetl ɪkstʃeɪndʒ] LME [ˌel em ˈiː]

Londoner Metallbörse

Iron futures cannot be bought at the London Metal Exchange, but copper, lead, zinc and tin futures can.

Terminkontrakte für Eisen können an der Londoner Metallbörse nicht gekauft werden – wohl aber solche für Kupfer, Blei, Zink und Zinn.

freight market n [ˈfreɪt mɑːkɪt]

Frachtenbörse

Both cargo space and whole freighters can be chartered for a voyage or a specific period at a freight market.

Sowohl Laderaum als auch ganze Frachter können für eine Fahrt oder eine bestimmte Zeit an einer Frachtenbörse gechartert werden.

➲ freight exchange

stock-index futures n pl [ˌstɒkɪndeks ˈfjuːtʃəz]

Aktienindextermingeschäft

When buying stock-index futures contracts you agree to buy the index of shares at some future date rather than one individual share.

Bei Abschluss eines Aktienindextermingeschäfts kommt man überein, zu einem späteren Zeitpunkt den Aktienindex statt einer Aktie zu kaufen.

unlisted securities market n [ˌʌnlɪstɪd sɪˈkjʊərətiz mɑːkɪt] USM [ˌjuː es ˈem]

Markt für nicht notierte Wertpapiere

If a company's shares are not admitted to the official list, they can still be traded at the USM.

Wenn die Aktien einer Gesellschaft nicht zur Börse zugelassen werden, können sie immer noch am Markt für nicht notierte Wertpapiere gehandelt werden.

grey market n ['greɪ ˌmɑːkɪt]

In contrast to the black market, the grey market is a legal market for selling securities in short supply.

grauer Markt

Im Unterschied zum Schwarzmarkt ist der graue Markt ein legaler Markt zum Handel mit Wertpapieren, an denen Mangel besteht.

hard commodity n [ˌhɑːd kəˈmɒdəti]

In New York, hard commodities such as gold, silver and copper are traded at the commodity exchange.

metallischer Rohstoff

In New York werden metallische Rohstoffe wie Gold, Silber und Kupfer an der Rohstoffbörse gehandelt.

soft commodity n [ˌsɒft kəˈmɒdəti]

Coffee, cocoa and wheat are typical soft commodities and are traded at commodity exchanges.
➲ softs

Lebensmittelrohstoff

Kaffee, Kakao und Weizen sind typische Lebensmittelrohstoffe und werden an Rohstoffbörsen gehandelt.

softs n pl [sɒfts]

Softs opened firm, but closed on a rather weak note.
➲ soft commodities

Lebensmittelrohstoffe

Lebensmittelrohstoffe eröffneten stark, schlossen jedoch recht schwach.

venture capital n ['ventʃə kæpɪtl]

Venture capital is very often invested in futures.

Risikokapital

Risikokapital wird sehr häufig in Termingeschäfte investiert.

Securities

securities n pl [sɪk'jʊərətiz]

Securities are dealt in by securities dealers.

Wertpapiere, Effekten

Wertpapiere werden von Wertpapierhändlern gehandelt.

securities exchange n US [sɪ'kjʊərətiz ɪkstʃeɪndʒ]

AMEX is a major securities exchange.

Wertpapierbörse

Die amerikanische AMEX ist eine wichtige Wertpapierbörse.

securities dealer n [sɪ'kjʊərətiz diːlə]

The mood among securities dealers was rather pessimistic.

Effektenhändler, Wertpapierhändler

Die Stimmung unter Effektenhändlern war ziemlich pessimistisch.

share n ['ʃeə]

A share is a dividend-bearing security.
➲ stock

Aktie

Eine Aktie ist ein dividendenberechtigtes Wertpapier.

stock n US [stɒk]

In Wall Street, the market in stocks opened in a bullish mood and the Dow Jones jumped 100 points in two hours.
➲ share

Aktie

Der Aktienmarkt an der Wall Street eröffnete optimistisch, und der Dow Jones stieg in zwei Stunden um 100 Punkte.

A share n ['eɪ ʃeə]

Holders of A shares are holders of ordinary shares without a voting right.

A-Aktie

Besitzer von A-Aktien sind Stammaktionäre ohne Stimmrecht.

blue chip n ['bluː tʃɪp]

Blue chips may be very expensive but they are with certainty low-risk securities.

➲ blue chip security

Spitzenpapier, Spitzenwert

Zwar sind Spitzenpapiere teuer, aber sie sind sicher wenig riskante Wertpapiere.

blue chip security n ['bluː tʃɪp sɪ'kjʊərəti]

Blue chip securities are always traded at very high prices.

➲ blue chip

Spitzenpapier, Spitzenwert, erstklassiges Wertpapier

Spitzenpapiere werden immer zu sehr hohen Kursen gehandelt.

common stock n US [ˌkɒmən 'stɒk]

Common stocks carry the voting right at a company's general meeting.

➲ ordinary share, equity (share)

Stammaktie

Stammaktien beinhalten das Stimmrecht bei der Hauptversammlung einer Gesellschaft.

equity (share) n GB ['ekwəti ʃeə]

Playing the stock market and investing in equity shares carries a fairly high risk.

➲ common stock, ordinary share

Stammaktie

An der Börse zu spekulieren und Geld in Stammaktien anzulegen, bringt ein ziemlich hohes Risiko mit sich.

ordinary share n ['ɔːdnri ʃeə]

Anybody holding an ordinary share is entitled to a proportion of the company's net profits.

➲ common stock, equity (share)

Stammaktie

Jeder Besitzer einer Stammaktie hat ein Anrecht auf einen Anteil des Nettogewinns des Unternehmens.

deferred ordinary share n [dɪˌfɜːd ˌɔːdnri 'ʃeə]

Company directors usually hold deferred ordinary shares, i.e. their claims to a dividend are satisfied after those of the other shareholders.

Nachzugsaktie

Vorstandsmitglieder einer Gesellschaft halten üblicherweise Nachzugsaktien, d.h. ihre Dividendenansprüche werden erst nach denen der anderen Aktionäre befriedigt.

listed share n [ˌlɪstɪd 'ʃeə]

The London Stock Exchange only deals in listed shares and other listed securities.

➲ quoted share

börsennotierte Aktie, amtlich notierte Aktie

Die Londoner Börse handelt nur börsennotierte Aktien und andere börsennotierte Wertpapiere.

quoted share n [ˌkwəʊtɪd 'ʃeə]

Once a company's shares are admitted to an official stock exchange list they are called quoted shares.

➲ listed share

börsennotierte Aktie, amtlich notierte Aktie

Wenn die Aktien einer Gesellschaft in die offizielle Liste einer Börse aufgenommen worden sind, heißen sie börsennotierte Aktien.

penny share n ['peni ʃeə]

Penny shares often have a very low market price.

Kleinaktie

Kleinaktien haben oft einen sehr geringen Kurswert.

preference share n GB ['prefrəns ʃeə]

Vorzugsaktie

Claims to a dividend by holders of preference shares are satisfied first.
➲ preferred stock

Die Ansprüche von Vorzugsaktionären auf eine Dividende werden zuerst befriedigt.

preferred stock n [prɪˌfɜːd 'stɒk]

Vorzugsaktie

Holders of preferred stock may attend a general meeting but at best they only have a limited voting right.
➲ preference share

Vorzugsaktionäre dürfen an einer Hauptversammlung teilnehmen, haben aber allenfalls ein eingeschränktes Stimmrecht.

participating preferred stock n [pɑːˌtɪsɪpeɪtɪŋ prɪˌfɜːd 'stɒk]

Vorzugsaktie, Aktie mit Gewinnbeteiligung

Holders of participating preferred stock receive regular dividends plus a share in whatever earnings are remaining.

Besitzer von Vorzugsaktien erhalten neben der regulären Dividende einen Anteil an etwaigen Restgewinnen.

cumulative preferred stock n [ˌkjuːmjələtɪv prɪˌfɜːd 'stɒk]

kumulative Vorzugsaktie(n)

After three years our company has at last made a profit, so the holders of cumulative preferred stock can again expect to receive a dividend for this year.

Unsere Gesellschaft schreibt nach drei Jahren endlich wieder schwarze Zahlen, so dass Aktionäre mit kumulativen Vorzugsaktien für dieses Jahr wieder eine Dividende erwarten können.

stock split n ['stɒk splɪt]

Aktienteilung, Aktiensplit

In order to dilute our equity we have decided to make a stock split.

Um unser Aktienkapital zu verwässern, haben wir uns zu einer Aktienteilung entschlossen.

short-dated securities n pl [ˌʃɔːtdeɪtɪd sɪ'kjʊərətiz]

Kurzläufer, kurzfristige Anleihen

Since we are not sure when we'll need our capital we have decided to invest it in short-dated securities.
➲ shorts

Da wir nicht sicher sind, wann wir unser Kapital benötigen, haben wir uns entschlossen, in Kurzläufer zu investieren.

shorts n pl [ʃɔːts]

Kurzläufer, kurzfristige Anleihen

Shorts have a life of five years at most.
➲ short-dated securities

Kurzläufer haben eine Laufzeit von höchstens fünf Jahren.

long-dated securities n pl [ˌlɒŋdeɪtɪd sɪ'kjʊərətiz]

Langläufer, langfristige Anleihen

Long-dated securities are not redeemable until after fifteen years.
➲ longs

Langläufer sind frühestens nach fünfzehn Jahren fällig.

longs n pl [lɒŋz]

Langläufer, langfristige Anleihen

Since we do not expect to need our capital over the next fifteen years we have invested in longs.
➲ long-dated securities

Weil wir unser Kapital wahrscheinlich frühestens in fünfzehn Jahren benötigen, haben wir in Langläufer investiert.

medium-dated securities n pl [ˌmi:diəmˌdeɪtɪd sɪ'kjʊərətiz]

mittelfristige Staatspapiere

Medium-dated securities are redeemable after between five and fifteen years.
➲ mediums

Mittelfristige Staatspapiere haben Laufzeiten von fünf bis fünfzehn Jahren.

mediums n pl ['mi:diəmz]

mittelfristige Anleihen

Since he is going to retire in five years he has invested his money in mediums in order to top up his old age pension.
➲ medium-dated securities

Weil er in fünf Jahren pensioniert wird, hat er sein Geld in mittelfristige Anleihen investiert, um seine Rente aufzubessern.

convertible security n [kənˌvɜ:təbl sɪ'kjʊərəti]

Wandelanleihe, wandelbares Wertpapier

Convertible securities can be exchanged for ordinary shares in the issuing company.
➲ convertible bond

Wandelbare Wertpapiere können gegen Stammaktien der ausgebenden Gesellschaft eingetauscht werden.

fixed-interest security n [fɪkst ˌɪntrəst sɪ'kjʊərəti]

festverzinsliches Wertpapier

Debentures and gilts are fixed-interest securities.

Schuldverschreibungen und öffentliche Anleihen sind festverzinsliche Wertpapiere.

unlisted security n [ˌʌnlɪstɪd sɪ'kjʊərəti]

nicht notiertes Wertpapier, Freiverkehrswert

Unlisted securities are usually high-risk securities and are only dealt on the Unlisted Securities Market.

Nicht notierte Wertpapiere sind gewöhnlich sehr riskant und werden nur im Freiverkehr gehandelt.

listed security n [ˌlɪstɪd sɪ'kjʊərəti]

börsennotiertes Wertpapier, börsengängiges Wertpapier

Once a security is admitted to an official stock exchange list, it is called a listed security.
➲ quoted security

Wenn ein Wertpapier in die offizielle Liste einer Börse aufgenommen wird, ist es ein börsennotiertes Wertpapier.

quoted security n [ˌkwəʊtɪd sɪ'kjʊərəti]

börsennotiertes Wertpapier, börsengängiges Wertpapier

Every security in an official stock exchange list is a quoted security.
➲ listed security

Jedes Wertpapier in der Liste der börsenfähigen Aktien einer Börse ist ein börsennotiertes Wertpapier.

undated security n [ˌʌndeɪtɪd sɪ'kjʊərəti]

Wertpapier ohne feste Laufzeit

Undated securities usually constitute a long-term investment.

Wertpapiere ohne feste Laufzeit stellen gewöhnlich eine langfristige Investition dar.

gilt-edged securities n pl GB [ˌgɪltedʒd sɪ'kjʊərətiz]

Staatspapiere, Staatsanleihen, mündelsichere Wertpapiere

Until quite recently, German savings banks were only allowed to invest in gilt-edged securities.
➲ gilts, government stocks

Bis vor kurzem durften deutsche Sparkassen nur in Staatspapiere investieren.

gilts n pl GB [gɪlts]
Staatspapiere, Staatsanleihen, mündelsichere Wertpapiere

In Germany gilts are issued by the federal government, state government and by local authorities.
In Deutschland werden Staatspapiere von der Bundesregierung, von Länderregierungen und Kommunalbehörden ausgegeben.

➲ gilt-edged securities, government stocks

bond n [bɒnd]
Anleihe, Schuldverschreibung, Obligation, Rentenwert

If you are interested in fixed-interest securities, you can invest in bonds.
Wenn Sie an festverzinslichen Wertpapieren interessiert sind, können Sie in Anleihen investieren.

convertible bond n [kən,vɜːtəbl 'bɒnd]
Wandelanleihe

The investor was interested in having his convertible bonds exchanged for shares.
Der Investor war daran interessiert, für seine Wandelanleihe Aktien zu erhalten.

➲ convertible security

collateral bond n [kə'lætərəl bɒnd]
wertpapiergesicherte Schuldverschreibung

Rather than invest in unsecured bonds the management decided to buy collateral bonds.
Statt in ungesicherte Anleihen zu investieren, entschloss sich die Geschäftsleitung, wertpapiergesicherte Schuldverschreibungen zu kaufen.

corporate bond n US ['kɔːpərət bɒnd]
Industrieobligation, Industrieschuldverschreibung

Issuing corporate bonds is a typical way of raising capital.
Die Ausgabe von Industrieobligationen ist eine typische Methode der Kapitalbeschaffung.

government bond n ['gʌvənmənt bɒnd]
Staatsanleihe

Government bonds are safer than ordinary debentures because governments cannot go bankrupt.
Staatsanleihen sind sicherer als gewöhnliche Schuldverschreibungen, weil Staaten nicht in Konkurs gehen können.

junk bond n ['dʒʌŋk bɒnd]
ungesicherte Schuldverschreibung, hochriskante Schuldverschreibung

If you invest all your capital in junk bonds, you risk losing everything.
Wenn du all dein Kapital in ungesicherte Schuldverschreibungen investierst, riskierst du, alles zu verlieren.

registered bond n [,redʒɪstəd 'bɒnd]
Namensschuldverschreibung

A company must keep records of the names and addresses of holders of registered bonds.
Eine Gesellschaft muss Namen und Adressen der Inhaber von Namensschuldverschreibungen in ihren Geschäftsunterlagen festhalten.

unsecured bond n [,ʌnsɪkjʊəd 'bɒnd]
ungesicherte Schuldverschreibung

In theory, anybody buying unsecured bonds risks losing every penny.
Theoretisch riskiert jeder, der ungesicherte Schuldverschreibungen kauft, alles zu verlieren.

Treasury bond n US ['treʒəri bɒnd]
Staatsanleihe, Schatzanleihe

The recently issued 30-year Treasury bond yields an interest rate of 8.55%.
Die soeben emittierte Staatsanleihe mit einer Laufzeit von 30 Jahren bringt 8,55% Zinsen ein.

eurobond n ['jʊərəʊbɒnd]
Most eurobonds are issued in London.

Euroanleihe
Die meisten Euroanleihen werden in London emittiert.

Treasury bill n GB ['treʒəri bɪl]
Treasury bills are issued by the Bank of England for three months and do not earn interest.

Schatzwechsel
Schatzwechsel werden von der Bank von England mit einer Laufzeit von drei Monaten ausgegeben und bringen keine Zinsen ein.

government stocks n pl GB ['gʌvənmənt stɒks]
Government stocks are fixed-interest securities.
➲ gilts, gilt-edged securities

öffentliche Obligationen, Staatsanleihen
Öffentliche Obligationen sind festverzinsliche Wertpapiere.

debenture n [dɪ'bentʃə]
Large companies in need of finance often issue debentures.

Schuldverschreibung, Obligation
Große Gesellschaften, die Kapital benötigen, geben oft Schuldverschreibungen aus.

secured debenture n [sɪˌkjʊəd dɪ'bentʃə]
We have decided to issue secured debentures by using our company's assets as security.

gesicherte Schuldverschreibung
Wir haben beschlossen, eine gesicherte Schuldverschreibung auszugeben, indem wir unser Gesellschaftsvermögen als Sicherheit verwenden.

debenture capital n [dɪ'bentʃə kæpɪtl]
Rather than issue new shares the company decided to raise further debenture capital.
➲ debt capital, loan capital

Anleihekapital, Fremdkapital
Statt neue Aktien auszugeben, beschloss die Gesellschaft, weiteres Anleihekapital aufzunehmen.

debenture stock n [dɪ'bentʃə stɒk]
We have issued debenture stock worth £150m.
➲ loan stock

Schuldverschreibung, Obligation
Wir haben Schuldverschreibungen in Höhe von 150 Millionen Pfund ausgegeben.

loan stock n ['ləʊn stɒk]
I have decided to invest in interest-bearing securities and have bought loan stock.
➲ debenture stock

Anleihe, Obligation
Ich habe mich für festverzinsliche Wertpapiere entschieden und Anleihen gekauft.

nominal value n GB [ˌnɒmɪnl 'vælju:]
The nominal value of a share can be as low as 50p.
➲ par value

Nennwert, Nominalwert
Der Nennwert einer Aktie ist in manchen Fällen nicht höher als 50 Pence.

par value n [pɑ: 'vælju:]
Dividends are paid as a percentage of the share's par value or in pence.
➲ nominal value

Nominalwert, Nennwert
Dividenden werden als Prozentsatz des Nominalwerts einer Aktie oder in Pence angegeben.

scrip n [skrɪp]
If no share certificate is issued, share ownership can be proved by a scrip.

Bezugsschein, Zwischenschein
Wenn kein Aktienzertifikat ausgestellt wird, dient ein Bezugsschein als Nachweis des Aktienbesitzes.

bonus issue n ['bəʊnəs ɪʃuː]
(Ausgabe von) Gratisaktien

The board proposes a bonus issue of one share for every ten already held.
Der Vorstand schlägt die Ausgabe von Gratisaktien im Verhältnis 1 zu 10 vor.

➲ capitalization issue, scrip issue

capitalization issue n [ˌkæpɪtəlaɪ'zeɪʃn ɪʃuː]
(Ausgabe von) Gratisaktien

The general meeting accepted the board's proposal for a capitalization issue.
Die Hauptversammlung stimmte dem Vorschlag des Vorstands zu, Gratisaktien auszugeben.

➲ scrip issue, bonus issue

scrip issue n ['skrɪp ɪʃuː]
(Ausgabe von) Gratisaktien

Our existing shareholders will be offered a scrip issue of one share for every twenty already held.
Wir werden unseren Altaktionären Gratisaktien im Verhältnis 1 zu 20 anbieten.

➲ bonus issue, capitalization issue

ex bonus adj [eks 'bəʊnəs]
ex Gratisaktien, ohne Gratisaktien

We would like you to know that the shares you have instructed us to buy for you are ex bonus.
Wir möchten Ihnen mitteilen, dass die Aktien, die wir für Sie kaufen sollen, ex Gratisaktien sind.

➲ ex-cap, ex scrip

ex cap adj [eks 'kæp]
ex Gratisaktien, ohne Gratisaktien

Some investors regard ex cap shares as rather unattractive.
Einige Investoren halten Aktien ex Gratisaktien für ziemlich unattraktiv.

➲ ex bonus, ex scrip

ex scrip adj [eks 'skrɪp]
ex Gratisaktien, ohne Gratisaktien

The insurance company disposed of a large part of its holding in ex scrip shares.
Die Versicherungsgesellschaft veräußerte einen großen Teil ihres Bestandes an Aktien ex Gratisaktien.

➲ ex bonus, ex cap

nominal yield n [ˌnɒmɪnl 'jiːld]
(Ertrag aus der) Nominalverzinsung

Our company's debentures usually have a nominal yield of between 6 and 7%.
Die Anleihen unserer Gesellschaft haben üblicherweise eine Nominalverzinsung von 6 bis 7%.

dividend n ['dɪvɪdend]
Dividende

In the USA dividends are paid up to four times a year.
In den USA werden bis zu vier Mal jährlich Dividenden ausgezahlt.

cum dividend adj GB [kʌm 'dɪvɪdend]
mit Dividende

Since you have purchased a cum-dividend share you have a claim on the next dividend.
Da Sie eine Aktie mit Dividende erworben haben, haben Sie Anspruch auf die nächste Dividende.

➲ dividend on

dividend warrant n ['dɪvɪdend wɒrənt]
Dividendengutschrift

Your dividend warrant usually reaches you in the form of a crossed cheque.
Ihre Dividendengutschrift geht Ihnen gewöhnlich in Form eines Verrechnungsschecks zu.

dividend on adj US [ˌdɪvɪdend ˈɒn]
Investors are only interested in dividend-on stock.
➲ cum dividend

mit Dividende
Investoren sind nur an Aktien mit Dividende interessiert.

ex dividend adj GB [eks ˈdɪvɪdend]
If you buy an ex-dividend share, you will not receive the next dividend.
➲ dividend off

ohne Dividende
Wenn Sie eine Aktie ohne Dividende kaufen, erhalten Sie die nächste Dividende nicht.

dividend off adj US [ˌdɪvɪdend ˈɒf]
It goes without saying that I am not interested in dividend-off stock.
➲ ex dividend

ohne Dividende
Es versteht sich von selbst, dass ich nicht an Aktien ohne Dividende interessiert bin.

final dividend n [faɪnl ˈdɪvɪdend]
The general meeting declared a final dividend of 6 pence.

Schlussdividende
Die Hauptversammlung beschloss eine Schlussdividende von 6 Pence.

interim dividend n [ˌɪntərɪm ˈdɪvɪdend]
Interim dividends are usually paid at the end of the first half-year.

Zwischendividende, Interimsdividende
Zwischendividenden werden normalerweise zum Ende der ersten Jahreshälfte gezahlt.

call option n [kɔːl ˈɒpʃn]
Investors often make a call option agreement in order to have the right to buy a commodity at a later date.
➲ call

Kaufoption
Investoren schließen oft einen Kaufoptionsvertrag ab, um zu einem späteren Zeitpunkt das Recht zum Kauf eines Rohstoffs zu haben.

traded option n [ˌtreɪdɪd ˈɒpʃn]
There are traded options in a small number of UK companies.

handelbare Option
Handelbare Optionen gibt es nur für wenige britische Gesellschaften.

public issue n [ˈpʌblɪk ˈɪʃuː]
The company invited subscribers for its new shares by a public issue advertised in the national newspapers.

öffentliche Emission
Die Gesellschaft bot Interessenten ihre neuen Aktien auf dem Wege einer in der nationalen Tagespresse annoncierten öffentlichen Emission an.

issued capital n [ˈɪʃuːd ˈkæpɪtl]
The issued capital can never be higher than the authorized capital.

begebenes Kapital
Das begebene Kapital kann nie höher sein als das genehmigte Kapital.

minority holding n [maɪˈnɒrəti həʊldɪŋ]
Since we have only a minority holding we are not in a position to influence the company policy of this holding.
➲ minority interest, minority stake

Minderheitsbeteiligung
Da wir nur eine Minderheitsbeteiligung haben, sind wir nicht in der Lage, die Unternehmenspolitik dieser Holding zu beeinflussen.

minority interest n [maɪˈnɒrəti ɪntrəst]
We hold a 30% minority interest in this holding company.
➲ minority holding, minority stake

Minderheitsbeteiligung
Wir halten eine Minderheitsbeteiligung von 30% an dieser Holdinggesellschaft.

minority stake n [maɪ'nɒrəti steɪk]

Until quite recently the government still had a minority stake in British Telecom.

➲ minority holding, minority interest

Minderheitsbeteiligung

Bis vor ganz kurzer Zeit hatte die Regierung noch eine Minderheitsbeteiligung an British Telecom.

mutual fund n US ['mju:tʃuəl ˌfʌnd]

Investing in mutual funds reduces the risk for small investors.

➲ unit trust

offener Investmentfonds, Investmentgesellschaft

Investitionen in offene Investmentfonds senken das Risiko des Kleinanlegers.

unit trust n GB [ˌju:nɪt 'trʌst]

Unit trust management companies usually invest in a wide range of shares.

➲ mutual fund

offener Investmentfonds, Investmentgesellschaft

Verwaltungsgesellschaften offener Investmentfonds investieren gewöhnlich in eine Auswahl von Aktien.

Trading

trading n ['treɪdɪŋ]

Opening trading at the stock exchange was brisk.

Geschäftstätigkeit, Handel

Die ersten Stunden an der Börse waren von reger Geschäftstätigkeit gekennzeichnet.

financial market n [faɪˌnænʃl 'mɑ:kɪt]

New York, Tokyo and London are the world's biggest financial markets.

Finanzmarkt

New York, Tokio und London sind die größten Finanzmärkte der Welt.

active market n [ˌæktɪv 'mɑ:kɪt]

Chemical shares were traded in an active market.

lebhafter Markt, lebhafte Börse

Der Markt für Chemieaktien war lebhaft.

after-hours dealing n [ˌɑ:ftər aʊəz 'di:lɪŋ]

As a result of the demand for our shares, brisk after-hours dealing is expected.

➲ street dealing

nachbörslicher Handel, Nachbörse(ngeschäft)

Als Folge der Nachfrage nach unseren Aktien wird ein lebhafter nachbörslicher Handel erwartet.

street dealing n ['stri:t di:lɪŋ]

The broker tried to make up for the losses he sustained during the session by active street dealing.

➲ after-hours dealing

Nachbörse(ngeschäft), nachbörslicher Handel

Der Makler versuchte, seine Verluste während der Börsensitzung durch aktives Nachbörsengeschäft wettzumachen.

aftermarket n ['ɑ:ftər mɑ:kɪt]

As a result of the demand for our shares, a brisk aftermarket is expected.

Handel mit neu emittierten Wertpapieren

Als Folge der Nachfrage nach unseren Aktien wird ein lebhafter Handel (mit diesen neu emittierten Wertpapieren) erwartet.

buyer's market n [ˌbaɪəz ˈmɑːkɪt] — **Käufermarkt, Markt mit Überangebot**

A buyer's market always means low prices because there is little demand for a large supply.
Käufermarkt bedeutet auch immer niedrige Preise, weil die Nachfrage bei großem Angebot gering ist.

➲ easy market

cash market n [ˈkæʃ mɑːkɪt] — **Spotmarkt, Kassamarkt**

The cash market prices of commodities are sometimes very high.
Die Kassakurse für Rohstoffe sind manchmal sehr hoch.

➲ spot market

easy market n [ˌiːzi ˈmɑːkɪt] — **Käufermarkt, Markt mit Überangebot**

There's been an easy market for government bonds in the last few days.
Für Staatsanleihen gibt es seit einigen Tagen einen Käufermarkt.

➲ buyer's market

heavy market n [ˌhevi ˈmɑːkɪt] — **gedrückter Markt**

We have made heavy losses because we were forced to sell in a heavy market. There were hardly any buyers and prices kept falling.
Wir haben schwere Verluste erlitten, weil wir gezwungen waren, in einem gedrückten Markt zu verkaufen. Es gab kaum Käufer, und die Preise gaben nach.

spot market n [ˈspɒt mɑːkɪt] — **Spotmarkt, Kassamarkt**

The severe winter meant that we had to buy oil on the spot market.
Wegen des strengen Winters mussten wir Öl auf dem Spotmarkt kaufen.

➲ cash market

advance v [ədˈvɑːns] — **ansteigen, anziehen**

After the announcement of positive labour market figures, share prices advanced slightly.
Nach Bekanntgabe positiver Arbeitsmarktzahlen stiegen die Aktienpreise leicht an.

bottoming out n [ˈbɒtəmɪŋ aʊt] — **Erreichen des Tiefstandes**

Market analysts expect a bottoming out of share price indices.
Analysten erwarten einen Tiefstand der Aktienindexe.

bounce n [baʊns] — **scharfer Anstieg**

There was a 14.5p bounce in our company's shares.
Die Aktien unserer Gesellschaft machten einen Sprung nach oben von 14,5 Pence.

decline v [dɪˈklaɪn] — **nachgeben, fallen**

Following news of poor first quarter results, our company's share prices declined yesterday.
Nachdem die schwachen Ergebnisse unserer Gesellschaft im ersten Quartal bekannt wurden, gaben unsere Aktienkurse gestern nach.

➲ depreciate

drift v [drɪft] — **leicht nachgeben, schwächer notieren**

In April aluminium prices in New York drifted.
In New York gaben die Aluminiumpreise im April leicht nach.

drop v [drɒp] — **fallen, nachgeben**

Wheat prices at the Baltic Exchange have dropped considerably in recent months.
Die Weizenpreise an der „Baltic Exchange" sind in den letzten Monaten beträchtlich gefallen.

ease v [iːz] — **nachgeben, sich abschwächen, leichter tendieren**

Equities opened on a strong note but eased later.
➲ edge down

Aktien eröffneten stark, gaben aber im Verlauf nach.

edge down v [ˌedʒ 'daʊn] — **schwächer tendieren, leicht fallen, nachgeben**

On Tuesday German blue chip shares edged down slightly before closing on a stronger note.
➲ ease

Am Dienstag tendierten deutsche Spitzenwerte schwächer, bevor sie sich gegen Börsenschluss wieder erholten.

edge up v [edʒ 'ʌp] — **stärker tendieren, leicht steigen**

Copper quotations in New York edged up following news of an end to the miners' strike in Peru.

Auf die Nachricht vom Ende des Bergarbeiterstreiks in Peru tendierten die Kupferpreise in New York stärker.

firm v [fɜːm] — **fester tendieren, anziehen, sich festigen**

Eurobonds have been firming lately.

Euroanleihen tendieren seit einiger Zeit fester.

jump v [dʒʌmp] — **in die Höhe schnellen, sprunghaft steigen**

As a result of the drought in Africa, millet quotations have jumped at the world's commodity exchanges.

Wegen der Dürre in Afrika sind die Hirsepreise an den Warenbörsen der Welt in die Höhe geschnellt.

nosedive v ['nəʊzdaɪv] — **Kurssturz, Preissturz**

After a series of accidents quotations of German chemical companies nosedived.

Nach einer Reihe von Unfällen haben die Notierungen deutscher Chemieunternehmen einen Kurssturz erlebt.

plummet v ['plʌmɪt] — **kräftig fallen**

As a result of the Gulf War share prices were expected to plummet.

Als Folge des Golfkrieges wurde ein kräftiger Sturz der Aktienkurse erwartet.

rally v ['ræli] — **sich erholen, anziehen**

On news of a bullish tendency in New York, quotations at the London Stock Exchange rallied considerably.

Auf die Nachricht von einer optimistischen Tendenz in New York hin erholten sich die Notierungen an der Londoner Börse erheblich.

rally n ['ræli] — **Erholung, Preisaufschwung**

News of the new chief executive's appointment led to an immediate rally of the company's share prices.

Die Nachricht von der Ernennung des neuen Vorstandsvorsitzenden führte zu einer sofortigen Erholung der Aktienkurse der Gesellschaft.

rocket v ['rɒkɪt] — **kräftig steigen, hochschnellen**

After the presidential elections American share prices rocketed.
➲ shoot up, soar, surge

Nach der Präsidentschaftswahl stiegen die amerikanischen Aktienkurse kräftig an.

shoot up v [ʃuːt 'ʌp] — **in die Höhe schießen, kräftig steigen**

Share prices have shot up since the company's successful takeover.
➲ rocket, soar, surge

Seit der erfolgreichen Übernahme der Firma sind die Aktienpreise in die Höhe geschossen.

slide v [slaɪd]

Commodity prices at the commodity exchanges have been sliding over the past few weeks.

(ab)rutschen, (ab)sacken, nachgeben

An den Warenbörsen rutschen seit einigen Wochen die Preise.

slump v [slʌmp]

After the Kobe earthquake Japanese equities slumped dramatically.

dramatisch sinken, stark zurückgehen

Nach dem Erdbeben in Kobe sind die Stammaktien japanischer Unternehmen dramatisch gesunken.

soar v [sɔː]

The company's good prospects are reflected in soaring share prices.

➲ rocket, shoot up, surge

steil ansteigen, hochschnellen

Die guten Aussichten des Unternehmens spiegeln sich in steil ansteigenden Aktienkursen wider.

soften v ['sɒfn]

Quotations of soft commodities at COMEX are expected to soften further.

sich abschwächen, nachgeben

Man erwartet, dass sich die Notierungen für Lebensmittelrohstoffe an der New Yorker Warenbörse weiter abschwächen.

spurt v [spɜːt]

Without any obvious reason, the price of cotton futures spurted last week.

sprunghaft steigen, plötzlich steigen

Ohne ersichtlichen Grund stiegen die Preise für Baumwolltermingeschäfte in der letzten Woche sprunghaft an.

surge v [sɜːdʒ]

After the announcement of a 15 pence dividend, the company's quotations are expected to surge.

➲ rocket, soar, shoot up

steil ansteigen, hochschnellen

Nach der Ankündigung einer Dividende von 15 Pence erwartet man einen steilen Anstieg der Notierungen der Gesellschaft.

tumble v ['tʌmbl]

The company's poor results over the past two years is going to send its share prices tumbling.

stark fallen, purzeln

Das schlechte Ergebnis der Gesellschaft in den vergangenen zwei Jahren wird ihre Aktienkurse stark fallen lassen.

weaken v ['wiːkən]

After a short recovery the Dow Jones has weakened again.

sich abschwächen, zurückgehen

Nach einer kurzen Erholung hat sich der Dow Jones wieder abgeschwächt.

after-hours price n ['ɑːftər aʊəz praɪs]

Unfortunately, we had to sell your shares at a low after-hours price.

➲ street price

nachbörslicher Kurs, nachbörslicher Preis

Leider mussten wir Ihre Aktien zu einem niedrigen nachbörslichen Kurs verkaufen.

street price n ['striːt praɪs]

The street price of A&B shares continued the downward trend of the day.

➲ after-hours price

nachbörslicher Kurs, nachbörslicher Preis

Der nachbörsliche Kurs der A&B Aktien setzte den negativen Trend des Tages fort.

option money n ['ɒpʃn mʌni]

If you wish to purchase options, you'll have to pay option money.

Optionspreis

Wenn Sie Optionen erwerben wollen, müssen Sie den Optionspreis zahlen.

portfolio n [pɔːt'fəʊliəʊ]

Portefeuille, Wertpapierbestand, Depot

We've purchased some more blue chips in order to increase our portfolio.

Wir haben einige weitere Spitzenwerte erworben, um unser Portefeuille zu erweitern.

official list n [əˌfɪʃl 'lɪst]

Liste der börsenfähigen Wertpapiere, amtliches Kursblatt

If you wish to reduce the risk in speculating in securities, you should restrict your dealing to securities on the official list.

Wenn Sie Ihr Risiko beim Spekulieren mit Wertpapieren verringern wollen, sollten Sie sich auf das Handeln mit Wertpapieren beschränken, die in der Liste der börsenfähigen Wertpapiere aufgeführt sind.

disinvest v [ˌdɪsɪn'vest]

Anlagekapital zurückziehen, desinvestieren

The recession has caused many companies to disinvest.

Wegen der Rezession haben viele Gesellschaften ihr Anlagekapital zurückgezogen.

disinvestment n [ˌdɪsɪn'vestmənt]

Desinvestition, Rückziehen von Anlagekapital

Disinvestment is a means of obtaining cash.

Desinvestition ist ein Mittel zur Beschaffung von Barmitteln.

open position n [ˌəʊpən pə'zɪʃn]

ungedecktes Engagement

If brokers Jones & Myers cannot find buyers for their huge stocks of copper very soon, their open position will cause them to suffer tremendous losses.

Wenn das Maklerhaus Jones & Myers nicht sehr bald Käufer für seine riesigen Vorräte an Kupfer findet, wird es durch sein ungedecktes Engagement gewaltige Verluste erleiden.

option n ['ɒpʃn]

Option, Optionsgeschäft

We have advised our brokers to buy options in commodity futures.

Wir haben unsere Makler angewiesen, Optionen für Warenterminkontrakte zu kaufen.

maturity n [mə'tʃʊərəti]

Fälligkeit

What's the maturity date of this debenture?
➲ redemption date

Was ist das Fälligkeitsdatum dieser Schuldverschreibung?

redeem v [rɪ'diːm]

einlösen, tilgen, ablösen

Government bonds may, as a rule, be redeemed after 10 years.

Staatsanleihen dürfen in der Regel nach zehn Jahren eingelöst werden.

redemption n [rɪ'dempʃn]

Tilgung, Ablösung, Einlösung

Redemption may be effected in instalments.

Die Tilgung kann in Raten erfolgen.

redemption date n [rɪ'dempʃn deɪt]

Fälligkeit(sdatum), Tilgungstermin

When is the redemption date on this government bond?
➲ maturity

Wann wird diese Staatsanleihe fällig?

redemption yield n [rɪ'dempʃn jiːld]

Effektivrendite, Tilgungserlös

The redemption yield on government bonds tends to be low, but they are very safe.

Bei Staatsanleihen ist die Effektivrendite eher niedrig, aber sie sind sehr sicher.

yield gap n ['jiːld gæp]

Ertragslücke, Renditegefälle

The yield gap between the yield on shares and gilts has changed dramatically in recent weeks.

In den vergangenen Wochen hat sich die Ertragslücke zwischen Aktien und Staatsanleihen dramatisch verändert.

letter of allotment n [ˌletər əv əˈlɒtmənt]	**Zuteilungsanzeige**
We are expecting the letter of allotment any day now because we need to know how much money to put up.	Wir erwarten täglich die Zuteilungsanzeige, weil wir wissen müssen, wieviel Kapital wir aufbringen müssen.
letter of regret n [ˌletər əv rɪˈgret]	**Absagebrief, Mitteilung über Nichtzuteilung von Effekten**
British Telecom had to send thousands of letters of regret to applicants for shares because the flotation was a huge success.	British Telecom musste Tausende von Absagebriefen an Aktienzeichner senden, weil der Börsengang ein riesiger Erfolg war.
letter of renunciation n [ˌletər əv rɪˌnʌnsiˈeɪʃn]	**Abtretungserklärung, Abtretung von Bezugsrechten**
If you do not wish to buy the shares allotted to you, we would ask you to fill in the letter of renunciation and send it back to us.	Wenn Sie die Ihnen zugeteilten Aktien nicht erwerben wollen, möchten wir Sie bitten, die Abtretungserklärung auszufüllen und uns zurückzusenden.
market letter n [ˌmɑːkɪt ˈletə]	**Börsenbericht, Marktbericht**
One of the most expensive market letters in the USA is the Value Line Investment Survey, which is published weekly.	Einer der teuersten Börsenberichte in den USA ist der wöchentlich erscheinende Value Line Investment Survey.
market indicator n [ˈmɑːkɪt ɪndɪkeɪtə]	**Marktindikator, Marktbarometer, Börsenbarometer**
All the market indicators point to a sustained recovery.	Alle Marktindikatoren deuten auf eine nachhaltige Erholung hin.
holding n [ˈhəʊldɪŋ]	**(Aktien-)Besitz, Beteiligung**
The company founders family still has a thirty per cent holding.	Die Familie des Gründers der Gesellschaft hält noch dreißig Prozent der Anteile.
company prospectus n [ˈkʌmpəni prəspektəs]	**Emissionsprospekt, Börsenprospekt**
One of the documents that has to be submitted to the quotation department of the stock exchange is the company prospectus. ➲ prospectus	Zu den Dokumenten, die der Börsenzulassungsabteilung vorgelegt werden müssen, gehört der Emissionsprospekt.
prospectus n [prəˈspektəs]	**Emissionsprospekt, Börsenprospekt**
Every new issue of shares is accompanied by a prospectus. ➲ company prospectus	Zu jeder neuen Aktienemission gehört ein Emissionsprospekt.
transfer agent n [ˈtrænsfɜːr ˌeɪdʒənt]	**Umschreibestelle**
The transfer agent keeps a record of all the changes in stock ownership.	Die Umschreibestelle dokumentiert alle Veränderungen des Aktienbesitzes.
spread n [spred]	**Kursspanne, Kursdifferenz**
The difference between the spot price of a commodity and its futures price is the spread of the commodity.	Der Unterschied zwischen dem Kassakurs und dem Terminkurs einer Ware ist die Kursspanne der Ware.

unit trust n GB ['ju:nɪt trʌst] — **offener Investmentfonds**

Unit trusts are a low-risk form of investment since a unit consists of a wide range of shares and consequently the risk is spread.
➲ mutual fund

Offene Investmentfonds sind eine Investitionsform mit niedrigem Risiko, weil eine Einheit aus einer breiten Streuung von Aktien besteht und daher das Risiko ebenfalls gestreut ist.

trust fund n ['trʌst fʌnd] — **Treuhandfonds, treuhänderisch verwalteter Fonds**

The proceeds from the auction will be placed in a trust fund.

Der Versteigerungserlös wird in einen Treuhandfonds eingezahlt werden.

eurodollar n ['jʊərəʊdɒlə] — **Eurodollar**

Eurodollars are merely dollars kept in banks outside the United States.

Bei Eurodollar handelt es sich lediglich um Dollar, die in Banken außerhalb der Vereinigten Staaten verwahrt werden.

FIMBRA n ['fɪmbrə] — **Aufsichtsvereinigung für Finanzmakler, Finanzverwalter und Makler**
Financial Intermediaries, Managers and Brokers Regulatory Association [fɪ'nænʃl ɪntəˌmɪ:diəriz ˌmænɪdʒəz ən ˌbrəʊkəz ˌregjələtəri əˌsəʊsi'eɪʃn]

The longhand version of FIMBRA is Financial Intermediaries, Managers and Brokers Regulatory Association.

Ausgeschrieben heißt FIMBRA (auf Deutsch) „Aufsichtsvereinigung für Finanzmakler, Finanzverwalter und Makler."

Securities and Investment Board n GB [sɪˌkjʊərətiz ənd ɪn'vestmənt bɔ:d] SIB [ˌes aɪ 'bi:] — **britische Börsenaufsichtsbehörde**

One of the functions of the Securities and Investments Board in Great Britain is to protect small investors.

Eine der Aufgaben der Börsenaufsichtsbehörde in Großbritannien ist der Schutz der Kleininvestoren.

Securities and Exchange Commission n US [sɪˌkjʊərətiz ənd ɪks'tʃeɪndʒ kəmɪʃn] SEC [ˌes i: 'si:] — **amerikanische Börsenaufsichtsbehörde**

In contrast to the British SIB, the American Securities and Exchange Commission (SEC) has more statutory powers.

Im Vergleich zur britischen Börsenaufsichtsbehörde hat die amerikanische Börsenaufsichtsbehörde mehr gesetzliche Vollmachten.

Jobs and activities

official broker n [əˌfɪʃl 'brəʊkə] — **amtlicher Börsenmakler**

If you wish to buy shares, you should contact an official broker.

Wenn Sie Aktien erwerben möchten, sollten Sie sich an einen amtlichen Börsenmakler wenden.

banker n ['bæŋkə] — **Bankier, Banker**

A banker is, for example, the owner, director or manager of a bank.

Ein Bankier ist z.B. der Besitzer, Direktor oder Geschäftsführer einer Bank.

after-hours dealing n [ˌɑːftər aʊəz ˈdiːlɪŋ]

Blue chips eased during the session but recovered in after-hours dealings.

➲ street dealing

Nachbörse(ngeschäft), nachbörslicher Handel

Spitzenwerte tendierten während der Börsensitzung leichter, erholten sich aber im Nachbörsengeschäft.

street dealing n [ˈstriːt diːlɪŋ]

The broker tried to make up for the losses he sustained during the session by active street dealing.

➲ after-hours dealing

Nachbörse(ngeschäft), nachbörslicher Handel

Der Makler versuchte, seine Verluste während der Börsensitzung durch aktives Nachbörsengeschäft wettzumachen.

insider dealing n [ɪnˌsaɪdə ˈdiːlɪŋ]

One of the company's directors was taken to court for insider dealing.

Insidergeschäfte

Einem der Vorstandsmitglieder der Gesellschaft wurde wegen Insidergeschäften der Prozess gemacht.

hedging n [ˈhedʒɪŋ]

If you deal in futures, hedging is essential if you wish to minimize your risk.

Kurssicherung(sgeschäft), Hedging

Kurssicherung ist bei Termingeschäften unerlässlich, wenn Sie Ihr Risiko minimieren wollen.

hedge v [hedʒ]

In order to hedge against rising oil prices in winter, we bought oil at a fixed price in April for delivery in October.

sich absichern

Um uns gegen steigende Ölpreise im Winter abzusichern, haben wir im April zu einem Festpreis Öl gekauft, das im Oktober geliefert werden sollte.

speculate v [ˈspekjuleɪt]

If you only buy shares to sell them as soon as possible at a high price, you speculate.

spekulieren

Wenn man nur Aktien kauft, um sie baldmöglichst zu einem möglichst hohen Preis zu verkaufen, spekuliert man.

speculation n [ˌspekjuˈleɪʃn]

Any investment in shares other than for long-term purposes is speculation.

Spekulation

Jegliche Investition in Aktien, die nicht langfristig angelegt ist, ist Spekulation.

speculator n [ˈspekjuleɪtə]

Speculators are only interested in making as much money as possible. They are not really interested in the companies whose shares they buy.

Spekulant

Spekulanten sind nur daran interessiert, so viel Geld wie möglich zu machen. Sie haben kein wirkliches Interesse an den Gesellschaften, deren Aktien sie kaufen.

arbitrage n [ˈɑːbɪtrɑːʒ]

Arbitrage helped investors to profit from the difference between share prices in Chicago and New York.

Arbitrage

Arbitrage half Investoren, von den unterschiedlichen Aktienkursen in Chicago und New York zu profitieren.

arbitrageur n [ˌɑːbɪtrɑːˈʒɜː]

As soon as a takeover bid for Miller plc became a possibility, arbitrageurs tried to drive up the price of Miller shares by encouraging investors to buy, so that they might later sell their own shares at a profit.

Arbitrageur

Sobald ein Übernahmeangebot für Miller plc im Gespräch war, versuchten Arbitrageure, die Preise für Miller-Aktien in die Höhe zu treiben, indem sie Investoren zum Aktienkauf ermunterten, um später ihre eigenen Aktien gewinnbringend abzustoßen.

averaging n ['ævərɪdʒɪŋ]

Averaging can help maintain the price of a share.

Aktienkauf zu verschiedenen Kursen

Der Kauf von Aktien zu verschiedenen Kursen kann den Kurs einer Aktie stabil halten.

averaging down n [ˌævərɪdʒɪŋ 'daʊn]

Averaging down may reduce the average cost of buying a share but it increases the risk of the investment considerably.

Aktiennachkauf bei fallenden Kursen

Aktiennachkauf bei fallenden Kursen kann zwar die Durchschnittskosten des Kaufs einer Aktie senken, aber dadurch erhöht sich das Risiko der Investition erheblich.

averaging up n [ˌævərɪdʒɪŋ 'ʌp]

By averaging up the investor managed to increase his profit by selling the shares at a later date.

Aktiennachkauf bei steigenden Kursen

Durch Aktiennachkauf bei steigenden Kursen gelang es dem Investor, seinen Gewinn zu erhöhen, indem er die Aktien zu einem späteren Zeitpunkt verkaufte.

bed-and-breakfasting n GB [ˌbed ənd 'brekfəstɪŋ]

I would advise you to reduce your tax liability by bed and breakfasting.

Pensionsgeschäfte

Ich würde Ihnen raten, Ihre Steuerschuld durch Pensionsgeschäfte zu senken.

underwrite an issue v [ʌndəˌraɪt ən 'ɪʃuː]

Financial institutions such as insurance companies usually underwrite share issues.

eine Emission garantieren

Aktienemissionen werden in der Regel von Finanzinstituten wie Versicherungsgesellschaften garantiert.

institutional investor n [ɪnstɪˌtjuːʃənl ɪn'vestə]

Life insurance companies and pension funds are the main institutional investors.

institutioneller Anleger

Lebensversicherungsgesellschaften und Rentenfonds sind die wichtigsten institutionellen Anleger.

investment analyst n [ɪnˌvestmənt 'ænəlɪst]

Most merchant banks employ a large number of investment analysts.

➲ investment consultant

Anlageberater(in), Vermögensberater(in)

Die meisten Handelsbanken beschäftigen eine große Zahl von Anlageberatern.

investment consultant n [ɪnˌvestmənt kən'sʌltənt]

Investment consultants are expected to be both highly responsible and very honest.

➲ investment analyst

Anlageberater(in), Vermögensberater(in)

Von Anlageberatern wird erwartet, dass sie sehr verantwortungsbewusst und ehrlich sind.

agiotage n ['ædʒətɪdʒ]

As the currency dealer expected the pound to rise, he resorted to agiotage and bought large amounts of sterling to sell them later.

Devisenspekulation, Agiotage

Da der Devisenhändler steigende Pfundkurse erwartete, spekulierte er mit Devisen, indem er große Pfundbeträge kaufte, um sie später wieder zu verkaufen.

allotment n [ə'lɒtmənt]

The pension fund received an allotment of 50,000 shares from the new issue.

➲ allotment of shares, allotment of stocks

Zuteilung

Der Rentenfonds erhielt eine Zuteilung von 50.000 Aktien aus der neuen Emission.

allotment of shares n GB [ə'lɒtmənt əv 'ʃeəz] — **Aktienzuteilung**

Once we have received all the applications we shall make an allotment of shares by random draw.

Nach Eingang aller Anträge werden wir eine Zuteilung der Aktien durch Los vornehmen.

➲ allotment, allotment of stocks

allotment of stocks n US [ə'lɒtmənt əv 'stɒks] — **Aktienzuteilung**

I'm afraid we are only in a position to make you an allotment of 50% of the stocks you have subscribed for.

Leider sind wir nur in der Lage, Ihnen 50% der Aktien zuzuteilen, die Sie gezeichnet haben.

➲ allotment, allotment of shares

buy on margin v [ˌbaɪ ɒn 'mɑːdʒɪn] — **auf Einschuss kaufen**

If you do not have enough capital to pay for all the shares you wish to buy, you can still buy them on margin.

Wenn Sie nicht genügend Kapital für alle Aktien haben, die Sie kaufen möchten, können Sie sie immer noch auf Einschuss kaufen.

call n [kɔːl] — **Kaufoption**

The customer informed his broker that he wished to exercise his call.

Der Kunde informierte seinen Makler, dass er seine Kaufoption ausüben wolle.

➲ call option

call option n ['kɔːl ɒpʃn] — **Kaufoption**

A call option gives you the right to buy a certain quantity of a commodity at an agreed price at a later date.

Eine Kaufoption gibt Ihnen das Recht, eine gewisse Menge einer Ware zu einem späteren Zeitpunkt zu einem festen Kurs zu kaufen.

➲ call

margin call n US ['mɑːdʒɪn kɔːl] — **Aufforderung zur Erhöhung der Einschusszahlung, Nachschussforderung**

If you buy stocks on loan and their price falls below a fixed level, you will receive a margin call.

Wenn Sie Aktien auf Einschuss kaufen und deren Kurs unter ein festgesetztes Niveau sinkt, erhalten Sie eine Aufforderung zur Erhöhung der Einschusszahlung.

put n [pʊt] — **Verkaufsoption**

In order to hedge against excessive losses I have made a put agreement for Japanese securities with my bank.

Um mich gegen außergewöhnliche Verluste abzusichern, habe ich mit meiner Bank eine Verkaufsoption für japanische Wertpapiere vereinbart.

➲ put option

put option n [ˌpʊt 'ɒpʃn] — **Verkaufsoption**

I herewith inform you that I wish to exercise my put option. Please, sell my A&B shares immediately at the agreed price.

Hiermit teile ich Ihnen mit, dass ich meine Verkaufsoption wahrnehmen möchte. Verkaufen Sie bitte umgehend meine A&B Aktien zu dem vereinbarten Preis.

➲ put

cash deal n ['kæʃ diːl] — **Kassageschäft**

We acquired the shares through a cash deal.

Wir haben den Aktieneinkauf als Kassageschäft abgewickelt.

fill or kill order n ['fɪl ɔː 'kɪl ɔːdə]

Sofortauftrag

Since the customer gave her broker a fill or kill order and the latter was not able to execute the order, it was cancelled.

Da die Kundin ihrem Makler einen Sofortauftrag erteilt hatte und dieser nicht sogleich ausgeführt werden konnte, wurde der Auftrag storniert.

good-till-cancelled order n [ˌgʊd tɪl 'kænsld ˌɔːdə]

Auftrag bis auf Widerruf

I gave my broker a good-till-cancelled order as I suspected the futures contract might be difficult and slow to pull off.

Weil ich glaubte, dass der Terminkontraktabschluss schwierig und langwierig sein würde, gab ich meinem Makler einen auf Widerruf gültigen Auftrag.

limit order n ['lɪmɪt ɔːdə]

Limitorder, Limitauftrag (Kauf- oder Verkaufsauftrag mit Kurslimit)

In his first transaction with his new broker the client issued a limit order.

In seiner ersten Transaktion mit seinem neuen Makler erteilte der Kunde eine Limitorder.

⊃ stop order

stop order n ['stɒp ɔːdə]

Limitauftrag, Limitorder (Kauf- oder Verkaufsauftrag mit Kurslimit)

The client did not wish to spend more than 155p per share, so she gave her broker a stop order.

Die Klientin wollte nicht mehr als 155 Pence pro Aktie ausgeben, daher gab sie ihrem Makler einen Limitauftrag.

⊃ limit order

stop loss order n ['stɒp lɒs ɔːdə]

Stop-Loss-Order (Auftrag zum Aktienverkauf zur Vermeidung weiterer Verluste)

In order to avoid further losses, the investor gave his broker a stop loss order in case shares fell by 5%.

Für den Fall eines Kursrückgangs um 5% erteilte der Investor seinem Makler eine Stop-Loss-Order zur Vermeidung weiterer Verluste.

sell short v [sel 'ʃɔːt]

in Blanko verkaufen, ohne Deckung verkaufen, leerverkaufen, fixen

Bears often sell short because they expect prices to fall.

Baissiers verkaufen oft in Blanko, weil sie fallende Kurse erwarten.

odd lot n ['ɒd 'lɒt]

weniger als 100 Aktien (Höchstmenge pro Börsenabschluss)

The private investor had only enough capital to purchase an odd lot of this blue chip.

Der private Investor hatte nur genug Kapital, um weniger als hundert Stück dieses Spitzenpapiers zu kaufen.

round lot n ['raʊnd 'lɒt]

100 Aktien (Mindestmenge pro Börsenabschluss)

The insurance company only invested in round lots.

Die Versicherungsgesellschaft investierte nur in jeweils 100 Aktien.

time bargain n ['taɪm bɑːgɪn]

Termingeschäft

Rather than invest in this company's shares immediately, the broker made a time bargain to purchase them in three months.

Statt sofort in Aktien dieser Gesellschaft zu investieren, schloss der Makler ein Termingeschäft ab, um sie in drei Monaten zu kaufen.

corporate raider n US [ˌkɔːpərət ˈreɪdə]

Far too many corporate raiders are only interested in making a killing by asset stripping.

➲ raider

Firmenaufkäufer, Firmenhai

Viel zu viele Firmenaufkäufer sind nur daran interessiert, durch die Ausschlachtung von Firmen einen Reibach zu machen.

raider n GB [ˈreɪdə]

The raider acquired 22% of the company's shares before making a takeover bid.

➲ corporate raider

Firmenaufkäufer, Firmenhai

Der Firmenaufkäufer kaufte 22% der Gesellschaftsaktien, bevor er ein Übernahmeangebot machte.

INSURANCE

Taking out insurance

take out insurance v [teɪk ˌaʊt ɪn'ʃʊərəns] — **eine Versicherung abschließen, sich versichern**

We'd better take out a medical insurance for our trip to South-East Asia.

Für unsere Südostasienreise täten wir gut daran, eine Krankenversicherung abzuschließen.

insurance n [ɪn'ʃʊərəns] — **Versicherung**

My insurance covers all risks.

Meine Versicherung deckt alle Risiken ab.

(insurance) policy n [ɪn'ʃɔːrəns pɒləsi] — **Versicherungspolice**

An insurance policy is a contract of insurance between the insurer and the insured.

Eine Versicherungspolice ist ein Versicherungsvertrag zwischen dem Versicherungsgeber und dem Versicherungsnehmer.

insurance agent n [ɪn'ʃʊərəns eɪdʒənt] — **Versicherungsvertreter(in)**

Insurance agents usually work on a commission basis.

Versicherungsvertreter arbeiten gewöhnlich auf Provisionsbasis.

insurance broker n [ɪn'ʃʊərəns ˌbrəʊkə] — **Versicherungsmakler(in)**

Unlike insurance agents, insurance brokers work on their own account and are not beholden to any one insurer.

Im Gegensatz zu Versicherungsvertretern arbeiten Versicherungsmakler auf eigene Rechnung und sind keinem Versicherungsgeber verpflichtet.

insurance company n [ɪn'ʃʊərəns kʌmpəni] — **Versicherungsgesellschaft**

Private insurance is only offered by insurance companies.

Privatversicherungen werden nur von Versicherungsgesellschaften angeboten.

mutual insurance company n [ˌmjuːtʃuəl ɪn'ʃʊərəns kʌmpəni] — **Versicherungsverein auf Gegenseitigkeit** (VVaG)

A mutual insurance company is regarded as operating in the public interest, because it is not a profit-seeking organization.

Ein Versicherungsverein auf Gegenseitigkeit (VVaG) wird als gemeinnützig angesehen, weil er keine gewinnorientierte Organisation ist.

insurable adj [ɪn'ʃʊərəbl] — **versicherungsfähig, versicherbar**

At Lloyd's almost any risk is insurable.

Bei Lloyd's kann man fast jedes Risiko versichern.

insurer n [ɪn'ʃʊərə] — **Versicherungsgeber, Versicherer**

Not all risks are underwritten by insurers.

Nicht alle Risiken werden von Versicherungsgebern versichert.

the insured n [ði ɪn'ʃʊəd] — **der Versicherungsnehmer**

The insured can only file a claim if he or she has paid at least one premium.

Der Versicherungsnehmer kann nur dann einen Anspruch geltend machen, wenn er bzw. sie zumindest eine Prämie gezahlt hat.

policyholder n ['pɒləsihəʊldə]
Most policyholders pay their premiums by direct debit.

Versicherungsnehmer(in), Versicherte(r)
Die meisten Versicherungsnehmer bezahlen ihre Prämien per Lastschriftverfahren.

renew v [rɪ'nju:]
If you don't cancel your policy, it will be renewed automatically.

verlängern
Falls Sie nicht kündigen, verlängert sich Ihre Versicherungspolice automatisch.

renewal notice n [rɪ'nju:əl nəʊtɪs]
You will receive a renewal notice to remind you to pay the premium by the due date.

Verlängerungsbescheid
Sie werden einen Verlängerungsbescheid erhalten, der Sie daran erinnert, die Prämie bis zum Fälligkeitstag zu zahlen.

cover n GB ['kʌvə]
The insurer provides cover in return for the premium.
➲ coverage

Versicherungsschutz, Deckung
Als Gegenleistung für die Prämie bietet der Versicherungsgeber Versicherungsschutz.

coverage n US ['kʌvərɪdʒ]
Our policy provides coverage against theft and fire.
➲ cover

Versicherungsschutz, Deckung
Unsere Police deckt Diebstahl- und Feuerschäden ab.

liability n [ˌlaɪə'bɪləti]
By taking out insurance, you can transfer liability from yourself to the insurer.

Haftung, Haftpflicht
Durch den Abschluss einer Versicherung kann man die Haftung von sich selbst auf den Versicherer übertragen.

benefit n ['benɪfɪt]
Under this policy, benefits are paid after the third day of sickness.

(Versicherungs-)Leistung
Nach diesem Versicherungsvertrag werden Leistungen vom vierten Krankheitstag an gezahlt.

claim n [kleɪm]
The lower the number of claims, the lower the premiums.

Schadensfall, Versicherungsanspruch
Je niedriger die Zahl der Schadensfälle, um so niedriger die Prämien.

adjust a claim v [əˌdʒʌst ə 'kleɪm]
Insurers will hesitate to adjust a claim if they suspect fraud.

einen Schaden regulieren
Versicherungsgeber zögern bei der Regulierung eines Schadens, wenn sie einen Betrugsverdacht haben.

loss n [lɒs]
People take out insurance to protect themselves against possible losses.

Schaden, Verlust
Man schließt eine Versicherung ab, um sich gegen mögliche Schäden zu schützen.

loss adjustment n [ˌlɒs ə'dʒʌstmənt]
Policyholders usually want instant loss adjustment.

Schadensregulierung, Schadensausgleich
Versicherungsnehmer wollen gewöhnlich eine sofortige Schadensregulierung.

personal injury n [ˌpɜ:sənl 'ɪndʒəri]
Personal injuries sustained by third parties are not always covered.

Personenschaden, Körperverletzung
Von Dritten erlittene Personenschäden sind nicht immer abgedeckt.

sustain v [sə'steɪn]

If you sustain a loss which is covered by your policy, you will have to file a claim.

erleiden

Wenn Sie einen Schaden erleiden, der von Ihrer Police gedeckt ist, dann müssen Sie einen Anspruch geltend machen.

excess n ['ekses]

Insurance companies often insist on an excess in order to prevent bogus claims.

Selbstbeteiligung

Versicherungsgesellschaften bestehen oft auf einer Selbstbeteiligung, um Scheinansprüche zu verhindern.

premium n ['priːmiəm]

Insurance premiums are reasonable with this insurance company.

Prämie

Versicherungsprämien sind bei dieser Versicherungsgesellschaft nicht allzu hoch.

premium rate n ['priːmiəm reɪt]

Premium rates are calculated according to the number of claims made.

Prämiensatz

Die Prämiensätze werden nach der Anzahl der Schadensfälle berechnet.

index-linked adj ['ɪndekslɪŋkt]

Insurance premiums are often index-linked, i.e. they rise in line with the retail price index.

indexgebunden, dynamisiert

Versicherungsprämien sind oft indexgebunden, d.h. sie steigen im gleichen Verhältnis wie der Einzelhandelspreisindex.

due date n ['djuː 'deɪt]

Premiums must be paid by the due date. Otherwise claims may be rejected.

Fälligkeitsdatum

Prämien müssen spätestens bis zum Fälligkeitsdatum gezahlt werden. Sonst werden Ansprüche vielleicht nicht anerkannt.

proposal form n [prə'pəʊzl fɔːm]

The proposal form contained questions concerning the state of the applicant's health.

Antragsformular

Das Antragsformular enthielt Fragen zum Gesundheitszustand des Antragstellers.

proposer n [prə'pəʊzə]

The proposer is obliged by law to furnish particulars of his or her medical history.

Antragsteller(in)

Der Antragsteller ist rechtlich verpflichtet, seine bzw. ihre Krankengeschichte im Einzelnen darzustellen.

exclusion n [ɪk'skluːʒn]

Every policy has certain exclusions of liability.

Leistungsausschluss, Versicherungsbegrenzung, Haftungsausschluss

Jede Versicherungspolice sieht bestimmte Haftungsausschlüsse vor.

peril n ['perəl]

Traditional perils in marine insurance are "pirates, mutinies and restraint of princes".

Risiko, Gefahr

Traditionelle Risiken in der Seeversicherung sind „Piraten, Meuterei und hoheitsrechtliche Eingriffe".

risk n [rɪsk]

In insurance it is vital to spread the risk.

Risiko

Im Versicherungswesen ist es unerlässlich, das Risiko zu streuen.

spread v [spred]

streuen, verteilen

Without the principle of spreading the risk, nuclear power plants would hardly be insurable.

Ohne das Prinzip der Risikostreuung wären Atomkraftwerke kaum versicherbar.

actuarial adj [ˌæktʃu'eəriəl]

versicherungsmathematisch

According to our actuarial department, some premiums will have to be raised.

Nach Auskunft unserer versicherungsmathematischen Abteilung müssen einige Prämien erhöht werden.

actuary n ['æktʃuəri]

Versicherungsmathematiker(in)

Every insurance company employs actuaries to work out statistical probabilities.

Jede Versicherungsgesellschaft beschäftigt Versicherungsmathematiker zur Berechnung statistischer Wahrscheinlichkeiten.

Lloyd's

member n pl [ˌmembə]

Einzelversicherer, Versicherungsgeber

At present Lloyd's has some 13,000 members.

Gegenwärtig hat Lloyd's etwa 13.000 Einzelversicherer.

➲ name, underwriter

member's agent n [ˌmembəz 'eɪdʒənt]

Versicherungsagent, Agent eines Lloyd's-Konsortiums

Quite a few members' agents lost their jobs when their principals were forced out of business.

Relativ viele Versicherungsagenten wurden arbeitslos, als ihre Auftraggeber in Konkurs gingen.

➲ underwriting agent

name n pl [neɪm]

Einzelversicherer, Versicherungsgeber

Being a Lloyd's name is supposed to confer status.

Man sagt, Einzelversicherer bei Lloyd's zu sein, erhöht das gesellschaftliche Ansehen.

➲ member, underwriter

underwriter n ['ʌndəraɪtə]

Einzelversicherer, Versicherungsgeber

Lloyd's underwriters are, as a rule, not personally involved in the day-to-day business of writing insurance.

Die Einzelversicherer von Lloyd's sind normalerweise nicht persönlich im tagtäglichen Vertragsabschlussgeschäft tätig.

➲ member, name

underwriting agent n [ˌʌndəraɪtɪŋ 'eɪdʒənt]

Versicherungsagent, Agent eines Lloyd's-Konsortiums

Every Lloyd's syndicate has its own underwriting agents.

Jedes Lloyd's-Konsortium hat seine Versicherungsagenten.

➲ member's agent

underwriting activity n [ˌʌndəraɪtɪŋ æk'tɪvəti]

Versicherungstätigkeit

The actual underwriting activity at Lloyd's is not done by the names, but by their agents.

Die eigentliche Versicherungstätigkeit bei Lloyd's wird nicht von den Mitgliedern, sondern von ihren Bevollmächtigten ausgeübt.

syndicate n ['sɪndɪkət]	**Konsortium, Versicherungsgruppe**
In recent years, some syndicates have underwritten risks for which the names concerned are now paying dearly.	In den letzten Jahren haben einige Konsortien Risiken versichert, die die betreffenden Versicherungsgeber jetzt teuer zu stehen kommen.
shipping register n ['ʃɪpɪŋ redʒɪstə]	**Schiffsregister**
Lloyd's famous shipping register is constantly being updated.	Lloyd's berühmtes Schiffsregister wird fortwährend auf den neusten Stand gebracht.
marine insurance n [məˌriːn ɪn'ʃʊərəns]	**Seeversicherung, Seetransportversicherung**
Lloyd's began in 1689, when merchants and shipowners met in Edward Lloyd's coffee house in the City of London to arrange marine insurance.	Lloyd's begann im Jahre 1689, als Kaufleute und Reeder sich in Edward Lloyd's Kaffeehaus in der Londoner City trafen, um Seeversicherungen abzuschließen.
reinsurance n [ˌriːɪn'ʃʊərəns]	**Rückversicherung**
Lloyd's non-marine business largely consists of writing reinsurance policies.	Das Sachversicherungsgeschäft von Lloyd's besteht weitgehend im Abschließen von Rückversicherungspolicen.
reinsure v [ˌriːɪn'ʃʊə]	**rückversichern**
Lloyd's underwriters have long specialized in reinsuring risks.	Lloyd's Versicherer spezialisieren sich seit langem auf die Rückversicherung von Risiken.
reinsurer n [ˌriːɪn'ʃʊərɜ]	**Rückversicherer**
Many underwriters act as reinsurers.	Viele Versicherer sind als Rückversicherer tätig.
take a line v [ˌteɪk ə 'laɪn]	**ein (Teil-)Risiko übernehmen / versichern**
Underwriting agents take a line, i.e. they cover a fraction of the risk.	Die Versicherungsagenten übernehmen ein Teilrisiko, d.h. sie decken einen Bruchteil des Risikos ab.
subscription n [səb'skrɪpʃn]	**Beitrag, Mitgliedsbeitrag**
The members of Lloyd's are required to pay an annual subscription.	Die Mitglieder von Lloyd's müssen einen Jahresbeitrag zahlen.
average n ['ævərɪdʒ]	**Havarie**
Lloyd's underwriters provide cover against general average and particular average.	Lloyd's Versicherer bieten Deckung für große und besondere Havarien.
place with v ['pleɪs wɪð]	**versichern bei**
A marine risk will be placed with several underwriters.	Eine Seetransportrisiko wird normalerweise bei mehreren Versicherungsträgern versichert.
aviation n [ˌeɪvi'eɪʃn]	**Luftfahrt**
Aviation is an important branch of Lloyd's business activities these days.	Das Luftfahrtgeschäft ist heutzutage ein sehr wichtiger Geschäftszweig von Lloyd's.
earthquake n ['ɜːθkweɪk]	**Erdbeben**
Lloyds' reputation is based on its tradition of paying on the nail, for instance after the San Francisco earthquake of 1906.	Der Ruf von Lloyd's basiert auf seiner Tradition der prompten Zahlung, z.B. nach dem Erdbeben von San Francisco im Jahre 1906.

private insurance n ['praɪvət ɪn'ʃʊərəns]	**Privatversicherung**
He took out private insurance.	Er schloss eine Privatversicherung ab.
liability insurance n [ˌlaɪə'bɪləti ɪnʃʊərəns]	**Haftpflichtversicherung**
If you have children, a liability insurance is certainly to be recommended.	Wenn Sie Kinder haben, ist eine Haftpflichtversicherung sicherlich zu empfehlen.
life assurance n GB ['laɪf əʃʊərəns]	**Lebensversicherung**
In view of the imminent pensions crisis, many people have taken out a life assurance policy. ➲ life insurance	Angesichts der drohenden Rentenkrise haben viele Leute eine Lebensversicherung abgeschlossen.
life insurance n US ['laɪf ɪnʃʊərəns]	**Lebensversicherung**
Life insurance is one of the fastest growing sectors in the insurance industry. ➲ life assurance	Das Lebensversicherungsgeschäft ist einer der am schnellsten wachsenden Bereiche des Versicherungswesens.
life policy n ['laɪf pɒlɪsi]	**Lebensversicherung**
In recent years, there has been a considerable increase in the number of life policies taken out by employees.	In den letzten Jahren ist die Anzahl der von Arbeitnehmern abgeschlossenen Lebensversicherungen deutlich angestiegen.
whole-life assurance n [həʊlˌlaɪf ə'ʃʊərəns]	**Lebensversicherung auf den Todesfall**
One way of providing for your family is to take out whole-life assurance.	Eine Möglichkeit zur Absicherung der eigenen Familie ist der Abschluss einer Lebensversicherung auf den Todesfall.
term assurance n [tɜːm ə'ʃʊərəns]	**Risikolebensversicherung**
Employers usually take out term assurance for employees in dangerous jobs.	Arbeitgeber schließen gewöhnlich eine Risikolebensversicherung für Arbeitnehmer in gefährlichen Berufen ab.
endowment assurance n [ɪn'daʊmənt əʃʊərəns]	**Kapitallebensversicherung**
The chief attraction of endowment assurance is the prospect of receiving a huge sum of money after a minimum of 15 years.	Die besondere Attraktivität einer Kapitallebensversicherung besteht in der Aussicht auf eine riesige Geldsumme nach mindestens 15 Jahren.
home contents insurance n [ˌhəʊm ˌkɒntents ɪn'ʃʊərəns]	**Hausratversicherung**
Theft, burst water pipes and fire are usually covered by home contents insurance.	Diebstahl, Wasserrohrbruch und Feuer sind meist durch eine Hausratversicherung abgedeckt.
health insurance n ['helθ ɪnʃʊərəns]	**Krankenversicherung**
If you are not insured through a state scheme, you'd better take out private health insurance.	Wenn Sie nicht in einer gesetzlichen Krankenversicherung sind, dann sollten Sie sich privat versichern.

building insurance n ['bɪldɪŋ ɪnʃʊərəns]	**Gebäudeversicherung**
Homeowners are well advised to take out building insurance against risks such as structural damage or earthquake.	Hausbesitzer tun gut daran, eine Gebäudeversicherung gegen Risiken wie Bauschäden oder Erdbeben abzuschließen.
commercial vehicle insurance n [kəˌmɜːʃl ˌviːəkl ɪn'ʃʊərəns]	**Nutzfahrzeugversicherung**
In view of the damage caused by commercial vehicles, there should be no limit to the sum covered by a commercial vehicle insurance.	Angesichts der von Nutzfahrzeugen verursachten Schäden sollte die Versicherungssumme einer Nutzfahrzeugversicherung unbegrenzt sein.
comprehensive cover n [ˌkɒmprɪˌhensɪv 'kʌvə]	**Vollkasko(versicherung)**
If you treat yourself to a brand-new car, you should take out comprehensive cover.	Wenn Sie sich ein funkelnagelneues Auto zulegen, dann sollten Sie eine Vollkaskoversicherung abschließen.
third-party cover n [ˌθɜːdpɑːti 'kʌvə]	**Haftpflichtversicherung, Haftpflichtversicherungsschutz**
All motor vehicles using public highways are required by law to have third-party cover.	Eine Haftpflichtversicherung ist gesetzlich für alle Kraftfahrzeuge vorgeschrieben, die öffentliche Straßen benutzen.
cover note n ['kʌvə nəʊt]	**Versicherungsdoppelkarte, vorläufige Deckungszusage**
You can't register a car unless you can produce a cover note.	Sie können ein Auto nur dann anmelden, wenn Sie eine Versicherungsdoppelkarte vorweisen können.
no-claim(s) bonus n [nəʊ'kleɪmz bəʊnəs]	**Schadenfreiheitsrabatt**
You forfeit your no-claims bonus if you cause an accident. ➲ no-claim(s) discount	Sie verlieren Ihren Schadenfreiheitsrabatt, wenn Sie einen Unfall verursachen.
no-claim(s) discount n [nəʊ'kleɪmz dɪskaʊnt]	**Schadenfreiheitsrabatt**
After several years of claim-free driving you will qualify for a substantial no-claim discount. ➲ no-claim(s) bonus	Nach mehreren Jahren unfallfreien Fahrens haben Sie Anspruch auf einen erheblichen Schadenfreiheitsrabatt.
appraisal n [ə'preɪzl]	**Schätzung, Bewertung**
The insurance company insisted on an appraisal before adjusting the claim. ➲ valuation	Die Versicherungsgesellschaft verlangte vor Regulierung des Schadens eine Schätzung.
valuation n [ˌvælju'eɪʃn]	**Schätzung**
We should ask a jeweller for a valuation. ➲ appraisal	Wir sollten einen Juwelier um eine Schätzung bitten.

the deceased n [ðə dɪ'siːst]

In the event of death, the dependants of the deceased will be paid the sum assured.

der/die Verstorbene

Im Todesfall erhalten die unterhaltsberechtigten Angehörigen des Verstorbenen die Versicherungssumme.

dependant n [dɪ'pendənt]

A term policy is chiefly designed to benefit the dependants of the assured.

unterhaltsberechtigte(r) Angehörige(r)

Eine Risikolebensversicherung soll hauptsächlich den unterhaltsberechtigten Angehörigen des Versicherungsnehmers zugute kommen.

LAW

Commercial law

commercial law n [kɒ'mɜ:ʃl lɔ:]
Handelsrecht, Wirtschaftsrecht

Commercial law relates principally to business practices like banking, insurance, drawing up contracts and buying and selling.
➲ business law, mercantile law

Handelsrecht bezieht sich in erster Linie auf die Geschäftspraxis, wie z.B. das Finanzwesen, Versicherungen, Abschlüsse von Verträgen und Kauf und Verkauf.

business law n ['bɪznəs lɔ:]
Handelsrecht, Wirtschaftsrecht

Business law is part of civil law.
➲ commercial law, mercantile law

Das Handelsrecht ist Teil des Zivilrechts.

mercantile law n ['mɜ:kəntaɪl lɔ:]
Handelsrecht, Wirtschaftsrecht

Banking transactions are covered by mercantile law.
➲ commercial law, business law

Bankgeschäfte unterliegen dem Handelsrecht.

affirmation of contract n [æfəˌmeɪʃn əv 'kɒntrækt]
Vertragsbestätigung

We're still waiting for the affirmation of contract.

Wir warten immer noch auf die Vertragsbestätigung.

freedom of contract n [ˌfri:dəm əv 'kɒntrækt]
Vertragsfreiheit

The restrictions imposed by the government impeded the freedom of contract of some companies.

Die von der Regierung verhängten Restriktionen engten die Vertragsfreiheit einiger Unternehmen ein.

frustration of contract n [frʌˌstreɪʃn əv 'kɒntrækt]
Wegfall der Vertragsgrundlage

The company's failure to supply any of the goods resulted in a frustration of contract.

Da die Firma überhaupt keine Waren lieferte, entfiel die Vertragsgrundlage.

repudiation of contract n [rɪˌpju:di'eɪʃn əv 'kɒntrækt]
Erfüllungsverweigerung, Rücktritt vom Vertrag

They were so annoyed by the poor quality of the goods delivered that they decided on a total repudiation of the contract.

Sie waren über die schlechte Qualität der Ware so verärgert, dass sie sich entschlossen, die Erfüllung des Vertrages insgesamt zu verweigern.

exclusion clause n [ɪk'sklu:ʒn klɔ:z]
Ausschlussklausel, Freizeichnungsklausel

The directors thought that the exclusion clause in the contract allowed too much room for manoeuvre.

Die Firmenleitung war der Meinung, dass die Ausschlussklausel des Vertrags zu viel Spielraum ließ.

anti-competitive agreement n [ˌæntikəm'petətɪv ə'gri:mənt]
wettbewerbswidrige Abrede

The European Commission regarded the deal as constituting an anti-competitive agreement.	Die Europäische Kommission sah die Vereinbarung als wettbewerbswidrige Abrede an.
fair trading n [ˌfeə 'treɪdɪŋ]	**fairer Handel**
The ombudsman was keen to ensure fair trading.	Der Ombudsmann war bestrebt, für fairen Handel zu sorgen.
trade regulations n pl ['treɪd regjuleɪʃnz]	**Handelsvorschriften**
The minister was determined to cut "red tape" and reduce the number of trade regulations.	Der Minister war entschlossen, bürokratische Vorschriften und die Anzahl der Handelsvorschriften zu reduzieren.
restraint of trade n [rɪ'streɪnt əv treɪd]	**Wettbewerbsbeschränkung**
The minister was concerned that the agreement should lead to any restraint of trade.	Der Minister fürchtete, dass die Vereinbarung auf eine Wettbewerbsbeschränkung hinauslaufen würde.
Restrictive Practices Court n GB [rɪˌstrɪktɪv 'præktɪsɪz kɔːt]	**Kartellgericht**
Price-fixing deals are, as a matter of principle, referred to the Restrictive Practices Court.	Fälle von Preisabsprachen werden grundsätzlich an das Kartellgericht überwiesen.
consumer protection n [kən'sjuːmə prəˌtekʃn]	**Verbraucherschutz**
The laws are designed to improve consumer protection.	Die Gesetze sollen den Verbraucherschutz verbessern.
sale of goods n [ˌseɪl əv 'gʊdz]	**Warenverkauf**
The law relating to the sale of goods is rather complex.	Die den Warenverkauf regelnden Gesetze sind recht komplex.
trade description n [ˌtreɪd dɪ'skrɪpʃn]	**Warenkennzeichnung**
Any trade description should be neither false nor misleading.	Eine Warenkennzeichnung darf keine falschen oder irreführenden Angaben enthalten.
slander of goods n ['slɑːndər əv gʊdz]	**Herabsetzung der Ware der Konkurrenz**
Comparative advertising is a tricky business because it may entail slander of goods.	Vergleichende Werbung ist eine knifflige Sache, weil sie eine Herabsetzung der Ware der Konkurrenz bedeuten kann.
unsolicited goods n pl [ˌʌnsəlɪsɪtɪd 'gʊdz]	**nicht bestellte Ware**
Unsolicited goods can be returned at the consignor's expense.	Nicht bestellte Ware kann auf Kosten des Absenders zurückgeschickt werden.
title to sell n [ˌtaɪtl tə 'sel]	**Verkaufsrecht**
He had no title to sell the goods.	Er war nicht befugt, die Ware zu veräußern.
without title n [ˌwɪðaʊt 'taɪtl]	**ohne Besitzanspruch, ohne Eigentumsrecht, ohne Rechtstitel**
The seller of the goods was without title, and the sale was therefore void.	Auf diese Ware hatte der Verkäufer keinen Besitzanspruch. Deshalb war der Verkauf nicht rechtsgültig.

caveat emptor n lat
[ˌkæviæt ˈemptɔː]

Caveat emptor is an ancient principle of commercial law and "means let the buyer beware".

Mängelprüfungspflicht des Käufers, Gewährleistungsausschluss

Die Mängelprüfungspflicht des Käufers ist ein althergebrachtes Prinzip des Handelsrechts und bedeutet „Vorsicht beim Kauf".

fitness for the purpose n
[ˌfɪtnəs fə ðə ˈpɜːpəs]

The goods delivered were not fit for the purpose specified in the contract.

Eignung für einen besonderen Zweck, zugesicherte Eigenschaft

Die gelieferte Ware entsprach nicht der vertraglich zugesicherten Eignung.

LAW

invite to tender v [ɪnˌvaɪt tə ˈtendə]

The local building contractors were invited to tender for the building of a leisure centre.

➲ invite tenders

Angebot(e) erbitten, ausschreiben

Die örtlichen Bauunternehmer wurden gebeten, Angebote für den Bau eines Freizeitzentrums abzugeben.

invitation to tender n
[ɪnvɪˌteɪʃn tə ˈtendə]

This invitation to tender for the building of an office block may save our company if we are awarded the contract.

➲ invitation to treat

Ausschreibung, Aufforderung zur Abgabe eines Angebots

Diese Ausschreibung für den Bau eines Bürogebäudes rettet vielleicht unser Unternehmen, wenn uns der Auftrag zugesprochen wird.

invitation to treat n
[ɪnvɪˌteɪʃn tə ˈtriːt]

The advertisement was not an offer but merely an invitation to treat.

➲ invitation to tender

Ausschreibung, Aufforderung zur Abgabe eines Angebots

Die Anzeige war kein Angebot, sondern lediglich eine Ausschreibung.

knock-for-knock agreement n
[ˌnɒk fə ˌnɒk əˈgriːmənt]

Knock-for-knock agreements are common in the insurance world, especially in cases of multiple pile-ups.

gegenseitige Regressverzichtsabsprache, gegenseitiger Regressverzicht

Gegenseitige Regressverzichtsabsprachen sind im Versicherungswesen üblich, besonders bei Massenkarambolagen.

Mareva injunction n
[məˈriːvə ɪnˈdʒʌŋkʃn]

The High Court issued a Mareva injunction in order to freeze the French company's assets in Great Britain.

dinglicher Arrest

Das oberste Zivilgericht verfügte einen dinglichen Arrest, um die Anlagegüter der französischen Firma in Großbritannien beschlagnahmen zu können.

accord and satisfaction n
[əˌkɔːd ənd ˌsætɪsˈfækʃn]

The company promised accord and satisfaction.

Abfindung, vergleichsweise Erfüllung

Die Firma versprach, eine Abfindung zu zahlen.

indemnify v [ɪnˈdemnɪfaɪ]

The company was contractually bound to indemnify him for any damage suffered.

entschädigen

Die Firma war vertraglich verpflichtet, ihn für jeden erlittenen Schaden zu entschädigen.

indemnity n [ɪnˈdemnəti]

An indemnity fund is being set up.

Entschädigung, Schadenersatz

Es wird ein Entschädigungsfonds eingerichtet.

statement of affairs n [ˌsteɪtmənt əv əˈfeəz] — **Bericht über die Vermögenslage, Offenbarungseid**

A statement of affairs is required in cases of insolvency. — Bei Insolvenz ist ein Offenbarungseid erforderlich.

insolvency n [ɪnˈsɒlvənsi] — **Insolvenz, Zahlungsunfähigkeit**

The company's financial problems eventually led to insolvency. — Die finanziellen Probleme des Unternehmens führten schließlich zur Insolvenz.

bankruptcy n [ˈbæŋkrʌpsi] — **Konkurs, Bankrott**

Bankruptcy is defined as a state of affairs in which an individual's or company's liabilities exceed their assets. — Konkurs wird als Finanzlage definiert, bei der die Verbindlichkeiten das Vermögen einer Person oder Gesellschaft übersteigen.

bankruptcy petition n [ˈbæŋkrʌpsi pətɪʃn] — **Konkursantrag, Antrag auf Konkurseröffnung**

In a final attempt to recover some money the creditors resorted to a bankruptcy petition. — Als letzten Versuch zur Wiedererlangung eines Teils des Geldes stellten die Gläubiger schließlich einen Konkursantrag.

official receiver n [əˌfɪʃl rɪˈsiːvə] — **vorläufige(r) Konkursverwalter(in)**

The business was put into the hands of the official receiver. — Das Unternehmen wurde dem vorläufigen Konkursverwalter überantwortet.

receiver n [rɪˈsiːvə] — **Konkursverwalter(in)**

The receiver tried to salvage the business as a going concern. — Der Konkursverwalter versuchte das Unternehmen als Ganzes zu retten.

receivership n [rɪˈsiːvəʃɪp] — **Konkurs, Konkursverwaltung**

The company was forced into receivership. — Die Firma wurde zum Konkurs gezwungen.

wind up v [ˌwaɪnd ˈʌp] — **abwickeln, liquidieren**

The creditors agreed to the business being wound up. — Die Gläubiger stimmten der Abwicklung des Unternehmens zu.

➲ liquidate

winding-up petition n [ˌwaɪndɪŋ ˈʌp pətɪʃn] — **Liquidationsantrag, Antrag auf Liquidation**

The creditors lodged a winding-up petition. — Die Gläubiger stellten einen Liquidationsantrag.

liquidate v [ˈlɪkwɪdeɪt] — **abwickeln, liquidieren**

The court appointed a receiver to liquidate the company which had filed for bankruptcy. — Das Gericht bestellte einen Konkursverwalter, um die Gesellschaft abzuwickeln, die Konkurs angemeldet hatte.

➲ wind up

liquidation n [ˌlɪkwɪˈdeɪʃn] — **Liquidation, Abwicklung**

The firm had already gone into liquidation. — Die Firma war bereits in Liquidation gegangen.

➲ winding up

liquidator n [ˈlɪkwɪdeɪtə] — **Abwickler(in), Liquidator(in)**

The responsibility for what was left of the collapsed business was now in the hands of the liquidators'. — Die Verantwortung für den Rest der in Konkurs gegangenen Firma lag nun bei den Abwicklern.

civil law n [ˌsɪvl ˈlɔː]
Civil law deals with disputes between private parties.

Zivilrecht
Das Zivilrecht behandelt Streitfälle zwischen privaten Parteien.

action n [ˈækʃn]
She brought an action against the other partners.

Klage, Prozess, Verfahren
Sie strengte eine Klage gegen die anderen Teilhaber an.

litigant n [ˈlɪtɪgənt]
The court case took longer because one of the litigants represented himself, whereas the other party was legally represented.

Prozesspartei, prozessierende Partei
Der Rechtsstreit dauerte länger, weil eine der Prozessparteien sich selbst vertrat, während die andere anwaltlich vertreten wurde.

litigate v [ˈlɪtɪgeɪt]
He threatened to litigate if the damage was not put right.

klagen, prozessieren
Er drohte mit einer Klage, falls der Schaden nicht behoben würde.

litigation n [ˌlɪtɪˈgeɪʃn]
Litigation can be costly and stressful.

Prozess, Prozessieren, Rechtsstreit
Prozesse können teuer und anstrengend sein.

sue v [suː]
He threatened to sue his neighbour.

verklagen, gerichtlich belangen
Er drohte seinen Nachbarn zu verklagen.

plaintiff n [ˈpleɪntɪf]
The plaintiff was advised to settle his case out of court.

Kläger(in)
Dem Kläger wurde nahe gelegt, den Fall außergerichtlich zu regeln.

stay of proceedings n [ˌsteɪ əv prəˈsiːdɪŋz]
The judge refused to grant a stay of proceedings and fixed an early court hearing date.

Aussetzung des Verfahrens
Der Richter lehnte den Antrag auf Aussetzung des Verfahrens ab und legte einen baldigen Prozesstermin fest.

power of attorney n [ˌpaʊər əv əˈtɜːni]
Our firm of solicitors has power of attorney in all civil cases.

Prozessvollmacht, Handlungsvollmacht, Vertretungsvollmacht, Vollmacht
Unsere Anwaltssozietät hat Prozessvollmacht für alle privatrechtlichen Fälle.

test case n [ˈtest keɪs]
We regard this action as a test case.

Musterprozess
Wir betrachten dieses Verfahren als einen Musterprozess.

affidavit n lat [ˌæfəˈdeɪvɪt]
The judge commented that the witness's oral evidence was very different from his sworn affidavit.

eidesstattliche Erklärung
Der Richter bemerkte, dass die mündlichen Aussagen des Zeugen sehr deutlich von seiner eidesstattlichen Erklärung abwichen.

acknowledgement of service n [əkˌnɒlɪdʒmənt əv ˈsɜːvɪs]

Bestätigung der Zustellung der Klageschrift

The rules require acknowledgement of service within two weeks of service of the documents. | Den Regeln zufolge muss die Zustellung der Klageschrift innerhalb von zwei Wochen nach Eingang der Dokumente bestätigt werden.

award n [ə'wɔːd]
Schiedsspruch, Zuerkennung, zuerkannter Betrag

The award was annulled.
Der Schiedsspruch wurde für nichtig erklärt.

award v [ə'wɔːd]
erkennen auf, zuerkennen, zusprechen

The court awarded heavy damages.
Das Gericht erkannte auf hohen Schadenersatz.

judgment in default n [ˌdʒʌdʒmənt ɪn dɪ'fɔːlt]
Säumnisurteil

His failure to appear in court led to a judgment in default.
Da er nicht zur Verhandlung erschienen war, kam es zu einem Säumnisurteil.

bailee n [beɪ'liː]
Verwahrer(in)

A bailee is a person or legal entity who is temporarily entrusted with another person's assets.
Ein Verwahrer ist eine natürliche oder juristische Person, die zeitweilig die Vermögenswerte einer anderen Person verwahrt.

bailiff n GB ['beɪlɪf]
Gerichtsvollzieher(in)

The court ordered the bailiffs to seize the debtor's goods.
Das Gericht wies die Gerichtsvollzieher an, die Waren des Schuldners zu beschlagnahmen.

bailment n ['beɪlmənt]
Hinterlegung, Besitzüberlassung (beweglicher Sachen) auf Zeit

Even leaving your coat in a cloakroom is a form of bailment.
Selbst die Abgabe eines Mantels an einer Garderobe ist eine Form der Hinterlegung.

bailor n ['beɪlə]
Hinterleger(in), Übergeber(in)

As a bailor, you will be required to pay the person who is temporarily looking after your assets.
Als Hinterleger müssen Sie jemanden dafür bezahlen, dass er oder sie sich zeitweilig um Ihre Vermögenswerte kümmert.

will n [wɪl]
Testament, letzter Wille

He was advised to make a will.
Ihm wurde geraten, ein Testament aufzusetzen.

composition n [ˌkɒmpə'zɪʃn]
Vergleich

A composition is a form of settlement between a debtor and a creditor which might save time and money.
Ein Vergleich zwischen einem Gläubiger und einem Schuldner könnte Zeit und Geld sparen.

➲ deed of arrangement

deed of arrangement n [ˌdiːd əv ə'reɪndʒmənt]
Vergleich

A deed of arrangement may save time and money.
Ein Vergleich kann Zeit und Geld sparen.

➲ composition

out-of-court settlement n [ˌaʊt əv kɔːt 'setlmənt]
außergerichtlicher Vergleich

Both parties were happy to be able to reach an out-of-court settlement.
Beide Prozessparteien waren zufrieden, dass sie einen außergerichtichen Vergleich schließen konnten.

LAW

damages n pl ['dæmɪdʒɪz] — **Schadenersatz**

The lawyer asked the court to award substantial damages.

Der Anwalt beantragte beim Gericht die Zuerkennung eines hohen Schadenersatzes.

negligence n ['neglɪdʒəns] — **Fahrlässigkeit, fahrlässiges Verhalten**

The damage was alleged to have occurred because of negligence.

Der Prozessbehauptung zufolge war der Schaden eine Folge von Fahrlässigkeit.

tort n [tɔːt] — **zivilrechtliches Delikt, Schädigung**

In cases of tort you may sue for damages.

Bei einem zivilrechtlichen Delikt können Sie auf Schadenersatz klagen.

act of God n [ˌækt əv 'gɒd] — **höhere Gewalt**

The company said it was not liable for the flooding, as this was due to an act of God.

Die Gesellschaft lehnte jede Haftung für die Überschwemmung mit dem Hinweis ab, es sei ein Fall von höherer Gewalt.

➲ force majeure

force majeure n frz [ˌfɔːs mæ'ʒɜː] — **höhere Gewalt**

Force majeure is an unexpected and unavoidable event.

Höhere Gewalt ist ein unerwartetes und unabwendbares Ereignis.

➲ act of God

assignment of rights n [əˌsaɪnmənt əv 'raɪts] — **Übertragung von Rechten, Abtretung von Rechten**

Any assignment of rights will be offset by some form of quid pro quo.

Jede Übertragung von Rechten wird durch eine Gegenleistung kompensiert.

bona fide adj lat [ˌbəʊnə 'faɪdi] — **in gutem Glauben, gutgläubig**

They expected his actions to be bona fide at all times.

Sie erwarteten, dass er zu allen Zeiten in gutem Glauben handeln würde.

mala fide adj lat [ˌmælə 'faɪdiː] — **unredlich, arglistig, böswillig**

It was obvious that his actions were mala fide.

Es war offensichtlich, dass er unredlich gehandelt hatte.

contract n ['kɒntrækt] — **Vertrag, Kontrakt**

A contract is a binding agreement, written, oral or implied, between two or more parties.

Ein Vertrag ist eine verbindliche, schriftliche, mündliche oder stillschweigende Vereinbarung zwischen zwei oder mehreren Parteien.

party (to the contract) n ['pɑːti tə ðə 'kɒntrækt] — **(Vertrags-)Partei**

The parties to the contract opted for an out-of-court settlement.

Die Vertragsparteien entschieden sich für einen außergerichtlichen Vergleich.

breach of contract n [ˌbriːtʃ əv 'kɒntrækt] — **Vertragsverletzung, Vertragsbruch**

The company denied that there was any breach of contract.

Die Firma bestritt jede Vertragsverletzung.

performance of contract n [pəˌfɔːməns əv 'kɒntrækt] — **Vertragserfüllung**

The plaintiff requested the court to order specific performance of the contract.

Der Kläger stellte den Antrag, das Gericht möge auf genaue Vertragserfüllung dringen.

privity of contract n [ˌprɪvəti əv ˈkɒntrækt]

All parties were anxious to retain privity of contract.

Vertragsverhältnis, vertragliche Bindung

Alle Parteien waren darauf bedacht, das Vertragsverhältnis beizubehalten.

rescind a contract v [rɪˌsɪnd ə ˈkɒntrækt]

As the company had failed to keep to its part of the agreement, the other contractual party saw no reason not to rescind the contract.

vom Vertrag zurücktreten, einen Vertrag auflösen

Da die Gesellschaft ihren Teil der Vereinbarung nicht eingehalten hatte, sah die andere Vertragspartei keinen Grund, warum sie nicht vom Vertrag zurücktreten sollte.

restrictive covenant n [rɪˌstrɪktɪv ˈkʌvənənt]

The property was subject to several restrictive covenants.

Nutzungsbeschränkung, einschränkende Klausel

Die Immobilie unterlag verschiedenen Nutzungsbeschränkungen.

void adj [vɔɪd]

The contract was void and without legal effect.

ungültig, nichtig, unwirksam

Der Vertrag war ungültig und rechtsunwirksam.

voidable adj [ˈvɔɪdəbl]

A contract is voidable in the event of fraud.

anfechtbar

Ein Vertrag ist im Betrugsfall anfechtbar.

consideration n [kənˌsɪdəˈreɪʃn]

“No contract without consideration” is an axiom of civil law.

Gegenleistung, Entgelt

„Kein Vertrag ohne Gegenleistung“ ist ein Grundsatz des Zivilrechts.

creditor n [ˈkredɪtə]

The creditors were owed a lot of money.

Gläubiger(in)

Die Gläubiger hatten große Außenstände.

debtor n [ˈdetə]

The debtor owed a great many people a great deal of money.

Schuldner(in)

Der Schuldner schuldete vielen Leuten viel Geld.

defamation n [ˌdefəˈmeɪʃn]

The newspaper article was pure defamation.

Verleumdung, üble Nachrede, Diffamierung

Der Zeitungsartikel war reine Verleumdung.

duty of care n [ˌdjuːti əv ˈkeə]

There was a duty of care incumbent on the occupier of the estate as well as on the visitor to it.

Sorgfaltspflicht

Sowohl dem Besitzer des Anwesens als auch dem Besucher oblag eine Sorgfaltspflicht.

industrial tribunal n [ɪnˌdʌstriəl traɪˈbjuːnl]

The industrial tribunal ruled that the dismissal was justified.

Arbeitsgericht

Das Arbeitsgericht entschied, dass die Entlassung berechtigt war.

judicial review n [dʒuˌdɪʃl rɪˈvjuː]

Judicial review is an effective way of taking legal action against an abuse of administrative power.

Normenkontrolle, gerichtliche Überprüfung

Normenkontrollen sind ein wirksames Mittel, um gegen Behördenmissbrauch gerichtlich vorzugehen.

lack of capacity n [ˌlæk əv kəˈpæsəti]

mangelnde Geschäftsfähigkeit, beschränkte Geschäftsfähigkeit

They were too young to enter into a binding contract. It was therefore a case of lack of capacity.

Für einen verbindlichen Vertrag waren sie zu jung. Es handelte sich mithin um einen Fall von mangelnder Geschäftsfähigkeit.

lien n [ˈliːən]

Pfandrecht

Courts usually grant a lien on the debtor's property.

Gerichte gewähren gewöhnlich ein Pfandrecht auf das Eigentum des Schuldners.

distrain v [dɪˈstreɪn]

pfänden

The court had no option but to distrain his goods.

Das Gericht hatte keine andere Wahl, als seine Güter zu pfänden.

limitation period n [ˌlɪmɪˈteɪʃn pɪəriəd]

Verjährungsfrist

Legal proceedings could not be instituted because the case was outside the limitation period.

Der Prozess konnte nicht stattfinden, weil der Fall verjährt war.

misrepresentation n [ˌmɪsˌreprɪzenˈteɪʃn]

arglistige Täuschung, Vorspiegelung falscher Tatsachen, Irreführung

The advertisement was a clear mis-representation as to the quality of the goods being sold.

Die Anzeige war ein klarer Fall von arglistiger Täuschung in Bezug auf die zum Verkauf angebotene Ware.

nuisance n [ˈnjuːsns]

Belästigung, Störung, Ärgernis

He was ordered to abate the nuisance immediately.

Er wurde angewiesen, die Belästigungen umgehend abzustellen.

ombudsman n schwed [ˈɒmbʊdzmən]

Ombudsmann, Beschwerdekommissar

He was not satisfied with the council's offer and sought redress from the ombudsman.

Da er mit dem Angebot der Stadtverwaltung nicht einverstanden war, wandte er sich mit der Bitte um Entschädigung an den Ombudsmann.

personal injury n [ˌpɜːsənl ˈɪndʒəri]

Körperverletzung, Personenschaden

The car accident left them with severe personal injuries.

Bei dem Autounfall erlitten sie schwere Körperverletzungen.

recourse n [rɪˈkɔːs]

Regressanspruch, Regress, Rückgriff

Unfortunately, we have no recourse for compensation.

Leider haben wir keinen Regressanspruch auf Entschädigung.

restitution n [ˌrestɪˈtjuːʃn]

Erstattung, Rückgabe

He was ordered by the court to make full restitution of the moneys embezzled.

Das Gericht wies ihn an, die veruntreuten Gelder in voller Höhe zu erstatten.

sequestration n [ˌsiːkwəˈstreɪʃn]

Beschlagnahme, Zwangsverwaltung

The court ordered a sequestration of the assets of the losing party.

Das Gericht ordnete die Beschlagnahme des gesamten Vermögens der unterlegenen Partei an.

waive v [weɪv]

verzichten

He was reluctant to waive his contractual rights.

Es widerstrebte ihm, auf seine vertraglichen Rechte zu verzichten.

waiver n ['weɪvə]

His agreement amounted to a waiver of his contractual rights.

Verzichterklärung, Verzicht

Seine Zustimmung lief auf einen Verzicht auf seine vertraglichen Rechte hinaus.

warranty n ['wɒrənti]

The manufacturer is required to repair the appliance free of charge as long as the latter is under warranty.

➲ guarantee, guaranty

Garantie, Gewährleistung

Der Hersteller ist zur kostenlosen Reparatur des Geräts verpflichtet, solange dieses noch unter die Garantie fällt.

product liability n ['prɒdʌkt laɪəˌbɪləti]

Product liability has become more and more important in the USA.

Produkthaftung

Die Produkthaftung gewinnt in den USA immer mehr an Bedeutung.

vicarious liability n [vɪˌkeəriəs laɪə'bɪləti]

Employers are deemed to have vicarious liability for the authorized acts of their employees.

Haftung für den Erfüllungsgehilfen

Arbeitgeber haften stellvertretend für Handlungen ihrer Arbeitnehmer, zu denen diese autorisiert waren.

joint and several adj [ˌdʒɔɪnt ənd 'sevrəl]

Liability in this affair was joint and several.

gesamtschuldnerisch

Bei dieser Sache handelte es sich um einen Fall von gesamtschuldnerischer Haftung.

conveyancing n [kən'veɪənsɪŋ]

The loss of the conveyancing monopoly has hit many small firms of solicitors.

(notarielle) Grundstücksübertragung

Der Verlust des Monopols bei der (notariellen) Grundstücksübertragung hat viele kleine Anwaltssozietäten hart getroffen.

title n ['taɪtl]

Title to the goods remains with the seller until the purchase price has been paid in full.

Eigentumsrecht, Rechtstitel

Das Eigentumsrecht an der Ware verbleibt bis zur vollen Begleichung des Kaufpreises beim Verkäufer.

abstract of title n [ˌæbstrækt əv 'taɪtl]

Before the house sale could be completed, the purchaser wished to see the full abstract of title.

Grundbuchauszug

Der Käufer wollte vor Abschluss des Hauskaufs den vollständigen Grundbuchauszug sehen.

freehold n ['fri:həʊld]

He preferred to purchase a property which was freehold.

uneingeschränktes Eigentumsrecht, Grundeigentum

Er zog den Kauf eines Hauses mit uneingeschränktem Eigentumsrecht vor.

leasehold n ['li:shəʊld]

She was reluctant to purchase a leasehold property with only ten years remaining on the lease.

Pachtbesitz, Mietbesitz

Sie hatte kein besonderes Interesse am Kauf eines Pachtgrundstücks mit einem Nutzungsrecht von nur noch zehn Jahren.

lessee n [le'si:]

The lessee took out a long-term lease on the lessor's property.

Mieter(in), Pächter(in)

Der Mieter schloss einen langfristigen Mietvertrag für die Immobilie des Vermieters ab.

lessor n [le'sɔː]

Vermieter(in), Verpächter(in)

The lessor was willing to let the property on a short-term lease.

Der Vermieter war bereit, die Immobilie kurzfristig zu vermieten.

tenancy n ['tenənsi]

Mietverhältnis, Pachtverhältnis

They took out a tenancy agreement with the landlord.

Sie schlossen einen Mietvertrag mit dem Vermieter ab.

mortgagee n ['mɔːgɪdʒiː]

Sicherungsnehmer(in), Hypothekengläubiger(in)

Mortgagees are very often building societies.

Bausparkassen fungieren oft als Sicherungsnehmer.

mortgagor n ['mɔːgɪdʒɔː]

Sicherungsgeber(in), Hypothekenschuldner(in)

The mortgagor borrowed money from the building society in order to purchase a house.

Der Sicherungsgeber nahm ein Bausparkassendarlehen zum Kauf eines Hauses auf.

foreclose on a mortgage v [fɔːˌkləʊz ɒn ə 'mɔːgɪdʒ]

aus einer Hypothek vollstrecken, eine Hypothek für verfallen erklären

Building societies will foreclose on a mortgage if the borrower fails to honour his commitments.

Bausparkassen vollstrecken aus der Hypothek, wenn der Darlehensnehmer seinen Verpflichtungen nicht nachkommt.

foreclosure n [fɔː'kləʊʒə]

Zwangsvollstreckung aus einer Hypothekenforderung

With rising unemployment, the number of foreclosures is bound to rise, too.

Mit steigender Arbeitslosigkeit wird auch die Anzahl der Zwangsvollstreckungen aus Hypothekenforderungen ansteigen.

eviction n [ɪ'vɪkʃn]

Zwangsräumung, Exmission

The squatters were threatened with eviction.

Den Hausbesetzern wurde die Zwangsräumung angedroht.

repossess v [ˌriːpə'zes]

wieder in Besitz nehmen

As the mortgage had not been paid for several months, the building society threatened to repossess the house.

Weil die Hypothek einige Monate nicht gezahlt worden war, drohte die Bausparkasse, das Haus wieder in Besitz zu nehmen.

repossession n [ˌriːpə'zeʃn]

Wiederinbesitznahme

In the United Kingdom, there are thousands of repossessions every year because home buyers are unable to honour their mortgage commitments.

Im Vereinigten Königreich gibt es jedes Jahr mehrere tausend Fälle von Wiederinbesitznahme, da Eigenheimerwerber nicht in der Lage sind, den sich aus der Hypothek ergebenden Verpflichtungen nachzukommen.

chattels n pl ['tʃætlz]

bewegliches Vermögen

An inventory of his land and chattels was required.

Eine Aufstellung seiner Liegenschaften und seines beweglichen Vermögens war erforderlich.

agency n ['eɪdʒənsi]

Stellvertretung, Vollmacht

The law of agency is a very important part of civil law.

Das Recht der Stellvertretung ist ein sehr wichtiger Bestandteil des Zivilrechts.

agent n ['eɪdʒənt]
The principal instructed his agent to submit a report.

Stellvertreter(in), Beauftragte(r)
Der Auftraggeber wies seinen Stellvertreter an, einen Bericht vorzulegen.

copyright n ['kɒpiraɪt]
The author claimed copyright on his new book.

Urheberrecht, Copyright, Musterschutz
Der Verfasser machte sein Urheberrecht für sein neues Buch geltend.

principal n ['prɪnsəpl]
The principal instructed the agent as to how the task was to be completed.

Vollmachtgeber, Auftraggeber
Der Vollmachtgeber instruierte seinen Bevollmächtigten, wie die Aufgabe zu erledigen sei.

patent n ['pætnt]
The company took out a patent on its invention.

Patent
Die Gesellschaft ließ sich die Erfindung patentieren.

proxy n ['prɒksi]
I'll give you a proxy to act on my behalf.

Vollmacht
Ich erteile dir Vollmacht, mich zu vertreten.

trust n [trʌst]
The assets will be held in trust pending further decisions.

Treuhand(schaft), Treuhandverhältnis
Bis auf weiteres wird das Anlagevermögen treuhänderisch verwaltet.

trustee n [trʌ'stiː]
A lawyer has been appointed trustee of the deceased's estate.

Treuhänder, Treuhandnehmer
Ein Rechtsanwalt ist als Treuhänder für den Nachlass des Verstorbenen ernannt worden.

Criminal law

criminal law n [ˌkrɪmɪnl 'lɔː]
She decided to specialize in criminal law.
➲ penal law

Strafrecht
Sie entschied sich für eine Spezialisierung auf Strafrecht.

penal law n ['piːnl lɔː]
Penal law covers any punishable offences.
➲ criminal law

Strafrecht
Das Strafrecht deckt alle strafbaren Verstöße ab.

criminal n ['krɪmɪnl]
Convicted criminals are usually sent to prison.
➲ offender

Straftäter(in)
Verurteilte Straftäter erhalten gewöhnlich eine Haftstrafe.

offender n [ə'fendə]
The judge had thirty offenders to deal with that morning.
➲ criminal

Straftäter(in)
Der Richter musste sich an jenem Morgen mit dreißig Straftätern beschäftigen.

defendant n [dɪ'fendənt]
The defendant was obviously guilty.
➲ the accused

Angeklagte(r)
Der Angeklagte war offensichtlich schuldig.

the accused n [ði əˈkjuːzd]

The accused pleaded not guilty.

➲ defendant

der/die Angeklagte, die Angeklagten

Der Angeklagte erklärte sich für nicht schuldig im Sinne der Anklage.

crime n [kraɪm]

Crime doesn't pay.

➲ offence

Verbrechen, Straftat

Verbrechen lohnen sich nicht.

offence n [əˈfens]

Jumping the lights is a motoring offence.

➲ crime

Delikt, Straftat, Vergehen

Bei Rot über die Ampel zu fahren ist ein Verkehrsdelikt.

illegal adj [ɪˈliːgl]

The activity was clearly illegal.

➲ unlawful

gesetzeswidrig, rechtswidrig, widerrechtlich

Die Handlung war ohne Zweifel gesetzeswidrig.

unlawful adj [ˌʌnˈlɔːfl]

The police were called in because it was an unlawful assembly.

➲ illegal

verboten, rechtswidrig, widerrechtlich

Die Polizei wurde gerufen, da es sich um eine verbotene Versammlung handelte.

commit v [kəˈmɪt]

Anyone found committing a speeding offence will be fined.

begehen

Wer beim Überschreiten der zulässigen Geschwindigkeit ertappt wird, wird mit einer Geldbuße belegt.

assault n [əˈsɔːlt]

It was an unprovoked assault.

tätlicher Angriff, versuchte Gewaltanwendung

Es handelte sich um einen nicht provozierten tätlichen Angriff.

burglary n [ˈbɜːgləri]

The burglary was serious because the house was occupied.

Einbruch, Einbruchsdiebstahl

Es handelte sich um einen Fall von schwerem Einbruch, weil das Haus bewohnt war.

burglar n [ˈbɜːglə]

None of the people in the neighbourhood felt safe at home until the burglar was caught.

Einbrecher(in)

Niemand in der Nachbarschaft fühlte sich sicher, bis der Einbrecher gefasst war.

discrimination n [dɪˌskrɪmɪˈneɪʃn]

Any discrimination on the grounds of sex or race is forbidden.

Diskriminierung, Benachteiligung

Jede Art von Diskriminierung aufgrund des Geschlechts oder der Rasse ist verboten.

embezzle v [ɪmˈbezl]

The teller embezzled thousands of pounds over the years.

veruntreuen, unterschlagen

Der Kassierer veruntreute im Laufe der Jahre mehrere tausend Pfund.

embezzlement n [ɪmˈbezlmənt]

She was found guilty of embezzlement.

Unterschlagung, Veruntreuung

Sie wurde der Unterschlagung für schuldig befunden.

fraud n [frɔːd]

Every year, insurance companies lose millions through fraud.

Betrug, arglistige Täuschung

Jedes Jahr entstehen Versicherungsgesellschaften durch Betrug Verluste in Millionenhöhe.

handling stolen property n [ˌhændlɪŋ ˌstəʊlən 'prɒpəti]
Hehlerei

She did not steal the goods, but was convicted of handling stolen property.
Sie hatte die Ware zwar nicht gestohlen, wurde jedoch wegen Hehlerei verurteilt.

motoring offence n [ˌməʊtərɪŋ ə'fens]
Verkehrsdelikt, Verstoß gegen die Straßenverkehrsordnung

He did not think of himself as a real criminal because all he had committed was a minor motoring offence.
Er sah sich nicht als wirklichen Straftäter an, da er nur ein unbedeutendes Verkehrsdelikt begangen hatte.

endorsement of licence n GB [ɪnˌdɔːsmənt əv 'laɪsns]
Eintragung im Führerschein, Eintragung von Strafpunkten im Führerschein

For the offence of speeding he was given an endorsement of licence.
Für Fahren mit überhöhter Geschwindigkeit erhielt er einen Eintrag in seinen Führerschein.

shoplifting n ['ʃɒplɪftɪŋ]
Ladendiebstahl

You can expect to be reported to the police if you're caught shoplifting.
Sie müssen mit einer Anzeige rechnen, wenn Sie beim Ladendiebstahl erwischt werden.

theft n [θeft]
Diebstahl

Theft is a growing problem in the inner cities.
Diebstahlsdelikte stellen ein immer größer werdendes Problem in den innenstadtnahen Bezirken dar.

trespass n ['trespəs]
Besitzstörung, widerrechtliches Betreten, Hausfriedensbruch

It was ruled a case of accidental trespass.
Es wurde entschieden, dass es sich um nicht vorsätzliche Besitzstörung handelte.

weights and measures offence n [ˌweɪts ənd 'meʒəz ɒfens]
Verstoß gegen die Eichbestimmungen

The local authority prosecuted several companies for weights and measures offences.
Die Kommunalbehörde belangte mehrere Firmen wegen Verstoßes gegen die Eichbestimmungen.

antecedents n pl [ˌæntɪ'siːdnts]
Vorstrafen

The defendant had no antecedents.
Der Angeklagte war nicht vorbestraft.

arrest v [ə'rest]
festnehmen

He was warned by the police that if he continued to obstruct the highway he would be arrested.
Die Polizei warnte ihn, dass er festgenommen werde, falls er den Verkehr weiterhin behindere.

arrest warrant n [ə'rest wɒrənt]
Haftbefehl

The court issued an arrest warrant when the defendant failed to turn up at the courthouse.
Da der Angeklagte nicht vor Gericht erschien, erließ das Gericht einen Haftbefehl.

lay a complaint v [ˌleɪ ə kəm'pleɪnt]
Strafanzeige erstatten

She went to the magistrates' court to lay a complaint against her landlady.
Sie ging zum Amtsgericht, um Anzeige gegen ihre Vermieterin zu erstatten.

➲ lay an information

LAW

lay an information v [ˌleɪ ən ˌɪnfəˈmeɪʃn] — **Strafanzeige erstatten**

Criminal proceedings began by the laying of an information at the courthouse.
➲ lay a complaint

Das Strafverfahren begann damit, dass eine Strafanzeige bei Gericht erstattet wurde.

charge v [tʃɑːdʒ] — **anklagen**

She was charged with murder.
➲ indict

Sie wurde des Mordes angeklagt.

indict v [ɪnˈdaɪt] — **anklagen**

Three young people were indicted for murder.
➲ charge

Drei Jugendliche wurden des Mordes angeklagt.

indictment n [ɪnˈdaɪtmənt] — **Anklageschrift**

The clerk read out the indictment.

Der Beisitzer las die Anklageschrift vor.

prosecution n [ˌprɒsɪˈkjuːʃn] — **Anklagevertretung, Staatsanwaltschaft, Strafverfolgung**

It looked as though the prosecution was likely to lose the case when three witnesses failed to appear in court.

Es sah danach aus, dass die Anklagevertretung den Prozess verlieren würde, weil drei Zeugen nicht vor Gericht erschienen.

prosecutor n [ˈprɒsɪkjuːtə] — **Staatsanwalt, -anwältin, Vertreter der Anklage, Ankläger**

The prosecutor fought a hard case.

Der Staatsanwalt hatte einen schwierigen Prozess.

prosecute v [ˈprɒsɪkjuːt] — **strafrechtlich belangen, strafrechtlich verfolgen**

If you exceed the speed limit, you'll be prosecuted.

Sie werden strafrechtlich belangt, wenn Sie die Höchstgeschwindigkeit überschreiten.

perjury n [ˈpɜːdʒəri] — **Meineid**

Perjury usually carries a stiff sentence.

Meineid wird in der Regel streng geahndet.

conviction n [kənˈvɪkʃn] — **Verurteilung, Schuldspruch**

This was his first conviction.

Es war seine erste Verurteilung.

fine n [faɪn] — **Geldstrafe, Bußgeld**

The most common sentence for a minor offence is a fine.

Die häufigste Form der Strafe für ein geringfügiges Delikt ist eine Geldstrafe.

penalty n [ˈpenlti] — **Strafe**

The court imposed a lesser penalty because of a guilty plea.
➲ punishment, sentence

Das Gericht verhängte wegen des Schuldbekenntnisses eine geringere Strafe.

punishment n [ˈpʌnɪʃmənt] — **Strafmaß, Strafe**

The victim thought the punishment was too lenient.
➲ penalty, sentence

Das Opfer empfand das Strafmaß als zu milde.

sentence n ['sentəns]
Strafmaß, Strafe

The maximum sentence was five years imprisonment.
Die Höchststrafe war fünf Jahre Gefängnis.

➲ penalty, punishment

custodial sentence n [kʌˌstəʊdiəl 'sentəns]
Gefängnisstrafe, Haftstrafe

Some offences, like aggravated vehicle taking, carry a custodial sentence.
Einige Vergehen wie schwerer Kfz-Diebstahl werden automatisch mit einer Gefängnisstrafe geahndet.

➲ prison sentence

prison sentence n ['prɪzn ˌsentəns]
Haftstrafe, Gefängnisstrafe

The judge imposed a prison sentence of five years.
Der Richter verhängte eine Haftstrafe von fünf Jahren.

➲ custodial sentence

remand in custody v [rɪˌmɑːnd in 'kʌstədi]
in Untersuchungshaft behalten

The court had to decide whether to remand the prisoner in custody.
Das Gericht musste entscheiden, ob der Gefangene in Untersuchungshaft bleiben sollte.

young offenders institution n [ˌjʌŋ əˌfendəz ˌɪnstɪ'tjuːʃn]
Jugendstrafanstalt

He was too young to be sent to prison, so he was committed to a young offenders institution for three months.
Für eine Gefängnisstrafe war er zu jung. Deshalb wurde er für drei Monate in eine Jugendstrafanstalt eingewiesen.

bail n [beɪl]
Kaution

He was released on bail.
Er wurde gegen Kaution auf freien Fuß gesetzt.

acquittal n [ə'kwɪtl]
Freispruch

She rejoiced at her husband's acquittal.
Sie freute sich, dass ihr Mann freigesprochen wurde.

➲ discharge

discharge n ['dɪstʃɑːdʒ]
Freispruch

This was his first offence, so the court gave him a discharge.
Es war sein erstes Vergehen und deshalb wurde er freigesprochen.

➲ acquittal

Legal proceedings

proceedings n pl [prə'siːdɪŋz]
Verfahren

The court proceedings were complex and protracted.
Das Gerichtsverfahren war kompliziert und langwierig.

legal proceedings n pl [ˌliːgl prə'siːdɪŋz]
Prozess

He instituted legal proceedings.
Er strengte einen Prozess an.

legal profession n [ˌliːgl prə'feʃn]
Juristen, Anwaltschaft

Training to enter the legal profession is usually long and expensive.
Die juristische Ausbildung ist gewöhnlich langwierig und kostspielig.

LAW

legal aid n [ˌliːgl ˈeɪd]
Prozesskostenhilfe, Armenrecht

He was very wealthy and was therefore not entitled to legal aid.
Da er sehr wohlhabend war, hatte er keinen Anspruch auf Prozesskostenhilfe.

(distinct) legal entity n [dɪˌstɪŋkt ˌliːgl ˈentəti]
juristische Person

A partnership is not a legal entity and can therefore neither sue nor be sued.
Eine Personengesellschaft ist keine juristische Person und daher weder aktiv noch passiv prozessfähig.

legal fees n pl [ˌliːgl ˈfiːz]
Prozesskosten

The longer the court hearing, the higher the legal fees.
Je länger das Gerichtsverfahren, umso höher die Prozesskosten.

legislation n [ˌledʒɪsˈleɪʃn]
Gesetze, Gesetzgebung

The government has introduced new legislation to stop rising crime.
Die Regierung hat neue Gesetze eingebracht, um den Anstieg der Kriminalität zu stoppen.

statute n [ˈstætʃuːt]
Gesetz

Laws known as "statutes" are passed by Parliament.
Die als „statutes" bekannten Gesetze werden vom Parlament verabschiedet.

court n [kɔːt]
Gericht(shof)

The court dismissed the appeal.
Das Gericht verwarf den Revisionsantrag.

court hearing n [ˈkɔːt hɪərɪŋ]
Gerichtsverfahren, Prozesstermin

A court hearing can be a very expensive affair.
Ein Gerichtsverfahren kann sehr teuer sein.

contempt of court n [kənˌtempt əv ˈkɔːt]
Missachtung des Gerichts

The defendant was found in contempt of court.
Der Angeklagte missachtete die Würde des Gerichts.

venue n [ˈvenjuː]
Gerichtsstand

The venue, according to the small print, is Aberdeen of all places.
Dem Kleingedruckten zufolge ist der Gerichtsstand ausgerechnet Aberdeen.

magistrate n [ˈmædʒɪstreɪt]
Amtsrichter(in)

The majority of magistrates in England and Wales are lay magistrates.
Die Mehrzahl der Amtsrichter in England und Wales sind Laienrichter.

sheriff n schott [ˈʃerɪf]
Richter(in)

Sheriffs in Scotland are professional judges.
Die „sheriffs" in Schottland sind Berufsrichter.

judgement n [ˈdʒʌdʒmənt]
Urteil

Both parties were content with the judgement.
Beide (Prozess-)Parteien waren mit dem Urteil zufrieden.

judge n [dʒʌdʒ]
Richter(in)

The defendant was brought before the judge.
Der Angeklagte wurde dem Richter vorgeführt.

adjudication n [əˌdʒuːdɪˈkeɪʃn]
Entscheidung

The court's adjudication was awaited with much interest.

Die Entscheidung des Gerichts wurde mit großem Interesse erwartet.

rule v [ru:l]

entscheiden

The court ruled that the evidence was inadmissible.

Das Gericht entschied, dass das Beweismaterial nicht zulässig sei.

ruling n ['ru:lɪŋ]

Entscheidung

The judge gave a ruling that satisfied neither party.

Der Richter fällte eine Entscheidung, die keine der beiden Parteien befriedigte.

judicial precedent n [dʒuˌdɪʃl 'presɪdənt]

Präzedenzfall

The lower court felt obliged to follow the judicial precedent set by the higher court.

Die niedere Instanz fühlte sich verpflichtet, dem durch die höhere Instanz geschaffenen Präzedenzfall zu folgen.

jurisdiction n [ˌdʒʊərɪs'dɪkʃn]

Zuständigkeit

The court declined jurisdiction to deal with the case.

Das Gericht wies die Zuständigkeit für diesen Fall von sich.

jury n ['dʒʊəri]

Geschworene, Schöffen, Schwurgericht

The jury returned a guilty verdict.

Die Geschworenen fällten einen Schuldspruch.

appeal n [ə'pi:l]

Berufung, Revision

We're considering lodging an appeal.

Wir erwägen, Berufung einzulegen.

appeal v [ə'pi:l]

Berufung einlegen, Revision einlegen

The company executives decided to appeal against the court's decision.

Die Unternehmensleitung entschloss sich, Berufung gegen das Urteil des Gerichts einzulegen.

data protection n [ˌdeɪtə prə'tekʃn]

Datenschutz

The minister said he regarded data protection legislation as very important.

Der Minister sagte, er halte gesetzgeberische Maßnahmen auf dem Gebiet des Datenschutzes für sehr wichtig.

deposition n [ˌdepə'zɪʃn]

eidliche Zeugenaussage, Aussage unter Eid

The court clerk took a deposition from the witness.

Der Urkundsbeamte des Gerichts nahm eine eidliche Zeugenaussage ab.

evidence n ['evɪdəns]

Beweismaterial

The evidence in the case was overwhelming.

In dem vorliegenden Fall war die Beweislast überwältigend.

give evidence v [ˌgɪv 'evɪdəns]

(vor Gericht) aussagen

Any refusal to give evidence may be construed as an attempt to pervert the course of justice.

Jede Aussageverweigerung kann als Versuch der Rechtsbeugung gedeutet werden.

injunction n [ɪn'dʒʌŋkʃn]

einstweilige Verfügung, gerichtliche Anordnung

The company has sought an injunction in order to prevent the publication of the report.

Die Gesellschaft hat eine einstweilige Verfügung beantragt, um die Veröffentlichung des Berichts zu verhindern.

➲ interim order

LAW

interim order n [ˌɪntərɪm 'ɔːdə]

The court merely made an interim order as it was not able to come to a final decision.

➲ injunction

einstweilige Verfügung

Da das Gericht sich nicht zu einer endgültigen Entscheidung durchringen konnte, erließ es lediglich eine einstweilige Verfügung.

material adj [mə'tɪəriəl]

Any facts material to this case must be disclosed.

relevant, rechtserheblich

Alle für diesen Fall relevanten Tatsachen müssen offen gelegt werden.

pending adj ['pendɪŋ]

The lawsuit was pending at the time.

anhängig

Damals war das Verfahren noch anhängig.

petition n [pə'tɪʃn]

She filed a petition for divorce.

Antrag

Sie hat die Scheidung beantragt.

probate n ['prəʊbeɪt]

A grant of probate was needed before he could dispose of his parents' estate.

gerichtliche Testamentsbestätigung, Testamentseröffnung

Bevor er über den Nachlass seiner Eltern verfügen konnte, war eine gerichtliche Testamentsbestätigung nötig.

process n ['prəʊses]

The court served a process on the company's directors.

Vorladung, gerichtliche Verfügung

Das Gericht stellte der Geschäftsführung der Gesellschaft eine Vorladung zu.

remedy n ['remədi]

"Legal remedy", as a rule, means instituting proceedings.

Rechtsbehelf, Abhilfe

„Rechtsbehelf" bedeutet in der Regel die Einleitung gerichtlicher Schritte.

search warrant n ['sɜːtʃ wɒrənt]

Without a search warrant, the police are not authorized to enter and search premises.

Durchsuchungsbefehl

Ohne Durchsuchungsbefehl darf die Polizei keine Hausdurchsuchung durchführen.

stipulate v ['stɪpjuleɪt]

The Companies Act stipulates that all limited companies be duly registered.

festlegen, vertraglich vereinbaren

Für Kapitalgesellschaften sieht das entsprechende Gesetz eine ordnungsgemäße Registrierung vor.

subpoena v lat [sə'piːnə]

The court has subpoenaed fifteen witnesses.

unter Strafandrohung vorladen

Das Gericht hat fünfzehn Zeugen unter Strafandrohung vorgeladen.

summons n ['sʌmənz]

The court served a summons on her.

Vorladung, Ladung

Das Gericht stellte ihr eine Vorladung zu.

witness n ['wɪtnəs]

The witness was asked whether she had been at the scene of the crime at the time in question.

Zeuge, Zeugin

Die Zeugin wurde gefragt, ob sie zum fraglichen Zeitpunkt am Tatort gewesen sei.

writ n [rɪt]

gerichtliche Verfügung

The court has issued a writ forbidding publication of the article.

Das Gericht hat eine Verfügung erlassen, die die Veröffentlichung des Artikels untersagt.

advocate n bes. schott ['ædvəkət]

Rechtsanwalt, -anwältin

The advocate was asked to shorten his submissions.

Der Rechtsanwalt wurde gebeten, seinen Vortrag abzukürzen.

barrister n GB ['bærɪstə]

Anwalt, Anwältin (an einem höheren Gericht)

The barrister represented the accused at court.

Der Angeklagte wurde vor Gericht durch einen Anwalt vertreten.

district attorney n US [ˌdɪstrɪkt ə'tɜːni]

Bezirksstaatsanwalt, -anwältin

The district attorney is responsible for bringing charges for crimes committed within his or her district.

Der Bezirksstaatsanwalt ist für die Einleitung von Strafverfahren aufgrund von Verbrechen verantwortlich, die in seinem Bezirk begangen worden sind.

➲ procurator fiscal, prosecuting attorney, public prosecutor

procurator fiscal n schott [ˌprɒkjureɪtə 'fɪskl]

Staatsanwalt, -anwältin

In Scotland, procurators fiscal are usually referred to as “fiscals”.

Die Staatsanwälte in Schottland werden gewöhnlich „fiscals“ genannt.

➲ district attorney, prosecuting attorney , public prosecutor

prosecuting attorney n US [ˌprɒsɪkjuːtɪŋ ə'tɜːni]

Staatsanwalt, -anwältin

The prosecuting attorney presented the case against the defendant.

Der Staatsanwalt trug sein Plädoyer gegen den Angeklagten vor.

➲ district attorney, procurator fiscal , public prosecutor

public prosecutor n GB [ˌpʌblɪk 'prɒsɪkjuːtə]

Staatsanwalt, -anwältin

The public prosecutor will only proceed with a case if she is convinced that there is a reasonable chance of conviction.

Die Staatsanwältin wird nur tätig, wenn sie überzeugt ist, dass es eine begründete Chance zur Verurteilung gibt.

➲ district attorney, prosecuting attorney, procurator fiscal

solicitor n [sə'lɪsɪtə]

Rechtsanwalt, -anwältin

He went to instruct a solicitor immediately.

Er beauftragte sogleich eine Anwältin mit der Wahrnehmung seiner Interessen.

pleadings n pl ['pliːdɪŋz]

Schriftsätze

The bundle of pleadings was extensive and took one day to read.

Die Schriftsätze waren umfangreich. Ihre Lektüre erforderte einen ganzen Tag.

submission n [səb'mɪʃn]

Ausführungen, Vortrag

The judge listened carefully to the lawyer’s submissions.

Der Richter hörte den Ausführungen des Anwalts genau zu.

attachment of earnings n [əˌtætʃmənt əv ˈɜːnɪŋz]
The order will be enforced through attachment of earnings.

Lohnpfändung, Gehaltspfändung
Die Verfügung wird auf dem Wege der Lohnpfändung vollstreckt.

burden of proof n [ˌbɜːdn əv ˈpruːf]
The burden of proof lay with the prosecution.

Beweislast
Die Beweislast oblag der Staatsanwaltschaft.

corporation n [ˌkɔːpəˈreɪʃn]
The BBC is a corporation.

Körperschaft des öffentlichen Rechts
Die BBC ist eine öffentlich-rechtliche Körperschaft.

domicile n [ˈdɒmɪsaɪl]
His domicile was in France.

Wohnsitz, Firmensitz
Sein Wohnsitz war in Frankreich.

health and safety regulations n pl [ˌhelθ ənd ˈseɪfti regjuleɪʃnz]
The company thought the health and safety regulations too onerous.

Arbeitsschutzvorschriften
Die Firma sah die Arbeitsschutzvorschriften als zu große Belastung an.

business law n [ˈbɪznəs lɔː]
She decided to specialize in business law.
➲ commercial law, mercantile law

Handelsrecht, Wirtschaftsrecht
Sie beschloss, sich auf Handelsrecht zu spezialisieren.

civil law n [ˌsɪvl ˈlɔː]
Civil law deals with disputes between private parties.

Privatrecht, Zivilrecht, Bürgerliches Recht
Das Zivilrecht behandelt Streitfälle zwischen privaten Parteien.

private law n [ˌpraɪvət ˈlɔː]
All problems relating to conveyancing are covered by private law.
➲ civil law

Privatrecht, Zivilrecht, Bürgerliches Recht
Alle mit der Grundstücksübertragung zusammenhängenden Probleme werden vom Privatrecht abgedeckt.

common law n [ˌkɒmən ˈlɔː]
Common law is at the very core of the English legal system.

Gewohnheitsrecht
Das Gewohnheitsrecht ist ein zentraler Bestandteil des englischen Rechtssystems.

employment law n [ɪmˈplɔɪmənt lɔː]
The trade unions thought that employment law favoured the employers.
➲ industrial law

Arbeitsrecht
Die Gewerkschaften waren der Auffassung, das Arbeitsrecht bevorzuge die Arbeitgeber.

equity n [ˈekwəti]
The court was keen to apply the principles of equity.

Billigkeitsrecht, Billigkeit
Das Gericht war bemüht, die Prinzipien des Billigkeitsrechts anzuwenden.

industrial law n [ɪnˌdʌstriəl ˈlɔː]
The Factory Acts of the early nineteenth century are the first examples of industrial law in Britain.
➲ employment law

Arbeitsrecht
Die Fabrikgesetze im frühen neunzehnten Jahrhundert sind das erste Beispiel für Arbeitsrecht in Großbritannien.

appellate court n [ə'pelət kɔ:t]

The appellate court is the court to turn to if you want to lodge an appeal.

➲ Court of Appeal

Berufungsgericht, Revisionsinstanz

Das Berufungsgericht ist das Gericht, an das man sich wendet, wenn man Berufung einlegen will.

Court of Appeal n GB [ˌkɔ:t əv ə'pi:l]

The so-called “Law Lords” (Lords of Appeal in Ordinary) are the ultimate court of appeal in the UK.

➲ appellate court

Berufungsgericht, Revisionsinstanz

Die sogenannten „Law Lords“ sind die letztinstanzliche Berufungsinstanz im Ver-einigten Königreich.

circuit court of appeal n US [ˌsɜ:kɪt ˌkɔ:t̬ əv ə'pi:l]

Circuit courts of appeal try more important civil and criminal cases.

Bundesberufungsgericht, zweitinstanzliches Schwurgericht

Bundesberufungsgerichte entscheiden über größere Zivil- und Strafsachen.

Appeal procedure in England and Wales

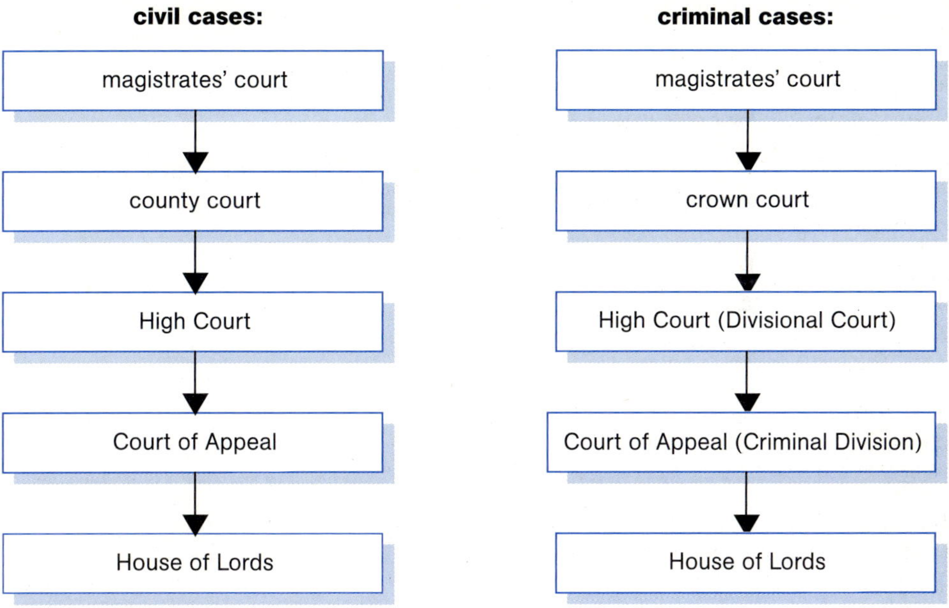

District Court n schott, US ['dɪstrɪkt ˌkɔ:t]

District courts are presided over by lay justices of the peace.

➲ Magistrates' Court

Amtsgericht (Scot), **Bezirksgericht** (US)

Amtsgerichten sitzen Laienrichter vor.

High Court n GB ['haɪ kɔ:t]

In Scotland, the High Court in Edinburgh has exclusive jurisdiction in cases involving treason, murder and rape.

Oberstes Gericht

In Schottland ist allein das Oberste Gericht in Edinburgh zuständig für Fälle von Mord, Hochverrat und Vergewaltigung.

Magistrates' Court n engl., wal. ['mædʒɪstreɪts kɔːt]

All cases are first referred to the Magistrates' Court.

➲ District Court

Amtsgericht, erstinstanzliches Gericht

Alle Fälle werden zunächst ans Amtsgericht verwiesen.

Sheriff Court n schott ['ʃerɪf kɔːt]

Sheriff Courts handle lesser offences which carry prison sentences for repeat offenders of up to six months.

Schwurgericht

Schwurgerichte in Schottland behandeln weniger schwerwiegende Vergehen, auf die im Wiederholungsfall Gefängnisstrafen von bis zu sechs Monaten stehen.

Supreme Court n US [suːˌpriːm 'kɔːt]

The United States Supreme Court is the final court of appeal and the constitutional court.

Oberstes Bundesgericht

Das Oberste Bundesgericht der Vereinigten Staaten ist das letztinstanzliche Gericht und das Verfassungsgericht.

Crown Court n GB [ˌkraʊn 'kɔːt]

Trial before a crown court is by jury.

Landgericht für Strafsachen

Prozesse vor dem „crown court" finden vor Geschworenen statt.

TAXES AND SOCIAL SECURITY

Taxation

taxation n [tæk'seɪʃn]
Taxation is the primary source of revenue of any government.

Besteuerung
Die Besteuerung ist die wichtigste Einkommensquelle jeder Regierung.

tax n [tæks]
Last year I had to pay £5,000 in tax.

Steuer
Im letzten Jahr mußte ich 5.000 Pfund Steuern bezahlen.

tax v [tæks]
There is hardly anything that governments have not tried to tax.

besteuern
Es gibt kaum etwas, das Regierungen nicht zu besteuern versucht hätten.

Inland Revenue n GB [ˌɪnlənd 'revənju:] I.R. [ˌæɪ 'ɑ:]
Don't forget to file your income tax return with the Inland Revenue.

Finanzamt, Einkommensteuerbehörde
Vergessen Sie nicht, Ihre Einkommensteuererklärung beim Finanzamt abzugeben.

tax man n coll ['tæks mæn]
You can't beat the tax man. Cheating him is illegal.

Finanzamt
Das Finanzamt ist allmächtig. Wenn man es betrügt, macht man sich strafbar.

tax inspector n ['tæks ɪnspektə]
If you have problems with your tax return, you have to write to your tax inspector.

Finanzbeamter, -beamtin, Steuerinspektor(in)
Wenn Sie Probleme mit Ihrer Steuererklärung haben, müssen Sie dem zuständigen Finanzbeamten schreiben.

Internal Revenue Service n US [ɪnˌtɜ:nl 'revənu: sɜ:vɪs] IRS [ˌaɪ ɑ:r 'es]
The Internal Revenue Service (IRS) collects individual and corporate taxes.

Bundessteuerbehörde
Die amerikanische Bundessteuerbehörde zieht Privat- und Körperschaftssteuern ein.

Treasury Secretary n US ['treʒəri sekrəteri]
The Federal Reserve System is independent of the Treasury Secretary.

Finanzminister(in)
Das amerikanische Zentralbanksystem ist vom Finanzminister unabhängig.

Chancellor of the Exchequer n GB [ˌtʃɑ:nsələr əv ði ɪks'tʃekə]
Among other things, the Chancellor of the Exchequer controls the Bank of England.

Schatzkanzler(in), Finanzminister(in)
Unter anderem kontrolliert der Schatzkanzler die Bank von England.

federal tax n US ['fedərəl tæks]

Federal taxes serve to pay for federal expenditures.

Bundessteuer

Bundessteuern dienen der Finanzierung von Ausgaben der Bundesregierung.

state tax n US ['steɪt tæks]

State taxes must be paid in each US state. These taxes may be direct or indirect.

einzelstaatliche Steuer

Einzelstaatliche Steuern müssen in jedem amerikanischen Bundesstaat entrichtet werden. Diese Steuern können direkt oder indirekt sein.

revenue(s) n ['revənju:z]

If revenues do not increase this year, the government will have to issue gilts.

(Staats-)Einnahmen, Steueraufkommen

Wenn die Staatseinnahmen in diesem Jahr nicht steigen, muss die Regierung Anleihen ausgeben.

tax revenue(s) n ['tæks ˌrevənju:z]

Tax revenues are nowadays insufficient to pay for all public expenditures.

➲ tax take

Steueraufkommen

Das Steueraufkommen reicht heutzutage nicht aus, um alle öffentlichen Ausgaben zu finanzieren.

tax take n ['tæks teɪk]

If the tax take is not sufficient to meet budgetary requirements, the administration will have to issue bonds.

➲ tax revenue(s)

Steueraufkommen

Wenn das Steueraufkommen zur Deckung der Haushaltserfordernisse nicht reicht, muss die Regierung Schuldverschreibungen ausgeben.

fiscal adj ['fɪskl]

In the UK, the fiscal year runs from 6 April to 5 April of the following year, while the corresponding period in the USA is 1 July to 30 June.

Steuer-, Finanz-

Im Vereinigten Königreich umfasst das Steuerjahr den Zeitraum 6. April bis 5. April des folgenden Jahres, in den USA 1. Juli bis 30. Juni.

tax assessment n ['tæks əsesmənt]

Your tax assessment is calculated on your income minus various allowances.

Steuerveranlagung, Steuerbescheid

Ihre Steuer wird auf der Basis Ihres Einkommens abzüglich verschiedener Freibeträge berechnet.

assess v [ə'ses]

The tax you pay is assessed on the basis of your taxable income.

veranlagen

Sie werden auf der Grundlage Ihres steuerpflichtigen Einkommens zur Steuer veranlagt.

compute v [kəm'pju:t]

Computing your tax liability is a complicated procedure.

berechnen

Die Berechnung Ihrer Steuerschuld ist ein kompliziertes Verfahren.

charge v [tʃɑ:dʒ]

Excise duties are usually charged at source.

erheben

Verbrauchssteuern werden normalerweise an der Quelle erhoben.

at source adv [ət 'sɔ:s]

Income tax is, as a rule, collected at source.

an der Quelle

Die Einkommensteuer wird in der Regel an der Quelle eingezogen.

deduct v [dɪ'dʌkt]

Tax will be deducted automatically from your income.

abziehen

Steuern werden automatisch von Ihrem Einkommen abgezogen.

tax-deductible adj [ˌtæksdɪ'dʌktəbl]

Business lunches are tax-deductible in many countries.

steuerlich absetzbar

Geschäftsessen sind in vielen Ländern steuerlich absetzbar.

deductible adj [dɪ'dʌktəbl]

Life assurance premiums used to be deductible in Britain.

absetzbar, abzugsfähig

In Großbritannien waren Lebenversicherungsprämien früher absetzbar.

set against tax v [ˌset əˌgenst 'tæks]

Your accountant will tell you what you can set against tax.

steuerlich geltend machen

Ihr Steuerberater wird Ihnen sagen, was Sie steuerlich geltend machen können.

liable to tax adj [ˌlaɪəbl tə 'tæks]

All incomes above a certain threshold are liable to tax.

steuerpflichtig

Alle Einkommen oberhalb einer gewissen Schwelle sind steuerpflichtig.

tax liability n ['tæks laɪəbɪləti]

Your tax liability will rise in tandem with your income.

Steuerschuld, Steuerpflicht

Ihre Steuerschuld steigt parallel zu Ihrem Einkommen.

remit v [rɪ'mɪt]

Taxes collected at source are remitted to the relevant tax authorities.

abführen, überweisen

An der Quelle erhobene Steuern werden an die jeweiligen Steuerbehörden abgeführt.

land tax n ['lænd tæks]

In some countries landowners have to pay a land tax.

Grundsteuer

In einigen Ländern müssen Grundeigentümer eine Grundsteuer zahlen.

capitation tax n [ˌkæpɪ'teɪʃn tæks]

Capitation tax is perhaps the oldest form of taxation and it has never been popular.

Kopfsteuer

Die Kopfsteuer ist möglicherweise die älteste Steuerart und sie ist zu keiner Zeit beliebt gewesen.

local tax n ['ləʊkl tæks]

Local taxes may be charged on property, on income or on goods sold locally.

Kommunalsteuer

Kommunalsteuern können auf Immobilien, Einkommen oder auf am Ort verkaufte Waren erhoben werden.

property tax n US ['prɒpəti tæks]

Property tax is not only imposed on land.

Vermögenssteuer

Vermögenssteuer wird nicht nur auf Grundstücke erhoben.

withholding tax n [wɪð'həʊldɪŋ tæks]

Wage and salary earners have their income tax deducted as a withholding tax.

Quellensteuer, einbehaltene Steuer

Lohn- und Gehaltsempfängern wird die Einkommensteuer als Quellensteuer abgezogen.

tax avoidance n ['tæks əvɔɪdəns]

Tax avoidance is an art, while tax evasion constitutes a criminal offence.

Steuervermeidung

Steuervermeidung ist eine Kunst, während Steuerhinterziehung ein Vergehen darstellt.

tax evasion n ['tæks ɪveɪʒn]

Anyone found guilty of tax evasion could end up behind bars.

Steuerhinterziehung

Jeder, der der Steuerhinterziehung überführt wird, kann im Gefängnis landen.

tax base n ['tæks beɪs]

With regard to VAT, the price of an item at the point of sale is also the tax base.

Besteuerungsgrundlage, Bemessungsgrundlage

Für die Mehrwertsteuer ist der Preis einer Ware am Ort des Verkaufs gleichzeitig die Besteuerungsgrundlage.

tax burden n ['tæks bɜːdn]

Some people consider their tax burden too high, and emigrate.

Steuerlast, steuerliche Belastung

Einige Leute empfinden ihre Steuerlast als zu hoch und wandern aus.

tax credit n ['tæks kredɪt]

Tax credits help you to reduce your tax burden.

➲ tax offset, tax voucher

Steuergutschrift, Steueranrechnung

Steuergutschriften helfen Ihnen, Ihre steuerliche Belastung zu reduzieren.

tax offset n ['tæks ɒfset]

Corporation tax already paid by an enterprise can be claimed as a tax offset.

➲ tax credit, tax voucher

Steuergutschrift, Steueranrechnung

Bereits von einem Unternehmen entrichtete Körperschaftssteuer kann als Steuergutschrift geltend gemacht werden.

tax voucher n ['tæks vaʊtʃə]

Shareholders receive a tax voucher for the advance corporation tax paid by their company.

➲ tax credit, tax offset

Steuergutschrift

Aktionäre erhalten für die von ihrem Unternehmen entrichtete Körperschaftssteuervorauszahlung eine Steuergutschrift.

tax cut n ['tæks kʌt]

Tax cuts can lead to huge budget deficits.

Steuersenkung

Steuersenkungen können zu riesigen Haushaltsdefiziten führen.

tax exemption n ['tæks ɪgʒempʃn]

Various forms of tax exemption exist for charities.

Steuerbefreiung

Für Wohlfahrtsverbände gibt es verschiedene Formen der Steuerbefreiung.

tax exile n ['tæks eksaɪl]

The Channel Islands are teeming with tax exiles.

Steuerflüchtling

Auf den Kanalinseln wimmelt es von Steuerflüchtlingen.

tax loss n ['tæks lɒs]

Tax losses are employed deliberately by companies as a means of tax avoidance.

steuerwirksamer Verlust

Steuerwirksame Verluste werden ganz bewusst von Firmen zur Steuervermeidung eingesetzt.

tax regime n ['tæks reɪʒiːm]

Social justice should be an integral part of all tax regimes.

Steuersystem, Steuerordnung

Soziale Gerechtigkeit sollte ein fester Bestandteil aller Steuersysteme sein.

tax shelter n ['tæks ʃeltə]

We have decided to transfer some of our operations to Ireland because the Irish tax regime constitutes a tax shelter.

➲ tax haven

Steueroase

Wir haben uns entschlossen, einen Teil unserer Tätigkeit nach Irland zu verlagern, weil das irische Steuersystem eine Steueroase darstellt.

tax haven n ['tæks heɪvn]

The Channel Islands and the Isle of Man owe their popularity to tourism and to the fact that they are tax havens.

➲ tax shelter

Steueroase

Die Kanalinseln und die Insel Man verdanken ihre Beliebtheit dem Fremdenverkehr und der Tatsache, dass sie Steueroasen sind.

tax shifting n ['tæks ˌʃɪftɪŋ]

Excise duties on alcohol and tobacco are a good example of tax shifting, as the tax ultimately has to be paid by the consumer.

Steuerüberwälzung

Warensteuern auf Alkohol und Tabak sind ein gutes Beispiel für Steuerüberwälzung, da diese Steuern letztlich vom Verbraucher gezahlt werden müssen.

tax-free adj [ˌtæks'friː]

Goods taken abroad are usually tax-free.

steuerfrei

Waren, die ins Ausland gebracht werden, sind normalerweise steuerfrei.

tax consultant n ['tæks kənˌsʌltənt]

The tax regime is so complicated that employing a tax consultant has become a necessity for many people.

➲ accountant

Steuerberater(in)

Das Steuersystem ist so kompliziert, dass viele Leute nicht mehr ohne Steuerberater auskommen.

accountant n [ə'kaʊntənt]

According to my accountant, I need a new car for writing-off purposes.

➲ tax consultant

Steuerberater(in)

Meiner Steuerberaterin zufolge brauche ich zu Abschreibungszwecken ein neues Auto.

unearned income n [ˌʌnɜːnd 'ɪnkʌm]

Under some tax regimes, unearned income is taxed at a higher rate than earned income.

Einkommen aus Kapitalvermögen

Bei einigen Steuersystemen werden Einkommen aus Kapitalvermögen stärker besteuert als Einkommen aus selbständiger und nichtselbständiger Arbeit.

rate structure n ['reɪt ˌstrʌktʃə]

The rate structure of various taxes is not only complicated but subject to change from time to time.

Tarifstruktur

Die Tarifstruktur verschiedener Steuern ist nicht nur kompliziert, sondern wird auch von Zeit zu Zeit verändert.

standard rate n ['stændəd ˌreɪt]

The standard rates of VAT vary throughout Europe, ranging from 12 to 20%.

Standardsatz

Die Standardsätze der Mehrwertsteuer weichen in Europa voneinander ab. Sie bewegen sich zwischen 12 und 20%.

reduced rate n [rɪˌdjuːst 'reɪt]

In Germany, value added tax on food is charged at a reduced rate.

reduzierter Satz

In Deutschland wird für Lebensmittel ein reduzierter Mehrwertsteuersatz erhoben.

zero rate n ['zɪərəʊ ˌreɪt]

Some items, e.g. food and children's clothes, are charged at the zero rate of VAT in the UK.

Nullsatz

Einige Dinge, z.B. Lebensmittel und Kinderbekleidung, sind im Vereinigten Königreich von der Mehrwertsteuer befreit.

respite n ['respaɪt] — **Zahlungsaufschub, Fristverlängerung, Stundung**

If you can't pay your due tax, you may be granted a respite.

Wenn Sie Ihre Steuerschuld nicht zahlen können, dann wird Ihnen möglicherweise ein Zahlungsaufschub gewährt.

budget n ['bʌdʒɪt] — **Haushalt, Etat**

On account of the public sector borrowing requirement, balanced budgets are the exception rather than the rule.

Aufgrund des Kreditbedarfs der öffentlichen Hand sind ausgeglichene Haushalte eher die Ausnahme.

Budget Day n GB ['bʌdʒɪt deɪ] — **Tag der Vorlage des Haushalts**

On Budget Day, the Chancellor of the Exchequer announces changes in tax rates, which become effective at six p.m. on the same day.

Am Tag der Haushaltsvorlage gibt der Schatzkanzler Veränderungen der Steuersätze bekannt, die um 18 Uhr desselben Tages in Kraft treten.

fine v [faɪn] — **mit einem Bußgeld belegen, eine Geldstrafe verhängen**

You'll be fined if you don't pay your tax bill by a certain date.

Sie werden ein Bußgeld zahlen müssen, wenn Sie Ihre Steuer nicht bis zu einem bestimmten Termin bezahlen.

incentive n [ɪn'sentɪv] — **Anreiz**

Tax cuts are an incentive to work harder or, in the case of indirect tax, to spend more.

Steuersenkungen sind ein Anreiz zur Mehrarbeit bzw. zu größeren Ausgaben bei indirekten Steuern.

Direct and indirect taxes

direct taxes n pl [ˌdərekt 'tæksɪz] — **direkte Steuern**

Income tax is a direct tax.

Die Einkommensteuer ist eine direkte Steuer.

indirect taxes n pl [ˌɪndərekt 'tæksɪz] — **indirekte Steuern**

Indirect taxes are counted as excise duties.

Zu den indirekten Steuern gehören die Verbrauchssteuern.

allowance n [ə'laʊəns] — **Freibetrag**

Various allowances enable you to reduce your tax burden.

Verschiedene Freibeträge ermöglichen Ihnen eine Minderung Ihrer steuerlichen Belastung.

deduction n [dɪ'dʌkʃn] — **abzugsfähiger Posten, Steuerabzug**

Tax deductions can be claimed on various items, e.g. work related expenditures.

Es gibt verschiedene abzugsfähige Posten, z.B. Werbungskosten.

set off against v [ˌset 'ɒf əgenst] — **verrechnen mit**

Companies set off profits against losses.

Unternehmen verrechnen Gewinne mit Verlusten.

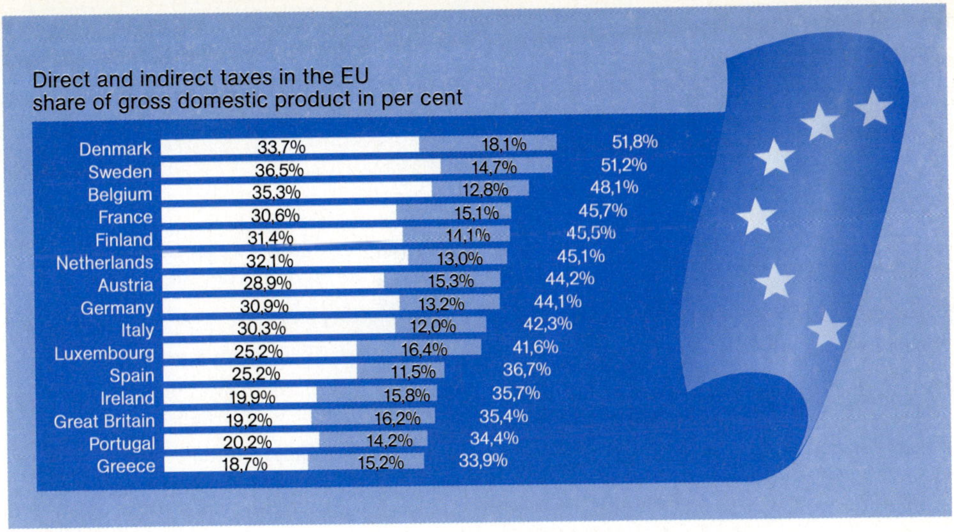

tax band n ['tæks bænd]

In 1997 there were three tax bands in the UK – zero, 24% and 40%.

➲ tax bracket

Steuerklasse, Steuerstufe

Im Jahre 1997 gab es drei Steuerklassen in Großbritannien: Null, 24% und 40%.

tax bracket n ['tæks brækɪt]

Until the 1980s, people in the higher tax brackets paid up to 85% of their income to the tax man.

➲ tax band

Steuerklasse, Steuerstufe

Bis zu den 80er Jahren zahlten Leute in den höheren Steuerklassen bis zu 85% ihres Einkommens an das Finanzamt.

tax relief n ['tæks rɪli:f]

The German tax regime allows you to claim tax relief on work-related expenses.

Steuerermäßigung, Steuervergünstigung

Die deutsche Steuerordnung gestattet die Inanspruchnahme von Steuerermäßigungen für Werbungskosten.

tax return n ['tæks rɪtɜ:n]

Completing a tax return requires a lot of time and effort.

Steuererklärung

Das Ausfüllen einer Steuererklärung erfordert viel Zeit und Aufwand.

tax schedule n GB ['tæks ʃedju:l]

Tax schedule E covers earned income, e.g. wages and salaries.

Anlage (zur Steuererklärung)

Anlage E deckt Einkommen aus einer Erwerbstätigkeit ab, z.B. Löhne und Gehälter.

tax threshold n ['tæks θreʃəʊld]

All income below the tax threshold is tax-exempt.

Eingangssteuersatz

Alle Einkünfte unterhalb des Eingangssteuersatzes sind steuerfrei.

tax break n ['tæks breɪk]

Tax breaks act as incentives for investors.

➲ tax holiday

zeitweilige Steuerbefreiung, steuerfreie Zeit

Zeitweilige Steuerbefreiungen dienen Anlegern als Anreiz.

tax holiday n ['tæks hɒlədeɪ]

Ireland has attracted considerable foreign investment by offering tax holidays.

➲ tax break

zeitweilige Steuerbefreiung, steuerfreie Zeit

Durch das Angebot zeitweiliger Steuerbefreiung hat Irland erhebliche ausländische Investitionen hereingeholt.

on a sliding scale adv [ɒn ə ˌslaɪdɪŋ 'skeɪl]

In Germany, income tax is charged on a sliding scale, i.e. the more you earn, the higher your rate of tax.

progressiv

In Deutschland wird die Einkommensteuer progressiv erhoben, d.h. je mehr man verdient, um so höher der Steuersatz.

proportional rate n [prəˌpɔːʃənl 'reɪt]

The majority of Britain's taxpayers are assessed for income tax at the proportional rate of 24%.

Proportionalsatz

Die Mehrzahl der britischen Steuerzahler wird mit dem Proportionalsatz von 24% zur Einkommensteuer veranlagt.

taxable income n [ˌtæksəbl 'ɪnkʌm]

As your taxable income rises, so will your tax burden.

steuerpflichtiges Einkommen

In dem Maße, wie Ihr steuerpflichtiges Einkommen steigt, steigt auch Ihre steuerliche Belastung.

income tax n ['ɪnkʌm tæks]

In Great Britain income tax is charged at 24% and 40% respectively.

Einkommensteuer

In Großbritannien werden Einkommen mit 24% bzw. 40% besteuert.

income tax assessment n [ˌɪnkʌm tæks ə'sesmənt]

The Inland Revenue will send you your income tax assessment.

Einkommensteuerbescheid

Das Finanzamt wird Ihnen Ihren Einkommensteuerbescheid zuschicken.

income tax return n [ˌɪnkʌm tæks rɪ'tɜːn]

You mustn't forget to file your income tax return.

Einkommensteuererklärung

Sie dürfen nicht vergessen, Ihre Einkommensteuererklärung abzugeben.

file v [faɪl]

You are required to file your tax return by the end of the month at the latest.

einreichen, abgeben

Sie müssen Ihre Steuererklärung spätestens bis zum Monatsende einreichen.

PAYE system n GB [ˌpiː eɪ waɪ 'iː sɪstəm] pay-as-you-earn system [ˌpeɪ əz juː 'ɜːn sɪstəm]

PAYE saves the tax authorities a lot of money and man-hours.

Lohnsteuerabzugsverfahren

Das Lohnsteuerabzugsverfahren erspart den Steuerbehörden viel Geld und Arbeitsstunden.

capital gains tax n [ˌkæpɪtl 'geɪnz tæks]

Capital gains tax is merely a tax on short-term speculative gains.

Kapitalgewinnsteuer, Spekulationssteuer

Die Kapitalgewinnsteuer ist lediglich eine Steuer auf kurzfristig erzielte Spekulationsgewinne.

capital transfer tax n GB [ˌkæpɪtl 'trænsfɜː tæks]

Schenkungs- und Erbschaftssteuer

Capital transfer tax was introduced in the 1970s because many people avoided estate duty by making lifetime gifts to their children.
➲ gift tax

Die Schenkungs- und Erbschaftssteuer wurde in den 70er Jahren eingeführt, weil viele Leute die Erbschaftssteuer umgingen, indem sie ihren Kindern zu ihren Lebzeiten Schenkungen machten.

gift tax n US ['gɪft tæks]

Schenkungssteuer

A gift tax is really a tax on certain types of capital transfer
➲ capital transfer tax

Eine Schenkungssteuer ist in Wirklichkeit eine Steuer auf bestimmte Arten der Kapitalübertragung.

corporation tax n [ˌkɔːpə'reɪʃn tæks]

Körperschaftssteuer

The profits of limited companies are liable to corporation tax.

Die Gewinne von Kapitalgesellschaften unterliegen der Körperschaftssteuer.

advance corporation tax n [əd,vɑːns kɔːpə'reɪʃn tæks]

Körperschaftssteuervorauszahlung

Advance corporation tax can be used as a tax credit, thus avoiding double taxation.

Körperschaftssteuervorauszahlungen können als Steuergutschrift verwendet werden, so dass eine Doppelbesteuerung vermieden wird.

council tax n ['kaʊnsl tæks]

Kommunalsteuer

Council tax pays for local government and local services.

Die Kommunalsteuer dient zur Finanzierung der Kommunalverwaltung und kommunaler Dienstleistungen.

death tax n US ['deθ tæks]

Erbschaftssteuer

The heirs of the deceased will have to pay death tax on the estate if the latter exceeds a certain value.
➲ estate duty, inheritance tax

Die Erben des Verstorbenen müssen Erbschaftssteuer auf den Nachlass zahlen, wenn Letzterer einen gewissen Wert übersteigt.

estate duty n GB old [ɪ'steɪt djuːti]

Erbschaftssteuer

Estate duty was originally designed to bring about a redistribution of wealth.
➲ death tax, inheritance tax

Der ursprüngliche Zweck der Erbschaftssteuer bestand darin, eine Umverteilung des Reichtums herbeizuführen.

inheritance tax n [ɪn'herɪtəns tæks]

Erbschaftssteuer

Only estates well in excess of £100,000 are subject to inheritance tax.
➲ death tax, estate duty

Nur Nachlässe, die deutlich über 100.000 Pfund liegen, unterliegen der Erbschaftssteuer.

input tax n ['ɪnpʊt tæks]

Vorsteuer

The input tax paid by your supplier can be deducted from your output tax.

Die von Ihrem Lieferanten entrichtete Vorsteuer kann von Ihrer Bruttomehrwertsteuer abgezogen werden.

output tax n ['aʊtpʊt tæks]

Umsatzsteuer, Bruttomehrwertsteuer

Every seller has to pay output tax.

Jeder Verkäufer muss Umsatzsteuer zahlen.

road tax n ['rəʊd tæks]

Kraftfahrzeugsteuer

In some countries, road tax is levied at a flat rate.
➲ vehicle excise duty

In einigen Ländern wird die Kraftfahrzeugsteuer pauschal erhoben.

vehicle excise duty n [ˌviːəkl ˈeksaɪz djuːti]

Vehicle excise duty is levied at a flat rate in Great Britain.

➲ road tax

Kraftfahrzeugsteuer

In Großbritannien wird für alle Kraftfahrzeuge ein einheitlicher Kfz-Steuersatz erhoben.

sales tax n US [ˈseɪlz tæks]

US states have their own types and rates of sales tax.

Umsatzsteuer

Amerikanische Bundesstaaten haben ihre eigenen Umsatzsteuersysteme und -sätze.

value added tax n [ˈvæljuː ædɪd ˈtæks] VAT [ˌviː eɪ ˈtiː]

Value added tax is levied at every stage in the distribution process.

Mehrwertsteuer (MwSt)

Mehrwertsteuer wird auf jeder Stufe des Vertriebsweges erhoben.

excise duty n [ˈeksaɪz djuːti]

Excise duty is one of the oldest forms of taxation.

Verbrauchssteuer, Warensteuer

Verbrauchssteuern gehören zu den ältesten Formen der Besteuerung.

duty on hydrocarbon fuels n GB [ˌdjuːti ɒn ˌhaɪdrəʊˌkɑːbən ˈfjuːəlz]

Duty on hydrocarbon fuels is easy to collect and yields enormous revenue.

Mineralölsteuer

Die Mineralölsteuer ist leicht einzutreiben und sorgt für erhebliche Steuereinkünfte.

Benefits and contributions

benefit n [ˈbenɪfɪt]

You are entitled to claim certain benefits if you have paid National Insurance contributions.

Beihilfe, staatliche Leistung

Sie sind berechtigt, bestimmte Beihilfen zu beanspruchen, wenn Sie Sozialversicherungsbeiträge gezahlt haben.

contributions n pl GB [ˌkɒntrɪˈbjuːʃnz]

Even if you haven't paid any National Insurance contributions you are entitled to claim social security.

Beiträge (zur Sozialversicherung)

Sie haben einen Anspruch auf Sozialhilfe, selbst wenn Sie keine Sozialversicherungsbeiträge entrichtet haben.

voluntary contributions n pl GB [ˌvɒləntri ˌkɒntrɪˈbjuːʃnz]

Voluntary contributions can help protect your retirement pension, but they don't count towards unemployment benefit.

freiwillige Beiträge (zur Sozialversicherung)

Freiwillige Beiträge helfen bei der Absicherung der Altersrente, aber sie werden beim Arbeitslosengeld nicht berücksichtigt.

pension n [ˈpenʃn]

More and more people are taking out endowment policies to supplement their pensions.

Rente, Pension

Immer mehr Leute schließen eine Kapitallebensversicherung zur Ergänzung ihrer Rente ab.

state pension n [ˌsteɪt ˈpenʃn]

You will receive a state pension once you reach retirement age.

staatliche Rente, Einheitsrente

Sie werden eine staatliche Rente erhalten, wenn Sie das Rentenalter erreicht haben.

state earnings-related pension scheme n [ˌsteɪt ˌɜːnɪŋzrɪleɪtɪd ˈpenʃn skiːm] SERPS [sɜːps]

einkommensabhängige staatliche Rentenversicherung

SERPS was phased in over a period of ten years.

Die einkommensabhängige staatliche Rentenversicherung wurde über einen Zeitraum von zehn Jahren eingeführt.

additional pension n [əˌdɪʃənl ˈpenʃn]

Zusatzrente

The additional pension is earnings-related.

Die Zusatzrente ist einkommensabhängig.

basic pension n GB [ˌbeɪsɪk ˈpenʃn]

Grundrente

Your basic pension depends on how many qualifying years your National Insurance contribution record contains.

Die Höhe Ihrer Grundrente hängt davon ab, über wie viel anrechenbare Jahre Ihre Sozialversicherungsbeiträge nachweislich gezahlt worden sind.

occupational pension n GB [ɒkjuˌpeɪʃənl ˈpenʃn]

Betriebsrente, Berufsrente

If you are a member of an employer's occupational pension scheme, you can contract out of the state additional pension scheme.

Wenn Sie durch eine betriebliche Rentenversicherung versichert sind, dann können Sie sich von der staatlichen Zusatzrentenversicherung befreien lassen.

old age pensioner n [ˌəʊld eɪdʒ ˈpenʃənə] OAP [ˌəʊ eɪ ˈpiː]

Rentner(in)

In some cities OAPs travel free of charge on public transport.

In einigen Städten werden Rentner in öffentlichen Verkehrsmitteln unentgeltlich befördert.

old age pension n [ˌəʊld eɪdʒ ˈpenʃn]

Altersrente

Many OAPs receive an occupational pension to supplement their old age pension.

Viele Rentner beziehen zusätzlich zu ihrer Altersrente eine Betriebsrente.

➲ retirement pension, superannuation

retirement pension n GB [rɪˌtaɪəmənt ˈpenʃn]

Altersrente

You are entitled to a retirement pension when you reach the statutory pensionable age.

Sie bekommen eine Altersrente, wenn Sie das gesetzliche Rentenalter erreicht haben.

➲ old age pension, superannuation

superannuation n GB [ˌsuːpərˌænjuˈeɪʃn]

Pension, Altersrente

On retirement, civil servants receive superannuation.

Nach ihrer Pensionierung erhalten Regierungsbeamte eine Pension.

➲ old age pension, retirement pension

widow's pension n GB [ˌwɪdəʊz ˈpenʃn]

Witwenrente

A widow's pension is a taxable weekly benefit for widows aged 45 or over.

Die Witwenrente ist eine steuerpflichtige wöchentliche Leistung für Witwen, die mindestens 45 Jahre alt sind.

widow's payment n GB [ˌwɪdəʊz ˈpeɪmənt]

Witwenbeihilfe

A widow's payment is a tax-free lump sum payment, which is paid immediately after the husband dies.

Die Witwenhilfe ist ein steuerfreier Pauschalbetrag, der unmittelbar nach dem Tode des Ehegatten gezahlt wird.

poverty threshold n US ['pɒvəti ˌθreʃhəʊld]

Armutsgrenze

The poverty threshold is an income level, adjusted for inflation, below which individuals are defined by the administration as poor.

Die Armutsgrenze ist ein inflationsbereinigtes Einkommensniveau, unterhalb dessen Bürger von der Regierung als arm definiert werden.

National Insurance n GB [ˌnæʃnəl ɪn'ʃʊərəns] NI [ˌen 'aɪ]

Sozialversicherung

If you are employed or self-employed, you must pay NI contributions.

Wenn Sie beschäftigt oder selbständig sind, sind Sie sozialversicherungspflichtig.

social services department n GB [ˌsəʊʃl ˌsɜːvɪsɪz dɪ'pɑːtmənt]

Sozialamt

Your social services department will help you claim the benefits you are entitled to.

Ihr Sozialamt wird Ihnen dabei helfen, die Leistungen zu beantragen, auf die Sie Anspruch haben.

income support n GB ['ɪnkʌm səˌpɔːt]

Sozialhilfe

Income support is a state benefit for people aged 18 or over whose income is below a certain level.
➲ supplementary security income

Die Sozialhilfe ist eine staatliche Sozialleistung für Bürger ab 18 Jahren, deren Einkommen unterhalb eines bestimmten Niveaus liegt.

social security n [ˌsəʊʃl sɪ'kjʊərəti]

soziale Sicherheit

Social security has become a major cost factor in recent years.

Der Sozialstaat ist in den vergangenen Jahren zu einem wichtigen Kostenfaktor geworden.

supplementary security income n [sʌplɪˌmentri sɪ'kjʊərəti ɪnkʌm] SSI [ˌes es 'aɪ]

Sozialhilfe

Under the SSI programme the national government guarantees a certain level of income for the needy.
➲ income support

Mit dem SST-Programm garantiert die Zentralregierung ein gewisses Einkommensniveau für bedürftige Bürger.

social security contribution n D [ˌsəʊʃl sɪˌkjʊərəti kɒntrɪ'bjuːʃn]

Sozialversicherungsbeitrag

Under the German social security system, employers and employees each pay 50% of social security contributions.

Beim deutschen Sozialversicherungssystem zahlen Arbeitgeber und Arbeitnehmer jeweils 50% der Sozialversicherungsbeiträge.

social fund n GB [ˌsəʊʃl 'fʌnd]

Sozialfonds, Notfonds

The social fund used to help people with expenses which are difficult to meet from regular income, e.g. funeral expenses.

Der Sozialfonds half Leuten bei Kosten, die sie nur schwer aus regulären Einkünften bestreiten können, z.B. Bestattungskosten.

aid to families with dependent children n US ['eɪd tə ˌfæməliz wɪð dɪˌpendənt 'tʃɪldrən] AFDC [ˌeɪ ef diː 'siː]

Kindergeld

AFDC is a social welfare program providing cash assistance to needy children and their parents.

Das in den USA gewährte Kindergeld ist ein Sozialhilfeprogramm für bedürftige Kinder und ihre Eltern.

cold weather payment n GB [ˌkəʊld 'weðə peɪmənt]

Brennstoffbeihilfe

If you are on income support and your family includes a child under five, you may be eligible for a cold weather payment in the winter.

Wenn Sie Sozialhilfeempfänger sind und zu Ihrer Familie ein Kind unter fünf Jahren gehört, dann können Sie im Winter gegebenenfalls eine Brennstoffbeihilfe bekommen.

crisis loan n GB ['kraɪsɪs ləʊn]

Überbrückungsdarlehen (vom Sozialamt)

A crisis loan could cover living expenses for a short period of time.

Ein Überbrückungsdarlehen könnte die Lebenshaltungskosten für einen kurzen Zeitraum abdecken.

family credit n GB [ˌfæməli 'kredɪt]

Familienbeihilfe

Family credit is a tax-free benefit for working parents with children.

Die Familienbeihilfe ist eine steuerfreie Sozialleistung für berufstätige Eltern mit Kindern.

food stamps n pl US ['fuːd stæmps]

Lebensmittelmarken

Food stamps or coupons have monetary value, but they can only be used to purchase food.

Lebensmittelmarken oder -gutscheine haben Geldwert, aber sie können nur zum Kauf von Lebensmitteln verwendet werden.

housing benefit n GB ['haʊzɪŋ benɪfɪt]

Wohngeld, Mietzuschuss

Housing benefit is paid by local councils to people who need help to pay their rent.

Wohngeld wird von Kommunalverwaltungen an Leute gezahlt, die Hilfe bei der Zahlung ihrer Miete benötigen.

means-tested benefit n US ['miːnztestɪd 'benɪfɪt]

Sozialhilfe unter Berücksichtigung der Vermögensverhältnisse, von der Bedürftigkeit abhängende Sozialleistung

Means-tested benefits are part of a social welfare program providing cash or in-kind benefits to individuals with little or no income.

Sozialleistungen unter Berücksichtigung der Vermögensverhältnisse sind Teil eines S ozialhilfeprogramms, in dessen Rahmen Personen mit wenig oder ohne Einkommen Bar- oder Sachleistungen erhalten.

one-parent benefit n GB [ˌwʌn peərənt 'benɪfɪt]

Beihilfe für Alleinerziehende

One-parent benefit is paid on top of child benefit for people bringing up a child alone. It is paid for the eldest child only, and the beneficiary does not have to be the child's birth-parent.

Die Beihilfe für Alleinerziehende wird zusätzlich zum Kindergeld an Alleinerziehende gezahlt. Sie wird nur für das älteste Kind ausgezahlt, und der Empfänger muss nicht leibliche Mutter oder leiblicher Vater des Kindes sein.

child benefit n GB [ˌtʃaɪld ˈbenɪfɪt]

Child benefit is a tax-free cash payment for anyone, regardless of income or National Insurance contributions, who is responsible for a child.

Kindergeld

Das Kindergeld ist eine steuerfreie Barleistung an jeden, der für ein Kind verantwortlich ist – und zwar unabhängig von Einkommen oder (geleisteten) Sozialversicherungsbeiträgen.

budgeting loan n GB [ˈbʌdʒɪtɪŋ ləʊn]

Budgeting loans are interest-free loans for people who have been on income support for at least 26 weeks.

Anschaffungsdarlehen

Anschaffungsdarlehen sind zinsfreie Darlehen für diejenigen, die seit mindestens 26 Wochen Sozialhilfe beziehen.

reduced earnings allowance n GB [rɪˌdjuːst ˈɜːnɪŋz əlaʊəns]

You are entitled to a reduced earnings allowance if you are unable to return to your regular occupation due to a disability.

Beihilfe bei verminderter Erwerbsfähigkeit

Sie können bei verminderter Erwerbsfähigkeit eine Beihilfe bekommen, wenn Sie Ihrer normalen Tätigkeit aufgrund einer Behinderung nicht mehr nachgehen können.

council tax benefit n GB [ˌkaʊnsl tæks ˈbenɪfɪt]

If you claim income support, you can claim council tax benefit at the same time.

Kommunalsteuerbeihilfe

Wenn Sie Sozialhilfe beantragen, dann können Sie gleichzeitig eine Kommunalsteuerbeihilfe beantragen.

maternity allowance n GB [məˈtɜːnəti əlaʊəns]

You may get a maternity allowance, if you can't get statutory maternity pay because you are self-employed or have recently changed jobs.

Mutterschaftsbeihilfe

Sie können gegebenenfalls eine Mutterschaftsbeihilfe erhalten, wenn Sie aufgrund Ihrer Selbständigkeit oder eines kürzlichen Arbeitsplatzwechsels keinen Anspruch auf das gesetzliche Mutterschaftsgeld haben.

maternity payment n GB [məˈtɜːnəti peɪmənt]

People on income support may be eligible for a maternity payment of £100 to help buy things for a new baby.

Mutterschaftsgeld

Sozialhilfeempfänger können gegebenenfalls ein Mutterschaftsgeld in Höhe von 100 Pfund als Zuschuss für den Kauf von Sachen für das Neugeborene bekommen.

statutory maternity pay n GB [ˌstætʃətri məˈtɜːnəti peɪ]

If you work for an employer and are expecting a baby, you can get weekly statuory maternity pay from your employer.

gesetzliches Mutterschaftsgeld

Wenn Sie angestellt sind und ein Kind erwarten, dann können Sie das wöchentliche gesetzliche Mutterschaftsgeld von Ihrem Arbeitgeber erhalten.

incapacity benefit n GB [ˌɪnkəˈpæsəti ˌbenɪfɪt]

Incapacity benefit is a new benefit for people under state pension age.

Erwerbsunfähigkeitsgeld

Das Erwerbsunfähigkeitsgeld ist eine neue Sozialleistung für Personen, die das gesetzliche Rentenalter noch nicht erreicht haben.

disability living allowance n GB [dɪsəˌbɪləti ˈlɪvɪŋ əlaʊəns] DLA [ˌdiː el ˈeɪ]

Behindertenzuschuss

DLA is a tax-free benefit for people who need help with personal care and / or mobility.

Der Behindertenzuschuss ist eine steuerfreie Leistung für Bürger, die Hilfe in Bezug auf Pflege und / oder Mobilität benötigen.

disability working allowance n GB [dɪsəˌbɪləti ˈwɜːkɪŋ əlaʊəns] DWA [ˌdiː dʌbljuː ˈeɪ]

Zulage für behinderte Arbeitnehmer

DWA is an income-related benefit for people aged 16 or over who work an average of 16 hours a week or more and have a disability which limits their earning capacity.

Die Zulage für behinderte Arbeitnehmer ist eine einkommensbezogene Leistung für Arbeitnehmer, die mindestens 16 Jahre alt sind und pro Woche durchschnittlich 16 Stunden oder mehr arbeiten und deren Verdienstmöglichkeiten durch ihre Behinderung eingeschränkt sind.

severe disablement allowance n GB [sɪˌvɪə dɪsˈeɪblmənt əˌlaʊəns] SDA [ˌes diː ˈeɪ]

Schwerbehindertenzulage

Severe disablement allowance is a tax-free benefit for people who have not been able to work for at least 28 consecutive weeks because of illness or disablement, and cannot get incapacity benefit because they have not paid enough NI contributions.

Die Schwerbehindertenzulage ist eine steuerfreie Leistung für Arbeitnehmer, die aufgrund von Krankheit oder Behinderung mindestens 28 Wochen nicht haben arbeiten können und kein Erwerbsunfähigkeitsgeld erhalten, da sie keine ausreichenden Sozialversicherungsbeiträge gezahlt haben.

National Health Service n GB [ˌnæʃnəl ˈhelθ ˌsɜːvɪs] NHS [ˌen eɪtʃ ˈes]

staatlicher Gesundheitsdienst

The National Health Service is funded from tax revenues.

Der staatliche Gesundheitsdienst wird aus dem Steueraufkommen finanziert.

Medicaid n US [ˈmedɪkeɪd]

Gesundheitsfürsorge für Einkommensschwache

Medicaid was introduced because there is no statutory health insurance scheme in the US.

Da es in den Vereinigten Staaten keine gesetzliche Krankenversicherung gibt, wurde die Gesundheitsfürsorge für Einkommensschwache eingeführt.

Medicare n US [ˈmedɪkeə]

Gesundheitsfürsorge für ältere Bürger

Medicare was introduced because many senior citizens have no medical insurance.

Die Gesundheitsfürsorge für ältere Bürger wurde eingeführt, weil viele von ihnen nicht krankenversichert sind.

statutory health insurance scheme n [ˌstætʃətri ˌhelθ ɪnˈʃʊərəns skiːm]

gesetzliche Krankenversicherung

The first statutory health insurance scheme was introduced in Germany in the 1880s.

Die erste gesetzliche Krankenversicherung wurde in den 80er Jahren des 19. Jahrhunderts in Deutschland eingeführt.

attendance allowance n GB [əˈtendəns əlaʊəns]

Pflegegeld, Pflegebeihilfe

Attendance allowance is a tax-free weekly cash benefit for people aged 65 or over who need help with personal care because of illness or disability.

Pflegegeld ist eine steuerfreie wöchentlich gewährte Barleistung für Bürger, die 65 Jahre alt oder älter sind und aufgrund von Krankheit oder Invalidität Hilfe bei der persönlichen Pflege benötigen.

care insurance n D ['keər ɪnʃʊərəns]

Care insurance is part of the statutory insurance system in Germany.

Pflegeversicherung

Die Pflegeversicherung ist Teil des gesetzlichen Versicherungssystems in Deutschland.

community care grant n GB [kə'mjuːnəti keə grɑːnt]

Community care grants serve to help elderly or disabled people to lead independent lives in the community.

Pflegebeihilfe

Die Pflegebeihilfe dient dazu, älteren oder behinderten Menschen ein selbständiges Leben in der Gemeinschaft zu ermöglichen.

in-patient care n GB ['ɪnpeɪʃnt keə]

Under the National Health Service, in-patient care is free.

stationäre Pflege(behandlung)

Im Rahmen des staatlichen britischen Gesundheitsdiensts ist die stationäre Pflege kostenlos.

sickness benefit n ['sɪknəs benɪfɪt]

Sickness benefit is paid by the state in the UK.

Krankengeld

In Großbritannien ist das Krankengeld eine staatliche Leistung.

statutory sick pay n GB [ˌstætʃətri 'sɪk peɪ] SSP [ˌes es 'piː]

Most people who work for an employer and are sick for at least four days in a row can claim SSP from their employers, for a maximum of 28 weeks.

gesetzliches Krankengeld

Die Mehrzahl derjenigen, die in einem Beschäftigungsverhältnis sind und mindestens vier Tage hintereinander krank sind, können vom Arbeitgeber für höchstens 28 Wochen gesetzliches Krankengeld erhalten.

sick note n GB ['sɪk nəʊt]

Sick notes are issued by your doctor.

Arbeitsunfähigskeitbescheinigung

Arbeitsunfähigkeitsbescheinigungen werden von Ihrem Arzt ausgestellt.

invalidity benefit n GB [ˌɪnvə'lɪdəti benɪfɪt]

Invalidity benefit is granted to people under state pension age who are unable to work because of an illness or disability.

Invaliditätsbeihilfe

Die Invaliditätsbeihilfe wird Personen gewährt, die das gesetzliche Rentenalter noch nicht erreicht haben und aufgrund einer Krankheit oder Behinderung arbeitsunfähig sind.

invalidity care allowance n GB [ˌɪnvə'liːdɪti 'keər əlaʊəns]

Invalidity care allowance is a taxable weekly cash benefit for people of working age who care for a severely disabled person.

Zuschuss für die Betreuung Behinderter

Der Zuschuss für die Betreuung Behinderter ist eine der Steuer unterliegende Barleistung an Personen im erwerbsfähigen Alter, die eine schwer behinderte Person betreuen.

nursing home n ['nɜːsɪŋ həʊm]

It can take quite some time to find a suitable nursing home.

Pflegeheim

Es kann eine geraume Zeit dauern, bis man ein geeignetes Pflegeheim findet.

prescription charges n pl GB [prɪ'skrɪpʃn tʃɑːdʒɪz]

Prescription charges have been raised to £5.25 per item.

Rezeptgebühren

Die Rezeptgebühren sind auf 5.25 Pfund pro Medikament erhöht worden.

funeral payment n GB
['fju:nərəl peɪmənt]

If you or your partner are on income support, you may, if applicable, be able to receive a funeral payment of up to a maximum of £875.

Bestattungsgeld

Wenn Sie oder Ihr Partner Sozialhilfeempfänger sind, dann können Sie unter Umständen ein Bestattungsgeld bis zu einer Höhe von 875 Pfund erhalten.

redundancy payment n GB
[rɪ'dʌndənsi peɪmənt]

A redundancy payment is a statutory payment which depends on the employee's income, age and length of service.

Entlassungsabfindung, Abfindungszahlung

Die Entlassungsabfindung ist eine gesetzlich geregelte Zahlung, die von Einkommen, Alter und Beschäftigungszeit des Arbeitnehmers abhängig ist.

jobseeker's allowance n GB
['dʒɒbsi:kəz əlaʊəns]

Jobseeker's allowance is a new name for unemployment benefit.
➲ unemployment compensation

Zuschuss für Arbeitssuchende, Arbeitslosenhilfe

„Zuschuss für Arbeitssuchende" ist eine neue Bezeichnung für das Arbeitslosengeld.

Job Centre n GB ['dʒɒb sentə]

Your local Job Centre will help you to find a job.

Arbeitsamt

Ihr örtliches Arbeitsamt wird Ihnen helfen, eine Stelle zu finden.

training allowance n GB
['treɪnɪŋ əlaʊəns]

If you join a recognized training scheme, you will probably get a training allowance based on the amount of benefit you were getting immediately before you started training, plus a training grant of £1,000.

Ausbildungsbeihilfe

Wenn Sie in ein anerkanntes Ausbildungsprogramm eintreten, dann erhalten Sie wahrscheinlich eine Ausbildungsbeihilfe auf der Basis der vor Eintritt in die Ausbildungsmaßnahme gezahlten Leistung sowie einen Ausbildungszuschuss von 1,000 Pfund.

unemployment benefit n GB
[ʌnɪm'plɔɪmənt benɪfɪt]

Unemployment benefit is a weekly cash payment for people who have lost their jobs.
➲ unemployment compensation

Arbeitslosengeld

Das Arbeitslosengeld ist eine wöchentliche Barauszahlung an Leute, die ihre Arbeitsstelle verloren haben.

unemployment compensation n US
[ʌnɪm,plɔɪmənt kɒmpen'seɪʃn]

Unemployment compensation is designed to help those who are out of work.
➲ unemployment benefit

Arbeitslosenhilfe

Die Arbeitslosenhilfe ist dazu da, den Arbeitslosen zu helfen.

unemployment insurance n
[ʌnɪm,plɔɪmənt ɪn'ʃʊərəns]

In Germany, unemployment insurance was introduced in the 1920s.

Arbeitslosenversicherung

In Deutschland wurde die Arbeitslosenversicherung in den 20er Jahren eingeführt.

be on the dole v coll [bi: ɒn ðə 'dəʊl]

He's been on the dole for the past ten years.

stempeln gehen, arbeitslos sein

Er geht schon seit zehn Jahren stempeln.

guardian's allowance n GB
[ˌgɑːdiənz əˈlaʊəns]

If you bring up a child who has lost its parents, you may be entitled to a guardian's allowance in the form of a tax-free cash payment.

Vormundschaftsgeld

Wenn Sie ein Kind erziehen, das die Eltern verloren hat, dann können Sie gegebenenfalls ein Vormundschaftsgeld als steuerfreie Barleistung bekommen.

Christmas bonus n GB
[ˈkrɪsməs ˌbəʊnəs]

Every year, shortly before Christmas, old age pensioners receive a Christmas bonus with their pensions.

Weihnachtsgeld

Rentner erhalten jedes Jahr kurz vor Weihnachten zusammen mit ihrer Rente ein steuerfreies Weihnachtsgeld.

HUMAN RESOURCES

People employed

employee n [ɪm'plɔiː]
Employees earn a wage or a salary.

Arbeitnehmer(in)
Arbeitnehmer erhalten Lohn oder Gehalt.

employer n [ɪm'plɔɪə]
Employers also have to pay social security contributions.

Arbeitgeber(in)
Auch Arbeitgeber müssen Sozialversicherungsbeiträge zahlen.

contract of employment n [ˌkɒntrækt əv ɪm'plɔɪmənt]
His contract of employment allowed thirty days of paid leave each year.

Arbeitsvertrag
Sein Arbeitsvertrag sah dreißig Tage bezahlten Urlaub im Jahr vor.

staff n [stɑːf]
Our company has a staff of 500.
➲ payroll

Mitarbeiter, Belegschaft, Personal
Unsere Gesellschaft hat 500 Mitarbeiter.

trainee n [treɪ'niː]
Most trainees in Britain are trained on the job.

Auszubildende(r)
Die meisten Auszubildenden in Großbritannien werden am Arbeitsplatz ausgebildet.

apprentice n [ə'prentɪs]
There are still apprentices in some traditional crafts or trades in Britain.

Auszubildende(r), Lehrling
In Großbritannien gibt es in einigen Handwerksberufen noch Auszubildende im traditionellen Sinn.

apprenticeship n [ə'prentɪʃɪp]
Journeymen have served an apprenticeship and passed a trade test.

Lehre
Gesellen haben eine Lehre gemacht und die Gesellenprüfung bestanden.

blue-collar worker n [ˌbluː 'kɒlə wɜːkə]
Blue-collar workers often work on the production line.

Arbeiter(in)
Arbeiter sind oft am Fließband tätig.

grey-collar worker n [ˌgreɪ 'kɒlə wɜːkə]
Foremen are typical grey-collar workers.

Arbeiter(in) im Angestelltenverhältnis
Vorarbeiter sind typische Arbeiter im Angestelltenverhältnis.

white-collar worker n [ˌwaɪt 'kɒlə wɜːkə]
A secretary is a typical white-collar worker.

(Büro)angestellte(r)
Eine Sekretärin ist eine typische Büroangestellte.

skilled worker n [skɪld 'wɜːkə]
We are only seeking skilled workers for this very demanding job.

Fachkraft, gelernte(r) Arbeiter(in), Facharbeiter(in)
Für diese sehr anspruchsvolle Aufgabe suchen wir nur Fachkräfte.

semi-skilled worker n [ˌsemiskɪld ˈwɜːkə] — **angelernte(r) Arbeiter(in)**

Our payroll largely consists of semi-skilled workers. — Ein großer Teil unserer Belegschaft besteht aus angelernten Arbeitern.

unskilled worker n [ˌʌnskɪld ˈwɜːkə] — **ungelernte(r) Arbeiter(in)**

Unskilled workers are usually the first to lose their jobs. — Ungelernte Arbeiter(innen) verlieren in der Regel als Erste ihren Arbeitsplatz.

clerical staff n [ˌklerɪkl ˈstɑːf] — **Büropersonal, Büroangestellte**

We'll have to recruit more clerical staff to cope with the workload. — Um die anfallende Arbeit bewältigen zu können, müssen wir mehr Büropersonal einstellen.

clerk n [klɑːk] — **Büroangestellte(r)**

We are seeking two new clerks for our information department. — Wir suchen zwei Büroangestellte für unsere Informationsabteilung.

foreman, forewoman n [ˈfɔːmən, ˈfɔːwʊmən] — **Vorarbeiter(in)**

He was made foreman on the building site. — Er wurde zum Vorarbeiter auf der Baustelle gemacht.

journeyman n GB, old [ˈdʒɜːnimən] — **Geselle**

After your apprenticeship you'll be a journeyman. — Nach der Lehre werden Sie Geselle.

master n [ˈmɑːstə] — **Meister(in)**

She's been apprenticed to a master plumber. — Sie geht bei einem Klempnermeister in die Lehre.

personal assistant n [ˌpɜːsənl əˈsɪstənt] P.A. [ˌpiː ˈeɪ] — **Privatsekretär(in), Chefsekretär(in)**

Most senior executives have their own P.A. — Die meisten Angestellten in Führungspositionen haben eine eigene Privatsekretärin.

on the shop floor adv [ɒn ðə ˈʃɒpflɔː] — **im Betrieb**

There is growing discontent on the shop floor. — Im Betrieb wächst die Unzufriedenheit.

full-time adj [ˈfʊltaɪm] — **Vollzeit-, Ganztags-**

Most employees still hold a full-time job. — Die meisten Arbeitnehmer haben noch eine Vollzeitstelle.

part-time adj [ˈpɑːttaɪm] — **Teilzeit-**

Many women with children work part-time. — Viele Frauen mit Kindern haben Teilzeitstellen.

flexitime n [ˈfleksitaɪm] — **Gleitzeit**

Flexitime is now widespread in all service industries. — Gleitzeit ist heutzutage in allen Dienstleistungsbereichen weit verbreitet.

executive n [ɪgˈzekjutɪv] — **leitende(r) Angestellte(r)**

Executives are usually entitled to a company car. — Leitende Angestellte haben gewöhnlich Anrecht auf einen Firmenwagen.

chief executive n [ˌtʃiːf ɪɡˈzekjətɪv]

Our chief executive commands quite a respectable salary.

➲ chief executive officer, managing director

Hauptgeschäftsführer(in), Generaldirektor(in), Vorstandsvorsitzende(r)

Unser Hauptgeschäftsführer bezieht ein ganz ansehnliches Gehalt.

chief executive officer n [ˌtʃiːf ɪɡˈzekjətiv ˈɒfɪsə] CEO [ˌsiː iː ˈəʊ]

The CEO is responsible for the everyday running of the company.

➲ chief executive, managing director

Vorstandsvorsitzende(r), Generaldirektor(in), Hauptgeschäftsführer(in)

Der Vorstandsvorsitzende ist für den laufenden Geschäftsbetrieb der Gesellschaft verantwortlich.

managing director n GB [ˌmænɪdʒɪŋ dəˈrektə]

The managing director is the most important senior executive in any company.

➲ chief executive, chief executive officer

Generaldirektor(in), Hauptgeschäftsführer(in), Vorstandsvorsitzende(r)

In jeder Gesellschaft ist der Generaldirektor der wichtigste leitende Angestellte.

director n [dəˈrektə]

She was elected director by the annual general meeting of shareholders.

Aufsichtsratsmitglied, Vorstandsmitglied, Verwaltungsratsmitglied

Sie wurde auf der Aktionärshauptversammlung zum Aufsichtsratsmitglied gewählt.

junior adj [ˈdʒuːniə]

She joined the company in a junior position.

untergeordnet

Sie trat ihre Stelle in einer untergeordneten Position an.

junior executive n [ˌdʒuːniər ɪɡˈzekjutɪv]

After two years Joan was made junior executive.

Nachwuchskraft in der Unternehmensleitung

Nach zwei Jahren wurde Joan zur Nachwuchskraft in der Unternehmensleitung befördert.

manager n [ˈmænɪdʒə]

Complaints should be addressed to the manager.

Geschäftsführer(in), Leiter(in), Chef(in)

Für Beschwerden ist der Geschäftsführer zuständig.

personnel manager n GB [ˌpɜːsəˈnel mænɪdʒə]

The personnel manager is responsible for all staff-related issues.

➲ head of human resources

Personalchef(in), Leiter(in) der Personalabteilung

Die Personalchefin ist für alle personellen Angelegenheiten verantwortlich.

head of human resources n [ˌhed əv ˌhjuːmən rɪˈsɔːsɪz]

The head of human resources is responsible for the employees' welfare.

➲ personnel manager

Personalchef(in), Leiter(in) der Personalabteilung

Der Personalchef ist für die Angelegenheiten der Angestellten verantwortlich.

vice president n US [ˌvaɪs ˈprezɪdənt]

Lee Iacocca was appointed vice president of Chrysler.

Vizepräsident

Lee Iacocca wurde zum Vizepräsidenten von Chrysler bestellt.

head of department n [ˌhed əv dɪ'pɑːtmənt]	**Abteilungsleiter(in)**
She's been promoted to head of department.	Sie ist zur Abteilungsleiterin befördert worden.
wage earner n ['weɪdʒ ɜːnə]	**Lohnarbeiter(in), Lohnempfänger(in)**
Wage earners are usually paid by the hour.	Lohnarbeiter erhalten gewöhnlich Stundenlohn.
payroll n ['peɪrəʊl]	**Belegschaft**
British Steel used to have a payroll of more than 50,000.	British Steel hatte früher eine Belegschaft von mehr als 50.000.
➲ staff	
payroll n ['peɪrəʊl]	**Lohn- und Gehaltsliste**
I'm afraid Mr Miller is no longer on our company's payroll.	Herr Miller ist leider nicht mehr auf der Lohn- und Gehaltsliste unserer Firma.
job title n ['dʒɒb taɪtl]	**Berufsbezeichnung**
In recent years many job titles have been changed because they were felt to be discriminatory.	In den letzten Jahren sind viele Berufsbezeichnungen geändert worden, weil sie als diskriminierend empfunden wurden.
safety at work n [ˌseɪfti ət 'wɜːk]	**Sicherheit am Arbeitsplatz**
Our safety officer has made some suggestions to improve safety at work.	Unser Sicherheitsbeauftragter hat einige Vorschläge unterbreitet, um die Sicherheit am Arbeitsplatz zu erhöhen.
➲ occupational safety	
occupational safety n [ɒkjuˌpeɪʃənl 'seɪfti]	**Sicherheit am Arbeitsplatz**
Occupational safety is monitored by the factory inspectorate.	Die Gewerbeaufsicht überwacht die Sicherheit am Arbeitsplatz.
➲ safety at work	
working conditions n pl [ˌwɜːkɪŋ kən'dɪʃnz]	**Arbeitsbedingungen**
Negotiating acceptable working conditions is just as important as persuading employers to pay higher wages.	Das Aushandeln zumutbarer Arbeitsbedingungen ist genau so wichtig wie die Durchsetzung höherer Löhne.
workplace n ['wɜːkpleɪs]	**Arbeitsplatz**
Safety in the workplace is of paramount importance.	Sicherheit am Arbeitsplatz ist vorrangig.
overstaffed adj [ˌəʊvə'stɑːft]	**überbesetzt**
Our office is anything but overstaffed, when you consider the workload each one of us has to cope with.	Wenn man die Arbeitsbelastung jedes einzelnen von uns bedenkt, ist unser Büro ganz sicher nicht überbesetzt.
understaffed adj [ˌʌndə'stɑːft]	**unterbesetzt**
I'm afraid we can't handle any further orders at the moment because we are understaffed.	Leider können wir zur Zeit keine weiteren Aufträge abwickeln, weil wir unterbesetzt sind.
redundancy n [rɪ'dʌndənsi]	**Entlassung**

There are bound to be more redundancies if we don't land this defence contract.

Es wird unweigerlich weitere Entlassungen geben, wenn wir nicht diesen Rüstungsauftrag an Land ziehen.

job loss n ['dʒɒb lɒs]

Arbeitsplatzverlust

If all the coalmines in the area are closed, there will be job losses in other industries, too.

Wenn alle Zechen des Reviers geschlossen werden, gehen auch in anderen Branchen Arbeitsplätze verloren.

job satisfaction n ['dʒɒb sætɪsfækʃn]

Zufriedenheit am Arbeitsplatz, Zufriedenheit im Beruf

Our employee suggestion scheme has improved job satisfaction among our employees.

Unser betriebliches Vorschlagsprogramm hat die Zufriedenheit unserer Mitarbeiter am Arbeitsplatz gesteigert.

job security n [ˌdʒɒb sɪ'kjʊərəti]

Sicherheit des Arbeitsplatzes

Public employees enjoy job security.

Öffentliche Bedienstete haben einen sicheren Arbeitsplatz.

job sharing n ['dʒɒb ʃeərɪŋ]

Jobsharing, Teilung des Arbeitsplatzes

Job sharing is one way of saving jobs that would otherwise be cut.

Jobsharing ist ein Weg zur Erhaltung von Arbeitsplätzen, die sonst verloren gehen würden.

personal data sheet n ['pɜːsənl 'deɪtə ʃiːt] PDS [ˌpiː diː 'es]

tabellarischer Lebenslauf

The company has a copy of the applicant's personal data sheet.

Die Gesellschaft hat eine Kopie des tabellarischen Lebenslaufs des Bewerbers.

Personnel functions

personnel functions n pl [ˌpɜːsə'nel fʌŋkʃns]

(Bearbeitung von)Personalangelegenheit(en)

I am to assist the manager in personnel functions.

Ich soll den Chef bei der Bearbeitung von Personalangelegenheiten unterstützen.

management n ['mænɪdʒmənt]

Geschäftsführung, Unternehmensleitung

The management view these proposals with scepticism.

Die Geschäftsführung steht diesen Vorschlägen skeptisch gegenüber.

personnel management n [ˌpɜːsə'nel mænɪdʒmənt]

Personalverwaltung, Personalführung

Good personnel management is of vital importance.

Eine gute Personalverwaltung ist von äußerster Wichtigkeit.

personnel manager n GB [ˌpɜːsə'nel mænɪdʒə]

Personalchef(in), Leiter(in) der Personalabteilung

The personnel manager is responsible for all job-related affairs in an enterprise.

➲ head of human resources

Der Personalchef ist für alle mit dem Arbeitsverhältnis zusammenhängenden Angelegenheiten in einem Unternehmen verantwortlich.

job n [dʒɒb]

It is hoped that the new project will create 500 jobs.

Arbeitsplatz, Stelle

Man hofft, dass das neue Projekt 500 Arbeitsplätze schafft.

application n [ˌæplɪˈkeɪʃn]

Sometimes it's a good idea to send an unsolicited application.

Bewerbung

Manchmal ist es sinnvoll, eine Initiativbewerbung abzuschicken.

reference n [ˈrefərəns]

Can you produce any references?

Referenz, Empfehlungsschreiben

Können Sie Referenzen vorweisen?

candidate n [ˈkændɪdət]

Candidates with good computer skills will have an advantage over others.

Kandidat(in), Bewerber(in)

Bewerber mit guten Computer-Kenntnissen haben anderen gegenüber einen Vorteil.

job applicant n [ˈdʒɒb æplɪkənt]

All job applicants will have to submit a CV.

Stellenbewerber(in)

Alle Stellenbewerber müssen einen Lebenslauf vorlegen.

curriculum vitae n GB [kəˌrɪkjələm ˈviːtaɪ] CV [ˌsiː ˈviː]

A CV is often set out in the form of a personal data sheet (PDS).
➲ résumé

Lebenslauf

Ein Lebenslauf wird oft in tabellarischer Form vorgelegt.

résumé n US frz [reˈzjuːmeɪ]

In your résumé you should list your data in reverse chronological order.
➲ curriculum vitae

Lebenslauf

In Ihrem Lebenslauf sollten Sie Ihre Angaben in umgekehrter chronologischer Ordnung machen.

interview n [ˈɪntəvjuː]

Only applicants under 35 were invited for an interview.

Einstellungsgespräch, Vorstellungsgespräch

Nur Bewerber unter 35 wurden zu einem Einstellungsgespräch eingeladen

questionnaire n [ˌkwestʃəˈneə]

Applicants usually have to fill in several questionnaires.

Fragebogen

Bewerber müssen gewöhnlich mehrere Fragebögen ausfüllen.

engage v [ɪnˈgeɪdʒ]

We have engaged five welders.
➲ hire, recruit

einstellen, engagieren

Wir haben fünf Schweißer eingestellt.

hire v [ˈhaɪə]

American employers often fire staff as easily as they hire them.
➲ engage, recruit

einstellen

Amerikanische Arbeitgeber feuern Arbeitnehmer oft ebenso leicht, wie sie sie einstellen.

employ v [ɪmˈplɔɪ]

Our company employs five hundred staff.

beschäftigen, einstellen

Unsere Gesellschaft beschäftigt fünfhundert Mitarbeiter.

employment n [ɪmˈplɔɪmənt]

Those seeking employment should get in touch with their local job centre.

Arbeit, Beschäftigung

Arbeitsuchende sollten sich beim zuständigen Arbeitsamt melden.

Curriculum vitae

Curriculum Vitae

Name:	Tanja Christina Maier
Date of Birth:	24 February 1976
Current address:	Eichenallee 23 14999 Berlin
Telephone number:	0049-30-827999
Marital status:	Single
Education and qualifications:	
1982-1986	Grundschule Alte Eichen, Berlin
1986-1992	Matthias Claudius Realschule, Berlin Mittlere Reife, July 1992
Professional training and qualifications:	
1992-1995	Traineeship in wholesaling with Karl Peters Lebensmittelgroßhandel GmbH, Archivstr. 440 14195 Berlin
1995	Examination by the Berlin Chamber of Commerce (Kaufmannsgehilfenbrief)
Work experience:	
1995 – present	Karl Peters Lebensmittelgroßhandel GmbH Type of company: food wholesaler Post: clerk in the sales department Responsibilities: assisting the sales manager in negotiations with customers, dealing with enquiries, correspondence and general office work.
Additional skills:	Fluent in English (one parent American). Courses in data processing (WORD, EXCEL) at evening classes.
Interests:	Swimming, volleyball and reading.
References:	OStR. Herr Dr. Gerd Berger Karlsberger Platz 13 13245 Berlin Pastor Jürgen Naumann Stettiner Str. 99 14231 Berlin

employment agency n [ɪm'plɔɪmənt eɪdʒənsi]	**Stellenvermittlung(sagentur)**
There are also private employment agencies.	Es gibt auch private Stellenvermittlungen.
recruit v [rɪ'kru:t]	**einstellen, rekrutieren**
This company only recruits graduates. ➲ hire, engage	Diese Gesellschaft stellt nur Hochschulabsolventen ein.
recruitment n [rɪ'kru:tmənt]	**Einstellung (von Arbeitskräften), Personalanwerbung**
We have appointed Mr Pressgang to deal with all questions relating to recruitment.	Wir haben Herrn Pressgang mit der Wahrnehmung aller Aufgaben hinsichtlich der Einstellung von Arbeitskräften beauftragt.

recruitment officer n [rɪ'kru:tmənt ˌɒfɪsə]
Our recruitment officer will conduct the interviews.

Einstellungssachbearbeiter(in)
Unsere Einstellungssachbearbeiterin wird die Einstellungsgespräche durchführen.

promote v [prə'məʊt]
He was promoted from assistant sales manager to sales manager.

befördern
Er wurde vom stellvertretenden Verkaufsleiter zum Verkaufsleiter befördert.

promotion n [prə'məʊʃn]
She has certainly deserved her promotion to head of department.

Beförderung
Sie hat ihre Beförderung zur Abteilungsleiterin sicherlich verdient.

transfer v ['trænsfɜ:]
I've asked to be transferred to the personnel department.

versetzen
Ich habe um meine Versetzung in die Personalabteilung gebeten.

shortlist v ['ʃɔ:tlɪst]
They shortlisted five candidates out of twenty-five.

in die engere Wahl ziehen
Sie haben fünf von fünfundzwanzig Kandidaten in die engere Wahl gezogen.

shortlist n ['ʃɔ:tlɪst]
Our shortlist comprised five candidates.

Auswahlliste, engere Wahl
Unsere Auswahlliste umfasste fünf Kandidaten.

give notice v [gɪv 'nəʊtɪs]
She was given a month's notice.

kündigen
Ihr wurde mit einmonatiger Frist gekündigt.

dismiss v [dɪs'mɪs]
In order to cut costs the management had to dismiss several hundred workers.
➲ fire, make redundant, sack

entlassen
Um Kosten zu senken, musste die Betriebsleitung einige hundert Arbeiter entlassen.

dismissal n [dɪs'mɪsl]
Unfair dismissals can be contested at an industrial tribunal.

Entlassung
Ungerechtfertigte Entlassungen können vor einem Arbeitsgericht angefochten werden.

fire v coll ['faɪə]
Hiring and firing is part of his job as head of human resources.
➲ dismiss, make redundant, sack

feuern, entlassen
„Anheuern und Feuern" ist Teil seiner Aufgabe als Personalchef.

make redundant v [ˌmeɪk rɪ'dʌndənt]
Five hundred workers were made redundant at the Cowley plant last year.
➲ dismiss, fire, sack

entlassen
Im letzten Jahr wurden im Werk Cowley fünfhundert Arbeiter entlassen.

sack v coll [sæk]
The boss was so enraged that he sacked Jones on the spot.
➲ dismiss, fire, make redundant

rauswerfen, entlassen
Der Chef war so wütend, dass er Jones auf der Stelle rauswarf.

reinstate v [ˌri:ɪn'steɪt]
The union representative insisted that all the strikers be reinstated.

wieder einstellen
Der Gewerkschaftsvertreter bestand darauf, dass alle Streikenden wieder eingestellt würden.

reinstatement n [ˌriːɪnˈsteɪtmənt]

The entire paint shop walked out demanding the reinstatement of their shop steward.

Wiedereinstellung

Die ganze Lackiererei legte die Arbeit nieder und forderte die Wiedereinstellung ihres Vertrauensmannes.

equal opportunity n [ˌiːkwəl ɒpəˈtjuːnəti]

Job advertisements often end with the words "equal opportunity employer".

Chancengleichheit

Stellenanzeigen schließen oft mit der Zeile „Arbeitgeber, der Chancengleichheit praktiziert".

wages clerk n [ˈweɪdʒɪz klɑːk]

Our wages clerk will no doubt make the right deductions.

Lohnbuchhalter(in)

Unsere Lohnbuchhalterin wird sicher die richtigen Abzüge vornehmen.

Remuneration

remuneration n [rɪˌmjuːnəˈreɪʃn]

Remuneration will depend on your performance.
➲ pay

Vergütung, Bezahlung, Entlohnung

Ihre Vergütung ist leistungsbezogen.

remuneration package n [rɪˌmjuːnəˈreɪʃn ˌpækɪdʒ]

Your remuneration package is performance related.

Vergütungspaket, Vergütung

Ihr Vergütungspaket hängt von Ihrer Leistung ab.

earnings n pl [ˈɜːnɪŋz]

Your earnings consist of your salary and some fringe benefits.

Einkünfte

Ihre Einkünfte umfassen Ihr Gehalt und einige Lohnnebenleistungen.

pay n [peɪ]

Wages and salaries are forms of pay.
➲ remuneration

Entlohnung, Bezahlung, Vergütung

Löhne und Gehälter sind Formen der Entlohnung.

performance-related pay n [pəˈfɔːmənsrɪleɪtɪd peɪ]

The introduction of performance-related pay is a safe means to improve productivity.
➲ incentive wage

Leistungslohn

Die Einführung von Leistungslöhnen ist eine sichere Methode zur Erhöhung der Produktivität.

living wage n [ˌlɪvɪŋ ˈweɪdʒ]

What point is there in having a job if you don't even earn a living wage?

den Lebensunterhalt deckender Lohn, das Existenzminimum sichernder Lohn

Welchen Sinn hat es, eine Arbeitsstelle zu haben, wenn der Lohn nicht einmal den Lebensunterhalt deckt?

income n [ˈɪnkʌm]

Executive directors often have a high income.

Einkommen

Vorstandsmitglieder haben oft ein hohes Einkommen.

earned income n [ɜːnd 'ɪnkʌm]

Einkommen aus selbständiger und nicht selbständiger Arbeit

Earned income includes any remuneration from a permanent job.

Einkommen aus selbständiger und nichtselbständiger Arbeit schließt jede Vergütung aus einem festen Arbeitsverhältnis ein.

salary n ['sæləri]

Gehalt

White-collar workers receive an annual salary.

Angestellte erhalten ein Jahresgehalt.

wage n [weɪdʒ]

Lohn

Wages are normally calculated at an hourly rate.

Der Lohn wird normalerweise auf der Basis der geleisteten Stunden berechnet.

wage level n ['weɪdʒ levl]

Lohnniveau

Wage levels in the UK are considerably lower than in mainland Europe.

Das Lohnniveau im Vereinigten Königreich ist erheblich niedriger als auf dem europäischen Festland.

hourly rate n [ˌaʊəli 'reɪt]

Stundenlohn, Stundensatz

Workers are paid either an hourly rate or a piece rate.

➲ hourly wage

Arbeiter erhalten entweder einen Stundenlohn oder einen Stücklohn.

hourly wage n [ˌaʊəli 'weɪdʒ]

Stundenlohn, Stundensatz

To work out the weekly wage you multiply the hours worked by the hourly wage.

➲ hourly rate

Man multipliziert die geleisteten Stunden mit dem Stundenlohn, um den Wochenlohn zu berechnen.

incentive wage n [ɪnˌsentɪv 'weɪdʒ]

Leistungslohn

The typical incentive wage consists of a time rate and a piece rate.

➲ performance-related pay

Der typische Leistungslohn besteht aus Zeitlohn und Stücklohn.

piece rate n ['piːs reɪt]

Akkordlohn, Stücklohn

The workers on the assembly line have put in a claim for higher piece rates.

Die Fließbandarbeiter fordern höhere Akkordlöhne.

time rate n ['taɪm reɪt]

Zeitlohn, Stundenlohn

Most wage earners are paid hourly wages, i.e. they are paid a certain time rate.

Die Mehrzahl der Arbeiter erhält einen Stundenlohn, d.h. sie werden nach Zeit entlohnt.

raise n US [reɪz]

Gehaltserhöhung, Lohnerhöhung

Since her boss didn't offer her a raise, she accepted the offer of a new job with another corporation.

➲ rise

Weil ihr Chef ihr keine Gehaltserhöhung anbot, nahm sie das Stellenangebot eines anderen Unternehmens an.

rise n GB [raɪz]

Lohnerhöhung, Gehaltserhöhung

I might be looking for a job elsewhere unless I get a rise.

➲ raise

Ich suche mir vielleicht eine andere Stelle, wenn ich keine Lohnerhöhung bekomme.

advance n [əd'vɑːns]
Could I, please, have an advance on my wages?

Vorschuss
Könnte ich bitte einen Lohnvorschuss haben?

employee benefit n [ɪm'plɔɪiː benɪfɪt]
In the United States, health insurance for employees is an employee benefit.
➲ fringe benefit, perk

Lohnnebenleistung, betriebliche Sondervergütung
In den Vereinigten Staaten zählt die Krankenversicherung für Arbeitnehmer zu den Lohnnebenleistungen.

fringe benefit n ['frɪndʒ benɪfɪt]
Luncheon vouchers and a company car are typical fringe benefits.
➲ employee benefit, perk

Lohnnebenleistung, betriebliche Sondervergütung
Essensgutscheine und Firmenwagen sind typische Lohnnebenleistungen.

perk n coll [pɜːk]
Tuition fee assistance is a perk.
➲ employee benefit, fringe benefit

Lohnnebenleistung, betriebliche Sondervergütung
Eine Schulgeldbeihilfe (für Privatschulerziehung) ist eine Lohnnebenleistung.

pension plan n ['penʃn plæn]
In Great Britain, pension plans are the norm rather than the exception.

betriebliche Altersversorgung, Betriebsrente
In Großbritannien ist die betriebliche Altersversorgung eher die Regel als die Ausnahme.

retirement pension n GB [rɪ'taɪəmənt penʃn]
Nowadays most retirement pensions are earnings-related.

Altersrente
Heutzutage sind die meisten Altersrenten einkommensbezogen.

profit sharing n ['prɒfɪt ʃeərɪŋ]
Profit sharing makes for highly motivated employees.

Gewinnbeteiligung
Eine Gewinnbeteilung führt zu einer hohen Motivation der Arbeitnehmer.

time clock n ['taɪm klɒk]
Don't forget to register your working hours by clocking in and out on the time clock.

Stechuhr
Vergiss nicht, deine Arbeitszeit an der Stechuhr zu registrieren.

time sheet n ['taɪm ʃiːt]
The wages department computes workers' earnings according to their time sheets.

Stundenzettel, Arbeitszettel
Die Lohnbuchhaltung berechnet die Arbeitslöhne entsprechend den Stundenzetteln.

working hours n pl [ˌwɜːkɪŋ 'aʊəz]
Average working hours have increased rather than decreased in recent years.

Arbeitsstunden
Die durchschnittliche Anzahl der Arbeitsstunden hat in den letzten Jahren eher zu- als abgenommen.

INDUSTRIAL RELATIONS

Industrial action

industrial action n [ɪnˌdʌstriəl 'ækʃn]
Since 1980 there has not been much industrial action in Britain.
➲ industrial dispute

Arbeitskampf(maßnahmen)
In Großbritannien hat es seit 1980 nicht mehr viele Arbeitskämpfe gegeben.

industrial dispute n [ɪnˌdʌstriəl dɪ'spjuːt]
Industrial disputes have become less common in recent years.
➲ industrial action

Arbeitskampf
Arbeitskämpfe sind in den letzten Jahren selten geworden.

industrial relations n pl [ɪnˌdʌstriəl rɪ'leɪʃnz]
In times of high unemployment industrial relations tend to be strained.

Beziehungen zwischen Arbeitnehmern und Arbeitgebern
In Zeiten hoher Arbeitslosigkeit sind die Beziehungen zwischen Arbeitnehmern und Arbeitgebern oft angespannt.

strike v [straɪk]
The rail workers in France have been striking for three weeks now.

streiken
Die französischen Eisenbahner streiken jetzt schon drei Wochen.

strike n [straɪk]
In 1851 there was a famous strike in the northern English town of Preston.

Streik
1851 gab es einen berühmten Streik in der nordenglischen Stadt Preston.

strike ballot n ['straɪk bælət]
In the UK unions are only allowed to call a strike after a strike ballot.

Urabstimmung
In Großbritannien dürfen Gewerkschaften einen Streik nur nach einer Urabstimmung ausrufen.

strike breaker n ['straɪkbreɪkə]
Strike breakers should not be surprised if they forfeit their union card.
➲ blackleg

Streikbrecher(in)
Streikbrecher dürfen sich nicht wundern, wenn sie aus der Gewerkschaft ausgeschlossen werden.

blackleg n coll ['blækleg]
Blacklegs are usually sent to Coventry.
➲ strike breaker

Streikbrecher(in)
Streikbrecher werden gewöhnlich von allen Gewerkschaftsmitgliedern geschnitten.

official strike n [əˌfɪʃl 'straɪk]
Trade unions cannot be sued for damages resulting from official strikes.

offizieller Streik, gewerkschaftlich genehmigter Streik
Gewerkschaften können infolge eines offiziellen Streiks nicht auf Schadenersatz verklagt werden.

unofficial strike n [ˌʌnəfɪʃl 'straɪk]

The trade union leadership does not approve of unofficial strikes.

inoffizieller Streik

Die Gewerkschaftsführung sieht inoffizielle Streiks nicht gern.

sympathetic strike n [sɪmpəˌθetɪk 'straɪk]

Yesterday the coal miners went on a sympathetic strike to support the transport workers.

Solidaritätsstreik

Die Bergarbeiter sind gestern zur Unterstützung der Transportarbeiter in einen Solidaritätsstreik getreten.

token strike n ['təʊkən ˌstraɪk]

The printers went on a two hours' token strike yesterday.

Warnstreik

Die Drucker sind gestern in einen zweistündigen Warnstreik getreten.

wildcat strike n ['waɪldkæt ˌstraɪk]

Strictly speaking, a wildcat strike is illegal.

wilder Streik

Streng genommen ist ein wilder Streik illegal.

call a strike v [ˌkɔːl ə 'straɪk]

The union called a strike in response to the employers' derisory offer of a one per cent pay rise.

einen Streik ausrufen

Als Reaktion auf das lächerliche Angebot einer einprozentigen Lohnerhöhung durch die Arbeitgeber rief die Gewerkschaft einen Streik aus.

call off a strike v [ˌkɔːl 'ɒf ə straɪk]

When the strike fund was empty the union was forced to call off the strike.

einen Streik abbrechen, einen Streik abblasen

Als die Streikkasse leer war, sah sich die Gewerkschaft gezwungen, den Streik abzubrechen.

go on strike n [ˌgəʊ ɒn 'straɪk]

Police officers are not allowed to go on strike.

in den Streik treten, streiken

Polizeibeamte dürfen nicht streiken.

down tools v ['daʊn 'tuːlz]

The workers downed tools for several hours.

die Arbeit niederlegen

Die Arbeiter legten für mehrere Stunden die Arbeit nieder.

walkout n ['wɔːkaʊt]

There have been walk-outs in several industries following the government's latest proposals to cut social security benefits.

spontane Arbeitsniederlegung, spontaner Streik

Als Reaktion auf die neuesten Regierungsentwürfe zur Kürzung von Sozialleistungen hat es in mehreren Branchen spontane Arbeitsniederlegungen gegeben.

work-to-rule n [ˌwɜːktə'ruːl]

A work-to-rule is hard to define legally.

Arbeit nach Vorschrift, Dienst nach Vorschrift

Arbeit nach Vorschrift lässt sich nur schwer juristisch definieren.

lock out v [ˌlɒk 'aʊt]

Occasionally employers react to industrial action by locking out their employees.

aussperren

Gelegentlich reagieren Arbeitgeber auf Arbeitskämpfe, indem sie ihre Arbeitnehmer aussperren.

lockout n ['lɒkaʊt]

If you really do call a strike we shall be forced to impose a lockout.

Aussperrung

Wenn Sie wirklich einen Streik ausrufen, werden wir gezwungen sein, mit einer Aussperrung zu reagieren.

go-slow n ['gəʊ sləʊ]

Because of the air traffic controllers go-slow, air traffic was severely obstructed.

Bummelstreik

Wegen des Bummelstreiks der Fluglotsen war der Flugverkehr erheblich eingeschränkt.

picket v ['pɪkɪt]

Our union members are picketing in front of the factory gates.

als Streikposten stehen, mit Streikposten sperren, mit Streikposten besetzen

Unsere Gewerkschaftsmitglieder stehen als Streikposten vor den Fabriktoren.

picket n ['pɪkɪt]

The pickets blocked the factory gates.

Streikposten

Die Streikposten blockierten die Fabriktore.

secondary picketing n [ˌsekəndri 'pɪkɪtɪŋ]

Secondary picketing is illegal in the UK.

Bestreiken von Fremdbetrieben

Das Bestreiken von Fremdbetrieben ist in Großbritannien nicht zulässig.

arbitrate v ['ɑːbɪtreɪt]

A judge has been appointed to arbitrate in this wage dispute.

schlichten

Ein Richter ist berufen worden, um diesen Tarifkonflikt zu schlichten.

arbitration n [ˌɑːbɪ'treɪʃn]

The conflict was referred to arbitration because the wage negotiations had ended in deadlock.

Schlichtung, Schiedsgerichtsverfahren

Der Konflikt wurde zur Schlichtung überwiesen, weil die Lohnverhandlungen festgefahren waren.

arbitrator n ['ɑːbɪtreɪtə]

The arbitrator's award is definitive.

Schlichter

Der Schiedsspruch des Schlichters ist verbindlich.

Advisory Conciliation and Arbitration Service n GB [ədˌvaɪzəri kənsɪli'eɪʃn ənd ɑːbɪ'treɪʃn sɜːvɪs] ACAS ['eɪkæs]

The governing body of ACAS consists of union representatives, employers' representatives and members appointed by the government.

Schlichtungskommission, Schiedsstelle

Der Verwaltungsrat von ACAS besteht aus Gewerkschaftsvertretern, Vertretern der Arbeitgeber und von der Regierung bestellten Mitgliedern.

Labor Relations Board n US [ˌleɪbə rɪ'leɪʃnz bɔːd] LRB [ˌel ɑː 'biː]

The Labor Relations Board was established to stop unfair union practices.

Schiedsstelle, Schlichtungsstelle

Die Schiedsstelle wurde eingerichtet, um unlauteren Machenschaften der Gewerkschaften Einhalt zu gebieten.

industrial tribunal n [ɪnˌdʌstriəl traɪ'bjuːnl]

The first industrial tribunals in Britain were established in the early seventies.

Arbeitsgericht

Die ersten Arbeitsgerichte in Großbritannien wurden zu Beginn der siebziger Jahre eingerichtet.

mediate v ['miːdieɪt]

By skillfully mediating one can often avoid a strike.

vermitteln

Durch geschickte Vermittlung kann oft ein Streik vermieden werden.

negotiate v [nɪ'gəʊʃieɪt]

verhandeln

Having negotiated until the early hours of the morning, the two sides eventually agreed on a compromise.

Nachdem sie bis in die frühen Morgenstunden verhandelt hatten, einigten sich die Parteien schließlich auf einen Kompromiss.

negotiation n [nɪˌgəʊʃi'eɪʃn]

Verhandlung

The dispute was settled after protracted negotiations.

Der Konflikt wurde nach längeren Verhandlungen beigelegt.

negotiator n [nɪ'gəʊʃieɪtə]

Unterhändler(in)

The employers' federation is said to be dissatisfied with its chief negotiator.

Der Arbeitgeberverband ist dem Vernehmen nach nicht mit seinem Chefunterhändler zufrieden.

negotiating table n [nɪ'gəʊʃieɪtɪŋ teɪbl]

Verhandlungstisch

Solving industrial disputes round the negotiating table is better than engaging in industrial action.

Es ist besser, Arbeitsstreitigkeiten am Verhandlungstisch zu lösen, als sich auf einen Arbeitskampf einzulassen.

bargaining power n ['bɑ:gənɪŋ paʊə]

Verhandlungsposition

In this wage dispute, the employers' bargaining power is greater than that of the unions.

In diesem Tarifkonflikt haben die Arbeitgeber eine bessere Verhandlungsposition als die Gewerkschaften.

settlement n ['setlmənt]

Einigung

The settlement is expected to cost the industry dear.

Man erwartet, dass die Einigung diesen Wirtschaftszweig teuer zu stehen kommt.

worker participation n D [ˌwɜ:kə pɑ:ˌtɪsɪ'peɪʃn]

Mitbestimmung

In Germany, worker participation has generally made for peaceful industrial relations.

In Deutschland trägt die Mitbestimmung im Allgemeinen zu friedlichen Beziehungen zwischen den Tarifparteien bei.

worker director n D [ˌwɜ:kə də'rektə]

Arbeitsdirektor

Unlike in the UK, there are worker directors, i.e. representatives of the workforce, on the boards of certain German public limited companies.

Anders als in Großbritannien sitzen in den Vorständen bestimmter deutscher Aktiengesellschaften Arbeitsdirektoren, d.h. Arbeitnehmervertreter.

single-union deal n [ˌsɪŋgl'ju:niən di:l]

Vereinbarung über die Vertretung von Arbeitnehmern durch eine einzige Gewerkschaft

Japanese companies locating in the UK insist on single-union deals.

Japanische Unternehmen, die sich in Großbritannien ansiedeln, bestehen auf einer einzigen Gewerkschaft als Verhandlungspartner.

demarcation dispute n [ˌdi:mɑ:'keɪʃn dɪspju:t]

Kompetenzstreitigkeit

The introduction of new machinery often leads to demarcation disputes between unions.

Die Einführung neuer Maschinen führt oft zu Kompetenzstreitigkeiten zwischen Gewerkschaften.

wage claim n ['weɪdʒ kleɪm]

Lohnforderung

The union has put in a wage claim of 10%.

Die Gewerkschaft hat eine Lohnforderung von 10% geltend gemacht.

wage negotiation n [ˌweɪdʒ nɪˌgəʊʃi'eɪʃn]

The wage negotiations in the steel industry have ended in deadlock.

Tarifverhandlung

Die Tarifverhandlungen in der Stahlindustrie sind festgefahren.

collective bargaining n [kəˌlektɪv 'bɑːgənɪŋ]

Management wanted to replace collective bargaining with individual arrangements.

Tarifverhandlungen

Die Betriebsleitung wollte Tarifverhandlungen durch individuelle Absprachen ersetzen.

free collective bargaining n [ˌfriː kə'lektɪv 'bɑːgənɪŋ]

Free collective bargaining rules out government interference.

Tarifautonomie

Die Tarifautonomie schließt jede Einmischung seitens der Regierung aus.

manning agreement n [ˌmænɪŋ ə'griːmənt]

The new management is threatening to close the foundry unless the unions consent to a new manning agreement.

Vereinbarung über die Personalstärke

Die neue Unternehmensleitung droht mit der Stillegung der Gießerei, falls die Gewerkschaft nicht einer neuen Vereinbarung über die Personalstärke zustimmt.

Labour organizations

labour organization n [ˌleɪbər ɔːgənaɪ'zeɪʃn]

Labour organizations represent the interests of the working population.

Arbeitnehmerorganisation

Arbeitsorganisationen vertreten die Interessen der arbeitenden Bevölkerung.

general union n GB [ˌdʒenrəl 'juːniən]

The TGWU (Transport and General Workers' Union) is a typical general union.

branchenübergreifende Gewerkschaft

Die TGWU (Transportarbeitergewerkschaft) ist eine typische branchenübergreifende Gewerkschaft.

labor union n US ['leɪbə juːniən]

Labor unions pursue a so-called bread-and-butter policy rather than political aims.

➲ trade union

Gewerkschaft

Die amerikanischen Gewerkschaften verfolgen eher eine sogenannte Brot-und-Butter-Politik als politische Ziele.

industrial union n [ɪn'dʌstriəl juːniən]

All German unions are organized along the lines of industrial unions.

Industriegewerkschaft

Alle deutschen Gewerkschaften sind nach dem Prinzip der Industriegewerkschaft organisiert.

trade union n GB ['treɪd juːniən]

The umbrella organization of trade unions is the TUC (Trades Union Congress).

➲ labor union

Gewerkschaft

Der Dachverband der britischen Gewerkschaften ist der TUC.

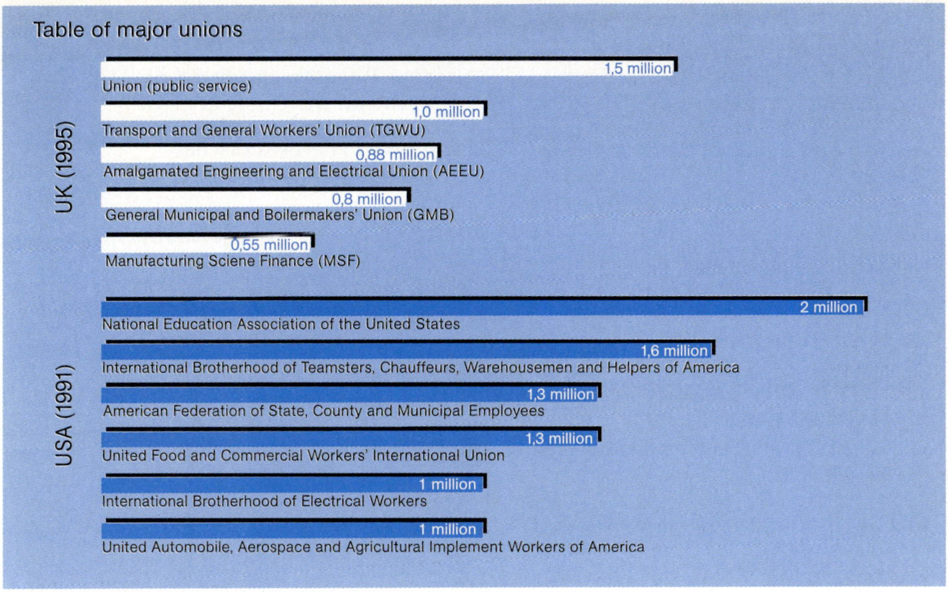

trade union official n GB
[ˌtreɪd juːniən əˈfɪʃl]

Most major unions have paid trade union officials.
➲ union official

(hauptamtlicher) Gewerkschaftsfunktionär

Die meisten wichtigen Gewerkschaften haben bezahlte hauptamtliche Gewerkschaftsfunktionäre.

union official n [ˈjuːniən əˈfɪʃl]

The shop steward is not a union official.
➲ trade union official

(hauptamtlicher) Gewerkschaftsfunktionär

Der Vertrauensmann ist kein hauptamtlicher Gewerkschaftsfunktionär.

trade union secretary n GB
[ˌtreɪd juːniən ˈsekrətri]

Trade union secretaries used to be elected for life.

Gewerkschaftsvorsitzende(r)

Früher wurden Gewerkschaftsvorsitzende auf Lebenszeit gewählt.

craft union n GB [ˈkrɑːft juːnjən]

Printers were among the first to form a craft union.

Fachgewerkschaft

Drucker gehörten zu den Ersten, die eine Fachgewerkschaft gründeten.

employers' federation n
[ɪmˌplɔɪəz fedəˈreɪʃn]

Not all employers in an industry are members of their respective employers' federation.

Arbeitgeberverband

Nicht alle Arbeitgeber einer Branche sind Mitglieder ihres jeweiligen Arbeitgeberverbandes.

International Labour Organization n
[ɪntəˌnæʃnəl ˌleɪbər ɔːgənaɪˈzeɪʃn]
ILO [ˌaɪ el ˈəʊ]

The International Labour Organization was founded in 1919.

Internationale Arbeitsorganisation (IAO)

Die Internationale Arbeitsorganisation wurde 1919 gegründet.

Trades Union Congress n GB [ˌtreɪdz ˌjuːniən ˈkɒŋgres] TUC [ˌtiː juː ˈsiː]

britischer Gewerkschaftsdachverband

As for its functions, the TUC is the British counterpart of the German DGB.

Was seine Aufgaben angeht, ist der TUC die britische Entsprechung des DGB.

Transport and General Workers' Union n GB [ˌtrænspɔːt ənd ˌdʒenrəl ˈwɜkəz ˈjuːnɪən] TGWU [ˌtiː dʒiː ˌdʌbljuː ˈjuː]

Transportarbeitergewerkschaft

The TGWU is a typical general union.

Die TGWU ist eine typische branchenübergreifende Gewerkschaft.

American Federation of Labor/ Congress of Industrial Organizations n US [əˌmerɪkən fedəˌreɪʃn əv ˈleɪbə, ˌkɒŋgres əv ɪnˌdʌstriəl ˌɔːgənaɪˈzeɪʃnz] AFL/CIO [ˌeɪ ef ˈel ˌsiː aɪ ˈəʊ]

amerikanischer Gewerkschaftsdachverband

The umbrella organization of labor unions is the AFL/CIO.

Der Dachverband der amerikanischen Gewerkschaften ist der AFL/CIO.

Confederation of British Industry n GB [kənˌfedəˈreɪʃn əv ˌbrɪtɪʃ ˈɪndəstri] CBI [ˌsiː biː ˈaɪ]

Verband der britischen Industrie

The CBI is the British equivalent of the German BDI.

Der CBI ist das britische Gegenstück zum deutschen BDI (Bundesverband der Deutschen Industrie).

Labor Relations Board n US [ˌleɪbə rɪˈleɪʃnz bɔːd] LRB [ˌel ɑː ˈbiː]

Schlichtungskommission, Schiedsstelle

Industrial disputes are referred to the Labor Relations Boards.

Arbeitsstreitigkeiten werden an die Schlichtungskommission überwiesen.

closed shop [ˌkləʊzd ˈʃɒp]

Betrieb mit Gewerkschaftszwang

Closed shops resulted from the large number of unions in Britain.

Betriebe mit Gewerkschaftszwang waren die Folge der großen Anzahl von Gewerkschaften in Großbritannien.

union shop n US [ˈjuːniən ʃɒp]

Betrieb mit Gewerkschaftszwang

Employees in a union shop must become members of a union once they're employed in a company.

Arbeitnehmer in einem Betrieb, der nur gewerkschaftlich organisierte Arbeitnehmer beschäftigt, müssen in die Gewerkschaft eintreten, sobald sie bei diesem Betrieb angestellt sind.

shop steward n [ʃɒp ˈstjuːəd]

Vertrauensfrau, -mann

Our shop steward, Judy Scragill, is at a meeting with the management.

Unsere Vertrauensfrau Judy Scragill ist in einer Besprechung mit der Betriebsleitung.

umbrella organization n [ʌmˌbrelə ɔːgənaɪˈzeɪʃn]

Dachverband

The umbrella organization of American labor unions is the AFL/CIO.

Der Dachverband der amerikanischen Gewerkschaften ist die AFL/CIO.

political fund n GB [pəˌlɪtɪkl ˈfʌnd]

The Labour Party receives most of its income from the unions' political funds.

politischer Fonds

Die Labour Party bezieht den größten Teil ihres Einkommens aus den politischen Fonds der Gewerkschaften.

pension fund n [ˈpenʃn fʌnd]

Many unions have their own pension funds.

Rentenfonds, private Rentenversicherung

Viele Gewerkschaften haben einen eigenen Rentenfonds.

opt out v [ˌɒpt ˈaʊt]

Union members can, of course, opt out of the political fund.

sich dagegen entscheiden, aussteigen

Natürlich können Gewerkschaftsmitglieder sich dafür entscheiden, nicht mehr in den politischen Fonds einzuzahlen.

THE TRANSPORT INDUSTRY

Transporting goods

goods n pl [gʊdz] — **Ware(n), Güter, Fracht**

The goods have arrived at our warehouse and are ready for collection.
Die Waren sind in unserem Lager eingetroffen und stehen zur Abholung bereit.

transport n ['trænspɔːt] — **Transport, Beförderung, Transportwesen**

The transport of our products is usually effected by rail.
Der Transport unserer Produkte wird in der Regel per Bahn abgewickelt.

➲ transportation, carriage

transport v [træns'pɔːt] — **befördern, transportieren**

Perishable products are often transported by air.
Leicht verderbliche Produkte werden oft auf dem Luftweg befördert.

transportation n US [ˌtrænspɔː'teɪʃn] — **Transport, Beförderung, Transportwesen**

The transportation of our products is carried out by long-distance trucks.
Der Transport unserer Produkte wird per Fernlaster durchgeführt.

➲ transport, carriage

multimodal transport n [ˌmʌltiməʊdl 'trænspɔːt] — **kombinierter Ladeverkehr (KLV), Kombiverkehr**

Multimodal transport has been made possible by containerization.
Kombinierter Güterverkehr wurde durch den Einsatz von Containern möglich gemacht.

transporter n [træn'spɔːtə] — **(Schwer-)Transporter**

We would like to charter a transporter.
Wir möchten gern einen Transporter mieten.

transport industry n ['trænspɔːt ɪndəstri] — **Transportindustrie, Transportgewerbe**

Britain has a very efficient transport industry.
Großbritannien hat eine sehr effiziente Transportindustrie.

transport company n ['trænspɔːt kʌmpəni] — **Transportunternehmen**

Our transport company has both a road haulage and a water transport division.
Unser Transportunternehmen hat sowohl eine Straßen- als auch eine Wassertransportabteilung.

transport system n ['trænspɔːt sɪstəm] — **Verkehrsinfrastruktur, Verkehrssystem**

The transport system in Scotland has been improved considerably in recent years.
Die Verkehrsinfrastruktur in Schottland ist in den vergangenen Jahren beträchtlich verbessert worden.

cargo n ['kɑːgəʊ] | **Ladung, Fracht**

The ship is just discharging a cargo of bananas. | Das Schiff löscht gerade eine Ladung Bananen.

bag cargo n ['bæg kɑːgəʊ] | **Sackgut**

Flour is a typical bag cargo. | Mehl ist ein typisches Sackgut.

bale cargo n ['beɪl kɑːgəʊ] | **Ballengut**

Cotton is a typical bale cargo. | Baumwolle ist typisches Ballengut.

barrel cargo n ['bærəl kɑːgəʊ] | **Fassladung**

We transport all our wines as barrel cargo. | Wir befördern all unsere Weine als Fassladung.

berth cargo n ['bɜːθ kɑːgəʊ] | **Auffüllladung**

Since there is still cargo space left we'll take in berth cargo at the reduced rate. | Da wir noch Laderaum haben, nehmen wir noch Auffüllladung zum billigen Frachttarif mit.

bulk cargo n ['bʌlk kɑːgəʊ] | **Massenfrachtgut, Massengutladung**

Bulk cargo is often transported by waterway. | Massenfrachtgut wird oft auf dem Wasserweg befördert.

bulky adj ['bʌlki] | **sperrig, unhandlich**

Bulky items like transformers are often transported by river barge. | Sperrige Güter wie Transformatoren werden oft auf Binnenschiffen transportiert.

in bulk n [ɪn 'bʌlk] | **en gros, in großen Mengen**

Wholesalers obtain goods in bulk. | Großhändler beziehen ihre Waren en gros.

chilled cargo n ['tʃɪld kɑːgəʊ] | **Kühlgut, gekühlte Ladung**

Fresh tropical fruits are sent as chilled cargo. | Frische tropische Fruchtsorten werden als Kühlgut versandt.

discharge a cargo v [dɪs'tʃɑːdʒ ə kɑːgəʊ] | **eine Ladung löschen**

In Rio we discharged a cargo of bananas. | In Rio haben wir eine Ladung Bananen gelöscht.

handle cargo v [ˌhændl 'kɑːgəʊ] | **Fracht umschlagen**

Our company has been handling cargo for more than forty years. | Unsere Gesellschaft schlägt seit mehr als vierzig Jahren Fracht um.

manifest a cargo v [ˌmænɪfest ə 'kɑːgəʊ] | **eine Ladung anmelden**

In Hamburg we manifested a cargo of bananas. | In Hamburg haben wir eine Ladung Bananen angemeldet.

take in cargo v [teɪk ˌɪn 'kɑːgəʊ] | **Fracht einladen, laden**

The freight train will start taking in cargo in fifteen minutes. | In fünfzehn Minuten wird mit der Beladung des Güterzugs begonnen.

take up cargo v [teɪk ˌʌp 'kɑːgəʊ] | **Ladung übernehmen**

The freight train took up cargo from the lorries. | Der Güterzug übernahm Ladung von den Lastwagen.

cargo agent n ['kɑːgəʊ eɪdʒənt] | **Frachtspediteur(in)**

Please, finalize delivery details with our cargo agent. | Bitte besprechen Sie die Details der Lieferung mit unserem Frachtspediteur.

cargo boat n ['kɑːgəʊ bəʊt]
Frachtschiff

We'll forward this consignment by cargo boat.
Wir werden diese Lieferung mit dem Frachtschiff befördern.

cargo flight n ['kɑːgəʊ flaɪt]
Frachtflug

There are four cargo flights from London to Berlin every day.
Jeden Tag gibt es vier Frachtflüge von London nach Berlin.

cargo handling n ['kɑːgəʊ hændlɪŋ]
Güterumschlag

Cargo handling must take place as swiftly as possible.
Der Güterumschlag muss so schnell wie möglich vonstatten gehen.

carrier n ['kæriə]
Transportunternehmen, Spediteur, Frachtführer

Waltham is a major carrier.
Waltham ist ein großes Transportunternehmen.

carriage n ['kærɪdʒ]
Beförderung, Transport

Carriage is to be effected by truck.
Die Beförderung muss mit Lastwagen erfolgen.
➲ transport, transportation

shipment n ['ʃɪpmənt]
Transport, Verfrachtung (Schifffahrt), Versand

Shipment will be made by MV Ariane.
Der Transport wird mit MS Ariane abgewickelt.

shipper n ['ʃɪpə]
Verfrachter, Spediteur

The shipper is responsible for immediate delivery.
Der Verfrachter ist für die unverzügliche Auslieferung verantwortlich.
➲ freight forwarder

shipping n ['ʃɪpɪŋ]
Verfrachtung (Schifffahrt), **Versand**

The cost of shipping these goods is very high.
Die Frachtkosten für diese Güter sind sehr hoch.

shipping agent n ['ʃɪpɪŋ eɪdʒənt]
Spediteur(in), Reedereivertreter(in)

In international trade the services of a shipping agent are essential.
Im internationalen Handel sind die Dienste eines Spediteurs unerlässlich.
➲ forwarding agent

shipping arrangements n pl ['ʃɪpɪŋ əreɪndʒmənts]
Versandvereinbarungen

The stipulated shipping arrangements are to be observed strictly.
Die festgelegten Versandvereinbarungen müssen genau beachtet werden.

shipping charges n pl ['ʃɪpɪŋ tʃɑːdʒɪz]
Versandkosten

Shipping charges are to be paid by the consignee.
Die Versandkosten sind vom Empfänger zu zahlen.

shipping company n ['ʃɪpɪŋ kʌmpəni]
Reederei, Transportunternehmen

Our shipping company operates mainly in the Great Lakes.
Unsere Reederei ist im Wesentlichen auf den Großen Seen tätig.

tran(s)shipment n [træns'ʃɪpmənt]
Umladung, Umladegeschäft

Transshipment is not permitted.
Umladung verboten.

charter n ['tʃɑːtə]
Chartern, Befrachtung

There are plenty of vessels available for charter.
Es sind reichlich Schiffe zum Chartern verfügbar.

charter v ['tʃɑːtə]
chartern, befrachten

We have decided to charter cargo space on a tramp.
Wir haben uns entschlossen, Laderaum auf einem Trampschiff zu chartern.

charter business n ['tʃɑːtə ˌbɪznəs]
Chartergeschäft

We're going to expand our charter business even further.
Wir wollen unser Chartergeschäft noch weiter ausbauen.

charter carrier n ['tʃɑːtə ˌkæriə]
Chartergesellschaft, Chartertransportgesellschaft

For urgent deliveries you can always call upon the services of a charter carrier.
Für dringende Lieferungen können Sie immer die Dienste einer Chartergesellschaft in Anspruch nehmen.

charter agreement n ['tʃɑːtə ə'griːmənt]
Chartervertrag, Befrachtungsvertrag

Our charter agreement is valid until 1 May 2000.
Unser Chartervertrag ist bis zum 1. Mai 2000 gültig.

➲ charter party

consignment n [kən'saɪnmənt]
Frachtgut, (Waren-)Sendung

We dispatched the consignment this morning.
Wir haben das Frachtgut heute morgen aufgegeben.

consignee n [ˌkɒnsaɪ'niː]
(Waren-)Empfänger

The consignee is required to acknowledge receipt of the consignment.
Der Empfänger muss den Erhalt der Sendung quittieren.

consignor n [kən'saɪnə]
Absender, Befrachter

The consignor is responsible for proper packaging.
Der Absender ist für ordnungsgemäße Verpackung verantwortlich.

delivery n [dɪ'lɪvəri]
Lieferung, Zustellung, Auslieferung

The goods are available for prompt delivery.
Die Waren sind kurzfristig lieferbar.

just-in-time adj [ˌdʒʌst in 'taɪm]
einsatzsynchron

Just-in-time deliveries save a lot of costs.
Einsatzsynchrone Lieferungen sparen viele Kosten.

despatch n [dɪ'spætʃ]
Versand

The consignment is ready for despatch.
Die Ladung ist versandbereit.

➲ dispatch

despatch v [dɪ'spætʃ]
absenden, versenden

We despatched the goods this morning.
Wir haben die Ware heute Morgen abgeschickt.

➲ dispatch

despatch area n [dɪ'spætʃ ˌeəriə]
Versandgebiet

We're afraid we can't deliver the goods because your company is outside our despatch area.
Leider können wir die Waren nicht ausliefern, weil Ihre Gesellschaft außerhalb unseres Versandgebiets liegt.

despatch department n [dɪ'spætʃ dɪpɑ:tmənt]

We have instructed our despatch department to forward your consignment immediately.

Versandabteilung

Wir haben unsere Versandabteilung angewiesen, Ihre Lieferung umgehend auszuliefern.

dispatch n [dɪ'spætʃ]

The consignment is ready for dispatch.

➲ despatch

Versand

Die Ladung ist versandbereit.

dispatch v [dɪ'spætʃ]

We dispatched the goods express this morning.

➲ despatch

absenden, versenden

Wir haben die Ware heute Morgen per Express abgeschickt.

distribute v [dɪ'strɪbju:t]

It is essential to re-organize our dispatch department in order to ensure that our products are distributed efficiently.

vertreiben

Wir müssen unbedingt unsere Versandabteilung umstrukturieren, um einen effizienten Vertrieb unserer Produkte zu gewährleisten.

distribution n [ˌdɪstrɪ'bju:ʃn]

The dispatch department is responsible for the distribution of our products.

Vertrieb

Die Versandabteilung ist für den Vertrieb unserer Produkte verantwortlich.

forwarding agent n ['fɔ:wədɪŋ eɪdʒənt]

Forwarding agents also advise their customers on the most suitable means of transport for a given cargo.

➲ shipping agent

Spediteur

Spediteure beraten ihre Kunden auch hinsichtlich der geeignetsten Transportart für eine bestimmte Ladung.

freight n [freɪt]

Freight and passengers are transported by railway.

Frachtgut

Frachtgut und Passagiere werden mit der Bahn befördert.

freight forwarder n ['freɪt fɔ:wədə]

The freight forwarder cannot be held responsible for delays due to force majeure.

➲ shipper

Spediteur, Verfrachter

Der Spediteur kann nicht für Verzögerungen auf Grund höherer Gewalt verantwortlich gemacht werden.

freight market n ['freɪt mɑ:kɪt]

Cargo space can be chartered at a freight market.

➲ freight exchange

Frachtenbörse

Laderaum kann an einer Frachtenbörse gechartert werden.

freight exchange n ['freɪt ɪks'tʃeɪndʒ]

The Baltic Exchange is one of the world's leading freight exchanges.

➲ freight market

Frachtenbörse

Die Londoner Schifffahrtsbörse ist eine der führenden Frachtenbörsen der Welt.

domestic freight n [dəˌmestɪk 'freɪt]

Domestic freight in Germany is predominantly transported by road haulage.

Inlandsfracht

Inlandsfracht wird in Deutschland vorwiegend im Straßengüterverkehr befördert.

haulier n ['hɔ:liə]

Transportunternehmer, Spediteur, Frachtführer

The haulier collects the consignment from the manufacturer's address.

Der Transportunternehmer übernimmt die Warensendung am Standort des Herstellers.

haulage n ['hɔ:lɪdʒ]

Beförderung

The haulage of goods is undertaken by haulage contractors.

Die Beförderung von Gütern wird von Transportunternehmen übernommen.

affreight v [ə'freɪt]

befrachten

We have affreighted MV Cynthia.

Wir haben die MS Cynthia befrachtet.

affreightment n [ə'freɪtmənt]

Befrachtung

We have secured affreightment of MV Cynthia at the Baltic Exchange.

Wir haben an der Londoner Schifffahrtsbörse die Befrachtung der MS Cynthia sichergestellt.

transit n ['trænzɪt]

Transit, Durchfuhr

The goods were damaged in transit.

Die Güter wurden unterwegs beschädigt.

transit charges n pl ['trænzɪt tʃɑ:dʒɪz]

Transitgebühren

Transit charges are to be borne by the consignee.

Transitgebühren sind vom Empfänger zu zahlen.

transit freight n ['trænzɪt freɪt]

Transitfracht, Durchfuhrfracht

Transit freight is usually sealed by the customs authorities in the exporter's country.

Transitfracht wird gewöhnlich von den Zollbehörden im Land des Exporteurs verplombt.

transit of goods n [ˌtrænzɪt əv 'gʊdz]

Warendurchfuhr

The transit of goods is made more convenient by the TIR sign.

Die Warendurchfuhr wird durch das TIR-Zeichen erleichtert.

transit shed n ['trænzɪt ʃed]

Transitlager

Please, collect the goods at the transit shed.

Bitte holen Sie die Waren im Transitlager ab.

transit trade n ['trænzɪt treɪd]

Transithandel

The transit trade is an important element in international trade.

Der Transithandel ist ein wesentliches Element im internationalen Handel.

trade route n ['treɪd ru:t]

Handelsstraße

The "Hellweg" in Germany is a famous trade route.

Der „Hellweg" in Deutschland ist eine bekannte Handelsstraße.

load n [ləʊd]

Last, Ladung

This crane can lift loads of up to 10 tons.

Dieser Kran kann Lasten von bis zu 10 t heben.

load v [ləʊd]

beladen, befrachten

The lorry is still loading.

Der Lastwagen wird immer noch beladen.

run n [rʌn]

Fahrt

Empty runs are very expensive.

Leerfahrten sind sehr teuer.

hold n [həʊld]

Five consignments of medical supplies were in the plane's hold.

Laderaum

Im Laderaum des Flugzeugs befanden sich fünf Ladungen mit medizinischen Gütern.

container n [kən'teɪnə]

The standardized container measures eight by eight by twenty feet.

Container, (Transport-)Behälter

Der Standardcontainer misst acht mal acht mal zwanzig Fuß.

containerization n [kən,teɪnəraɪ'zeɪʃn]

Containerization has revolutionized freight transport.

Umstellung auf Container(verkehr)

Die Umstellung auf Containerverkehr hat die Güterbeförderung revolutioniert.

crate n [kreɪt]

The crate was prized open by the customs officers.

Kiste

Die Kiste wurde von den Zollbeamten aufgebrochen.

pallet n ['pælət]

Fork-lift trucks make it possible to load and unload pallets in no time.

Palette

Mit Hilfe von Gabelstaplern kann man Paletten im Handumdrehen laden und entladen.

pipeline n ['paɪplaɪn]

The Siberian oil pipeline is leaking considerable amounts of oil.

Pipeline, Rohrleitung

Die sibirische Ölpipeline verliert beträchtliche Mengen Öl.

dead weight n US [,ded 'weɪt]

The vehicle has a dead weight of seven tons.

➲ tare

Leergewicht, Eigengewicht

Das Fahrzeug hat ein Leergewicht von sieben Tonnen.

tare n ['teə]

You work out the net weight by deducting the tare from the gross weight.

➲ dead weight

Verpackungsgewicht, Tara

Man berechnet das Nettogewicht, indem man das Verpackungsgewicht vom Bruttogewicht abzieht.

tonne n [tʌn]

This truck can load 15 tonnes.

Tonne (1000 kg)

Dieser Lastwagen kann 15 Tonnen befördern.

metric tonne n ['metrɪk 'tʌn]

There are 1000 kg in a metric tonne.

Metertonne (1000 kg)

Eine Metertonne hat 1000 kg.

long ton n US ['lɒŋ 'tʌn]

The American long ton has 1016 kg.

Longtonne (1016 kg)

Die amerikanische Longtonne hat 1016 kg.

short ton n US ['ʃɔːt 'tʌn]

The American short ton has ca. 907 kg.

Shorttonne (ca. 907 kg)

Die amerikanische Shorttonne hat ca. 907 kg.

Surface and air transport

surface transport n ['sɜːfɪs trænspɔːt]

Surface transport is cheaper than air transport.

Transport auf dem Land- bzw. Wasserweg

Transporte auf dem Land- oder Wasserweg sind billiger als auf dem Luftweg.

air transport n ['eə trænspɔːt]

Air transport is faster than surface transport.

Transport auf dem Luftweg

Transporte auf dem Luftweg sind schneller als auf dem Landweg.

air cargo n ['eə kɑːgəʊ]

Medical goods are often transported as air cargo.

➲ air freight

Luftfracht

Medizinische Güter werden oft als Luftfracht befördert.

air freight n ['eə freɪt]

Diamonds are nearly always transported as air freight.

➲ air cargo

Luftfracht

Diamanten werden praktisch immer als Luftfracht befördert.

air freight handling n [ˌeə freɪt 'hændlɪŋ]

Air freight handling must take place very quickly.

Luftfrachtumschlag

Der Luftfrachtumschlag muss sehr schnell vonstatten gehen.

air parcel n [ˌeə 'pɑːsl]

I'll send this as an air parcel.

Luftpostpaket

Ich verschicke das als Luftpostpaket.

helicopter n ['helɪkɒptə]

Helicopters transport cargoes to oil rigs.

Hubschrauber, Helikopter

Hubschrauber transportieren Ladungen zu Bohrinseln.

Transport International Routier n frz [ˌtrænspɔːt ɪntəˌnæʃnəl ru'tjeɪ] TIR [ˌtiː aɪ 'ɑː]

This transport is a TIR operation.

TIR (europäisches Straßenverkehrsabkommen)

Dieser Transport wird nach TIR abgewickelt.

common carrier n [ˌkɒmən 'kæriə]

A common carrier is bound to carry goods, subject to limitations he has made known before.

Spediteur, Frachtführer

Ein Spediteur ist zur Beförderung von Waren nach Maßgabe von Einschränkungen verpflichtet, die er vorher bekanntgegeben hat.

private carrier n [ˌpraɪvət 'kæriə]

Private carriers in Britain require a C-licence.

Werkverkehr, privater Spediteur, privater Frachtführer

Für den Werkverkehr ist in Großbritannien eine „C"-Lizenz erforderlich.

haul v [hɔːl]

Trucks often haul coal.

befördern, transportieren

Lastwagen befördern oft Kohle.

road haulage n ['rəʊd ˌhɔːlɪdʒ]

Road haulage is the usual mode of transport for domestic freight.

Güterkraftverkehr, Straßentransport

Für Inlandsfrachten ist der Güterkraftverkehr die übliche Transportart.

road haulage contractor n [ˌrəʊd ˌhɔːlɪdʒ kən'træktə]

Just-in-time delivery is a very lucrative business for road haulage contractors.

Straßentransportunternehmer, Spediteur

Für Straßentransportunternehmer sind einsatzsynchrone Lieferungen ein sehr lukratives Geschäft.

transport operator n ['trænspɔ:t ˌɒpəreɪtə]

The consignment will be delivered by a local transport operator.

Spediteur, Transportunternehmer

Die Sendung wird von einem örtlichen Spediteur ausgeliefert.

all-terrain vehicle n [ˌɔ:l təreɪn 'vi:əkl]

Many farmers have all-terrain vehicles.

(Straßen- und) Geländefahrzeug, Geländewagen

Viele Bauern haben kombinierte Straßen- und Geländefahrzeuge.

utility vehicle n [ju:'tɪləti ˌvi:əkl]

Most farmers have a utility vehicle for all sorts of purposes.

Mehrzweckfahrzeug, Nutzfahrzeug

Die meisten Bauern haben ein Mehrzweckfahrzeug für alle möglichen Aufgaben.

flat-bed trailer n ['flætbed treɪlə]

Our yacht was transported on a flat-bed trailer.

➲ low loader

Tieflader

Unser Segelboot wurde auf einem Tieflader transportiert.

fork-lift truck n ['fɔ:klɪft ˌtrʌk]

Our fork-lift trucks can easily lift heavy loads.

Gabelstapler

Unsere Gabelstapler können mühelos schwere Lasten heben.

heavy goods vehicle n ['hevi gʊdz 'vi:ɪkl]
HGV [ˌeɪtʃ dʒi: 'vi:]

Drivers of heavy goods vehicles require a special licence.

Lastkraftwagen (LKW)

Lastkraftwagenfahrer brauchen einen besonderen Führerschein.

lorry n GB ['lɒri]

Transport will be effected by lorry.

➲ truck

Lastwagen (LKW)

Der Transport wird per LKW durchgeführt.

lorry driver n GB ['lɒri ˌdraɪvə]

Some lorry drivers seem to think they're king of the road.

➲ trucker

Lastwagenfahrer(in)

Einige Lastwagenfahrer scheinen zu glauben, sie seien die Könige der Landstraße.

articulated lorry n GB [ɑ:ˌtɪkjuleɪtɪd 'lɒri]

Articulated lorries consist of a tractor and a semi-trailer.

➲ tractor-trailer

Sattelschlepper

Sattelschlepper bestehen aus einer Zugmaschine und einem Auflieger.

long-distance lorry n GB [ˌlɒŋdɪstəns 'lɒri]

Our fleet also includes ten long-distance lorries.

Fernlaster, Fernlastwagen

Zu unserem Fuhrpark gehören auch zehn Fernlaster.

medium-weight lorry n GB [ˌmi:diəmweɪt 'lɒri]

We only require a medium-weight lorry for this consignment of five tons.

mittelschwerer Lastwagen

Für diese Ladung von 5 Tonnen benötigen wir nur einen mittelschweren Laster.

lorry depot n GB [ˌlɒri 'depəʊ]

If you want to have this consignment delivered soon, you should ring our lorry depot.

Lastwagendepot

Wenn Sie diese Sendung bald ausgeliefert haben möchten, sollten Sie unser Lastwagendepot anrufen.

lorry fleet n GB ['lɒri fliːt]

Some major manufacturers have their own lorry fleet.

Fuhrpark

Einige große Hersteller haben ihren eigenen Fuhrpark.

lorry load n GB ['lɒri ləʊd]

We have a lorry load of marble for Windsor.

(Last-)Wagenladung

Wir haben eine Wagenladung Marmor für Windsor.

low loader n ['ləʊ ˌləʊdə]

High loads are transported by low loader.
➲ flat-bed trailer

Tieflader

Hohe Ladungen werden per Tieflader befördert.

piggyback service n GB ['pɪgibæk ˌsɜːvɪs]

Piggyback services combine road and rail transport.
➲ trailer-on-flat-car service

Huckepackverkehr

Huckepackverkehr kombiniert Straßen- und Eisenbahntransport.

van n [væn]

The local butcher makes his deliveries by van.

Lieferwagen

Der hiesige Metzger liefert per Lieferwagen aus.

light van n GB [ˌlaɪt 'væn]

I would like to hire a light van.

Transporter

Ich möchte gern einen Transporter mieten.

small van n [ˌsmɔːl 'væn]

You are allowed to drive a small van with an ordinary driving licence.

Kleinlieferwagen

Mit einem normalen Führerschein darf man einen kleinen Lieferwagen fahren.

pick-up (truck) n US ['pɪkʌp trʌk]

Pick-ups are very popular in America.

Pritschenwagen

In Amerika sind Pritschenwagen sehr beliebt.

removal van n [rɪ'muːvl ˌvæn]

The removal van called at six a.m.

Umzugswagen

Der Umzugswagen kam um 6 Uhr morgens.

trailer n ['treɪlə]

In TOFC transport, trailers are put on flat cars.

Anhänger, Sattelzuganhänger, Wohnwagen (US)

Im Huckepackverkehr werden Anhänger auf offenen Güterwagen befördert.

semi-trailer n [ˌsemi'treɪlə]

We have a fleet of twenty trucks, six truck tractors and twelve semi-trailers.

Sattelauflieger

Wir haben einen Fuhrpark von zwanzig LKWs, sechs Sattelzugmaschinen und zwölf Sattelaufliegern.

trailer-on-flat-car service n US [ˌtreɪlər ɒn 'flæt kɑː ˌsɜːvɪs]
TOFC service [ˌtiː əʊ ef 'siː ˌsɜːvɪs]

TOFC service makes for an easy transhipment of goods.
➲ piggyback service

Huckepackverkehr

Huckepackverkehr erleichtert die Umladung von Gütern.

truck n [trʌk]

We have a fleet of 20 trucks.

➲ lorry

Lastwagen, Güterwagen (Eisenbahn)

Wir haben einen Wagenpark von 20 LKWs.

trucker n US ['trʌkə]

Many truckers put in more hours than they are allowed to.

➲ lorry driver

Lastwagenfahrer(in)

Viele Lastwagenfahrer fahren mehr Stunden als erlaubt.

dump truck n [dʌmp trʌk]

You'll need a dump truck in order to take all this waste to the landfill site.

Kipper

Um all diesen Müll zur Deponie zu bringen, brauchen Sie einen Kipper.

heavy-duty truck n [ˌhevi dju:ti 'trʌk]

Heavy-duty trucks often have eighteen wheels.

Schwertransporter, Schwerlaster

Schwertransporter haben oft achtzehn Räder.

refrigerated truck n [rɪ'frɪdʒəreɪtɪd ˌtrʌk]

Meat must be transported in refrigerated trucks.

Kühlwagen

Fleisch muss in Kühlwagen transportiert werden.

tractor-trailer n US ['trœktə treɪlə]

Tractor-trailers are very efficient commercial vehicles because the tractor can be used elsewhere while the trailer is being loaded.

Sattelschlepper

Sattelschlepper sind sehr leistungsfähige Nutzfahrzeuge, da die Zugmaschine anderweitig eingesetzt werden kann, während der Anhänger beladen wird.

truck and trailer n [ˌtrʌk ənd 'treɪlə]

Trucks and trailers are sometimes extra-long vehicles.

Lastwagen mit Anhänger, Lastzug

Lastwagen mit Anhänger sind manchmal überlange Fahrzeuge.

truck tractor n ['trʌk ˌtræktə]

We have a fleet of twenty trucks, six truck tractors and twelve semi-trailers.

Sattelzugmaschine

Wir haben einen Fuhrpark von zwanzig LKWs, sechs Sattelzugmaschinen und zwölf Sattelaufliegern.

truckage n US ['trʌkɪdʒ]

Truckage is widely used for domestic freight in the USA.

Güterkraftverkehr

In den USA ist der Güterkraftverkehr für Inlandsfrachten weit verbreitet.

tachograph n ['tækəgrɑ:f]

Tachographs can easily be manipulated.

Fahrtenschreiber

Fahrtenschreiber können leicht manipuliert werden.

hazard warning panel n [ˌhæzəd 'wɔ:nɪŋ pænl]

All road tankers carrying dangerous chemicals are required to display a hazard warning panel on the outside of the vehicle.

Gefahrentafel

Alle Tanklastwagen, die gefährliche Chemikalien befördern, müssen an der Außenseite des Fahrzeugs eine Gefahrentafel aufweisen.

loading gauge n ['ləʊdɪŋ geɪdʒ]

Lademaß

British railways have a much smaller loading gauge than those on the Continent.

Die britischen Eisenbahnen haben ein viel kleineres Lademaß als die Bahnen auf dem Kontinent.

freight train n ['freɪt treɪn]

Güterzug

The next freight train from Edinburgh arrives at 8.15 a.m.

Der nächste Güterzug von Edinburgh kommt um 8.15 Uhr an.

➲ goods train

goods train n ['gʊdz treɪn]

Güterzug

The next goods train from Edinburgh departs at 8.15 a.m.

Der nächste Güterzug von Edinburgh kommt um 8.15 Uhr an.

➲ freight train

freightliner n ['freɪtlaɪnə]

Güterschnellzug

Freightliners run according to fixed timetables.

Güterschnellzüge verkehren nach festen Fahrplänen.

reefer n ['ri:fə]

Kühlcontainer (US), Kühlwaggon

Fresh vegetables are transported in reefers.

Frischgemüse wird in Kühlcontainern befördert.

wagonage n ['wægənɪdʒ]

Güterzugtransport

Wagonage is the main means of transport used by our company.

Güterzugtransport ist die wichtigste Transportart unseres Unternehmens.

siding n GB ['saɪdɪŋ]

Fabrikanschlussgleis, Anschlussgleis, Abstellgleis

Most major manufacturers have their own industrial siding.

Die meisten wichtigen Hersteller haben ihr eigenes Fabrikanschlussgleis.

boxcar n US ['bɒkskɑ:]

geschlossener Güterwagen

This freight train consists of 25 boxcars.

Dieser Güterzug besteht aus 25 geschlossenen Güterwagen.

➲ box wagon

box wagon n US ['bɒks wægən]

geschlossener Güterwagen

Your consignment has been loaded into box wagon no 5.

Ihre Ladung ist in den geschlossenen Güterwagen Nr. 5 geladen worden.

➲ boxcar

flat car n ['flætkɑ:]

Flachwagen (Eisenbahn)

Bulk cargo is rarely transported on flat cars.

Schüttgut wird selten auf Flachwagen transportiert.

➲ flat truck

flat truck n ['flætrʌk]

Flachwagen (Eisenbahn)

Trailers can be put on flat trucks.

Auflieger können auf offene Güterwagen verladen werden.

➲ flat car

open truck n [ˌəʊpən 'trʌk]

offener Güterwagen

Cars or bulk cargo can be transported on open trucks.

Autos oder Schüttgut können auf offenen Güterwagen transportiert werden.

Sea transport and inland waterways

sea transport n ['siː ˌtrænspɔːt]
Containerization has made sea transport easier.

Seetransport, Seeverkehr
Der Einsatz von Containern hat den Seetransport vereinfacht.

waterway n ['wɔːtəweɪ]
The Channel is an important European waterway.

Schifffahrtsstraße, Schifffahrtsweg, Wasserstraße
Der Ärmelkanal ist eine wichtige europäische Schifffahrtsstraße.

inland waterway n [ˌɪnlənd 'wɔːtəweɪ]
Navigable rivers, lakes and canals are inland waterways.

Binnenwasserstraße
Schiffbare Flüsse, Seen und Kanäle sind Binnenwasserstraßen.

waterage n ['wɔːtərɪdʒ]
Waterage is a slow but cheap form of transport.

Beförderung auf dem Wasserweg
Die Beförderung auf dem Wasserweg ist eine langsame aber kostengünstige Transportart.

navigable adj ['nævɪgəbl]
The Rhine is navigable from Basle to Rotterdam.

schiffbar
Der Rhein ist von Basel bis Rotterdam schiffbar.

fairway n ['feəweɪ]
The fairway is marked by buoys.

Fahrrinne
Die Fahrrinne ist durch Bojen gekennzeichnet.

buoy n [bɔɪ]
Buoys mark the channel which ships are permitted to use.

Boje
Bojen markieren die Fahrrinne, die Schiffe benutzen dürfen.

Baltic (Mercantile and Shipping) Exchange n GB [ˌbɔːltɪk ˌmɜːkəntaɪl ənd ˌʃɪpɪŋ ɪks'tʃeɪndʒ]
The Baltic Exchange is a shipping market and a commodity exchange.

Londoner Schifffahrtsbörse
Die „Baltic Exchange" ist eine Schifffahrts- und eine Warenbörse.

shipbroker n ['ʃɪpbrəʊkə]
He is a shipbroker at the Baltic Exchange.

Schiffsmakler(in)
Er ist als Schiffsmakler an der „Baltic Exchange" tätig.

time charter n ['taɪm ˌtʃɑːtə]
We shall require a time charter for this large order from Brazil.

Zeitcharter
Für diesen Großauftrag aus Brasilien benötigen wir einen Zeitcharter.

voyage charter n ['vɔɪɪdʒ ˌtʃɑːtə]
We shall have to find a voyage charter for this consignment at the Baltic Exchange.

Reisecharter
Wir müssen für diese Ladung an der „Baltic Exchange" einen Reisecharter finden.

charter party n ['tʃɑːtə pɑːti] C/P, C.P. [ˌsiː 'piː]

Charterpartie, Chartervertrag, Befrachtungsvertrag

We have negotiated a charter party with shipowners Myers Ltd.

Wir haben eine Charterpartie mit der Reederei Myers GmbH ausgehandelt.

➲ charter agreement

chamber of shipping n [ˌtʃeɪmbər əv 'ʃɪpɪŋ]

Reedereiverband

The Chamber of Shipping is negotiating wage increases with the seamen's union.

Der Reedereiverband verhandelt gerade mit der Gewerkschaft für Seeleute über Lohnerhöhungen.

shipowner n ['ʃɪpəʊnə]

Reeder(in), Schiffseigner(in)

Shipowners are increasingly using flags of convenience.

Reeder fahren zunehmend unter Billigflaggen.

ship's agent n ['ʃɪps 'eɪdʒənt]

Schiffsagent(in), Reedereivertreter(in)

The ship's agent is responsible for securing cargoes.

Aufgabe des Schiffsagenten ist es, für Ladungen zu sorgen.

skipper n ['skɪpə]

Skipper, Kapitän

Skippers are usually in charge of small vessels.

„Skipper" führen gewöhnlich kleine Schiffe.

supercargo n ['suːpəkɑːgəʊ]

Ladeoffizier, Supercargo

The supercargo is responsible for keeping the cargo manifest.

Der Ladeoffizier ist für die Führung der Ladeliste verantwortlich.

vessel n ['vesl]

Schiff

The consignment is to be delivered alongside the vessel.

Die Ladung muss Längsseite Schiff geliefert werden.

lay up v [ˌleɪ 'ʌp]

auflegen

As a result of industrial action three of our ferries had to be laid up.

Wegen eines Arbeitskampfs mussten drei unserer Fähren aufgelegt werden.

barge n [bɑːdʒ]

Lastschiff, Lastkahn, Binnenschiff

In domestic freight, barges are used for bulk cargoes.

Im Binnenfrachtverkehr werden Lastschiffe für Massengutladungen benutzt.

barge operator n ['bɑːdʒ ɒpəreɪtə]

Binnenschiffer, Binnenschifffahrtsunternehmer

There are very few barge operators in Britain.

In Großbritannien gibt es nur sehr wenige Binnenschiffer.

barge owner n ['bɑːdʒ əʊnə]

Partikulier, Einzelschiffer

Barge owners have fallen upon hard times lately.

Partikulieren geht es in der letzten Zeit nicht besonders gut.

bulk carrier n ['bʌlk kæriə]

Massengutfrachter

Iron ore, coal and cereals are transported by bulk carriers.

Eisenerz, Kohle und Getreide wird von Massengutfrachtern befördert.

cargo liner n ['kɑːgəʊ laɪnə]

Our cargo liner MV Anne sails to Le Havre every Tuesday at 8 pm.

Linienfrachter

Unser Linienfrachter MS Anne fährt jeden Dienstag um 20 Uhr nach Le Havre.

coasting trade n ['kəʊstɪŋ treɪd]

The UK has a very brisk coasting trade.

Küstenschifffahrt

Großbritannien hat eine sehr lebhafte Küstenschifffahrt.

coasting vessel n ['kəʊstɪŋ vesl]

Coasting vessels account for a major percentage of Britain's domestic freight traffic.

Küstenschiff

Auf Küstenschiffe entfällt ein hoher Prozentsatz des Binnenfrachtverkehrs in Großbritannien.

freighter n ['freɪtə]

Freighters operate as cargo liners or tramps.

Frachter

Frachter fahren als Linienfrachter oder Trampschiffe.

laker n US ['leɪkə]

Chicago is the main port for lakers.

Frachter, der auf den Großen Seen verkehrt

Chicago ist der wichtigste Hafen für Frachtschiffe, die auf den Großen Seen verkehren.

lighter n ['laɪtə]

The lighter brought the cargo alongside ship.

Leichter, Lastkahn

Der Leichter brachte die Ladung längsseits.

maritime adj ['mærɪtaɪm]

England has always been a maritime nation.

Seefahrer-, See-, seefahrend, Schifffahrts-,

England ist seit je eine Seefahrernation.

maritime law n [ˌmærɪtaɪm 'lɔː]

Maritime law is a very complex matter.

Seerecht

Das Seerecht ist eine sehr komplizierte Angelegenheit.

mercantile marine n [ˌmɜːkəntaɪl mə'riːn]

Japan has a very large mercantile marine.
➲ merchant navy

Handelsflotte

Japan hat eine große Handelsflotte.

merchant navy n [ˌmɜːtʃənt 'neɪvi]

Greece has a huge merchant navy.
➲ mercantile navy

Handelsflotte

Griechenland hat eine riesige Handelsflotte.

merchantman n ['mɜːtʃəntmən]

In case of war, merchantmen can be confiscated by the navy.

Handelsschiff

Im Kriegsfall können Handelsschiffe von der Marine konfisziert werden.

motor vessel n ['məʊtə vesl]
MV [ˌem 'viː]

Transport is to be effected by MV Ariadne.

Motorschiff (MS)

Der Transport wird mit dem Motorschiff Ariadne durchgeführt.

tanker n ['tæŋkə]

Tankers usually operate as tramps.

Tanker

Tanker fahren gewöhnlich als Trampschiffe.

tramp n [træmp]

Tramps sail to wherever there is cargo waiting for them.

Trampschiff

Trampschiffe fahren überall dahin, wo Fracht auf sie wartet.

bunker n ['bʌŋkə]

We must fill our bunkers with oil.

Bunker

Wir müssen unsere Bunker mit Öl füllen.

bunker v ['bʌŋkə]

Before we set off on this voyage, we must bunker fuel.

laden (Treibstoff), bunkern

Bevor wir diese Seereise antreten, müssen wir Treibstoff laden.

draught n GB [drɑːft]

This tanker has a draught of 10 metres.

Tiefgang

Dieser Tanker hat einen Tiefgang von 10 Metern.

dunnage n ['dʌnɪdʒ]

Loads are protected against listing by dunnage.

Abmattung, Staumaterial

Ladungen werden durch Abmattung gegen Verrutschen gesichert.

empty voyage n [ˌempti 'vɔɪɪdʒ]

Tramps are so cheap because they reduce the number of empty voyages.

Leerfahrt

Trampschiffe sind so billig, weil sie die Anzahl der Leerfahrten verringern.

ton n [tʌn]

The ship has a carrying capacity of 36,000 tons.

Tonne

Dieses Schiff hat eine Ladekapazität von 36.000 Tonnen.

gross registered ton n [ˌgrəʊs ˌredʒɪstəd 'tʌn]

Some Channel ferries have a capacity of more than 20,000 gross registered tons.

Bruttoregistertonne (BRT)

Einige Kanalfähren haben eine Kapazität von über 20.000 BRT.

shipping ton n ['ʃɪpɪŋ tʌn]

The shipping ton in Britain has 40 cubic feet, in the USA 42 cubic feet (i.e. 1.113 and 1.189 cubic metres respectively).

Frachttonne

In Großbritannien hat die Frachttonne 40, in den USA 42 Kubikfuß (d.h. 1,133 bzw. 1,189 Kubikmeter).

tonnage n ['tʌnɪdʒ]

Our freighter has a tonnage of 50,000 gross registered tons.

Tonnage, Laderaum

Unser Frachter hat eine Tonnage von 50.000 Bruttoregistertonnen.

hatch n [hætʃ]

In adverse weather conditions the hatches must be battened down.

Ladeluke

Bei ungünstigem Wetter müssen die Ladeluken dichtgemacht werden.

load line n ['ləʊd laɪn]

The freighter was so full that the load line could hardly be seen.

Ladelinie

Der Frachter war so voll, dass man die Ladelinie kaum noch sehen konnte.

navigate v ['nævɪgeɪt]

Navigating is difficult in these waters.

navigieren, steuern

Navigieren ist in diesen Gewässern schwierig.

navigation risk n [ˌnævɪ'geɪʃn rɪsk]

The weather conditions off Cape Horn present a severe navigation risk.

Schifffahrtsrisiko

Die Wetterbedingungen bei Kap Horn stellen ein ernstes Schifffahrtsrisiko dar.

ocean-going adj ['əʊʃngəʊɪŋ]

Most coasting vessels are not ocean-going.

hochseetüchtig, Hochsee-

Die meisten Küstenschiffe sind nicht hochseetüchtig.

overside adj ['əʊvəsaɪd]

Our cargo will be delivered overside into lighters.

Überbord-

Unsere Ladung wird über Bord auf Leichter verladen.

anchorage n ['æŋkərɪdʒ]

This bay provides safe anchorage for ocean-going vessels.

Ankerplatz

Diese Bucht bietet sichere Ankerplätze für Hochseeschiffe.

free port n ['fri: 'pɔːt]

Hamburg has a free port.

Freihafen

Hamburg hat einen Freihafen.

outport n ['aʊtpɔːt]

Avonmouth is the outport of Bristol.

Außenhafen, Seehafen

Avonmouth ist Bristols Außenhafen.

port of discharge n [ˌpɔːt əv 'dɪstʃɑːdʒ]

The port of discharge for this cargo is Rio.

Entladehafen, Löschhafen

Der Entladehafen für diese Ladung ist Rio.

port of lading n [ˌpɔːt əv 'leɪdɪŋ]

Newcastle and Cardiff used to be Britain's chief ports of lading for coal.

➲ port of loading

Verladehafen

Newcastle und Cardiff waren früher Großbritanniens wichtigste Verladehäfen für Kohle.

port of loading n [ˌpɔːt əv 'ləʊdɪŋ]

The port of loading for this cargo is Tilbury.

➲ port of lading

Verladehafen

Der Verladehafen für diese Ladung ist Tilbury.

dockyard n ['dɒkjɑːd]

Many Channel ferries were built by German dockyards.

Werft

Viele Kanalfähren wurden von deutschen Werften gebaut.

docker n ['dɒkə]

The dockers walked out for two hours.

Hafenarbeiter

Die Hafenarbeiter legten für zwei Stunden die Arbeit nieder.

ballast n ['bæləst]

The ship was filled with ballast before it set sail.

Ballast

Das Schiff wurde mit Ballast gefüllt, bevor es in See stach.

boatload n ['bəʊtləʊd]

We require a barge for a boatload of grain to Strasbourg.

Bootsladung

Wir benötigen ein Lastschiff für eine Bootsladung Getreide nach Straßburg.

shipload n ['ʃɪpləʊd]

We have a shipload of machine tools for Argentina.

Schiffsladung

Wir haben eine Schiffsladung Werkzeugmaschinen für Argentinien.

barratry n ['bærətri]

The captain was taken to court on charges of barratry.

Barratterie, Veruntreuung von Schiff oder Ladung

Der Kapitän wurde unter dem Vorwurf der Barratterie vor Gericht gestellt.

bulk consignment n [ˌbʌlk kənˈsaɪnmənt] — **Ladung (Massengut), Massen(gut)sendung**

We have just received a bulk consignment of iron ore from Narvik. — Wir haben soeben eine Ladung Eisenerz aus Narvik erhalten.

bulk delivery n [ˌbʌlk dɪˈlɪvəri] — **Massengutlieferung**

We are expecting a bulk delivery today. — Wir erwarten heute eine Massengutlieferung.

close for cargo v [ˌkləʊz fə ˈkɑːgəʊ] — **Ladeschluss haben, keine Ladung mehr annehmen**

The ship is closed for cargo. — Das Schiff hat bereits Ladeschluss.

deck cargo n [ˈdek kɑːgəʊ] — **Deckladung**

Containers are also transported as deck cargo. — Container werden auch als Deckladung befördert.

enter a cargo v [ˌentər ə ˈkɑːgəʊ] — **eine Schiffsladung deklarieren**

We wish to enter a cargo of fifty containers. — Wir möchten eine Schiffsladung von fünfzig Containern deklarieren.

jettison cargo v [ˌdʒetɪsn ˈkɑːgəʊ] — **Ladung über Bord werfen**

Because of the gale, the crew was forced to jettison part of the cargo. — Wegen des Sturms war die Besatzung gezwungen, einen Teil der Ladung über Bord zu werfen.

turn-round n [ˈtɜːnraʊnd] — **Be- und Entladen, Liegezeit**

Channel ferries have a very quick turn-round. — Kanalfähren werden sehr schnell be- und entladen.

landed adj [ˈlændɪd] — **gelöscht**

All prices landed are quoted. — Alle Angebotspreise beziehen sich auf gelöschte Waren.

landing n [ˈlændɪŋ] — **Ausladen, Löschen**

Landing of this vessel will be delayed by two hours. — Das Ausladen dieses Schiffs wird sich um zwei Stunden verzögern.

landing agent n [ˈlændɪŋ eɪdʒənt] — **Anlandevertreter, Seehafenspediteur**

Landing of this vessel will be organized by a landing agent. — Das Ausladen dieses Schiffes wird von einem Anlandevertreter organisiert.

landing notice n [ˈlændɪŋ nəʊtɪs] — **Frachtankunftsbenachrichtigung**

The landing notice has already been dispatched. — Die Frachtankunftsbenachrichtigung ist bereits abgeschickt worden.

lay days n pl [ˈleɪ deɪz] — **Liegezeit**

The charter party allowed us 3 lay days. — Der Chartervertrag gestand uns 3 Liegetage zu.

salvage n [ˈsælvɪdʒ] — **Bergung**

The salvage of the stranded ferry took twelve hours. — Die Bergung der gestrandeten Fähre dauerte zwölf Stunden.

salvage v [ˈsælvɪdʒ] — **bergen**

The stranded trawler was salvaged three days later. — Der gestrandete Trawler wurde drei Tage später geborgen.

salvage company n ['sælvɪdʒ kʌmpəni]

The salvage company towed the disused oil rig to Norway.

Bergungsgesellschaft

Die Bergungsgesellschaft schleppte die stillgelegte Ölplattform nach Norwegen.

salvage contract n ['sælvɪdʒ kɒntrækt]

The shipowner and the salvage company entered into a salvage contract.

Bergungsvertrag

Die Reederei und die Bergungsgesellschaft haben einen Bergungsvertrag abgeschlossen.

salvage craft n ['sælvɪdʒ krɑːft]

The salvage craft took the wreck in tow.

Bergungsschiff

Das Bergungsschiff nahm das Wrack in Schlepp.

salvage money n ['sælvɪdʒ ˌmʌni]

If you succeed in salvaging a ship, you receive salvage money.

Bergelohn

Wenn es Ihnen gelingt, ein Schiff zu bergen, erhalten Sie Bergelohn.

Documents

documents n pl [ˌdɒkjumənts]

Sometimes the documents reach the consignee before the consignment itself.

Papiere, Dokumente, Unterlagen

Manchmal erreichen die Papiere den Empfänger eher als die Fracht selbst.

transport document n ['trænspɔːt ˌdɒkjumənt]

The consignment note is an important transport document.

➲ cargo document

Transportdokument, Frachtpapier

Der Frachtbrief ist ein wichtiges Transportdokument.

cargo document n ['kɑːgəʊ dɒkjumənt]

The bill of lading is the most important cargo document.

➲ transport document

Frachtpapier, Transportdokument

Das Konnossement ist das wichtigste Frachtpapier.

transit document n ['trænzɪt ˌdɒkjumənt]

Goods in transit must be accompanied by the relevant transit documents.

Transitdokument

Für Güter im Transitverkehr müssen die notwendigen Transitdokumente mitgeführt werden.

advice note n [əd'vaɪs nəʊt]

We have received an advice note for the goods we ordered last week.

➲ despatch note, dispatch note

Versandanzeige, (Versand-)Avis

Wir haben eine Versandanzeige für die in der letzten Woche bestellten Waren erhalten.

despatch note n [dɪ'spætʃ nəʊt]

Thank you for the despatch note for order 123, which we received yesterday.

➲ advice note, dispatch note

Versandanzeige, (Versand-)Avis

Wir danken Ihnen für die Versandanzeige für Auftrag 123, die wir gestern erhalten haben.

dispatch note n [dɪ'spætʃ nəʊt]

Herewith we are sending you the dispatch note for order 246.

➲ despatch note, advice note

Versandanzeige, (Versand-)Avis

Hiermit übersenden wir Ihnen die Versandanzeige für Auftrag 246.

waybill n ['weɪbɪl]

Frachtbrief, Warenbegleitschein

One copy of the waybill is retained by the consignor.

Eine Kopie des Frachtbriefs verbleibt beim Versender.

➲ consignment note

consignment note n [kən'saɪnmənt nəʊt]

Frachtbrief, Warenbegleitschein

One copy of the consignment note is handed to the consignee.

Eine Kopie des Frachtbriefs wird dem Empfänger ausgehändigt.

➲ waybill

air(way) bill n ['eəweɪ bɪl]

Luftfrachtbrief

One copy of the air bill is retained by the consignor.

Eine Kopie des Luftfrachtbriefs verbleibt beim Versender.

arrival notice n [ə'raɪvl ˌnəʊtɪs]

Ankunftsmeldung, Schiffsankunftsavis

Please, collect the goods immediately on receipt of the arrival notice.

Bitte holen Sie die Waren unmittelbar nach Empfang der Ankunftsmeldung ab.

bill of lading n [ˌbɪl əv 'leɪdɪŋ] B/L, b/l, b.l. [ˌbiː 'el]

Konnossement, Seefrachtbrief, Ladeschein (Binnenschifffahrt)

The exporter makes out the B/L.

Der Exporteur stellt das Konnossement aus.

blank bill of lading n [ˌblæŋk bɪl əv 'leɪdɪŋ] blank B/L [ˌblæŋk ˌbiː 'el]

Blankokonnossement, Blankoseefrachtbrief

A blank bill of lading does not contain the name of the consignee.

Ein Blankokonnossement enthält nicht den Namen des Empfängers.

clean bill of lading n [ˌkliːn ˌbɪl əv 'leɪdɪŋ] clean B/L [ˌkliːn ˌbiː 'el]

reines Konnossement, Konnossement ohne Vorbehalt

A clean bill of lading states that the goods sent were received by the shipowner in apparent good condition.

Ein reines Konnossement bestätigt, dass die gelieferten Waren von der Reederei in augenscheinlich gutem Zustand in Empfang genommen wurden.

collective bill of lading n [kəˌlektɪv ˌbɪl əv 'leɪdɪŋ] collective B/L [kəˌlektɪv ˌbiː 'el]

Sammelkonnossement

A collective B/L is used when several shipments to several consignees on board a freighter are destined for one port of disembarkation.

Das Sammelkonnossement wird für verschiedene Ladungen an Bord eines Frachters benutzt, die für verschiedene Empfänger an einem Entladehafen bestimmt sind.

dirty bill of lading n [ˌdɜːti ˌbɪl əv 'leɪdɪŋ] dirty B/L [ˌdɜːti ˌbiː 'el]

unreines Konnossement, eingeschränktes Konnossement

A dirty B/L states that the goods sent were not received by the shipping agent in apparent good condition.

Ein unreines Konnossement bestätigt, dass die übergebenen Waren von der Schiffsagentur nicht in augenscheinlich gutem Zustand in Empfang genommen wurden.

➲ foul bill of lading

foul bill of lading n [ˌfaʊl ˌbɪl əv 'leɪdɪŋ] foul B/L [ˌfaʊl ˌbiː 'el]

unreines Konnossement, eingeschränktes Konnossement

As the consignment was damaged when it was taken on board, the captain of the ship issued a foul bill of lading.

Da die Ladung bei der Übernahme an Bord beschädigt wurde, stellte der Kapitän ein unreines Konnossement aus.

➲ dirty bill of lading

order bill of lading n [ˌɔːdə ˌbɪl əv ˈleɪdɪŋ]
order B/L [ˌɔːdəˌbiː ˈel]

Orderkonnossement

The order B/L is made out to the order of the shipper, the consignee or a bank.

Das Orderkonnossement wird an die Order des Spediteurs, des Frachtempfängers oder einer Bank ausgestellt.

through bill of lading n [ˌθruː ˌbɪl əv ˈleɪdɪŋ]
through B/L [ˌθruː ˌbiː ˈel]

Transitkonnossement, Durchfuhrkonnossement

A through B/L is used for consignments which are to be transhipped.

Ein Transitkonnossement wird für Ladungen benutzt, die umgeladen werden müssen.

ship's certificate of registry n [ʃɪps səˌtɪfɪkət əv ˈredʒɪstri]

Schiffsregisterbrief

The ship's certificate of registry provides all relevant information.

Der Schiffsregisterbrief enthält alle wichtigen Informationen über ein Schiff.

ship's register n [ˌʃɪps ˈredʒɪstə]

Schiffsregister

The ship's register is something like a ship's identity card.

Das Schiffsregister ist so etwas wie der Personalausweis eines Schiffes.

captain's entry n [ˌkæptɪnz ˈentri]

Zolldeklaration des Kapitäns

The captain's entry must be presented to the customs authorities.

Die Zolldeklaration des Kapitäns muss den Zollbehörden vorgelegt werden.

cargo book n [ˈkɑːgəʊ bʊk]

Frachtbuch

A cargo book does not suffice for overseas transport.

Ein Frachtbuch reicht für internationale Transporte nicht aus.

delivery note n [dɪˈlɪvəri nəʊt]

Lieferschein, Warenbegleitschein

Every consignment is accompanied by a delivery note, which is handed to the consignee.

Zu jeder Ladung gehört ein Lieferschein, der dem Frachtempfänger übergeben wird.

delivery order n [dɪˈlɪvəri ˌɔːdə]

Auslieferungsschein, Konnossementsanteilschein

We regret to inform you that we are unable to trace the delivery order for order number 135.

Wir bedauern, Ihnen mitteilen zu müssen, dass wir den Auslieferungsschein für Auftrag 135 nicht finden können.

delivery receipt n [dɪˈlɪvəri rɪˌsiːt]

Warenempfangsschein, Empfangsbestätigung

The consignee should sign the delivery receipt.

Der Empfänger soll den Warenempfangsschein unterschreiben.

dock receipt n [ˈdɒk rɪˌsiːt]

Kaiempfangsschein, Übernahmeschein

A dock receipt is made out for goods received at a dockside warehouse.

Für Waren, die in einem Lagerhaus im Hafen eingelagert werden, wird ein Kaiempfangsschein ausgestellt.

dock warrant n US [ˈdɒk ˌwɒrənt]

Docklagerschein

For goods received at a dockside warehouse, a dock warrant is given to the owner of the goods.

Für Waren, die in einem Lagerhaus im Hafen eingelagert werden, wird dem Eigentümer der Waren ein Docklagerschein ausgehändigt.

freight note n ['freɪt nəʊt] — **Frachtrechnung**

Please, remit the amount stated in our freight note.
Bitte überweisen Sie den auf unserer Frachtrechnung angezeigten Betrag.

log n [lɒg] — **Logbuch, Schiffstagebuch**

A ship's log, the official daily record of a ship, is kept by the captain.
Das Logbuch, das offizielle Buch mit den Tagesberichten eines Schiffes, wird vom Kapitän geführt und aufbewahrt.

manifest n ['mænɪfest] — **Ladeliste, Ladungsverzeichnis, Ladungsmanifest**

According to our manifest, there are no hazardous goods on board.
Nach unserer Ladeliste befindet sich kein Gefahrgut an Bord.

routing order n ['ru:tɪŋ ˌɔ:də] — **Leitvorschrift**

Please follow the routing instructions in the attached routing order.
Bitte folgen Sie den Streckenanweisungen der beigefügten Leitvorschrift.

shipping certificate n ['ʃɪpɪŋ səˌtɪfɪkət] — **Versandbescheinigung**

We herewith enclose the shipping certificate for order No 246.
Hiermit übersenden wir Ihnen die Versandbescheinigung für Auftrag Nr. 246.

shipping documents n pl ['ʃɪpɪŋ ˌdɒkjumənts] — **Versandpapiere, Frachtpapiere**

In international transport, the shipping documents usually reach the consignee before the consignment itself.
Im internationalen Frachtverkehr erreichen die Versandpapiere den Frachtempfänger gewöhnlich eher als die Fracht selbst.

shipping instructions n pl ['ʃɪpɪŋ ɪnˌstrʌkʃnz] — **Versandvorschriften, Transportvorschriften**

Enclosed you will find our shipping instructions.
Unsere Versandvorschriften sind in der Anlage beigefügt.

Charges

charges n [ˌtʃɑ:dʒɪz] — **Gebühren**

The charges have to be paid in advance.
Die Gebühren müssen im Voraus entrichtet werden.

anchor dues n pl ['æŋkə dju:z] — **Ankergebühren**

The anchor dues for your ship are not very high.
Die Ankergebühren für Ihr Schiff sind nicht sehr hoch.
➲ anchorage, keelage

anchorage n ['æŋkərɪdʒ] — **Ankergebühren**

Anchorage for private yachts is free.
Für private Yachten werden keine Ankergebühren erhoben.
➲ anchor dues, keelage

berth charges n ['bɜ:θ ˌtʃɑ:dʒɪz] — **Kaigebühren**

Berth charges are paid by shipowners.
Kaigebühren werden von den Schiffseignern entrichtet.
➲ dockage, quayage, wharfage

berth rate n ['bɜːθ reɪt]
The berth rate for this container is £100.
➲ general goods tariff

Stückguttarif
Der Stückguttarif für diesen Container beträgt 100 Pfund.

demurrage n [dɪ'mʌrɪdʒ]
Demurrage is usually paid by the shipowner.

Liegegeld (nach Ablauf der Liegezeit) (Schifffahrt), **Wagenstandsgeld** (Eisenbahn)
Liegegeld wird in der Regel vom Reeder entrichtet.

dockage n ['dɒkɪdʒ]
Dockage at our port is minimal.
➲ berth charges, wharfage, quayage

Kaigebühren
In unserem Hafen werden nur minimale Kaigebühren erhoben.

documents against cash n pl [ˌdɒkjumənts əgenst 'kæʃ]
Delivery will be made on a documents against cash payment basis.

Kassa gegen Dokumente
Die Auslieferung wird auf der Basis Kassa gegen Dokumente vorgenommen.

freight rate n ['freɪt reɪt]
Freight rate 1a applies for shipments to Venezuela.

Frachttarif
Für Sendungen nach Venezuela gilt Frachttarif 1a.

general goods tariff n [ˌdʒenərəl gʊdz 'tærɪf]
The railways' general goods tariffs are not sufficiently attractive to divert freight from the roads.
➲ berth rate

Stückguttarif
Die Stückguttarife der Eisenbahnen sind nicht attraktiv genug, um Fracht von der Straße abzuziehen.

harbour dues n pl ['hɑːbə djuːz]
The larger the ship's tonnage, the higher the harbour dues.
➲ port charges

Hafengeld
Das Hafengeld steigt mit der Tonnage des Schiffes.

haulage n ['hɔːlɪdʒ]
Haulage can be quite expensive.

Transportkosten
Die Transportkosten können recht hoch sein.

keelage n ['kiːlɪdʒ]
Keelage is usually paid by shipowners.
➲ anchorage, anchor dues

Ankergebühr
Die Ankergebühr wird gewöhnlich von den Reedern entrichtet.

landing charges n pl ['lændɪŋ tʃɑːdʒɪz]
Landing charges are usually paid by the consignee.

Löschungskosten, Landungskosten
Die Löschungskosten werden gewöhnlich vom Frachtempfänger entrichtet.

lighterage n ['laɪtərɪdʒ]
Lighterage must be paid immediately.

Leichtergeld, Leichterlohn
Leichtergeld muss sofort bezahlt werden.

lockage n ['lɒkɪdʒ]
No lockage will be charged for using this lock.

Schleusengeld
Für diese Schleuse brauchen Sie kein Schleusengeld zu bezahlen.

moorage n ['mʊərɪdʒ]
If you wish to stay here overnight with your yacht, you'll have to pay moorage.

Liegegeld
Wenn Sie über Nacht mit Ihrer Jacht hier bleiben wollen, müssen Sie Liegegeld bezahlen.

port charges n pl ['pɔːt tʃɑːdʒɪz]
Port charges can be quite considerable.
➲ harbour dues

Hafengeld
Das Hafengeld kann ganz beträchtlich sein.

cartage n ['kɑːtɪdʒ]
All prices are quoted inclusive of cartage.
➲ portage, truckage

Rollgeld, Zustellgebühr
Unsere Preise verstehen sich einschließlich Rollgeld.

portage n ['pɔːtɪdʒ]
The portage charged by our company is 5% of the invoiced amount.
➲ cartage, truckage

Rollgeld, Zustellgebühr
Das von unserer Gesellschaft erhobene Rollgeld beträgt 5% des Rechnungsbetrags.

quayage n ['kiːɪdʒ]
Quayage must be paid at the harbour master's office.
➲ berth charges, dockage, wharfage

Kaigebühr
Die Kaigebühr muss beim Hafenmeister entrichtet werden.

truckage n ['trʌkɪdʒ]
Truckage for this delivery is payable by the consignee.
➲ cartage, portage

Rollgeld, Zustellgebühr
Das Rollgeld für diese Lieferung ist vom Empfänger zu entrichten.

wagonage n ['wægənɪdʒ]
Wagonage for this delivery is payable by the consignee.

Transportkosten
Die Transportkosten für diese Lieferung sind vom Empfänger zu entrichten.

waterage n ['wɔːtərɪdʒ]
Increases in fuel prices have resulted in increased waterage.

Wasserfracht
Brennstoffpreiserhöhungen hatten eine Erhöhung der Wasserfracht zur Folge.

wharfage n ['wɔːfɪdʒ]
Wharfage must be paid on all loading and unloading activities.
➲ berth charges, dockage, quayage

Kaigebühr
Für alle Lade- und Löschtätigkeiten werden Kaigebühren fällig.

freight n ['freɪt]
Freight has to be paid for the transport of goods.

Frachtkosten
Frachtkosten sind für den Transport von Gütern fällig.

TRAVEL

Tourism

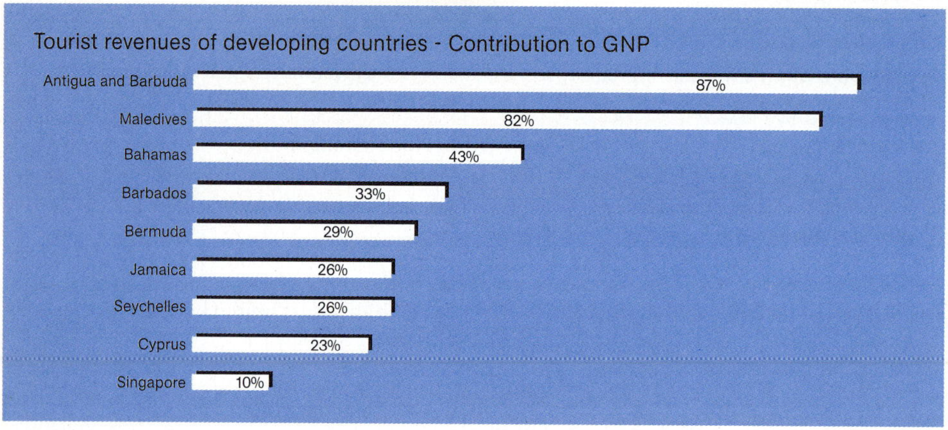

tourism n ['tʊərɪzəm]

The term “tourism” refers to both holidaymakers and commercial travellers.

Fremdenverkehr, Tourismus

Der Ausdruck „Fremdenverkehr“ bezieht sich gleichermaßen auf Urlauber und Geschäftsreisende.

tourist agency n ['tʊərɪst eɪdʒənsi]

Among other things, the tourist agency helps tourists find accommodation.

Fremdenverkehrsbüro

Unter anderem ist das Fremdenverkehrsbüro Touristen bei der Suche nach einer Unterkunft behilflich.

tourist class n ['tʊərɪst klɑːs]

I'm travelling tourist class.

Touristenklasse

Ich reise in der Touristenklasse.

tourist guide n ['tʊərɪst gaɪd]

The tourist guide speaks excellent English.

Fremdenführer(in)

Der Fremdenführer spricht hervorragend Englisch.

tourist information centre n [ˌtʊərɪst ɪnfə'meɪʃn sentə]

Every holiday resort has its own tourist information centre.

Touristeninformation(szentrum)

Jeder Urlaubsort hat sein eigenes Touristeninformationszentrum.

tourist visa n ['tʊərɪst viːzə]

Her tourist visa has expired.

Touristenvisum

Ihr Touristenvisum ist abgelaufen.

visa n ['viːzə]

Tourists to Russia require a visa.

Visum

Reisende nach Russland benötigen ein Visum.

entry visa n ['entri vi:zə]

Without an entry visa the immigration officer will refuse non-EU citizens entry.

Einreisevisum

Der Einwanderungsbeamte wird Nicht-EU-Bürgern ohne Visum die Einreise verwehren.

duty free allowance n [ˌdju:ti 'fri: əlaʊəns]

On cross-channel ferries you often find tourists who only travel to use their duty free allowance.

➲ customs allowance

erlaubte Einfuhrmenge zollfreier Waren, Freimenge

Auf Kanalfähren trifft man oft Touristen an, die nur reisen, um ihre erlaubte Einfuhrmenge zollfreier Waren zu nutzen.

customs allowance n [ˌkʌstəmz ə'laʊəns]

The customs allowance for spirits has been increased.

➲ duty-free allowance

Freimenge, erlaubte Einfuhrmenge zollfreier Waren

Die Freimenge für Spirituosen ist erhöht worden.

leisure industry n ['leʒərɪndəstri]

The leisure industry is becoming more and more important.

Freizeitindustrie

Die Freizeitindustrie wird immer wichtiger.

tour n [tʊə]

Americans like doing a tour of Europe.

Rundreise

Amerikaner machen gern eine Rundreise durch Europa.

tour v [tʊə]

We're going to tour Scotland this summer.

eine Rundreise machen

In diesem Sommer machen wir eine Rundreise durch Schottland.

tour company n ['tʊə kʌmpəni]

Quite a few tour companies go bust every year.

➲ tour operator

Reiseveranstalter(in), Reiseunternehmen

Jedes Jahr macht eine große Zahl von Reiseveranstaltern Pleite.

tour operator n ['tʊər ɒpəreɪtə]

Tour operators are only liable to a limited extent.

➲ tour company

Reiseveranstalter, Reiseunternehmen

Reiseveranstalter sind nur begrenzt haftbar.

conducted tour n [kənˌdʌktɪd 'tʊə]

We went on a conducted tour of Mexico City.

Führung

Wir nahmen an einer Führung durch Mexico City teil.

package tour n ['pækɪdʒ tʊə]

Every year, millions of people go on a package tour to Spain.

Pauschalreise

Jedes Jahr machen Millionen von Touristen eine Pauschalreise nach Spanien.

travel agent n ['trævl eɪdʒənt]

I always book my holiday with a travel agent.

Reisebüro

Ich buche meine Ferien immer in einem Reisebüro.

travel allowance n ['trævl əlaʊəns]

My company pays me a very handsome travel allowance for business trips.

Reisekostenzuschuss

Für Geschäftsreisen zahlt mir meine Firma einen ordentlichen Reisekostenzuschuss.

travel agent n ['trævl eɪdʒənt]
I'm training to be a travel agent.

Reisebürokaufmann, - kauffrau
Ich werde zum Reisebürokaufmann ausgebildet.

travel expenses n pl ['trævl ɪkspensɪz]
I get my travel expenses refunded.

Reisekosten, Reisespesen
Mir werden meine Reisekosten erstattet.

traveler's check n US ['trævələz tʃek]
Traveler's checks are safer than cash to take on vacation.
➲ traveller's cheque

Reisescheck, Travellerschecks
Reiseschecks sind sicherer als Bargeld, wenn man in Urlaub fährt.

traveller's cheque n GB ['trævələz tʃek]
Traveller's cheques can only be cashed if you show your passport.
➲ traveler's check

Reisescheck, Travellerschecks
Reiseschecks können nur bei Vorlage des Reisepasses eingelöst werden.

bureau de change n frz ['bjʊərəʊ də tʃɔŋdʒ]
A bureau de change usually charges commission.

Wechselstube
Eine Wechselstube verlangt gewöhnlich eine Provision.

exchange rate n [ɪks'tʃeɪndʒ reɪt]
The exchange rate of a currency is subject to fluctuations.

Wechselkurs
Der Wechselkurs einer Währung unterliegt Schwankungen.

bank holiday n ['bæŋk 'hɒlədeɪ]
Christmas Day is a bank holiday in Britain.

Feiertag
In Großbritannien ist der erste Weihnachtstag ein Feiertag.

vacation n US [vər'keɪʃn]
Many Americans do not have more than two weeks' vacation.
➲ holiday

Urlaub, Ferien
Viele Amerikaner haben nicht mehr als zwei Wochen Urlaub.

holiday(s) n GB ['hɒlədeɪz]
Nowadays many people go on holiday twice a year.
➲ vacation

Urlaub, Ferien
Heutzutage fahren viele Leute zwei Mal im Jahr in Urlaub.

holidaymaker n ['hɒlədeɪmeɪkə]
Holidaymakers often spoil the countryside they want to enjoy.

Urlauber(in)
Urlauber zerstören oft die Landschaft, die sie genießen wollen.

holiday resort n ['hɒlədeɪ rɪzɔːt]
Scarborough is a traditional holiday resort on the east coast of Britain.

Urlaubsort
Scarborough ist ein traditioneller Urlaubsort an der Ostküste Großbritanniens.

resort n [rɪ'zɔːt]
Brighton used to be a popular seaside resort.

Urlaubsort
Brighton war früher ein beliebter Urlaubsort am Meer.

destination n [ˌdestɪ'neɪʃn]
For the main part, we organize travel to remote destinations.

Reiseziel
Wir organisieren vorwiegend Fernreisen.

identity card n [aɪ'dentəti kɑːd]

All Germans above sixteen are required to have an identity card or a passport.

Personalausweis

Alle Deutschen, die älter als sechzehn Jahre sind, müssen einen Personalausweis oder einen Pass haben.

passport n ['pɑːspɔːt]

UK citizens require a passport for travelling abroad.

(Reise-)Pass

Für Auslandsreisen benötigen Bürger des Vereinigten Königreichs einen Pass.

passenger n ['pæsɪndʒə]

Will all passengers without a ticket please report to the purser's office.

Fahrgast, Passagier

Alle Fahrgäste ohne Fahrschein werden gebeten, sich beim Zahlmeister zu melden.

transit passenger n ['trænzɪt pæsɪndʒə]

During our stopover in Rio transit passengers may stay on board.

Transitpassagiere

Während unserer Zwischenlandung in Rio können Transitpassagiere an Bord bleiben.

standby passenger n ['stændbaɪ pæsɪndʒə]

Standby passengers may have to wait a long time, but they travel cheaply.

Stand-by-Passagier, Passagier auf der Warteliste

Stand-by-Passagiere müssen zwar oft lange warten, aber sie reisen billig.

booking n ['bʊkɪŋ]

Please, confirm your booking at your earliest convenience.

Buchung

Bitte bestätigen Sie Ihre Buchung so bald wie möglich.

class n [klɑːs]

This ship has three separate classes.

Klasse

Dieses Schiff hat drei verschiedene Klassen.

business class n ['bɪznəs klɑːs]

I'm travelling business class because it's far more comfortable.

Businessclass, Businessklasse

Ich reise in der Businessclass, weil es viel bequemer ist.

economy class n [ɪ'kɒnəmi klɑːs]

Young people often travel economy class.

Economyclass, Touristenklasse

Junge Leute reisen oft in der Economyclass.

first class n [ˌfɜːst klɑːs]

Travelling first class can be rather expensive.

erste Klasse

In der ersten Klasse zu reisen kann ziemlich teuer sein.

second-class adj ['sekənd klɑːs]

Ordinary passengers travel second-class.

zweiter Klasse

Normale Passagiere reisen zweiter Klasse.

depart v [dɪ'pɑːt]

The train departs at 11.13 a.m. from platform 13.

abfahren, abfliegen

Der Zug fährt um 11.13 Uhr von Gleis 13 ab.

departure n [dɪ'pɑːtʃə]

There are twenty departures per hour from our airport.

Abfahrt, Abflug

Von unserem Flughafen fliegen stündlich zwanzig Flugzeuge ab.

arrival n [ə'raɪvl]

There are only five arrivals per day at our village station.

Ankunft

An unserem Dorfbahnhof kommen täglich nur fünf Züge an.

arrive v [ə'raɪv]

The train arrives at 12.15 p.m.

ankommen

Der Zug kommt um 12.15 Uhr an.

baggage n US ['bægɪdʒ]

On international flights you must not have more than twenty kilogrammes of baggage.

➲ luggage

Gepäck

Auf internationalen Flügen dürfen Sie nicht mehr als zwanzig Kilogramm Gepäck mitnehmen.

baggage handling n US ['bægɪdʒ hændlɪŋ]

Baggage handling at this airport leaves much to be desired.

➲ luggage handling

Gepäckabfertigung

Die Gepäckabfertigung an diesem Flughafen lässt viel zu wünschen übrig.

baggage insurance n US ['bægɪdʒ ɪn'ʃʊərəns]

To avoid losses you should take out a baggage insurance.

➲ luggage insurance

Reisegepäckversicherung

Um Verluste zu vermeiden, sollten Sie eine Reisegepäckversicherung abschließen.

excess baggage n US [ˌekses 'bægɪdʒ]

Excess baggage must be paid for.

➲ excess luggage

Übergepäck

Für Übergepäck muss eine Gebühr entrichtet werden.

luggage n GB ['lʌgɪdʒ]

On international flights your luggage is usually checked quite carefully.

➲ baggage

Gepäck

Auf internationalen Flügen wird Ihr Gepäck gewöhnlich sehr sorgfältig überprüft.

luggage handling n GB ['lʌgɪdʒ hændlɪŋ]

We are making every effort to improve the quality of luggage handling at all our ports.

➲ baggage handling

Gepäckabfertigung

Wir unternehmen alles nur Erdenkliche, um die Qualität der Gepäckabfertigung in all unseren Häfen zu verbessern.

luggage insurance n GB ['lʌgɪdʒ ɪn'ʃʊərəns]

The loss of our luggage did not cause us any financial loss as we had taken out luggage insurance.

➲ baggage insurance

Reisegepäckversicherung

Der Verlust unseres Gepäcks verursachte uns keinen finanziellen Verlust, weil wir eine Reisegepäckversicherung abgeschlossen hatten.

excess luggage n GB [ˌekses 'lʌgɪdʒ]

Airlines are not obliged to transport excess luggage.

➲ excess baggage

Übergepäck

Fluggesellschaften sind nicht verpflichtet, Übergepäck zu transportieren.

change v [tʃeɪnʒ]

In order to get from Brussels to Edinburgh you had to change in London until quite recently.

umsteigen

Bis vor kurzem musste man in London umsteigen, um von Brüssel nach Edinburgh zu kommen.

en route adv frz ['ɒn 'ru:t]

On our way to the Florida Keys we stopped en route to visit Miami.

unterwegs

Auf dem Weg zu den Florida Keys hielten wir unterwegs, um Miami zu besuchen.

route n [ru:t]

Our route takes us to all major cities in the USA.

(Reise-)Route, Reiseweg

Unsere Reiseroute führt durch alle größeren Städte der USA.

itinerary n [aɪ'tɪnərəri]

Enclosed please find the itinerary for our Scotland tour.

Reiseroute

In der Anlage finden Sie die Reiseroute unserer Schottlandrundreise.

excursion n [ɪk'skɜ:ʃn]

Geology students often go on excursions.

Exkursion, Ausflug

Geologiestudenten gehen oft auf Exkursionen.

fare n ['feə]

The fare for a return ticket is usually twice that of a single ticket.

Fahrpreis

Der Fahrpreis für eine Rückfahrkarte ist normalerweise doppelt so hoch wie der für eine einfache Fahrkarte.

high-season fare n ['haɪ 'si:zn feə]

High-season fares are sometimes twice as high as low-season fares.

Hochsaisonfahrpreis

Hochsaisonfahrpreise sind oft zwei Mal so hoch wie Nebensaisonfahrpreise.

low-season fare n ['ləʊ 'si:zn feə]

The low-season fare is $150 cheaper than the high-season fare.

Nebensaisonfahrpreis, Vor- und Nachsaisonfahrpreis

Der Nebensaisonfahrpreis ist 150 Dollar billiger als der Hochsaisonfahrpreis.

return fare n [rɪ'tɜ:n feə]

The return fare is twice as high as the single fare.

Fahrpreis für eine Rückfahrkarte

Der Fahrpreis für eine Rückfahrkarte ist doppelt so hoch wie der einfache Fahrpreis.

single fare n ['sɪŋgl feə]

The single fare from Brighton to London is £15.

einfacher Fahrpreis

Der einfache Fahrpreis von Brighton nach London beträgt 15 Pfund.

seasonal adj ['si:zənl]

There are, of course, seasonal differences in our fares.

saisonal, saisonbedingt, Saison-

Hinsichtlich unserer Fahrpreise gibt es natürlich saisonale Unterschiede.

season n ['si:zn]

If you want to save money, you should go on holiday out of season.

Saison, Jahreszeit

Wenn Sie Geld sparen wollen, sollten Sie außerhalb der Saison in Urlaub fahren.

dead season n ['ded 'si:zn]

Most hotel owners use the dead season for their own holiday.

tote Saison, Sauregurkenzeit

Die meisten Hotelbesitzer nutzen die tote Saison für ihren eigenen Urlaub.

high season n ['haɪ 'si:zn]

Parents with children are usually forced to go on holiday during the high season.

Hauptsaison, Hochsaison

Eltern mit Kindern müssen normalerweise während der Hauptsaison in Urlaub fahren.

off-season n ['ɒf 'si:zn]

Last year we travelled to Spain in off-season.

Vor- und Nachsaison, Nebensaison

Letztes Jahr waren wir in der Nebensaison in Spanien.

low season n ['ləʊ 'si:zn]

Let's go to Italy in March, that's low season.

Vor- und Nachsaison, Nebensaison

Lass uns im März nach Italien fahren, dann ist Vorsaison.

off-peak adj ['ɒf'pi:k]

A cheap day return is an off-peak ticket.

außerhalb der Stoßzeiten

Eine verbilligte Tagesrückfahrkarte gilt für verkehrsschwache Tageszeiten.

carrier n ['kæriə]

British Airways is Britain's flag carrier.

Fluggesellschaft

British Airways ist Großbritanniens nationale Fluggesellschaft.

fly-cruise n ['flaɪkru:z]

Our fly-cruise takes you by plane to and from Miami, where our Caribbean cruise starts and ends.

kombinierte Flug- und Kreuzfahrtreise

Bei unserer kombinierten Flug- und Kreuzfahrtreise fliegen Sie von und nach Miami, wo unsere Kreuzfahrt durch die Karibik beginnt und endet.

fly-drive n ['flaɪdraɪv]

Our fly-drive combines various flights and trips by hire car.

kombinierte Flug- und Mietwagenreise

Unsere kombinierte Flug- und Mietwagenreise verbindet verschiedene Flüge und Fahrstrecken per Mietwagen.

page v [peɪdʒ]

Would you please page Mr Myers?

ausrufen

Würden Sie bitte Herrn Myers ausrufen?

pictogram n ['pɪktəʊgræm]

Pictograms have become increasingly popular in international travel.

Piktogramm, Bildzeichen

Piktogramme erfreuen sich im internationalen Reiseverkehr immer größerer Beliebtheit.

quarantine n ['kwɒrənti:n]

Pets are only allowed into the UK after six months of quarantine.

Quarantäne

Haustiere werden erst nach einer sechsmonatigen Quarantäne ins Vereinigte Königreich gelassen.

marina n [mə'ri:nə]

Most major seaside resorts have their own marina.

Jachthafen

Die meisten größeren Seebäder haben einen eigenen Jachthafen.

timetable n ['taɪmteɪbl]

The nearest timetable is in the ticket hall.

Fahrplan, Flugplan

Der nächste Fahrplan ist in der Schalterhalle.

local time n ['ləʊkl taɪm]

Our plane is due to arrive in Bangkok at 9 a.m. local time.

Ortszeit

Unser Flugzeug landet planmäßig in Bangkok um 9 Uhr Ortszeit.

time zone n ['taɪm zəʊn]

There are twenty-four time zones.

Zeitzone

Es gibt 24 Zeitzonen.

Central European Time n [ˌsentrəl ˌjʊərəˈpɪən taɪm] CET [ˌsiː iː ˈtiː] — **mitteleuropäische Zeit** (MEZ)

CET is one hour ahead of Universal Time Coordinated. — MEZ ist der Weltzeit eine Stunde voraus.

Central Standard Time n [ˌsentrəl ˈstændəd taɪm] CST [ˌsiː es ˈtiː] — **Zeitzone im amerikanischen mittleren Westen**

CST is six hours behind Universal Time Coordinated. — CST ist sechs Stunden hinter der Weltzeit zurück.

➲ Central Time

Central Time n [ˈsentrəl taɪm] CT [ˌsiː ˈtiː] — **Zeitzone im amerikanischen mittleren Westen**

CT is one hour behind EST. — CT ist eine Stunde hinter der Ostküstenzeit zurück.

➲ Central Standard Time

Eastern Standard Time n [ˌiːstən ˈstændəd taɪm] EST [ˌiː es ˈtiː] — **Zeitzone an der amerikanischen Atlantikküste**

EST is five hours behind Universal Time Coordinated. — EST ist fünf Stunden hinter der Weltzeit zurück.

Mountain Time n [ˈmaʊntɪn taɪm] MT [ˌem ˈtiː] — **Zeitzone in den Rocky Mountains**

MT is seven hours behind Universal Time Coordinated. — MT ist sieben Stunden hinter der Weltzeit zurück.

Pacific Time n [pəˈsɪfɪk taɪm] PT [ˌpiː ˈtiː] — **Zeitzone an der amerikanischen Pazifikküste**

PT is eight hours behind Universal Time Coordinated. — PT ist acht Stunden hinter der Weltzeit zurück.

Universal Time Coordinated n [ˌjuːnɪˈvɜːsl taɪm ˌkəʊˈɔːdɪneɪtəd] UTC [ˌjuː tiː ˈsiː] — **koordinierte Weltzeit** (früher GMT, Greenwich Mean Time)

UTC is one hour behind Central European Time. — Die Weltzeit ist eine Stunde hinter der mitteleuropäischen Zeit zurück.

Association of British Travel Agents n [əˌsəʊsiˈeɪʃn əv ˌbrɪtɪʃ ˈtrævl eɪdʒənts] ABTA [ˈæbtə] — **Britischer Reisebüroverband**

ABTA maintains bonded funds to help tourists travel home if their tour operator goes bust. — Der britische Reisebüroverband unterhält einen Notfonds, um Touristen die Heimreise zu ermöglichen, deren Reiseveranstalter Pleite macht.

British Tourist Authority n [ˌbrɪtɪʃ ˈtʊərɪst ɔːθɒrəti] BTA [ˌbiː tiː ˈeɪ] — **Britische Fremdenverkehrsbehörde**

The BTA has offices in many countries to promote Britain abroad. — BTA unterhält Zweigstellen in vielen Ländern, um für Großbritannien zu werben.

English Tourist Board n [ˌɪŋglɪʃ ˈtʊərɪst bɔːd]

Englische Touristenbehörde

The Welsh, Northern Irish, Scottish and English Tourist Boards are responsible for supporting tourism in their respective countries.

Die walisischen, nordirischen, schottischen und englischen Touristenbehörden sind für die Förderung des Fremdenverkehrs in ihren Ländern verantwortlich.

American Automobile Association n [əˈmerɪkən ˈɔːtəməʊˈbiːl əsəʊsiˈeɪʃn] AAA [ˌeɪ eɪ ˈeɪ]

amerikanischer Automobilclub

The AAA, America's leading automobile club, is colloquially called "triple A".

Der AAA, Amerikas führender Automobilclub, wird umgangssprachlich „triple A" genannt.

Royal Automobile Club n GB [ˌrɔɪəl ˈɔːtəməbiːl klʌb] RAC [ˌɑːr eɪ ˈsiː]

britischer Automobilclub

The RAC is one of Britain's two automobile associations.

Der RAC ist einer der beiden Automobilclubs in Großbritannien.

AA GB [ˌeɪ ˈeɪ] Automobile Association [ɔːtəməbiːl əsəʊsiˈeɪʃn]

britischer Automobilclub

The AA is one of Britain's two automobile associations.

Der AA ist einer der beiden Automobilclubs in Großbritannien.

Accommodation and catering

accommodation n [əˌkɒməˈdeɪʃn]

Unterkunft

Youth hostels offer reasonably priced accommodation for young people.

Jugendherbergen bieten jungen Leuten eine preisgünstige Unterkunft.

accommodate v [əˈkɒmədeɪt]

unterbringen, beherbergen

This hotel accommodates 250 guests.

Dieses Hotel hat Platz für 250 Übernachtungsgäste.

catering trade n [ˈkeɪtərɪŋ treɪd]

Hotel- und Gaststättengewerbe, Gastronomie

Every pub, inn, restaurant, hotel and canteen is part of the catering trade.

Jede Kneipe, jedes Gasthaus, Restaurant, Hotel und jede Kantine gehört zum Hotel- und Gaststättengewerbe.

caterer n [ˈkeɪtərə]

Lieferant von Speisen und Getränken

Most airlines have their own caterers.

Die meisten Fluggesellschaften haben ihre eigenen Getränke- und Speiselieferanten.

self-catering holiday n [ˌselfkeɪtərɪŋ ˈhɒlədeɪ]

Urlaub für Selbstversorger

Self-catering holidays are attractive for families with young children.

Urlaub für Selbstversorger ist für Familien mit kleinen Kindern attraktiv.

bed and breakfast n [ˌbed ən ˈbrekfəst] b&b [ˌbiː ən ˈbiː]

Übernachtung mit Frühstück

Bed and Breakfast is widespread in Britain.

In Großbritannien ist Übernachtung mit Frühstück weit verbreitet.

bed and breakfast place n [ˌbed ən 'brekfəst pleɪs] — **private Frühstückspension**

There are dozens of bed and breakfast places in every village. — In jedem Dorf gibt es Dutzende von privaten Frühstückspensionen.

patron n formal ['peɪtrən] — **Gast**

All patrons are requested to vacate their rooms by 11 a.m. — Alle Gäste werden gebeten, ihre Zimmer bis 11 Uhr zu räumen.

put up v [pʊt 'ʌp] — (kurzfristig) **aufnehmen,** (kurzfristig) **unterbringen**

My father put me up when a gas explosion destroyed my flat. — Mein Vater hat mich für ein paar Tage aufgenommen, als eine Gasexplosion meine Wohnung zerstört hatte.

vacancy n ['veɪkənsi] — **(freies) Zimmer**

Sorry, no vacancies. — Leider keine Zimmer frei.

vacant adj ['veɪkənt] — **frei, unbesetzt**

The lavatory is vacant. — Die Toilette ist frei.

board v [bɔːd] — **in Pension sein, in Pension haben**

My daughter boards with Mrs Smith. — Meine Tochter ist bei Frau Smith in Pension.

board and lodging n [ˌbɔːd ənd 'lɒdʒɪŋ] — **Kost und Logis**

My daughter offers board and lodging throughout the year. — Meine Tochter bietet das ganze Jahr Kost und Logis an.

cottage n ['kɒtɪdʒ] — **Landhaus, Häuschen**

We have a lovely cottage in the Cotswolds. — Wir haben ein schönes Landhaus in den Cotswolds.

guesthouse n ['gesthaʊs] — **Gasthof, Pension**

Guesthouses are usually less expensive than hotels. — Gasthöfe sind in der Regel weniger teuer als Hotels.

hostel n ['hɒstl] — **(Wohn-)Heim**

Sailors often stay in hostels. — Seeleute übernachten oft in Wohnheimen.

inn n [ɪn] — **Gasthaus**

There are several excellent inns in our area. — Bei uns in der Gegend gibt es mehrere ausgezeichnete Gasthäuser.

motel n [məʊ'tel] — **Motel**

For travellers with their own cars, there are a number of good motels just outside the town. — Für Reisende mit eigenem Wagen gibt es in der näheren Umgebung der Stadt eine Reihe guter Motels.

youth hostel n ['juːθ hɒstl] — **Jugendherberge**

Young people often stay in youth hostels. — Junge Leute übernachten oft in Jugendherbergen.

warden n ['wɔːdn] — **Herbergsmutter, Herbergsvater**

The warden will confirm your booking within a fortnight. — Die Herbergsmutter wird Ihre Buchung innerhalb von vierzehn Tagen bestätigen.

full board n ['fʊl 'bɔːd]

Families with teenage children often book full board.

Vollpension

Familien mit heranwachsenden Kindern buchen oft Vollpension.

half board n ['hɑːf 'bɔːd]

If you want to be out fishing all day, you'd better book half board.

Halbpension

Wenn Sie den ganzen Tag angeln wollen, sollten Sie Halbpension buchen.

book v [bʊk]

I would like to book a room for two nights.

buchen

Ich möchte gern ein Zimmer für zwei Nächte buchen.

check in v ['tʃek ɪn]

We checked in as soon as we arrived at the hotel.

sich anmelden, einchecken

Wir haben uns gleich nach unserer Ankunft im Hotel angemeldet.

check out v ['tʃek aʊt]

All guests are required to check out by 11 a.m.

abreisen, auschecken

Alle Gäste werden gebeten, bis elf Uhr abzureisen.

reception n [rɪ'sepʃn]

Will all guests please assemble at the reception?

Rezeption, Empfang

Alle Gäste werden gebeten, sich an der Rezeption zu versammeln.

receptionist n [rɪ'sepʃənɪst]

All patrons are requested to register with the receptionist on arrival.

Empfangsdame, Empfangschef, Portier

Alle Gäste werden gebeten, sich bei Ankunft beim Empfang zu melden.

double bed n ['dʌbl 'bed]

American-style double beds will sleep up to four persons while double beds in Britain are usually no wider than 1.50 m.

Doppelbett

In Doppelbetten des amerikanischen Typs können bis zu vier Personen schlafen, während die Doppelbetten in Großbritannien normalerweise nicht breiter als 1,50 m sind.

twin beds n pl ['twɪn 'bedz]

Many elderly couples book rooms with twin beds.

zwei (gleiche) Einzelbetten

Viele ältere Paare buchen Zimmer mit zwei Einzelbetten.

single room n ['sɪŋgl ruːm]

Single rooms are hardly less expensive than double rooms.

Einzelzimmer

Einzelzimmer sind kaum billiger als Doppelzimmer.

double room n ['dʌbl ruːm]

Could I, please, have a double room for two nights?

Doppelzimmer

Ich hätte gern ein Doppelzimmer für zwei Nächte.

en suite facilities n pl [ɒn ˌswiːt fə'sɪlətiz]

All our double rooms have en suite facilities.

mit eigenem Bad und eigener Toilette

Alle unsere Doppelzimmer haben eigenes Bad und WC.

page boy n ['peɪdʒ bɔɪ]

Our page boys will be happy to do your errands.

Page, Botenjunge

Unsere Pagen erledigen gern Ihre Botengänge.

porter n ['pɔːtə]

There will always be a porter on duty at the reception desk.

Portier

Die Rezeption ist immer mit einem Portier besetzt.

hall porter n ['hɔːl 'pɔːtə]

There will always be a hall porter for any enquiries you may have.

Portier

Wenn Sie Fragen haben, steht für Sie jederzeit ein Portier bereit.

night porter n ['naɪt 'pɔːtə]

The night porter starts work at 10 pm.

Nachtportier

Die Arbeit des Nachtportiers beginnt um 22 Uhr.

conference facilities n pl ['kɒnfərəns fəsɪlətiz]

We have conference facilities for forty people.

Konferenzeinrichtungen

Wir sind auf Konferenzen mit vierzig Personen eingerichtet.

restaurant n ['restrɒnt]

Eating out in a restaurant can be very expensive.

Restaurant, Speiselokal

Zum Essen ins Restaurant zu gehen kann sehr teuer sein.

proprietary cooking n [prəˌpraɪətri 'kʊkɪŋ]

This small village inn is deservedly renowned for its proprietary cooking.

Inhaber kocht selbst

Dieses kleine Dorfgasthaus ist verdientermaßen berühmt für seine Speisen, die der Inhaber selbst zubereitet.

cuisine n frz [kwɪ'ziːn]

We offer French cuisine of an excellent standard.

Küche (Art der Speise, des Zubereitens)

Wir bieten französische Küche von ausgezeichnetem Standard.

chef (de cuisine) n frz [ˌʃef də kwi'ziːn]

The chef tasted the soup.

Küchenchef, Chefkoch

Der Küchenchef schmeckte die Suppe ab.

fast food n ['fɑːst 'fuːd]

Fast food is loved by children.

Schnellgericht(e), Fastfood

Kinder lieben Schnellgerichte.

menu n ['menjuː]

Waiter, could I have the menu, please?

Speisekarte

Herr Ober, ich hätte gern die Speisekarte.

wine list n ['waɪn lɪst]

Would you please pass me the wine list?

Weinkarte

Würden Sie mir bitte die Weinkarte reichen?

waiter n ['weɪtə]

Waiter, the bill please.

Kellner

Herr Ober, die Rechnung bitte.

head waiter n ['hed weɪtə]

The head waiter supervises the waiters and waitresses.

Oberkellner

Der Oberkellner beaufsichtigt die Kellnerinnen und Kellner.

waitress n ['weɪtrɪs]

Waitress, could we have separate bills, please?

Kellnerin

Fräulein, wir hätten gern getrennte Rechnungen.

head waitress n ['hed weɪtrɪs]

The head waitress supervises the waiters and waitresses.

Oberkellnerin

Der Oberkellnerin beaufsichtigt die Kellnerinnen und Kellner.

bill n GB [bɪl]

The bill, please.
➲ check

(Gaststätten-)Rechnung

Die Rechnung, bitte.

check n US [tʃek]

Let me pick up the check for you.
➲ bill

(Gaststätten-)Rechnung

Lassen Sie mich die Rechnung für Sie bezahlen.

service charge n ['sɜ:vɪs tʃɑ:dʒ]

In Britain the service charge is included in hotel bills.

Bedienungsgeld

In Großbritannien ist das Bedienungsgeld in Hotelrechnungen enthalten.

tip n [tɪp]

Every waiter will be happy to receive a tip.

Trinkgeld

Jeder Kellner bekommt gern Trinkgeld.

tip v [tɪp]

You shouldn't tip too lavishly.

Trinkgeld geben

Sie sollten nicht zu großzügig Trinkgeld geben.

pub n [pʌb]

Nowadays most pubs also offer food.

Kneipe, Gaststätte

Heutzutage bieten die meisten Kneipen auch Speisen an.

leisure centre n ['leʒə sentə]

Most leisure centres also have a swimming pool.

Freizeitzentrum

Die meisten Freizeitzentren haben auch ein Schwimmbad.

camping site n GB ['kæmpɪŋ saɪt]

The camping sites in our area are equipped with all the necessary facilities.
➲ camp ground

Campingplatz

Die Campingplätze in unserer Gegend sind mit allen notwendigen Einrichtungen ausgestattet.

camp ground n US ['kæmp graʊnt]

Careful, racoons on the camp ground.
➲ camping site

Campingplatz

Vorsicht, auf diesem Campingplatz gibt es Waschbären.

caravan park n US ['kærəvæn pɑ:k]

There are marvelous caravan parks in Yosemite National Park.
➲ caravan site

Campingplatz für Wohnwagen

Im Yosemite-Nationalpark gibt es herrliche Campingplätze für Wohnwagen.

caravan site n GB ['kærəvæn saɪt]

There's a splendid caravan site just outside Callander.
➲ caravan park

Campingplatz für Wohnwagen

Gleich außerhalb von Callander ist ein hervorragender Campingplatz für Wohnwagen.

holiday camp n ['hɒlədeɪ kæmp]

Butlins is a large-scale operator of cheap holiday camps.

Ferienlager

Butlins betreibt in großem Stil billige Ferienlager.

Going by plane

flying n ['flaɪɪŋ]

Flying is fun.

Fliegen

Fliegen macht Spaß.

fly a plane v [ˌflaɪ ə 'pleɪn]

The plane was flown by our airline's most experienced pilot.

ein Flugzeug fliegen

Das Flugzeug wurde vom erfahrensten Piloten unserer Gesellschaft geflogen.

flight n [flaɪt]

We regret to announce that flight No 437 has been cancelled.

Flug

Wir bedauern, Ihnen mitteilen zu müssen, dass Flug Nr. 437 gestrichen wurde.

flight attendant n [ˌflaɪt ə'tendənt]

I have applied for the job of a flight attendant.

Flugbegleiter(in)

Ich habe mich um die Stelle eines Flugbegleiters beworben.

flight engineer n [ˌflaɪt ˌendʒɪ'nɪə]

The flight engineer inspects the engines before take-off.

Flugingenieur(in)

Der Flugingenieur inspiziert kurz vor dem Abflug die Triebwerke.

flight number n ['flaɪt nʌmbə]

We regret to announce that due to adverse weather conditions flight number 405 has been cancelled.

Flugnummer

Wir bedauern, mitteilen zu müssen, dass Flug Nummer 405 infolge schlechter Witterungsbedingungen gestrichen wurde.

flight passenger n ['flaɪt pæsɪndʒə]

Will all flight passengers to New York please proceed to gate No 6?

Fluggast

Alle Fluggäste nach New York werden gebeten, sich zu Ausgang 6 zu begeben.

flight schedule n US ['flaɪt ʃedju:l]

According to the flight schedule, the last flight departs at 22.30 hours.

➲ flight timetable

Flugplan

Nach dem Flugplan geht der letzte Flug um 22.30 Uhr.

flight timetable n GB ['flaɪt taɪmteɪbl]

This summer's flight timetable is going to be published on 1 March.

➲ flight schedule

Flugplan

Der Flugplan für diesen Sommer wird am 1. März veröffentlicht.

domestic flight n [dəˌmestɪk 'flaɪt]

For domestic flights please proceed to terminal 1.

➲ internal flight

Inlandsflug

Für Inlandsflüge begeben Sie sich bitte in das Abfertigungsgebäude 1.

internal flight n [ɪnˌtɜ:nl 'flaɪt]

Internal flights are checked in at terminal 1.

➲ domestic flight

Inlandsflug

Inlandsflüge werden in Terminal 1 abgefertigt.

international flight n [ɪntəˌnæʃnəl 'flaɪt]

International flights are checked in at terminals 2 and 3.

internationaler Flug

Internationale Flüge werden in Terminal 2 und 3 abgefertigt.

handle a flight v [ˌhændl ə 'flaɪt]

Airport workers refused to handle flights to Iraq.

einen Flug abfertigen

Das Flughafenpersonal weigerte sich, Flüge in den Irak abzufertigen.

go by air v [ˌgəʊ baɪ 'eə]

I always go to international conferences by air.

fliegen, mit dem Flugzeug reisen

Ich fliege immer zu internationalen Konferenzen.

airline n ['eəlaɪn]

Most governments support one of their national airlines.

Fluggesellschaft

Die meisten Regierungen unterstützen eine ihrer nationalen Fluggesellschaften.

aeroplane n GB ['eərəpleɪn]

Aeroplane is just another word for plane.

➲ airplane, plane

Flugzeug

„Aeroplane" ist nur ein anderes Wort für „plane".

airplane n US ['eəpleɪn]

An airplane is an aircraft with wings and at least one engine.

➲ aeroplane, plane

Flugzeug

Ein Flugzeug ist ein Luftfahrzeug mit Flügeln und mindestens einem Motor.

plane n GB [pleɪn]

A glider is a plane without an engine.

➲ aeroplane, airplane

Flugzeug

Ein Segler ist ein Flugzeug ohne Motor.

aircraft n ['eəkrɑːft]

There are various types of aircraft such as helicopters and planes.

Luftfahrzeug

Es gibt verschiedene Luftfahrzeuge wie Hubschrauber und Flugzeuge.

wide-bodied aircraft n ['waɪdbɔdɪd 'eəkrɑːft]

The European Airbus 300 is a typical wide-bodied aircraft.

Großraumflugzeug

Der europäische Airbus 300 ist ein typisches Großraumflugzeug.

air staff n ['eə stɑːf]

Our air staff have gone on strike for higher salaries.

Flugpersonal

Unser Flugpersonal streikt für höhere Gehälter.

air hostess n ['eə həʊstəs]

To be an air hostess is the dream job of many young girls.

➲ (air) stewardess

Stewardess, Flugbegleiterin

Stewardess ist der Traumberuf vieler junger Mädchen.

(air) stewardess n ['eə stjʊədes]

Proficiency in more than one foreign language is a must for an air stewardess.

➲ air hostess

Stewardess, Flugbegleiterin

Die Beherrschung von mindestens zwei Fremdsprachen ist für eine Stewardess unerlässlich.

(air) steward n ['eə stjʊəd]

Air stewards are not much more than waiters in a plane.

Steward, Flugbegleiter

Stewards sind nicht viel mehr als Kellner in einem Flugzeug.

cabin crew n ['kæbɪn kruː]

We have a cabin crew of five.

Kabinenbesatzung

Wir haben eine fünfköpfige Kabinenbesatzung.

pilot n ['paɪlət]

Despite the storm the pilot managed to touch down smoothly.

Pilot(in)

Trotz des Gewitters gelang dem Piloten eine weiche Landung.

charter flight n ['tʃɑːtə flaɪt]

Charter flights from London are handled at Luton airport.

Charterflug

Charterflüge von London werden am Flughafen Luton abgefertigt.

charter operator n ['tʃɑːtər ɒpəreɪtə]

Hapag-Lloyd Flug is a large German charter operator.

Charterfluggesellschaft

Hapag-Lloyd Flug ist eine große deutsche Charterfluggesellschaft.

charter plane n ['tʃɑːtə pleɪn]

The charter plane to Mallorca is just taking off.

Charterflugzeug

Das Charterflugzeug nach Mallorca startet gerade.

operate charters v [ˌɒpəreɪt 'tʃɑːtəz]

Condor operates charters for Lufthansa.

einen Charterflugdienst betreiben

Condor betreibt den Charterflugdienst für Lufthansa.

airport n ['eəpɔːt]

London Heathrow is Britain's busiest airport.

Flughafen

London Heathrow ist Großbritanniens verkehrsreichster Flughafen.

terminal n ['tɜːmɪnl]

London Heathrow has four terminals.

Abfertigungsgebäude, Terminal

London Heathrow hat vier Abfertigungsgebäude.

check in v ['tʃek 'ɪn]

For domestic flights you must check in at least twenty minutes prior to departure.

einchecken

Für Inlandflüge müssen Sie mindestens zwanzig Minuten vor Abflug einchecken.

board a plane v [ˌbɔːd ə 'pleɪn]

Will all passengers for New York please board their plane immediately?

an Bord gehen

Alle Passagiere nach New York werden gebeten, sich sofort an Bord Ihrer Maschine zu begeben.

boarding card n ['bɔːdɪŋ kɑːd]

Before boarding the plane you will have to show your boarding card to the flight attendants.

Bordkarte

Bevor Sie das Flugzeug besteigen, müssen Sie den Flugbegleitern Ihre Bordkarte zeigen.

departure lounge n [dɪ'pɑːtʃə laʊndʒ]

After checking in, all passengers should proceed to the departure lounge.

Warteraum

Nach dem Einchecken sollten sich alle Passagiere in den Warteraum begeben.

gate n [geɪt]

Last call for passengers to London. Please proceed to gate 15.

Flugsteig

Letzter Aufruf für Passagiere nach London. Bitte begeben Sie sich zum Flugsteig 15.

take off v [ˌteɪk 'ɒf]

Our plane requires only five hundred metres for taking off.

starten, abheben

Unser Flugzeug benötigt zum Starten nur fünfhundert Meter.

runway n ['rʌnweɪ]
Start- und Landebahn

Our runway is too short for jumbos.
Unsere Startbahn ist zu kurz für Jumbos.

stopover n ['stɒpəʊvə]
Zwischenlandung, Stopover, Zwischenaufenthalt

We're flying to Australia with a stopover in Bombay.
Wir fliegen nach Australien mit einer Zwischenlandung in Bombay.

shuttle n ['ʃʌtl]
(Flugzeug im) Pendelverkehr

The shuttle between London and Edinburgh is widely used.
Der Flugzeugpendelverkehr zwischen London und Edinburgh wird viel genutzt.

jet lag n ['dʒet læg]
Jetlag

Intercontinental travellers usually suffer from jet lag.
Interkontinentalreisende leiden häufig unter Jetlag.

air taxi n US ['eə tæksi]
Lufttaxi

Air taxis can be hired by groups of passengers for short distances.
Lufttaxis können von Gruppen für kurze Distanzen gemietet werden.

airport access road n [ˌeəpɔːt 'ækses rəʊd]
Flughafenzubringer, Flughafenzufahrtstraße

Widening our airport access road is a matter of urgency.
Es ist dringend nötig, dass unser Flughafenzubringer verbreitert wird.

➲ airport feeder

airport feeder n [ˌeəpɔːt 'fiːdə]
Flughafenzubringer, Flughafenzufahrtsstraße

I'm afraid we'll have to build another airport feeder.
Wir werden leider einen weiteren Flughafenzubringer bauen müssen.

➲ airport access road

airport premises n pl [ˌeəpɔːt 'premɪsɪz]
Flughafengelände

No unauthorized personnel on the airport premises.
Unbefugten ist das Betreten des Flughafengeländes verboten.

routing n ['ruːtɪŋ]
Route, Luftstraße

Several important routings meet over Germany.
Über Deutschland kreuzen sich mehrere wichtige Routen.

air traffic regulations n pl [ˌeə træfɪk regju'leɪʃnz]
Flugverkehrsbestimmungen

As a result of strict air traffic regulations there are relatively few accidents.
Wegen der strengen Flugverkehrsbestimmungen gibt es relativ wenig Unfälle.

International Air Transport Association n [ɪntəˌnæʃnəl eə ˌtrænspɔːt əˌsəʊsi'eɪʃn] IATA [i'ɑːtə]
Internationaler Luftverkehrsverband (IATA)

Most large airlines are members of the International Air Transport Association.
Die meisten großen Fluglinien sind Mitglieder der IATA.

Civil Aeronautics Board n US [ˌsɪvl ˌeərə'nɔːtɪks bɔːd] CAB [ˌsiː eɪ 'biː]
amerikanische Zivilluftfahrtbehörde

The CAB has ordered an investigation into the Miami crash.
Die amerikanische Zivilluftfahrtbehörde hat eine Untersuchung des Absturzes über Miami angeordnet.

Civil Aviation Authority n GB [ˌsɪvl eɪviˌeɪʃn ɔː'θɒrəti] CAA [ˌsiː eɪ 'eɪ]

britische Zivilluftfahrtbehörde

The CAA is Britain's aviation watchdog.

Die britische Zivilluftfahrtbehörde ist die Aufsichtsbehörde für den Luftverkehr in Großbritannien.

Going by train

go by train v [ˌgəʊ baɪ 'treɪn]

mit dem Zug fahren

We went to Frankfurt by train.

Wir sind mit dem Zug nach Frankfurt gefahren.

boat train n ['bəʊt treɪn]

Zug mit Fähranschluss

The boat train to Holyhead leaves from platform 5.

Der Zug mit Fähranschluss in Holyhead fährt von Bahnsteig 5.

commuter train n [kə'mjuːtə treɪn]

Pendlerzug

Commuter trains take hundreds of thousands of people to work and back every day.

Pendlerzüge bringen jeden Tag hunderttausende von Menschen zur Arbeit und zurück.

fast train n ['fɑːst ˌtreɪn]

Schnellzug

Most fast trains between cities are now Intercities.

Die meisten zwischen Großstädten verkehrenden Schnellzüge sind jetzt Intercityzüge.

rail n [reɪl]

Schiene, Gleis

The train jumped the rails at Andover.

Der Zug ist bei Andover entgleist.

live rail n ['laɪv ˌreɪl]

Strom führende Schiene

Many railway lines in the South of England have a live rail.

Viele Eisenbahnstrecken in Südengland haben eine Strom führende Schiene.

track n US [træk]

Gleis

The train to Houston is waiting on track five.

Der Zug nach Houston steht an Gleis 5.

➲ platform

track n [træk]

Gleise

Keep off the track.

Gleise betreten verboten.

railroad n US ['reɪlrəʊd]

Eisenbahn

Amtrak is an American railroad corporation.

Amtrak ist eine amerikanische Eisenbahngesellschaft.

➲ railway

railway n GB ['reɪlweɪ]

Eisenbahn

British Rail (BR) is a British railway company.

British Rail (BR) ist eine britische Eisenbahngesellschaft.

➲ railroad

railway carriage n GB ['reɪlweɪ ˌkærɪdʒ]

Eisenbahnwagen

Most local trains have no more than ten railway carriages.

Die meisten Nahverkehrszüge haben nicht mehr als zehn Wagen.

railway engine n GB ['reɪlweɪ ˌendʒɪn]

Most British railway engines are Diesel engines.
➲ locomotive

Lokomotive

Die meisten britischen Lokomotiven sind Dieselloks.

station n GB ['steɪʃn]

Travellers from the Continent arrive at Waterloo Station.
➲ depot

Bahnhof

Reisende vom Kontinent kommen am Bahnhof Waterloo an.

depot n US ['depəʊ]

The Amtrak depot is just round the corner.
➲ station

Bahnhof

Der Amtrak-Bahnhof ist gleich um die Ecke.

railway guide n GB ['reɪlweɪ gaɪd]

BR's railway guide used to list all British train connections.

Kursbuch

Das Kursbuch von BR führte früher alle Eisenbahnverbindungen in Großbritannien auf.

railway line n GB ['reɪlweɪ laɪn]

Stockton–Darlington was the first railway line in the world.

(Eisen-)Bahnlinie

Die erste Bahnlinie der Welt führte von Stockton nach Darlington.

locomotive n ['ləʊkəməʊtɪv]

The term "locomotive" is not often used.
➲ railway engine

Lok(omotive)

Der Ausdruck „locomotive" wird nicht oft verwendet.

rolling stock n ['rəʊlɪŋ stɒk]

Britain's railway operators are modernizing their rolling stock.

rollendes Material

Die britischen Eisenbahngesellschaften modernisieren gerade ihr rollendes Material.

platform n ['plætfɔːm]

This train will depart from platform six.
➲ track

Gleis, Bahnsteig

Dieser Zug fährt von Gleis 6 ab.

booking hall n ['bʊkɪŋ hɔːl]

The booking hall is closed between 1 a.m. and 5 a.m.

Schalterhalle

Die Schalterhalle ist zwischen 1.00 Uhr und 5.00 Uhr geschlossen.

ticket n ['tɪkɪt]

Passengers can buy tickets at the ticket office.

Fahrkarte, Fahrschein, Ticket

Fahrgäste erhalten Fahrkarten am Schalter.

ticket collector n ['tɪkɪt kəˌlektə]

Passengers must show their tickets to the ticket collector.

Schaffner(in)

Fahrgäste müssen dem Schaffner ihre Fahrkarten vorzeigen.

ticket office n ['tɪkɪt ˌɒfɪs]

The ticket office will be closed from 1 a.m. to 4 a.m.

Fahrkartenschalter

In der Zeit von 1 Uhr bis 4 Uhr ist der Fahrkartenschalter geschlossen.

single ticket n ['sɪŋgl ˌtɪkɪt]

Single tickets are not valid for a return trip.

einfache Fahrkarte

Einfache Fahrkarten sind nicht für die Hin- und Rückfahrt gültig.

return ticket n [rɪ'tɜ:n ˌtɪkɪt]	**Rückfahrkarte**
Two return tickets to Liverpool, please.	Zwei Rückfahrkarten nach Liverpool, bitte.
cheap day return ticket n [ˌtʃi:p deɪ rɪ'tɜ:n tɪkɪt]	**verbilligte Tagesrückfahrkarte**
If you want to travel to London after nine o'clock in the morning and return any time during the day, you can buy a cheap day return ticket.	Wenn Sie nach neun Uhr nach London fahren und irgendwann am selben Tag zurückfahren wollen, können Sie eine verbilligte Tagesrückfahrkarte kaufen.
season ticket n ['si:zn tɪkɪt]	**Zeitkarte**
It goes without saying that commuters have season tickets.	Es versteht sich von selbst, dass Pendler Zeitkarten haben.
compartment n [kəm'pɑ:tmənt]	**Abteil**
Sorry, this is a non-smoking compartment.	Entschuldigen Sie, dies ist ein Nichtraucherabteil.
sleeper n ['sli:pə]	**Schlafwagen**
Unfortunately, we were unable to secure tickets for the sleeper to Edinburgh. ➲ sleeping car	Leider haben wir keine Schlafwagenkarten nach Edinburgh bekommen können.
sleeping car n ['sli:pɪŋ kɑ:]	**Schlafwagen**
Long-distance travellers are advised to book a berth in a sleeping car. ➲ sleeper	Langstreckenreisenden empfehlen wir, einen Schlafwagenplatz zu buchen.
berth n [bɜ:θ]	**Schlafwagenplatz**
Long-distance travellers are advised to book a berth in a sleeping car.	Langstreckenreisenden empfehlen wir, einen Schlafwagenplatz zu buchen.
couchette n frz [ku:'ʃet]	**Liegewagenplatz**
I'm afraid this train doesn't have a couchette car.	Dieser Zug hat leider keinen Liegewagen.
open-plan carriage n [ˌəʊpn ˌplæn 'kærɪdʒ]	**Großraumwagen**
I prefer travelling in an open-plan carriage.	Ich reise am liebsten im Großraumwagen.
Pullman car n ['pʊlmən kɑ:]	**Pullmanwagen**
A Pullman car provides the highest level of comfort.	Ein Pullmanwagen bietet den höchsten Komfort.
diner n ['daɪnə]	**Speisewagen**
The diner is the next-but-one carriage. ➲ dining car	Der Speisewagen ist der übernächste Wagen.
dining car n ['daɪnɪŋ kɑ:]	**Speisewagen**
The dining car is often between the first-class and the second-class compartments. ➲ diner	Der Speisewagen befindet sich oft zwischen den Wagen der ersten und zweiten Klasse.

tram n GB [træm]

Straßenbahn

Some English cities have reintroduced trams in recent years.

In den letzten Jahren wurden in einigen Städte Englands wieder Straßenbahnen eingeführt.

➲ streetcar

tube n GB [tju:b]

U-Bahn

Travelling in London is quickest by tube.

In London fährt man am schnellsten mit der U-Bahn.

➲ subway, underground

underground n GB ['ʌndəgraʊnd]

U-Bahn

London has a very extensive underground network.

London hat ein sehr ausgesdehntes U-Bahnnetz.

➲ subway, tube

subway n US ['sʌbweɪ]

U-Bahn

Traveling by subway in New York is again regarded as safe.

In New York mit der U-Bahn zu fahren gilt wieder als sicher.

➲ tube, underground

streetcar n US ['stri:tkɑ:]

Straßenbahn

New Orleans used to have a streetcar named Desire.

New Orleans hatte früher eine Straßenbahn mit der Endstation Desire.

➲ tram

Amtrak n ['æmtræk]

amerikanische Eisenbahngesellschaft

Amtrak is government-subsidized and operates commercially unprofitable passenger services between big cities.

Amtrak wird von der Regierung subventioniert und betreibt einen unrentablen Personenbeförderungsverkehr zwischen Großstädten.

Going by road

motorway n GB ['məʊtəweɪ]

Autobahn

New motorways generate more traffic.

Neue Autobahnen schaffen zusätzlichen Verkehr.

motorway junction n GB ['məʊtəweɪ dʒʌŋkʃn]

Autobahnkreuz

Near Birmingham there is a huge motorway junction, called Spaghetti junction.

Bei Birmingham ist ein riesiges Autobahnkreuz, ein sogenannter Spaghettiknoten.

junction n ['dʒʌŋkʃn]

Abfahrt

Turn off at junction 18.

Nehmen Sie Abfahrt Nr. 18.

➲ exit

exit n ['eksɪt]

Ausfahrt

Exit 8 is closed today.

Ausfahrt 8 ist heute gesperrt.

➲ junction

lane n [leɪn]

Fahrspur, Fahrstreifen

Motorways in Britain usually have three lanes in each direction.

Autobahnen in Großbritannien haben gewöhnlich drei Fahrspuren in jeder Richtung.

fast lane n ['fɑ:st leɪn]

In Britain lorries are not allowed to use the fast lane on three-lane motorways.

Überholspur

In Großbritannien dürfen Lastwagen auf dreispurigen Autobahnen nicht die Überholspur benutzen.

dual carriageway n GB [ˌdju:əl 'kærɪdʒweɪ]

The dual carriageway to Perth was upgraded into a motorway five years ago.

➲ expressway

Schnellstraße (mit getrennten Fahrspuren und Mittelstreifen)

Die Schnellstraße nach Perth ist vor fünf Jahren zu einer Autobahn ausgebaut worden.

expressway n US [ɪk'spresweɪ]

Even on expressways there are very strict speed limits.

➲ dual carriageway

Schnellstraße (mit getrennten Fahrspuren und Mittelstreifen)

Selbst auf Schnellstraßen gibt es strenge Geschwindigkeitsbeschränkungen.

freeway n US ['fri:weɪ]

You aren't allowed to make a U-turn on a freeway.

gebührenfreie Autobahn

Auf einer gebührenfreien Autobahn darf man nicht wenden.

bypass n ['baɪpɑ:s]

There's been a Colchester bypass since the early seventies.

Umgehungsstraße

Seit den frühen Siebzigern hat Colchester eine Umgehungsstraße.

bypass v ['baɪpɑ:s]

You should bypass London at all costs.

umfahren, umgehen

London solltest du auf alle Fälle umfahren.

central reservation n GB [ˌsentrəl ˌrezə'veɪʃn]

Cars must not be parked on the central reservation.

➲ median (strip)

Mittelstreifen

Auf dem Mittelstreifen dürfen keine Wagen geparkt werden.

median (strip) n US ['mi:diən strɪp]

All major freeways have a median.

➲ central reservation

Mittelstreifen

Alle größeren Autobahnen haben einen Mittelstreifen.

hard shoulder n GB ['hɑ:d 'ʃəʊldə]

Do not park on the hard shoulder.

➲ shoulder

Seitenstreifen

Parken Sie nicht auf dem Seitenstreifen.

shoulder n US ['ʃəʊldə]

Do not park on the shoulder.

➲ hard shoulder

Seitenstreifen

Parken Sie nicht auf dem Seitenstreifen.

double yellow line n GB [ˌdʌbl ˌjeləʊ 'laɪn]

If you park on a double yellow line, you'll get a ticket.

absolutes Halteverbot (zwei durchgehende gelbe Linien)

Wenn Sie im absoluten Halteverbot parken, bekommen Sie einen Strafzettel.

garage n ['gærɑ:ʒ]

We can give you a tow to the nearest garage.

➲ service station

Werkstatt, Tankstelle

Wir können Sie zur nächsten Werkstatt abschleppen.

petrol n GB ['petrəl]

We got some petrol at the garage.
➲ gas(oline)

Benzin

Wir haben an der Tankstelle (Benzin) getankt.

gas(oline) n US [gæsəli:n]

That automobile is real gas guzzler.
➲ petrol

Benzin

Das Auto ist ein wahrer Benzinschlucker.

right of way n [ˌraɪt əv 'weɪ]

Watch out. The oncoming traffic has right of way.

Vorfahrt(srecht)

Passen Sie auf! Der entgegenkommende Verkehr hat Vorfahrt.

access road n ['ækses rəʊd]

The access roads to Heathrow need improving.

Zufahrtsstraße, Zubringer

Die Zufahrtstraßen zum Flughafen Heathrow müssen verbessert werden.

cul-de-sac n GB ['kʌl də sæk]

This is not a through road. It's a cul-de-sac.
➲ dead-end (street)

Sackgasse

Dies ist keine Durchgangsstraße. Es ist eine Sackgasse.

dead-end (street) n ['dedend 'stri:t]

If you turn right at the next corner, you'll find our apartment in the block at the end of the dead-end street.
➲ cul-de-sac

Sackgasse

Wenn Sie an der nächsten Ecke rechts abbiegen, finden Sie unsere Wohnung in dem Haus ganz am Ende der Sackgasse.

one-way street n ['wʌnweɪ 'stri:t]

Don't turn! This is a one-way street.

Einbahnstraße

Nicht wenden! Dies ist eine Einbahnstraße.

slip road n ['slɪp rəʊd]

The slip road is closed for roadworks.

Auffahrt, Zufahrtsstraße

Wegen Straßenbauarbeiten ist die Auffahrt gesperrt.

through road n ['θru: rəʊd]

This is a no through road. It's a strictly private road.

Durchgangsstraße

Dies ist keine Durchgangsstraße. Es ist eine reine Privatstraße.

trunk road n GB ['trʌŋk rəʊd]

Due to snow, the trunk road from Perth to Inverness is blocked near Blair Atholl.

Fernstraße

Wegen Schneefall ist die Fernstraße von Perth nach Inverness bei Blair Atholl blockiert.

congested adj [kən'dʒestɪd]

Roads in London are mostly congested.

verstopft

Die Straßen in London sind meistens verstopft.

congestion n [kən'dʒestʃən]

Due to congestion the M4 is closed between exits 8 and 10.

(Verkehrs-)Stau

Wegen eines Verkehrsstaus ist die M4 zwischen Abfahrt 8 und Abfahrt 10 gesperrt.

roundabout n GB ['raʊndəbaʊt]

If you want to turn right on a roundabout, take the right-hand lane when you enter.
➲ traffic circle

Kreisverkehr, Kreisel

Ordnen Sie sich auf der rechten Spur ein, wenn Sie in einen Kreisverkehr fahren, um nach rechts abzubiegen.

traffic circle n US ['træfɪk sɜːkl]

There are quite a few traffic circles in this district.

➲ roundabout

Kreisverkehr, Kreisel

In diesem Bezirk gibt es eine ganze Menge Kreisverkehre.

traffic lights n pl ['træfɪk laɪts]

Turn right at the next traffic lights.

Ampel

Biegen Sie an der nächsten Ampel rechts ab.

traffic warden n ['træfɪk wɔːdn]

The traffic warden gave me a parking ticket for parking on a yellow line.

Politesse, Verkehrsaufsicht

Die Politesse gab mir ein Knöllchen, weil ich im Halteverbot gehalten hatte.

No waiting n ['nəʊ 'weɪtɪŋ]

In a no-waiting zone you may load and unload your car for three minutes only.

Halteverbot

In einer Halteverbotszone dürfen Sie Ihren Wagen für drei Minuten be- und entladen.

service station n ['sɜːvɪs steɪʃn]

I had my car serviced at the service station on the main road.

➲ garage

Werkstatt, Tankstelle

Ich habe mein Auto in der Werkstatt an der Hauptstraße warten lassen.

services n pl ['sɜːvɪsɪz]

The services at Scotch Corner are very convenient for holidaymakers en route to Scotland.

Tankstelle und Raststätte

Für Urlauber auf dem Weg nach Schottland liegt die Raststätte und Tankstelle Scotch Corner sehr günstig.

car park n ['kɑː pɑːk]

There's a large car park at the station.

Parkplatz

Am Bahnhof ist ein großer Parkplatz.

multi-storey car park n [ˌmʌltistɔːri 'kɑː pɑːk]

There's a multi-storey car park right in the middle of Kingston.

Parkhaus

Mitten in Kingston ist ein Parkhaus.

bend n [bend]

Our house is the first after the sharp right-hand bend after the bridge.

Kurve

Unser Haus ist das Erste nach der scharfen Rechtskurve hinter der Brücke.

tow v [təʊ]

I'll tow you to the nearest garage.

abschleppen

Ich schleppe Sie zur nächsten Werkstatt.

bus n [bʌs]

This bus takes you to Marble Arch in next to no time.

(Linien-)Bus

Dieser Bus bringt Sie im Handumdrehen nach Marble Arch.

bus driver n ['bʌs draɪvə]

The bus driver usually also collects the bus fare.

Busfahrer(in)

Der Busfahrer kassiert gewöhnlich auch das Fahrgeld.

bus fare n ['bʌs feə]

Please have your bus fare ready when boarding the bus.

Fahrgeld, (Bus-)Fahrpreis

Bitte halten Sie beim Einsteigen in den Bus das Fahrgeld bereit.

coach n [kəʊtʃ]

The group of holidaymakers from Falkirk had their own coach.

Reisebus, Langstreckenbus

Die Urlaubergruppe aus Falkirk hatte ihren eigenen Reisebus.

coach driver n ['kəʊtʃ draɪvə]

Coach drivers often drive very long distances.

Busfahrer(in)

Busfahrer fahren oft sehr lange Strecken.

coach fare n ['kəʊtʃ feə]

The coach fare is usually lower than the air fare.

(Bus-)Fahrpreis

Der Busfahrpreis ist normalerweise niedriger als der Flugpreis.

coach operator n ['kəʊtʃ ɒpəreɪtə]

Coach operators usually do good business in the summer months.

Busunternehmen, Busunternehmer(in)

Busunternehmen machen in den Sommermonaten normalerweise gute Geschäfte.

toll n [təʊl]

Car drivers must pay a toll on most French motorways.

Benutzungsgebühr, Maut

Auf den meisten französischen Autobahnen müssen Autofahrer eine Benutzungsgebühr entrichten.

toll bridge n ['təʊl brɪdʒ]

The Forth Road Bridge near Edinburgh is a toll bridge.

mautpflichtige Brücke

Die Brücke über den Firth of Forth bei Edinburgh ist mautpflichtig.

tollway n US ['təʊlweɪ]

Many American motorways are tollways because they are privately financed.

gebührenpflichtige Autobahn

Viele amerikanische Autobahnen sind gebührenpflichtig, weil sie privat finanziert sind.

Highway Code n GB ['haɪweɪ kəʊd]

The Highway Code explains the official rules for users of public roads.

Straßenverkehrsordnung

Die Straßenverkehrsordnung erklärt die offiziellen Verkehrsregeln für Benutzer öffentlicher Straßen.

Going by boat

go by boat v [ˌgəʊ baɪ 'bəʊt]

We went to England by boat.

mit dem Schiff fahren

Wir sind mit dem Schiff nach England gefahren.

navigation n [ˌnævɪ'geɪʃn]

Navigation becomes more difficult upriver.

Schifffahrt

Im Oberlauf des Flusses wird die Schifffahrt schwieriger.

fleet n [fli:t]

We have a fleet of ten ferries.

Flotte

Unsere Flotte umfasst zehn Fähren.

hovercraft n ['hɒvəkrɑ:ft]

It takes thirty minutes to cross the Channel by hovercraft.

Hovercraft, Luftkissenboot

Die Überfahrt über den Ärmelkanal dauert mit dem Hovercraft dreißig Minuten.

liner n ['laɪnə]

Liners sail on fixed routes according to fixed timetables.

Linienschiff

Linienschiffe verkehren nach festen Fahrplänen auf festen Routen.

ferry n ['feri]

Cross-Channel ferries often transport up to eight hundred cars.

Fähre

Fähren über den Ärmelkanal transportieren oft bis zu achthundert Autos.

ro-ro ferry n [ˌrəʊrəʊ 'feri]
roll on/roll off ferry [rəʊl 'ɒn rəʊl 'ɒf feri]

There have been a number of serious accidents involving ro-ro ferries.

Ro-Ro-Fähre, Fähre mit Auf- und Abfahrtrampe

Es hat schon viele schwere Unfälle mit Ro-Ro-Fähren gegeben.

steamer n ['sti:mə]

Steamer pays dues.
➲ steamship

Dampfer, Dampfschiff

Alle Gebühren werden vom Schiff getragen.

steamship n ['sti:mʃɪp]

A steamship is driven by steam.
➲ steamer

Dampfschiff, Dampfer

Ein Dampfschiff wird mit Dampf betrieben.

yacht n [jɒt]

There are hundreds of yachts out at sea in this lovely summer weather.

Jacht

Bei diesem schönen Sommerwetter sind Hunderte von Jachten auf See.

captain n ['kæptɪn]

Please notice that evening dress will be required for the captain's dinner.

Kapitän

Bitte denken Sie daran, dass für das Kapitänsdinner Abendgarderobe erforderlich ist.

first officer n [ˌfɜ:st 'ɒfɪsə]

The first officer is the second most important member of the crew.

Erster Offizier

Der Erste Offizier ist das zweitwichtigste Besatzungsmitglied.

purser n ['pɜ:sə]

The bureau de change is next to the purser's office.

Purser, Zahlmeister

Die Wechselstube ist neben dem Büro des Pursers.

ashore adv [ə'ʃɔ:]

We will spend some time ashore tonight.

an Land

Wir werden heute Abend etwas Zeit an Land verbringen.

run ashore v ['rʌn ə'ʃɔ:]

Make sure your boat does not run ashore.

stranden

Sorgen Sie dafür, dass Ihr Boot nicht strandet.

aground adv [ə'graʊnd]

The trawler ran aground and had to be salvaged.

auf Grund, gestrandet

Der Trawler lief auf Grund und musste geborgen werden.

gangway n ['gæŋweɪ]

Keep clear of the gangway until the vessel is safely docked.

Landungsbrücke, Gangway

Nicht an die Landungsbrücke herantreten, bis das Schiff sicher angelegt hat.

anchor n ['æŋkə]
We'll weigh anchor at dawn and drop it at dusk.

Anker
Wir werden den Anker im Morgengrauen lichten und in der Abenddämmerung werfen.

lighthouse n ['laɪthaus]
Most lighthouses operate automatically nowadays.

Leuchtturm
Die meisten Leuchttürme arbeiten heutzutage automatisch.

lock n [lɒk]
Before docking, the ferry must pass through the lock.

Schleuse
Vor dem Anlegen muss die Fähre die Schleuse passieren.

berth n [bɜːθ]
Sorry, no private berths available here.

Liegeplatz
Leider gibt es hier keine privaten Liegeplätze.

berth v [bɜːθ]
We'll have to berth our yachts first.
➲ dock

festmachen, anlegen
Wir müssen erst unsere Jachten festmachen.

dock v [dɒk]
The ferry will dock at 8 a.m.
➲ berth

anlegen, festmachen
Die Fähre legt um acht Uhr an.

dock n [dɒk]
This ferry docks at King George dock.

Kai, Pier
Diese Fähre legt am King George-Kai an.

quay n [kiː]
The quay was lined with fishing boats.
➲ wharf

Kai, Kaianlagen, Löschplatz
Am Kai lag ein Fischerboot neben dem anderen.

wharf n [wɔːf]
The wharf is the place where ships are unloaded.
➲ quay

Kai, Kaianlagen, Löschplatz
Am Kai werden Schiffe entladen.

mooring n ['mʊərɪŋ]
This is only a temporary mooring.

Anlegeplatz
Dies ist nur ein vorübergehender Anlegeplatz.

moor v [mʊə]
The yacht moored in the bay awaiting the high tide.

festmachen, verankern
Die Jacht machte in der Bucht fest und wartete auf die Flut.

board n [bɔːd]
Man over board.

Bord
Mann über Bord.

board a ship v [ˌbɔːd ə 'ʃɪp]
Would all foot passengers please board the ship?

an Bord gehen
Alle Passagiere ohne Fahrzeuge werden gebeten, sich an Bord des Schiffes zu begeben.

disembark v [ˌdɪsɪm'bɑːk]
Disembarking 300 cars and 800 passengers only takes one hour.

(sich) ausschiffen, von Bord gehen
300 Autos und 800 Passagiere auszuschiffen dauert nur eine Stunde.

disembarkation n [ˌdɪsˌembɑːˈkeɪʃn]

Would all passengers travelling to Hull please assemble on Blue Deck for disembarkation.

Ausschiffung, Landung

Alle Passagiere, die nach Hull reisen, werden gebeten, sich zur Ausschiffung auf dem Blauen Deck zu versammeln.

embark v [ɪmˈbɑːk]

Would all passengers please collect their tickets before embarking?

(sich) einschiffen, an Bord gehen

Alle Passagiere werden gebeten, ihre Fahrkarten abzuholen, bevor sie an Bord gehen.

embarkation n [ˌembɑːˈkeɪʃn]

Passengers must obtain a boarding card prior to embarkation.

Einschiffung

Vor der Einschiffung müssen sich die Passagiere eine Bordkarte aushändigen lassen.

cabin n [ˈkæbɪn]

We herewith confirm your booking of a two-berth cabin for 24 April.

Kabine

Hiermit bestätigen wir Ihre Buchung einer Zweibettkabine für den 24. April.

voyage n [ˈvɔɪɪdʒ]

I wish you a pleasant voyage on board our ship.

Seereise

Ich wünsche Ihnen eine gute Reise an Bord unseres Schiffes.

homeward voyage n [ˈhəʊmwəd ˈvɔɪɪdʒ]

The homeward voyage begins at 6 a.m.

Rückreise

Die Rückreise beginnt um 6 Uhr.

outward voyage n [ˈaʊtwəd ˈvɔɪɪdʒ]

The outward voyage begins at 6 a.m.

Hinreise, Reise vom Heimathafen

Die Hinreise beginnt um 6 Uhr.

outgoing adj [ˈaʊtgəʊɪŋ]

The first outgoing crossing is at 10 a.m.

auslaufend

Die erste Überfahrt von hier ist um 10 Uhr.

inward-bound adv [ˈɪnwəd baʊnd]

After six months at sea, the tramp was at last inward-bound.

mit Ziel Heimathafen

Nach sechs Monaten auf See steuerte das Trampschiff endlich den Heimathafen an.

crossing n [ˈkrɒsɪŋ]

We will have a moderately smooth crossing.

Überfahrt

Wir werden eine relativ ruhige Überfahrt haben.

passage n [ˈpæsɪdʒ]

The QE II is on passage to New York.

Überfahrt, Passage (Fahrpreis)

Die QE II ist auf der Überfahrt nach New York.

cruise n [kruːz]

Last winter we went on a cruise in the Caribbean.

Kreuzfahrt

Im letzten Winter haben wir eine Kreuzfahrt in der Karibik gemacht.

cruise v [kruːz]

The yachts were forced to cruise against the wind.

kreuzen

Die Jachten mussten gegen den Wind kreuzen.

cruise v [kruːz]

Last summer we cruised in the Mediterranean.

eine Kreuzfahrt machen

Im letzten Sommer haben wir eine Kreuzfahrt im Mittelmeer gemacht.

cruise ship n ['kru:z ʃɪp]

Cruise ships are chartered for particular cruises.

Kreuzfahrtschiff

Kreuzfahrtschiffe werden für bestimmte Kreuzfahrten gechartert.

port n [pɔ:t]

Hull is a major port in the north of England.

Hafenstadt

Hull ist eine wichtige Hafenstadt im Norden Englands.

port n [pɔ:t]

The QE II is just coming into port.

Hafen

Die QE II läuft gerade in den Hafen ein.

port authority n [ˌpɔ:t ɔ:'θɒrəti]

The Port of London Authority is an important decision-making body.

Hafenverwaltung, Hafenbehörde

Die Londoner Hafenverwaltung ist eine wichtige Behörde mit Entscheidungsbefugnis.

harbour n GB ['hɑ:bə]

This bay is a perfect harbour for yachts.

➲ harbor

(natürlicher) Hafen

Diese Bucht ist ein perfekter Hafen für Jachten.

harbor n US ['hɑ:bə]

San Francisco Bay is a perfect harbor since it offers ships protection against the wind.

➲ harbour

(natürlicher) Hafen

Die Bucht von San Francisco ist ein idealer Hafen, weil sie Schiffen Schutz vor dem Wind bietet.

harbour master n ['hɑ:bə ˌmɑ:stə]

The harbour master's office is closed for the day.

Hafenmeister

Das Büro des Hafenmeisters ist für heute geschlossen.

sail v [seɪl]

The ferry is about to sail.

ablegen, abfahren

Die Fähre legt in Kürze ab.

sailing n ['seɪlɪŋ]

We regret to inform passengers that the 9 o'clock sailing has been cancelled due to bad weather.

Überfahrt, Abfahrt

Wir bedauern, mitteilen zu müssen, dass die 9 Uhr Überfahrt wegen des schlechten Wetters ausfallen muss.

steward n ['stjʊəd]

Our stewards will be pleased to assist you.

Steward

Unsere Stewards werden Ihnen gerne behilflich sein.

pilot n ['paɪlət]

Before arriving at Hull, the ferry takes a pilot on board.

Lotse, Lotsin

Vor der Ankunft in Hull nimmt die Fähre einen Lotsen an Bord.

pilot boat n ['paɪlət bəʊt]

The pilot boat bobbed up and down in the heavy seas.

Lotsenboot

Das Lotsenboot tanzte in der stürmischen See auf und ab.

tug n [tʌg]

Tugs are used a lot in ports.

Schlepper

Schlepper werden viel in Häfen genutzt.

tug v [tʌg]

The QE II is being tugged into the port.

schleppen

Die QE II wird gerade in den Hafen geschleppt.

ship canal n ['ʃɪp kəˌnæl]

The Manchester ship canal links the city with the Irish Sea.

Schifffahrtskanal

Der Manchester - Schifffahrtskanal verbindet die Stadt mit der Irischen See.

shipbuilding n ['ʃɪpbɪldɪŋ]

Glasgow used to be a major centre of shipbuilding.

Schiffbau

Früher war Glasgow ein wichtiges Schiffbau-zentrum.

seafaring adj ['siːfeərɪŋ]

Britain has always been a seafaring nation.

Seefahrer-, seefahrend

Großbritannien ist seit je eine Seefahrernation.

seaway n ['siːweɪ]

The Channel is an important seaway.

Seeweg, Wasserstraße

Der Ärmelkanal ist ein wichtiger Seeweg.

seaworthy adj ['siːwɜːði]

This ship is no longer seaworthy.

seetüchtig

Dieses Schiff ist nicht mehr seetüchtig.

launch v [lɔːntʃ]

This ferry was launched at Vestervik.

vom Stapel lassen

Diese Fähre ist in Vestervik vom Stapel gelaufen.

launch n [lɔːntʃ]

Sightseeing tours of this port are made by launch.

Barkasse; Stapellauf

Rundfahrten werden in diesem Hafen von Barkassen durchgeführt.

stem n [stem]

The ship must be re-painted from stem to stern.

Vordersteven

Das Schiff muss vom Vordersteven bis zum Achterschiff neu gestrichen werden.

stern n [stɜːn]

The ship must have major repairs done to its stern.

Achterschiff, Heck

Am Achterschiff müssen umfangreiche Reparaturen vorgenommen werden.

port n [pɔːt]

The best cabins for a voyage from Southampton to Bombay are the port cabins because they're not exposed to the sun all the time.

Backbord

Für eine Reise von Southampton nach Bombay sind Backbordkabinen am besten, weil man nicht die ganze Zeit der Sonne ausgesetzt ist.

starboard n ['stɑːbəd]

The best cabins for a voyage from Bombay to Southampton are the starboard cabins because they're not exposed to the sun all the time.

Steuerbord

Für eine Reise von Bombay nach Southampton sind Steuerbordkabinen am besten, weil man nicht die ganze Zeit der Sonne ausgesetzt ist.

trade wind n ['treɪd wɪnd]

In the past, the trade winds were exploited by clippers.

Passatwind, Passat

Die Passatwinde wurden früher von schnellen Segelschiffen genutzt.

fathom n ['fæðəm]

A fathom measures six feet, i.e. 1.83 m.

Faden

Ein Faden misst sechs Fuß, d.h. 1,83 m.

THE ENVIRONMENT

Environmental protection

environment n [ɪn'vaɪrənmənt]

We must make greater efforts to protect the environment.

Umwelt

Wir müssen größere Anstrengungen zum Schutz der Umwelt unternehmen.

environmental protection n [ɪnˌvaɪrənˌmentl prə'tekʃn]

Environmental protection is a major concern nowadays.

Umweltschutz

Der Umweltschutz ist heutzutage ein wichtiges Anliegen.

environmentalist n [ɪnˌvaɪrən'mentəlɪst]

We're all environmentalists now.

Umweltschützer(in)

Heutzutage sind wir alle Umweltschützer.

environmental awareness n [ɪnˌvaɪrənˌmentl ə'weənəs]

There is a far greater degree of environmental awareness these days than in the past.

Umweltbewusstsein

Heutzutage ist das Umweltbewusstsein viel stärker ausgeprägt als in der Vergangenheit.

environment-friendly adj [ɪnˌvaɪrənˌment 'frendli]

Environment-friendly products often carry an eco label.

umweltfreundlich

Umweltfreundliche Produkte haben oft ein Umweltzeichen.

environmentally compatible adj [ɪnˌvaɪrənˌmentəli kəm'pætɪbl]

Products carrying an eco label are environmentally compatible.

umweltverträglich

Produkte mit einem Umweltzeichen sind umweltverträglich.

environmental audit n [ɪnˌvaɪrənˌmentl 'ɔːdɪt]

For image reasons, well-known companies are quite happy to submit to environmental audits.

Umweltverträglichkeitsprüfung (UVP)

Aus Imagegründen unterziehen sich bekannte Unternehmen gern Umweltverträglichkeitsprüfungen.

environmental consultant n [ɪnˌvaɪrənˌmentl kən'sʌltənt]

Environmental consultants also offer environmental education courses.

Umweltberater(in)

Umweltberater bieten auch Umwelterziehungskurse an.

environmental costs n pl [ɪnˌvaɪrənˌmentl 'kɒsts]

Environmental costs are difficult to determine.

Umweltkosten

Umweltkosten lassen sich nur schwer bestimmen.

ecology n [ɪ'kɒlədʒi]

Ecology is the science of the relation of living creatures to each other and their environment.

Ökologie

Ökologie ist die Wissenschaft von den Wechselbeziehungen zwischen den Lebewesen und ihrer Umwelt.

ecologist n [ɪ'kɒlədʒɪst]

All ecologists should be familiar with several sciences, e.g. biology, chemistry and physics.

Ökologe, Ökologin

Alle Ökologen sollten sich in mehreren naturwissenschaftlichen Fächern auskennen, z.B. Biologie, Chemie und Physik.

ecosystem n ['i:kəʊsɪstəm]

The oil spill might destroy the ecosystem of the stream.

Ökosystem

Das ausgelaufene Öl kann das Ökosystem des Baches zerstören.

ecobalance n [ˌi:kəʊ'bæləns]

Ecobalances help to determine how environmentally friendly a product is.

Ökobilanz

Ökobilanzen helfen zu bestimmen, wie umweltfreundlich ein Produkt ist.

eco label n ['i:kəʊ leɪbl]

Eco labels are awarded for various product categories.

Umweltzeichen

Umweltzeichen werden für verschiedene Produktkategorien vergeben.

eco tax n ['i:kəʊ tæks]

Eco taxes have not been introduced yet.

Ökosteuer

Bisher sind Ökosteuern noch nicht eingeführt worden.

eco tourism n [ˌi:kəʊ 'tʊərɪzəm]

Eco tourism reduces negative environmental impacts.

Ökotourismus

Ökotourismus reduziert negative Umwelteinwirkungen.

out-green v [ˌaʊt'gri:n]

Companies nowadays try to out-green each other.

in Sachen Umweltschutz überbieten, „grüner" sein

Unternehmen versuchen heutzutage, sich gegenseitig in Sachen Umweltschutz zu überbieten.

resources n pl [rɪ'sɔ:səz]

There are not many resources, i.e. supplies of raw materials, which have not been tapped.

Ressourcen

Es gibt nicht viele Ressourcen, d.h. Rohstoffvorräte, die noch nicht angezapft worden sind.

resource recovery n [rɪˌsɔ:s rɪ'kʌvəri]

Recycling initiatives are intended to establish resource recovery as a modern, effective process.

Ressourcenrückgewinnung

Recyclinginitiativen sollen die Ressourcenrückgewinnung als modernen, effektiven Prozess etablieren.

recycling n [ˌri:ˌsaɪklɪŋ]

The recycling industry has developed into a growth industry.

Recycling, Wiederverwertung

Die Recyclingindustrie hat sich zu einer Wachstumsbranche entwickelt.

acceptance n [ək'septəns]

The acceptance of the car has suffered in recent years.

Akzeptanz

Die Akzeptanz des Autos ist in den letzten Jahren zurückgegangen.

conservation n [ˌkɒnsəˈveɪʃn]	**Naturschutz**
Wildlife conservation is of paramount importance in Africa, South-East Asia and South America.	Der Schutz von Wildtieren ist von größter Dringlichkeit in Afrika, Südostasien und Südamerika.
sustainability n [səˌsteɪnəˈbɪləti]	**Nachhaltigkeit, Umweltverträglichkeit**
Sustainability means acting in such a way so as not to have a negative effect on future generations' options.	Nachhaltigkeit heißt, sich heute so zu verhalten, dass künftige Generationen nicht in ihren Möglichkeiten beeinträchtigt werden.
nature n [ˈneɪtʃə]	**Natur**
Nature has been destroyed in many parts of the world.	Die Natur ist in vielen Teilen der Welt zerstört worden.
preserve v [prɪˈzɜːv]	**erhalten, bewahren**
We all have a duty to preserve our natural environment.	Wir alle sind verpflichtet, unsere natürliche Umwelt zu erhalten.
endangered species n [ɪnˌdeɪndʒəd ˈspiːʃiːz]	**bedrohte Art**
The panda bear is the best known endangered species.	Der Pandabär ist die bekannteste der bedrohten Arten.
rainforest n [ˈreɪnfɒrɪst]	**Regenwald**
Rainforests are immensely valuable ecosystems.	Regenwälder sind äußerst wertvolle Ökosysteme.
tropical timber n [ˌtrɒpɪkl ˈtɪmbə]	**Tropenholz**
Some tropical timbers are subject to an import ban.	Einige Tropenhölzer dürfen nicht eingeführt werden.
ozone layer n [ˈəʊzəʊn leɪə]	**Ozonschicht**
The ozone layer protects us from ultraviolet radiation.	Die Ozonschicht schützt uns vor UV-Strahlung.
global warming n [ˌgləʊbl ˈwɔːmɪŋ]	**globale Erwärmung**
As industrialization continues, global warming is bound to increase, too.	In dem Maße wie die Industrialisierung weitergeht, wird zwangsläufig auch die globale Erwärmung zunehmen.
greenhouse effect n [ˈgriːnhaʊs ɪˈfekt]	**Treibhauseffekt**
The greenhouse effect is expected to lead to rising ocean levels because the polar icecaps are likely to melt.	Man erwartet, dass der Treibhauseffekt zu einem Anstieg des Meeresspiegels führt, da die polaren Eiskappen wahrscheinlich schmelzen werden.
acid rain n [ˌæsɪd ˈreɪn]	**saurer Regen**
Acid rain in Scandinavia is largely due to power stations in Great Britain.	Der saure Regen in Skandinavien ist weitgehend auf Kraftwerke in Großbritannien zurückzuführen.
soil erosion n [ˌsɔɪl ɪˈrəʊʒn]	**Bodenerosion**
Felling trees and removing hedgerows inevitably leads to soil erosion.	Das Fällen von Bäumen und die Beseitigung von Hecken führt unweigerlich zu Bodenerosion.

artificial fertilizer n [ɑ:tɪˌfɪʃl 'fɜ:təlaɪzə]

Artificial fertilizers lead to high levels of potassium in the soil.

Kunstdünger

Kunstdünger führen zu hohen Kaliumanteilen im Boden.

overexploitation n [ˌəʊvəreksplɔɪ'teɪʃn]

Typical examples of overexploitation are overfishing and overgrazing .

Raubbau (an der Natur)

Typische Beispiele für Raubbau sind Überfischen und Überweidung.

herbicide n ['hɜ:bɪsaɪd]

Herbicides are widely used, but they should be applied sparingly.

Unkrautvernichtungsmittel, Herbizid

Unkrautvernichtungsmittel sind weit verbreitet, aber sie sollten behutsam eingesetzt werden.

insecticide n [ɪn'sektɪsaɪd]

DDT was extensively used as an insecticide in order to wipe out the chief carrier of malaria, the anopheline mosquito.

Insektizid, Insektenbekämpfungsmittel

DDT wurde in großem Maßstab als Insektizid eingesetzt, um den wichtigsten Überträger der Malaria, die Anopheles, zu vernichten.

pesticide n ['pestɪsaɪd]

Many pesticides kill not only insects, but also some birds and small mammals.

Pestizid, Schädlingsbekämpfungsmittel

Viele Pestizide töten nicht nur Insekten, sondern auch einige Vögel und Kleinsäuger.

watchdog n ['wɒtʃdɒg]

Several central and local government agencies act as watchdogs in environmental matters.

Aufsichtsamt, Aufsichtsbehörde

Verschiedene staatliche und kommunale Stellen fungieren als Aufsichtsämter in Umweltangelegenheiten.

Waste and energy

waste n [weɪst]

It is imperative to reduce the volume of waste.

⊃ garbage, refuse

Abfall, Müll

Es ist unbedingt erforderlich, die Müllmenge zu verringern.

garbage n US ['gɑ:bɪdʒ]

The garbage truck calls every Wednesday.

⊃ refuse, waste

Abfall, Müll

Die Müllabfuhr kommt jeden Mittwoch.

refuse n ['refju:s]

Some local authorities provide refuse bags free of charge.

⊃ garbage, waste

Müll, Abfall

Einige Gemeinden stellen kostenlos Müllsäcke zur Verfügung.

waste avoidance n ['weɪst ə'vɔɪdəns]

Waste avoidance is far better than waste recycling.

Abfallvermeidung

Abfallvermeidung ist weitaus besser als Abfallrecycling.

waste disposal n ['weɪst dɪs'pəʊzl]

Many large concerns have diversified into waste disposal lately.

Abfallentsorgung, Müllbeseitigung

In der letzten Zeit sind viele Großkonzerne in die Abfallentsorgung eingestiegen.

waste management n [ˌweɪst ˈmænɪdʒmənt]	**Abfallwirtschaft**
Waste management is a growing industrial sector.	Die Abfallwirtschaft ist ein wachsender Industriezweig.
waste reduction n [ˈweɪst rɪˈdʌkʃn]	**Abfallreduzierung**
Waste reduction in the design stage is the ultimate aim.	Abfallreduzierung in der Designphase ist das Endziel.
waste-reducing adj [ˈweɪst rɪˈdjuːsɪŋ]	**Abfall senkend, Abfall reduzierend**
Waste-reducing manufacturing processes can also be economically beneficial.	Abfall senkende Herstellungsprozesse können auch von wirtschaftlichem Nutzen sein.
building rubble n [ˈbɪldəs rʌbl]	**Bauschutt**
Local authorities usually designate special landfill sites for building rubble. ➲ C & D waste	Gemeinden weisen in der Regel besondere Deponien für Bauschutt aus.
construction and demolition n [kənˈstrʌkʃn ən ˌdeməˈlɪʃn] C&D [ˌsiː ən ˈdiː]	**Bau und Abbruch**
A lot of waste results from construction and demolition.	Bei Bau und Abbruch fällt viel Abfall an.
C&D waste n [ˌsiː ən ˈdiː weɪst] construction and demolition waste [kənˈstrʌkʃn ən ˌdeməˈlɪʃn weɪst]	**Bauschutt**
More and more efforts are being made to recycle C&D waste. ➲ builder's rubble	Es werden jetzt mehr Anstrengungen unternommen, um Bauschutt zu recyceln.
hazardous waste n [ˌhæzədəs ˈweɪst]	**gefährliche Abfälle, Sondermüll**
Sites containing hazardous waste are usually excavated.	Orte, an denen Sondermüll eingelagert wurde, werden normalerweise ausgebaggert.
household waste n [ˌhaushəʊld ˈweɪst]	**Hausmüll, Siedlungsabfall**
Household waste is usually collected once a week by local authority arrangement. ➲ municipal waste, residential waste	Hausmüll wird normalerweise in Absprache mit der Kommunalverwaltung einmal pro Woche abgeholt.
municipal waste n [mjuːnɪˌsɪpl ˈweɪst]	**Siedlungsabfall, Hausmüll**
Garden waste such as leaves, lawn cuttings and the tree prunings is estimated to comprise about 20% of municipal waste. ➲ residential waste, household waste	Gartenabfälle wie Blätter, Rasenschnitt und Zweige machen schätzungsweise 20% des Siedlungsabfalls aus.
residential waste n [reziˌdenʃl ˈweɪst]	**Siedlungsabfall, Hausmüll**
Nowadays, residential waste is usually incinerated. ➲ municipal waste, household waste	Siedlungsabfall wird heutzutage in der Regel verbrannt.
nuclear waste n [ˌnjuːkliə ˈweɪst]	**Atommüll**

Originally, nuclear waste was put into steel drums and dumped at sea.

Ursprünglich wurde Atommüll in Stahlfässer gefüllt und im Meer versenkt.

residual waste n [rɪˌzɪdjuəl ˈweɪst]

Residual waste is the waste that's left after all recyclables have been removed.

Restmüll

Restmüll ist der Müll, der zurückbleibt, nachdem alle Recyclate entfernt worden sind.

toxic waste n [ˌtɒksɪk ˈweɪst]

Toxic waste constitutes a major health hazard.

Giftmüll

Giftmüll stellt ein erhebliches Gesundheitsrisiko dar.

biodegradable adj [ˌbaɪəʊdɪˈgreɪdəbl]

A banana skin is an example of perfect packaging, because it comes off easily and is also fully biodegradable.

biologisch abbaubar

Eine Bananenschale ist ein Beispiel für eine perfekte Verpackung, weil sie sich leicht entfernen lässt und obendrein vollständig biologisch abbaubar ist.

re-use v [ˌriː ˈjuːz]

Re-using bottles is better than throwing them away.

wieder verwenden

Flaschen wieder zu verwenden ist besser als sie wegzuwerfen.

re-use n [ˌriː ˈjuːs]

The re-use of bottles is better than recycling.

Wiederverwendung

Die Wiederverwendung von Flaschen ist besser als Recycling.

recover v [rɪˈkʌvə]

A major objective of waste recycling is to recover energy.

rückgewinnen

Ein wichtiges Ziel des Abfallrecyclings ist es, Energie rückzugewinnen.

recyclable n [ˌriːˈsaɪkləbl]

Recyclables are sold to various manufacturing industries.

Recyclat, Recyclingstoff, Sekundärrohstoff

Recyclate werden an verschiedene gewerbliche Industriezweige verkauft.

recyclable adj [ˌriːˈsaɪkləbl]

Paper, glass and scrap metal are the best examples of recyclable materials.

wieder verwertbar, recycelbar

Papier, Glas und Schrott sind die besten Beispiele für wieder verwertbare Materialien.

recycle v [ˌriːˈsaɪkl]

Steel scrap has always been recycled.

recyceln, wieder verwerten

Stahlschrott wird immer schon recycelt.

recycling n [ˌriːˈsaɪklɪŋ]

Recycling has developed into a growth industry.

Recycling, Wiederverwertung

Die Recyclingindustrie hat sich zu einer Wachstumsbranche entwickelt.

recycling plant n [ˌriːˈsaɪklɪŋ plɑːnt]

The number of recycling plants has increased significantly.

Recyclinganlage

Die Zahl der Recyclinganlagen hat sich deutlich erhöht.

recycling industry n [ˌriːˈsaɪklɪŋ ɪndəstri]

The recycling industry is one of the few growth industries in this day and age.

Kreislaufwirtschaft

Die Kreislaufwirtschaft ist eine der wenigen Wachstumsbranchen in der heutigen Zeit.

dump v [dʌmp]

You'll be fined if you are caught dumping rubbish in the countryside.

➲ tip

abkippen, abladen, verklappen (Meer)

Sie müssen ein Bußgeld zahlen, wenn Sie dabei erwischt werden, dass Sie Abfall in der freien Natur abladen.

dump n [dʌmp]

A dump is a place where rubbish may be dumped uncontrolled.

➲ tip

Müllkippe, ungeordnete Deponie

Müllkippen sind Plätze, an denen Müll unkontrolliert abgelagert werden kann.

tip n [tɪp]

The empty lot was used as an illegal tip until the town council had a fence put up.

Müllkippe, ungeordnete Deponie

Das unbebaute Grundstück wurde als illegale Müllkippe benutzt, bis die Stadtverwaltung einen Zaun errichten ließ.

tip v [tɪp]

No tipping!

abkippen, abladen

Schutt abladen verboten!

landfill (site) n ['lændfɪl saɪt]

Landfill sites remain a problem even after they have ceased to be used.

(Auffüll-)Deponie

Deponien sind auch dann noch problematisch, wenn sie nicht mehr genutzt werden.

bottle bank n ['bɒtl bæŋk]

Bottle banks play a significant role in the recycling of household waste.

(Alt-)Glascontainer, (Alt-)Glasiglu

Altglascontainer spielen eine bedeutende Rolle bei der Wiederverwertung von Hausmüll.

paper bank n ['peɪpə bæŋk]

Paper banks are often found in car parks.

Altpapiercontainer

Altpapiercontainer findet man oft auf Parkplätzen.

incinerate v [ɪn'sɪnəreɪt]

Paper and plastics should not be incinerated, if possible.

verbrennen

Papier und Kunststoffe sollten möglichst nicht verbrannt werden.

incineration n [ɪnˌsɪnə'reɪʃn]

The incineration of waste will not cause any air pollution if it takes place within a closed system.

Verbrennung

Die Müllverbrennung verursacht keine Luftverschmutzung, wenn sie in einem geschlossenen System stattfindet.

incineration plant n [ɪnˌsɪnə'reɪʃn plɑːnt]

The ideal incineration plant is a closed system.

➲ incinerator

Verbrennungsanlage

Die ideale Verbrennungsanlage ist ein geschlossenes System.

incinerator n [ɪn'sɪnəreɪtə]

The ideal incinerator is a closed system.

➲ incineration plant

Verbrennungsanlage

Die ideale Verbrennungsanlage ist ein geschlossenes System.

desulphurization n [diːˌsʌlfəraɪ'zeɪʃn]

Flue gas scrubbers and filters are nowadays installed in the stacks of fossil fuel-fired power stations for desulphurization purposes.

Entschwefelung

Rauchgasreinigungsanlagen und Filter sind heutzutage (zur Entschwefelung) in den Schornsteinen von mit fossilen Brennstoffen befeuerten Kraftwerken installiert.

waste heat n ['weɪst ˌhiːt]

The waste heat generated by furnaces is often used for heating purposes.

Abwärme

Die von Schmelzöfen erzeugte Abwärme wird oft zum Heizen verwendet.

heat pump n ['hiːt pʌmp]

Heat pumps enable the use of the higher temperatures found in the deeper strata of the earth.

Wärmepumpe

Wärmepumpen ermöglichen die Ausnutzung der höheren Temperaturen tieferer Erdschichten.

energy n ['enədʒi]

We can save energy by using energy-efficient household appliances.

Energie

Wir können Energie sparen, indem wir energieeffiziente Haushaltsgeräte verwenden.

conserve energy v [kən'sɜːv 'enədʒi]

We can conserve energy by using our legs instead of our cars.

Energie sparen

Wir können Energie sparen, indem wir unsere Beine anstelle unserer Autos benutzen.

energy efficiency n [ˌenədʒi ɪ'fɪʃnsi]

Double-glazed windows increase the energy efficiency of your house.

effizienter Energieeinsatz, Energieeffizienz

Doppelt verglaste Fenster tragen zu einem effizienteren Energieeinsatz in Ihrem Haus bei.

energy from waste n [ˌenədʒi frɒm 'weɪst]

Most modern incineration plants generate energy from waste.

Energie aus Müll

Die meisten modernen Verbrennungsanlagen erzeugen Energie aus Müll.

refuse-derived fuel n ['refjuːs dɪ'raɪvd 'fjuːəl] RDF [ˌɑː diː 'ef]

RDF is a fuel made from waste.

Brennstoff aus Müll (BRAM)

BRAM ist ein aus Müll hergestellter Brennstoff.

energy production n [ˌenədʒi prə'dʌkʃn]

Energy production is an important factor in modern waste incineration.

Energiegewinnung

Energiegewinnung ist ein wichtiger Faktor der modernen Müllverbrennung.

energy recovery n [ˌenədʒi rɪ'kʌvəri]

Energy recovery is a major objective of waste recycling.

Energierückgewinnung

Energierückgewinnung ist ein wichtiges Ziel des Abfallrecyclings.

energy-saving adj ['enədʒɪ seɪvɪŋ]

An energy-saving bulb may cost more at first, but it is cheaper in the long run.

energiesparend

Eine energiesparende Glühbirne kostet vielleicht zunächst mehr, ist aber langfristig billiger.

nuclear power station n [ˌnjuːkliə 'paʊə steɪʃn]

Nuclear power stations are said to be dirt cheap electricity generators.

Kernkraftwerk, Atomkraftwerk

Kernkraftwerke erzeugen Strom angeblich spottbillig.

radiation n [ˌreɪdi'eɪʃn]

Unfortunately, radiation is not a short-lived phenomenon.

Strahlung

Leider handelt es sich bei Strahlung nicht um ein kurzzeitiges Phänomen.

meltdown n ['meltdaʊn]

The Chernobyl disaster was the first publicly known instance of meltdown.

Kernschmelze

Die Katastrophe von Tschernobyl war der erste öffentlich bekannte Fall einer Kernschmelze.

half-life n ['hɑːflaɪf]

Half-life is defined as the time during which the radioactivity of a substance is reduced to half its original level.

Halbwertzeit

Die Halbwertzeit wird als die Zeit definiert, während derer die Radioaktivität einer Substanz auf die Hälfte ihres Ursprungswertes zurückgeht.

Pollution

pollution n [pə'luːʃn]

It's important to combat pollution.

Umweltverschmutzung

Es ist wichtig die Umweltverschmutzung zu bekämpfen.

pollute v [pə'luːt]

Uncontrolled discharges pollute rivers and streams.

verunreinigen, verschmutzen

Unkontrollierte Einleitungen verunreinigen Flüsse und Bäche.

pollutant n [pə'luːtənt]

The soot particles given off by diesel engines are major pollutants.

Schadstoff

Die von Dieselmotoren ausgestoßenen Russpartikel gehören zu den Hauptschadstoffen.

pollution-free adj [pəˌluːʃn 'friː]

Filters are installed to ensure pollution-free emissions.

schadstofffrei

Filter werden installiert, um schadstofffreie Emissionen zu gewährleisten.

pollution control n [pə'luːʃn kən'trəʊl]

A whole new industry has developed to supply pollution control technologies.

Schadstoffbekämpfung

Ein ganz neuer Wirtschaftszweig ist entstanden, der Schadstoffbekämpfungstechnologien anbietet.

polluter pays principle n [pəˌluːtə 'peɪz 'prɪnsəpl] PPP [ˌpiː piː 'piː]

There would be less pollution if PPP were enforced.

Verursacherprinzip

Es gäbe weniger Umweltverschmutzung, wenn das Verursacherprinzip rigoros Anwendung fände.

contamination n [kənˌtæmɪ'neɪʃn]

The degree of contamination of the soil may be so high that planning permission will be refused for housing projects.

Verunreinigung, Verseuchung, Kontaminierung

Der Verunreinigungsgrad des Erdreiches kann so hoch sein, dass eine Baugenehmigung für Wohnungsbauprojekte verweigert wird.

contaminate v [kən'tæmɪneɪt]

Much of Belarus is still contaminated as a result of the Chernobyl disaster.

verseuchen, kontaminieren, verunreinigen

Weite Landstriche Weißrusslands sind als Folge der Tschernobyl-Katastrophe immer noch verseucht.

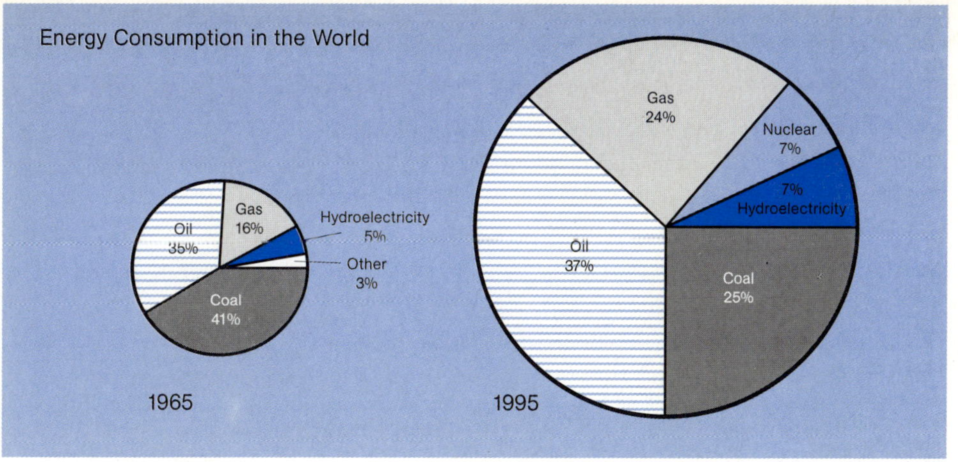

contaminated site n [kən,tæmıneıtıd 'saıt]

Cleaning up a contaminated site is a very expensive business.

Altlast

Altlastensanierung ist eine sehr teure Angelegenheit.

clean up v [kli:n 'ʌp]

If you want to clean up a polluted canal, you should drain it first.

sanieren

Wenn man einen verschmutzten Kanal sanieren will, dann sollte man ihn zunächst trockenlegen.

clean-up n [kli:n 'ʌp]

The clean-up of the contaminated site turned out to be quite difficult.

Altlastensanierung

Die Altlastensanierung erwies sich als ziemlich schwierig.

air pollution n ['eə pəlu:ʃn]

Heating systems based on lignite cause air pollution on a major scale.

Luftverschmutzung

Heizungssysteme auf Braunkohlebasis führen zu erheblicher Luftverschmutzung.

emission n [ı'mıʃn]

California was the first American state to reduce harmful emissions from car exhausts.

Emission, Ausstoß

Kalifornien hat als erster amerikanischer Bundesstaat schädliche Auspuffemissionen reduziert.

smog n [smɒg]

In cases of temperature inversion, exhaust gases will rise to form smog.

Smog

Bei Inversionslagen steigen Abgase auf und bilden Smog.

dust n [dʌst]

Dust consists of fine particles of solid matter.

Staub

Staub besteht aus feinen Feststoffpartikeln.

catalytic converter n [,kætə,lıtık kən'vɜ:tə]

New cars are automatically fitted with catalytic converters.

Katalysator

Neuwagen werden automatisch mit Katalysatoren ausgerüstet.

litter n ['lɪtə]

After the concert, the site was strewn with litter.

(herumliegende) Abfälle

Nach dem Konzert war das Gelände mit Abfällen übersät.

noise abatement n [ˌnɔɪz ə'beɪtmənt]

Double-glazing is also a noise abatement measure.

Lärmbekämpfung

Doppelverglasung ist auch eine Maßnahme zur Lärmbekämpfung.

noxious adj ['nɒkʃəs]

Noxious fumes are a major health hazard.

schädlich

Schädliche Dämpfe sind ein gravierendes Gesundheitsrisiko.

dumping at sea n [ˌdʌmpɪŋ ət 'siː]

Dumping at sea used to be practised by the nuclear industry as well as the chemical industry.

Verklappung

Früher war die Verklappung eine sowohl von der Atom- als auch der chemischen Industrie praktizierte Methode.

discharge n ['dɪstʃɑːdʒ]

Uncontrolled discharges by chemical plants will destroy all life in a river.

Einleitung

Unkontrollierte Einleitungen durch chemische Werke zerstören alles Leben in einem Fluss.

discharge v ['dɪstʃɑːdʒ]

There are strict regulations on what substances may be discharged.

einleiten

Es gibt strenge Auflagen, welche Substanzen eingeleitet werden dürfen.

effluents n pl ['efluənts]

Nowadays, the discharge of effluents is strictly controlled.

Abwässer

Heutzutage wird die Einleitung von Abwässern streng kontrolliert.

waste water n ['weɪst ˌwɔːtə]

Some companies still discharge waste water into rivers.

Abwasser

Einige Unternehmen leiten immer noch Abwasser in Flüsse.

outfall n ['aʊtfɔːl]

Some seaside resorts have outfalls which discharge raw sewage about a mile from the shore.

Abwasserrohr, Abfluss(leitung)

Einige Seebäder haben Abwasserrohre, die ungeklärte Siedlungsabwässer etwa eine Meile vor der Küste einleiten.

sewage sludge n ['suːɪdʒ slʌdʒ]

Sewage sludge can be spread on farmland, provided it does not contain any harmful substances.

Klärschlamm

Schadstofffreier Klärschlamm kann auf landwirtschaftlich genutzte Flächen aufgebracht werden.

slurry n ['slʌri]

Slurry is an inevitable by-product of battery farming.

Gülle

Gülle ist ein unvermeidbares Nebenprodukt der Intensivtierhaltung.

illegal dumping n [ɪˌliːgl 'dʌmpɪŋ]

Illegal dumping will be prosecuted.

unerlaubtes Müllabladen

Unerlaubtes Müllabladen wird strafrechtlich verfolgt.

leachate n ['liːtʃeɪt]

Leachate is a liquid which seeps through a landfill.

Sickerwasser

Sickerwasser ist eine Flüssigkeit, die durch Deponien sickert.

landfill gas n ['lændfɪl gæs]

Landfill gas is formed when anaerobic degradation of organic substances takes place on a landfill.

Deponiegas

Deponiegas bildet sich, wenn ein Zerfall von organischen Substanzen in einer Deponie stattfindet.

methane n ['mi:θeɪn]

Methane is a colourless gas formed during the anaerobic decomposition of organic matter.

Methan

Methan ist ein farbloses Gas, das sich bei der Zersetzung von organischer Materie bildet.

combustion n [kəm'bʌstʃən]

The automobile is based on the internal combustion engine.

Verbrennung

Das Automobil basiert auf dem Verbrennungsmotor.

flue gas n ['flu: gæs]

Flue gas is the gas emitted from a chimney after combustion.

Rauchgas

Rauchgas ist das Gas, das nach der Verbrennung aus dem Schornstein entweicht.

fumes n pl [fju:mz]

The fumes produced by chemical processes can be very dangerous.

Dämpfe, Abgase

Die durch chemische Prozesse erzeugten Dämpfe können sehr gefährlich sein.

carbon dioxide n [ˌkɑ:bən daɪ'ɒksaɪd]

Carbon dioxide is an inevitable by-product in the burning of fossil fuels.

Kohlendioxid

Kohlendioxid ist ein unvermeidliches Nebenprodukt bei der Verbrennung fossiler Brennstoffe.

chlorofluorocarbon n [ˌklɔ:rəʊˌflʊərəʊ'kɑ:bən] CFC [ˌsi: ef 'si:]

In the past, virtually every spray can contained some CFC.

Fluorchlorkohlenwasserstoff (FCKW)

Früher enthielt praktisch jede Sprühdose etwas FCKW.

dioxin n [daɪ'ɒksɪn]

Incineration plants used to emit dioxins.

Dioxin

Verbrennungsanlagen stießen früher Dioxine aus.

hydrocarbon n [ˌhaɪdrə'kɑ:bən]

When burnt, for instance in internal combustion engines, hydrocarbons combine with oxygen to form noxious compounds.

Kohlenwasserstoff

Bei der Verbrennung, z.B. in Verbrennungsmotoren, gehen Kohlenwasserstoffe schädliche Verbindungen mit Sauerstoff ein.

nitrogen oxide n [ˌnaɪtrədʒən 'ɒksaɪd]

Nitrogen oxides can be found in car exhausts.

Stickoxid

Stickoxide sind in den Auspuffgasen von Kraftfahrzeugen anzutreffen.

lead poisoning n ['led pɔɪzənɪŋ]

In order to avoid lead poisoning, old pipes have been replaced over the years.

Bleivergiftung

Zur Vermeidung von Bleivergiftungen wurden alte Rohre im Laufe der Jahre ausgetauscht.

detergent n [dɪ'tɜ:dʒənt]

In recent years, the chemical industry has developed phosphate-free detergents.

Reinigungsmittel, Waschmittel, Detergens

In den letzten Jahren hat die chemische Industrie phosphatfreie Reinigungsmittel entwickelt.

INDEX ENGLISCH

Hinweise für Benutzer/innen:

Dieser englische Index enthält alle im Hauptteil des Buches vorkommenden Stichwörter mit Seitenangaben als Fundstellen. Um einen zusammengesetzten Begriff (z.B. ein Substantiv in Verbindung mit einem Adjektiv wie *general accepatnce)* zu finden, empfiehlt es sich immer, zunächst nach dem Substantiv zu schauen. Dies gilt auch für Verbindungen mit Verben oder Präpositionen und Adverbien. In den meisten Fällen wird man einen zusammengesetzten Begriff allerdings unter sämtlichen Einzelbestandteilen aufgeführt finden; so steht *common stock* auch unter *common, European Economic Community* unter *economic, European* und *community* . Wenn ein Begriff mehrmals aufgeführt ist so handelt es sich um Verb und Substantiv (z.B. *market* – Markt, *market* – vermarkten) oder um völlig verschiedene Bedeutungen eines Wortes.

Unter dem blauen Stichwort findet man zunächst Zusammensetzungen mit dem Stichwort als letztem Element, dann solche mit dem Stichwort als erstem Element (vgl. *acceptance*).

Der englische Index soll nicht nur zum reinen Nachschlagen dienen, sondern soll auch Anregungen geben, im Buch zu blättern. So finden sich zum Begriff *bank* Stichwörter in vielen verschiedenen Kapiteln, deshalb stellt der Index Querverbindungen her, die den Benutzern/innen bei der Erweiterung ihres Wortschatzes aktiv weiterhelfen.

A

B

D

E

F

G

H

M

S

U

INDEX DEUTSCH

Hinweise für Benutzer/innen:

Der deutsche Index enthält die in den Übersetzungen vorkommenden deutschen Begriffe in alphabetischer Reihenfolge. Zusätzlich werden unter den einzelnen Begriffen in blauer Farbe noch solche Ausdrücke aufgeführt, die thematisch zu diesen Begriffen gehören.

C

D

G

H

I

J

K

O

P

S

T

W

Liste der im Wörterbuch verwendeten Abkürzungen für Wortarten, Stilebenen und regional begrenzt verwendete Begriffe

adj	Adjektiv
adv	Adverb, adverbialer Ausdruck
bes	besonders
coll	umgangssprachlich
D	deutsch
formal	im formalen Sprachgebrauch verwendeter Begriff
frz	aus dem Französischen stammender Begriff
GB	Großbritannien, in Großbritannien verwendeter Begriff oder britische Schreibweise
infml	im informellen Sprachgebrauch verwendeter Begriff
lat	aus dem Lateinischen stammender Begriff
n	Substantiv
n pl	Substantiv im Plural
old	veralteter Begriff
prep	Präposition
Scot	in Schottland verwendeter Begriff
US	Vereinigte Staaten, in den Vereinigten Staaten von Amerika verwendeter Begriff oder amerikanische Schreibweise
v	Verb